Die neueren Methoden

der

Festigkeitslehre

und der

Statik der Baukonstruktionen,

ausgehend von dem Gesetze der virtuellen Verschiebungen und den Lehrsätzen über die Formänderungsarbeit;

von

Dr. Ing. Heinrich F. B. Müller-Breslau,
Geheimem Regierungsrat und Professor an der Technischen Hochschule in Berlin.

Dritte vermehrte und verbesserte Auflage.

Mit 259 Abbildungen im Text.

Leipzig,
Baumgärtner's Buchhandlung.
1904.

H. F. B. Müller-Breslau

Die neueren Methoden der Festigkeitslehre

und der Statik der Baukonstruktionen.

Dem Andenken

an

ALBERTO CASTIGLIANO

(† 1885)

gewidmet.

Vorwort zur zweiten Auflage.

In dem vorliegendem Buche werden die von dem Gesetze der virtuellen Verschiebungen und den Lehrsätzen über die Formänderungsarbeit ausgehenden Methoden der Festigkeitslehre im Zusammenhange vorgetragen. Die zur Erläuterung der allgemeinen Beziehungen zwischen den äufseren und inneren Kräften gewählten Aufgaben sind gröfstenteils der Statik der Bauwerke und hier wiederum der Theorie der statisch unbestimmten Träger entlehnt worden; sie beziehen sich meistens auf schwierigere, zum Teil aber auch auf solche einfachere Fälle, die in anderer Weise ebenso kurz — und vielleicht noch kürzer — behandelt werden können, die aber mit aufgenommen wurden, weil die Gewinnung bekannter Ergebnisse auf neuen Wegen besonders geeignet sein dürfte, den Leser schnell mit den fraglichen Verfahren vertraut zu machen, wie denn überhaupt sämtliche Aufgaben vornehmlich darauf hinzielen, die gegebenen Gesetze streng zu beweisen und in möglichst lehrreicher Art zu erklären, nicht aber, die Theorie einer beschränkten Anzahl von Fällen bis ins Einzelne auszufeilen. Es sind deshalb die meisten Aufgaben über statisch unbestimmte Träger nur soweit durchgeführt worden, bis die statische Unbestimmtheit gehoben war, da gerade die einheitliche Berechnung der an Elastizitätsgleichungen gebundenen äufseren und inneren Kräfte neben einer übersichtlichen Darstellung der Formenänderungen das Feld bilden, auf welchem das Vorgetragene erfolgreich zu verwerten ist.

Besonders eingehend wurde die Aufsuchung der Einflufslinien für die statisch nicht bestimmbaren Gröfsen ebener Träger behandelt, wozu es nötig war, die — vielfach erweiterten und vereinfachten — Gesetze über die Biegungslinie (elastische Linie) abzuleiten, um mit deren Hilfe die Berechnung der gesuchten Einflufslinien in besonders übersichtlicher Weise auf die Berechnung von Momentenlinien für einfache Balken zurückführen zu können.

Trotzdem sich das Buch an reifere, mit den Grundzügen der Festigkeitslehre und der Statik der Bauwerke bereits vertraute Leser wendet, und sein Umfang durch Voranstellung der im § 23 enthaltenen allgemeineren Untersuchungen etwas hätte gekürzt werden können, erschien es ratsam, mit der Betrachtung des übersichtlichsten Falles — der Theorie des Fachwerks — zu beginnen, und auch im zweiten Abschnitte der schärferen Untersuchung einfach gekrümmter Stäbe diejenigen vereinfachten Entwickelungen vorauszuschicken, die beispielsweise im Hochbau und Brückenbau bei der Berechnung von Bogenträgern stets Anwendung finden, da hier den Vorbedingungen der genaueren Theorie nur sehr unvollkommen entsprochen wird.

Die Ableitung des Gesetzes der virtuellen Verschiebungen für den elastischen Körper wurde, da sie den meisten Lesern aus der Mechanik geläufig sein dürfte, in einen Anhang verwiesen, der auch geschichtliche Angaben und Anführung einschlägiger Schriften enthält.

Auf die in diesem Buche gebotenen eigenen Untersuchungen brauche ich Kenner der Literatur nicht besonders hinzuweisen.

Berlin 1893.

H. Müller-Breslau.

Vorwort zur dritten Auflage.

Die vorliegende dritte Auflage unterscheidet sich von der zweiten Auflage hauptsächlich durch die eingehendere Behandlung des statisch bestimmten Fachwerks. Insbesondere hoffe ich, dafs der an den Schlufs des Buches gestellte Abschnitt über das räumliche Fachwerk, der eine abgerundete Wiedergabe einiger vom Verfasser in einer Reihe kleinerer Abhandlungen veröffentlichten Untersuchungen enthält, Manchem willkommen sein wird. Denn, trotzdem es sich beim Fachwerk nur um die Auflösung von Gleichungen ersten Grades handelt, also um eine in mathematischer Beziehung sehr einfache Aufgabe, so begegnet man doch gerade bei der Berechnung räumlicher Fachwerke häufig recht umständlichen und weitläufigen Verfahren. Die Anwendungsbeispiele sind auf das notwendigste Mafs beschränkt worden; eine ausführlichere Behandlung dieses Gebietes wird der dritte Band meiner „Graphischen Statik" bringen. Immerhin genügt das in diesem Buche Gebotene für die Berechnung jedes räumlichen Fachwerks.

Der übrige Teil des Buches ist sorgfältig durchgesehen und verbessert worden. Zu grofsem Danke bin ich Herrn Ingenieur Müllenhoff in Lauchhammer verpflichtet, der mich bei dieser Durchsicht und beim Lesen der Korrekturen unterstützt hat.

Berlin 1904.

H. Müller-Breslau.

Inhalt.

Abschnitt I.

Theorie des ebenen Fackwerks.

Abschnitt II.

Biegungsfestigkeit gerader und einfach gekrümmter Stäbe.

Abschnitt III.

Abschnitt IV.

Das räumliche Fachwerk.

Abschnitt I.

Theorie des ebenen Fachwerks.

§ 1.

Allgemeines über das ebene Fachwerk.

1) Ein Fachwerk ist eine Verbindung von Stäben, welche in den Knotenpunkten, d. h. in den Punkten, in denen mehrere Stabachsen zusammentreffen, durch reibungslose Gelenke miteinander befestigt sind. Greifen alle äufseren Kräfte in den Knotenpunkten an (was streng genommen nur bei gewichtslosen Stäben möglich ist), so tritt in jedem Stabe eine mit der Achse desselben zusammenfallende Spannkraft auf, welche positiv oder negativ angenommen werden soll, je nachdem sie Zugspannungen oder Druckspannungen hervorbringt. Liegen alle Stabachsen und äufseren Kräfte in derselben Ebene, so heifst das Fachwerk ein ebenes.

Wir betrachten das ebene Fachwerk unter der Voraussetzung, dafs die äufseren Kräfte sowohl für sich allein als auch mit den inneren Kräften im Gleichgewichte sind, und dafs es zulässig ist, die durch die Elastizität des Materials der Fachwerkstäbe und der das Fachwerk

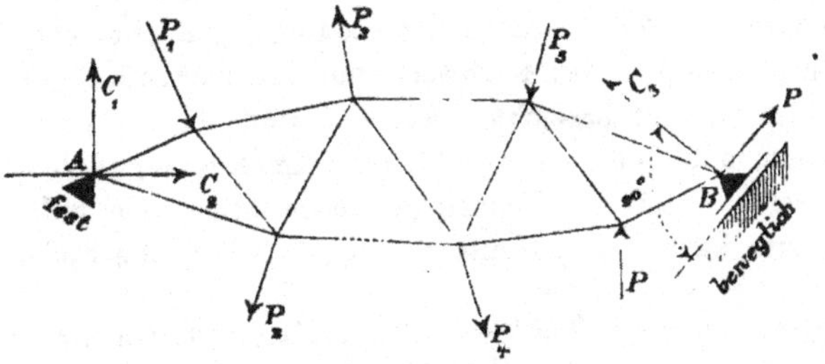

Fig. 1.

stützenden fremden Körper bedingten Formänderungen als verschwindend klein aufzufassen. Es dürfen in diesem Falle in die Gleichgewichtsbedingungen alle Hebelarme und die Neigungswinkel der Stäbe mit denjenigen Werten eingeführt werden, welche dem spannungslosen Anfangszustande des Fachwerks entsprechen.

Die äufseren Kräfte sind teils gegeben und sollen dann Lasten heifsen und mit P bezeichnet werden, teils bestehen sie aus den zu suchenden Widerständen C der das Fachwerk stützenden Körper. Die Stützpunkte, auch Auflager genannt, können bewegliche oder feste sein. Ein bewegliches Auflager entsteht, sobald ein Knotenpunkt gezwungen wird, auf einer gegebenen Linie zu bleiben, an der Bewegung längs dieser Linie aber durch den Zusammenhang mit dem Fachwerke gehindert wird; der Stützenwiderstand wirkt, wenn keine Reibung auftritt, senkrecht zu dieser Bahn, seine Richtung ist gegeben, seine Gröfse wird gesucht.*)

Von dem Widerstande eines festen Auflagers ist hingegen sowohl die Gröfse als auch die Richtung unbekannt, es sind — wie wir bei der Herleitung der allgemeinen Gesetze voraussetzen wollen — zwei Seitenkräfte desselben anzugeben.

Die nach festen Richtungen wirkenden Seitenkräfte der Stützenwiderstände lassen sich auch als die Spannkräfte in Stäben deuten, welche die fraglichen Stützpunkte mit aufserhalb des Fachwerks gelegenen festen Punkten verbinden und Auflagerstäbe genannt werden. Einem beweglichen Auflager entspricht *ein* Auflagerstab, zu einem festen gehören *zwei* Stäbe.

Die Einführung der Auflagerstäbe gestattet eine sehr kurze Darstellung allgemeiner Untersuchungen; es liegt nur eine Art von Unbekannten vor, denn man hat nur noch mit Stabkräften zu tun.

Bedeutet nun n' die Anzahl der beweglichen Auflager,
n'' „ „ „ festen „
r „ „ „ Fachwerkstäbe,

so sind $n' + 2n'' + r$ Unbekannte zu berechnen und hierzu stehen, bei k Knotenpunkten, $2k$ Gleichgewichtsbedingungen zur Verfügung.

Bezieht man nämlich das Fachwerk auf ein rechtwinkliges Koordinatensystem (x, y) und bezeichnet mit Q_{xm} und Q_{ym} die parallel den Koordinatenachsen gebildeten Seitenkräfte der im Knotenpunkten m angreifenden äufseren Kraft Q_m (welche gegebene Last oder unbekannte Auflagerkraft sein kann), ferner mit $S_1, S_2 \ldots\ldots S_p$ die Spannkräfte

*) Reibungswiderstände an den beweglichen Auflagern dürfen wir hier ausschliefsen. Bei grofsem Reibungskoeffizienten kann ein bewegliches Lager zu einem festen werden; tritt Bewegung ein, so ist der Reibungswiderstand in bestimmter Weise von dem Normaldrucke auf die Auflagerbahn abhängig: wir zählen ihn in diesem Falle zu den Lasten, über deren Gröfse ja nichts vorausgesetzt zu werden braucht.

in den von m ausgehenden Stäben und mit $\alpha_1, \alpha_2 \ldots \ldots \alpha_p$ die Neigungswinkel dieser Stäbe gegen die x-Achse, so ergeben sich die beiden Gleichgewichtsbedingungen:

$$(1) \begin{cases} Q_{xm} + \sum_1^p S \cos \alpha = 0 \\ Q_{ym} + \sum_1^p S \sin \alpha = 0, \end{cases}$$

und zwei solcher Gleichungen ersten Grades lassen sich für jeden Knotenpunkt aufstellen.

Ist nun $n' + 2n'' + r > 2k$, so ist es nicht möglich, die Unbekannten lediglich mit Hilfe der Gleichgewichtsbedingungen zu berechnen, und das Fachwerk heifst ein statisch unbestimmtes.

Ist $n' + 2n'' + r < 2k$, so kann im allgemeinen kein Gleichgewicht zwischen den äufseren und inneren Kräften bestehen; das Fachwerk ist beweglich.

Ist aber $r + n' + 2n'' = 2k$, und besitzt die aus den Koeffizienten der linearen Gleichungen (1) gebildete Determinante D einen von Null verschiedenen Wert, so lassen sich die unbekannten Stabkräfte für jeden Belastungszustand eindeutig durch die gegebenen Lasten P ausdrücken. Ein solches Fachwerk heifst ein statisch bestimmtes. Die einzelnen Teile eines solchen Fachwerks können nicht gegeneinander bewegt werden, weil die Gleichungen (1) aussprechen, dafs an jedem Knotenpunkte für jede Angriffsweise Gleichgewicht besteht.

Die Untersuchung der Determinante D ist umständlich, aber auch entbehrlich, da sich die Frage nach der statischen Bestimmtheit stets schnell und sicher durch den Versuch entscheiden läfst, die unbekannten Spannkräfte für einen ganz allgemeinen Belastungszustand eindeutig zu bestimmen. Meistens werden hierzu die bekannten Berechnungsverfahren ausreichen; für verwickeltere Fälle aber möge der folgende, immer zum Ziele führende Weg angegeben werden.

Man verwandle das fragliche Fachwerk durch Beseitigung von Stäben und Hinzufügung von ebensoviel neuen Stäben, welche kurz Ersatzstäbe genannt werden sollen. in ein Stabgebilde, dessen statische Bestimmtheit und Unbeweglichkeit aufser allem Zweifel steht, und dessen Spannkräfte und Auflagerwiderstände sich auf möglichst einfache Weise ermitteln lassen. Die Spannkräfte der beseitigten Stäbe bringe man an dem neuen Fachwerke als äufsere Kräfte an; sie mögen mit Z_a, Z_b, $Z_c, \ldots . Z_n$ bezeichnet werden. Hierauf stelle man die Spannkräfte des neuen Fachwerks als Funktionen der gegebenen Lasten P und der vorläufig unbekannten Kräfte Z dar. Sie erscheinen, da alle Gleichgewichtsbedingungen vom ersten Grade sind, in der linearen Form

$$(2) \quad S = \mathfrak{S}_o + \mathfrak{S}_a Z_a + \mathfrak{S}_b Z_b + \mathfrak{S}_c Z_c + \ldots + \mathfrak{S}_n Z_n,$$

wobei $\mathfrak{S}_o$ denjenigen Wert bedeutet, welchen $\mathfrak{S}$ annimmt, sobald sämtliche Kräfte Z gleich Null gesetzt werden, sobald also nur die Lasten P auf das neue Fachwerk einwirken. Weiter bedeutet $\mathfrak{S}_a$ den Wert von S für den Fall, daſs alle Lasten P verschwinden, desgleichen die Kräfte Z_b, Z_c, ... Z_n, während die beiden Kräfte Z_a die Gröſse 1 annehmen, eine Belastungsweise, welche wir kurz den Zustand $Z_a = 1$ nennen wollen; und ganz ebenso lassen sich die Ziffern $\mathfrak{S}_b$, $\mathfrak{S}_c$, ... $\mathfrak{S}_n$ als die Spannkräfte für die Zustände $Z_b = 1$, $Z_c = 1$, ... $Z_n = 1$ auffassen. Die Ziffern $\mathfrak{S}_a$, $\mathfrak{S}_b$, $\mathfrak{S}_c$, ... $\mathfrak{S}_n$ sind unabhängig von den Lasten P, während die Spannkräfte $\mathfrak{S}_o$ für jeden neuen Belastungsfall von neuem ermittelt werden müssen.

Setzt man schlieſslich die Spannkräfte in den Ersatzstäben gleich Null, so erhält man ebensoviel Gleichungen ersten Grades, als Kräfte Z vorhanden sind, ist also im stande, die letzteren zu berechnen. Das Fachwerk ist statisch bestimmt, sobald die Nennerdeterminante jener Gleichungen einen von Null verschiedenen Wert besitzt.

Werden also die Spannkräfte in den Ersatzstäben mit Y', Y'', Y''', ... Y^m bezeichnet, so lauten die Bedingungen zur Berechnung der Spannkräfte Z:

$$(3) \begin{cases} Y' = Y_o' + Y_a' Z_a + Y_b' Z_b + Y_c' Z_c + \ldots + Y_m' Z_m = 0 \\ Y'' = Y_o'' + Y_a'' Z_a + Y_b'' Z_b + Y_c'' Z_c + \ldots + Y_m'' Z_m = 0 \\ \ldots\ldots\ldots\ldots\ldots\ldots\ldots\ldots \\ Y^m = Y_o^m + Y_a^m Z_a + Y_b^m Z_b + Y_c^m Z_c + \ldots + Y_m^m Z_m = 0. \end{cases}$$

Das Fachwerk ist statisch bestimmt sobald

$$(4) \qquad D = \begin{vmatrix} Y_a' & Y_b' & Y_c' & \ldots & Y_m' \\ Y_a'' & Y_b'' & Y_c'' & \ldots & Y_m'' \\ \ldots & \ldots & \ldots & \ldots & \ldots \\ Y_a^m & Y_b^m & Y_c^m & \ldots & Y_m^m \end{vmatrix} \gtrless 0 \text{ ist.}$$

Die Verwandlung eines Fachwerks in ein anderes, leicht zu berechnendes, bietet selbst in den verwickeltesten Fällen nicht die geringsten Schwierigkeiten. Es sei beispielsweise die Aufgabe gestellt, die Spannkräfte eines Fachwerks lediglich durch wiederholte Lösung der Aufgabe zu bestimmen, eine gegebene Kraft nach zwei Richtungen zu zerlegen. Es dürfen dann an einem Knotenpunkte nur zwei unbekannte Stabkräfte vorkommen; ihre Werte erhält man, indem man die Mittelkraft der am Knotenpunkte angreifenden bekannten Kräfte nach den Richtungen der beiden Unbekannten zerlegt. Ist es nun nicht möglich, so von Knotenpunkt zu Knotenpunkt zu gehen, dafs man an jedem Knotenpunkte immer nur zwei unbekannten Stabkräften begegnet, so beseitige man die überzähligen Stäbe und rechne ihre Spannkräfte Z zunächst zu den gegebenen Lasten. Man wird dann auch auf Knotenpunkte stofsen, an denen Stäbe fehlen, weil ja das Fachwerk nur die erforderliche Stabzahl besitzt — was gleich zu Beginn der Untersuchung festgestellt worden ist. An diesen Knotenpunkten werden nun die Ersatzstäbe angebracht. Dabei ist es keineswegs notwendig, die

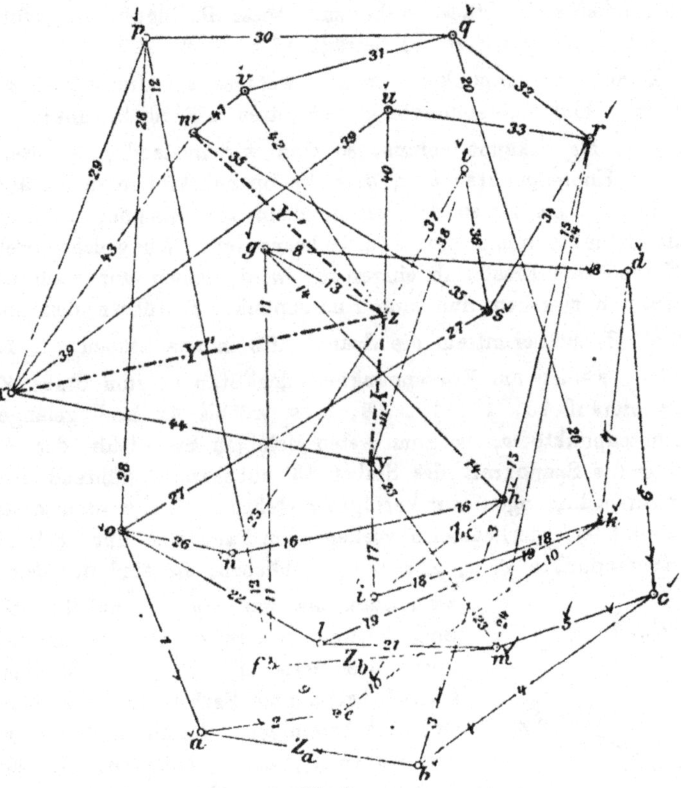

Fig. 2.

Ersatzstäbe zwischen zwei Knotenpunkten einzuziehen. Diese Stäbe dürfen auch nach aufserhalb des Fachwerks liegenden festen Punkten eingeführt werden; ihre Richtungen werden so gewählt, dafs möglichst einfache und übersichtliche Rechnungen und Kräftezerlegungen entstehen.

Die folgenden Beispiele werden genügen, das beschriebene allgemeine Verfahren zu erläutern.

1. Beispiel. An der in Fig. 2 dargestellten Fachwerkscheibe mögen sich gegebene äufsere Kräfte das Gleichgewicht halten. Es soll der Weg zur Bestimmung der Spannkräfte angegeben werden. Da die äufseren Kräfte im Gleichgewicht sein sollen, so dürfen sie nicht willkürlich angenommen werden; sie müssen vielmehr drei Gleichgewichtsbedingungen erfüllen. Von den $2k$ Gleichgewichtsbedingungen zwischen den äufseren und inneren Kräften des Fachwerks stehen also zur Berechnung der Spannkräfte nur noch $2k - 3$ voneinander unabhängige Gleichungen zur Verfügung; die Scheibe mufs also $2k - 3$ Stäbe, und ~~nicht mehr~~ nur 2k-3 Stäbe, enthalten. Diese Bedingung ist erfüllt; es ist $k = 25$, und die Stabzahl beträgt $47 = 2 \cdot 25 - 3$.

An keinem Knotenpunkte kommen weniger als drei Stäbe vor. Beginnen wir beim Knotenpunkte a und setzen wir die Spannkraft Z_a des Stabes $\overline{ab}$ als bekannt voraus, so sind wir imstande, der Reihe nach an den Knotenpunkten b, c, d, e die Spannkräfte in den Stäben 1, 2, 3, 4, . . . bis 10 zu bestimmen, denn wir begegnen an jedem dieser Knotenpunkte immer nur zwei Unbekannten. An welcher Stelle der zu Z_a gehörige Ersatzstab eingezogen wird, lassen wir noch unentschieden. Wir gehen nun zum Knotenpunkte f, führen den Stab $\overline{fm}$ als Stab Z_b ein, ermitteln die Spannkräfte in den Stäben 11, 12, 13 und 14, wählen am Knotenpunkte h den Stab $\overline{hi}$ zum Stabe Z_c, bestimmen hierauf 15, 16, 17, 18, u. s. w. bis 42 und gelangen so zum Knotenpunkte w, wo zum ersten Male ein Stab fehlt, denn es ist dort nur die Spannkraft des Stabes 43 unbekannt, während zwei Gleichgewichtsbedingungen zur Verfügung stehen. Hier wird also der erste Ersatzstab erforderlich. Im vorliegenden Falle sind nur noch die wenigen Knotenpunkte w, x, y, z übrig geblieben; sie sind nur durch zwei Stäbe $\overline{wx}$ und $\overline{xy}$ mit unbekannten Spannkräften verbunden und lassen sich durch drei Stäbe Y', Y'', Y''' zu einem statisch bestimmten Fachwerke der einfachsten Art vereinigen. Damit sind die den drei Stäben Z_a, Z_b, Z_c entsprechenden Ersatzstäbe gefunden. Man erkennt, dafs das neue Fachwerk, in welches das gegebene Fachwerk verwandelt worden ist, aus einem Dreiecksystem $wxyz$ besteht, an welches die übrigen Knotenpunkte in der Reihenfolge v, u, t, s, r . . . . . c, b, a zweistäbig angeschlossen sind. Dafs dieses Verfahren selbst in den schwierigsten Fällen zum Ziele führt, bedarf keines weiteren Beweises.

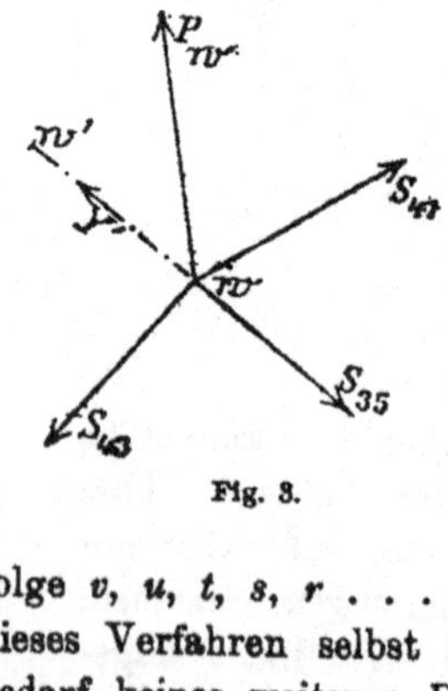

Fig. 3.

In Fig. 3 haben wir noch den Fall dargestellt, wo der am Knotenpunkte w erforderliche erste Ersatzstab Y' in einem beliebigen festen Punkte w' endigt. Von den in w angreifenden Stabkräften S ist nur noch S_{43} unbekannt. Es empfiehlt sich, dem Stabe Y' die Richtung einer der bekannten Kräfte zu geben; wir wählten in Fig. 3 die Richtung von S_{35}. Das Kräftepolygon liefert dann die beiden Werte S_{43} und $Y' - S_{35}$. Dieser Vorgang läfst sich auch in folgender Weise beschreiben. Man läfst den Stab ww' weg und betrachtet dafür aufser S_{43} noch eine der beiden bereits bekannten Stabkräfte als Unbekannte, beispielsweise S_{35}. Den für S_{35} gewonnenen Wert setzt man nun demjenigen gleich, den das Kräftepolygon des Knotenpunktes s für S_{35} geliefert hat. Die auf diese Weise erhaltene Gleichung zur Berechnung der Z-Kräfte stimmt natürlich genau mit der Bedingung $Y' = 0$ überein. Ich mufs dies hervorheben, weil vor kurzem diese zweite Darstellungsweise eines und desselben Vorganges zu einem neuen Verfahren erhoben und sogar gegen mein allgemeines Ersatzstabverfahren ausgespielt worden ist,*) trotzdem ich bereits im Jahrgange 1891 des Zentralblatts der Bauverwaltung (Seite 440, Abb. 20 u. 21) den nach einem festen Punkte gehenden, beliebig gerichteten Ersatzstab eingeführt und auch das zweckmäfsige des Zusammenfallens seiner Richtung mit der Richtung eines wirklich vorhandenen Stabes durch ein Beispiel erläutert habe.

Ich will noch zwei andere Lösungen mitteilen.

Erstens: Man ersetzt die gegebene Kraft P_w durch die unbekannte Kraft Y', ermittelt nun mit Hilfe des Kräftepolygons die beiden Unbekannten Y' und S_{43} und stellt dann zur Berechnung der Z-Kräfte die Gleichung auf

$$Y' = P_w;$$

und ebenso verfährt man an den Knotenpunkten x und y.**)

Zweitens: Am Knotenpunkte w ist nur noch die eine Stabkraft S_{43} unbekannt, während zwei Gleichgewichtsbedingungen erfüllt werden müssen; die eine Gleichgewichtsbedingung steht also zur Berechnung der Kräfte Z zur Verfügung. Wir wollen diese Aufgabe analytisch lösen und setzen, um S_{43} zu finden, die Summe der Projektionen der in w angreifenden Kräfte auf eine Gerade, die rechtwinklig zu S_{35} oder S_{41} ist, gleich Null. Mit den in die Figur 4a eingetragenen Winkelbezeichnungen finden wir

$$S_{43} = \frac{S_{41} \sin \alpha + P_w \sin \beta}{\sin \gamma}.$$

*) Zentralblatt der Bauverwaltung 1902, Seite 634.

**) Nach dieser Lesart habe ich im Zentralblatt der Bauverwaltung 1902 auf Seite 62 ein Beispiel behandelt.

Jetzt setzen wir die Summe der Projektionen der Kräfte auf eine zu S_{41} oder S_{43} rechtwinklige Gerade gleich Null. Mit den in Fig. 4b angegebenen Bezeichnungen erhalten wir die Gleichung

$$S_{35} \sin \varphi + S_{41} \sin \tau = P_w \sin \psi,$$

in der nur noch die Unbekannten Z_a, Z_b, Z_c vorkommen. Ganz ebenso verfahren wir am Knotenpunkte x. Nach Bestimmung von S_{44} mit Hilfe der einen Gleichgewichtsbedingung steht die zweite Bedingung wieder zur Berechnung der Unbekannten Z zur Verfügung. Da nunmehr alle Stabkräfte als Funktionen der P und Z dargestellt worden sind, so braucht man nur noch eine dritte Gleichung zur Bestimmung der Kräfte Z. Man hat die Wahl unter den vier Gleichgewichtsbedingungen der beiden Knotenpunkte y und z. Drei Gleichgewichtsbedingungen bleiben übrig, was damit zusammenhängt, daß die äußeren Kräfte nicht willkürlich angenommen werden dürfen, sondern die drei

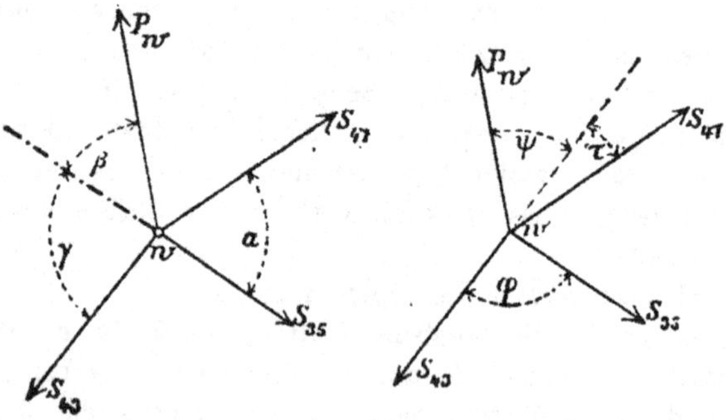

Fig. 4a und 4b.

allgemeinen Gleichgewichtsbedingungen erfüllen müssen, denen jedes ebene Kräftesystem, das an einer starren Scheibe angreift, zu genügen hat. Die übrig bleibenden Gleichgewichtsbedingungen können nun zur Prüfung der Richtigkeit der Zahlenrechnung benutzt werden; sie entsprechen den bekannten Zeichnungsproben, welche beim Auftragen der Kräftepolygone für die Knotenpunkte eines Fachwerks stets zur Verfügung stehen, sobald sämtliche äußeren Kräfte gegeben sind.

Ob man sich nun besser dafür entscheidet, Ersatzstäbe zwischen Knotenpunkte des Fachwerks einzuziehen oder einen der zuletzt beschriebenen Wege zu gehen, hängt von der Natur der zu lösenden Aufgabe ab. Jedenfalls ist die Einfügung von Ersatzstäben, die zwischen Fachwerksknotenpunkten eingezogen werden oder nach außerhalb des Fachwerks liegenden festen Punkten führen und deren Spannkräfte an jeder beliebigen Stelle des Rechnungsganges gleich Null gesetzt werden dürfen, die **allgemeinste** der hier vorgeführten Darstellungsweisen; aus ihr folgt jede andere Darstellung durch Spezialisierung.

Hervorzuheben ist noch, daſs jede Aufgabe — je nach der Wahl der *Z*-Stäbe — verschiedene Lösungen zuläſst, und daſs man vor der Auftragung von Kräfteplänen und Ausführung von Rechnungen verschiedene Wege miteinander vergleichen wird, um mit einer möglichst kleinen Anzahl von *Z*-Stäben auszukommen, es sei denn, daſs symmetrisch gebaute Fachwerke vorliegen, bei denen es sich dann meistens

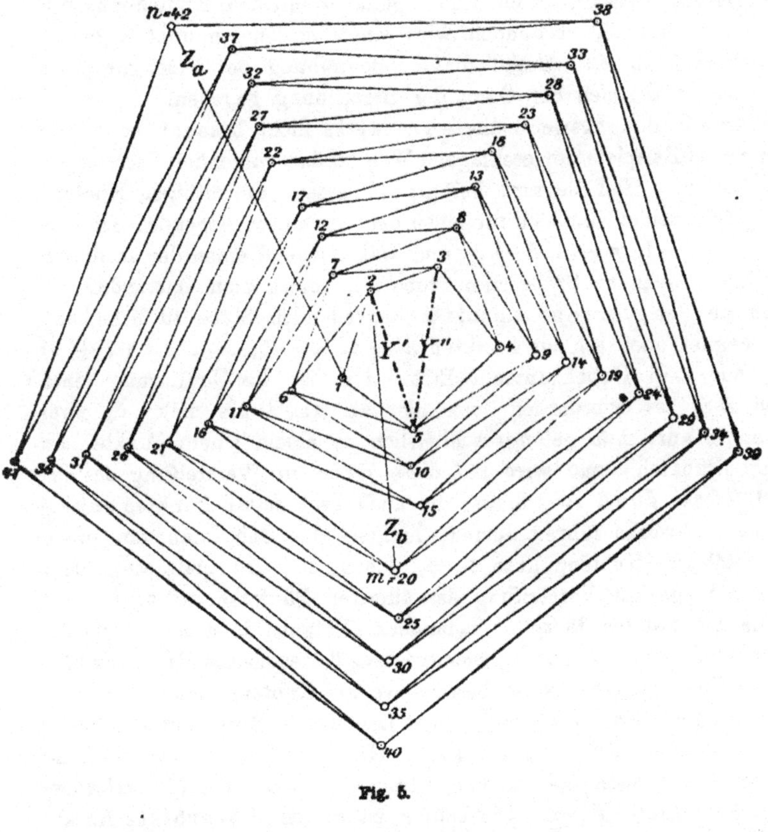

Fig. 5.

empfiehlt, die aus der Regelmäſsigkeit sich ergebenden Vereinfachungen tunlichst auszunutzen und dafür lieber eine gröſsere Anzahl von *Z*-Stäben in den Kauf zu nehmen. Wir machen schon an dieser Stelle auf die in dem Abschnitte über das räumliche Fachwerk vorgeführten Aufgaben aufmerksam, denn für den Raum ist unser Verfahren von besonderer Bedeutung.

2. Beispiel. An ein aus fünf Stäben bestehendes Fünfeck 1, 2, 3, 4, 5, Fig. 5, seien weitere Knotenpunkte 6, 7, 8, . . . *m* . . . *n* durch je zwei Stäbe in der Weise angeschlossen, daſs 6 verbunden wird mit 5 und 2, 7 mit 6 und 8, . . . *n* mit $(n - 1)$ und $(n - 4)$. Es entsteht auf diese Weise ein Fachwerk, das nicht steif ist, sondern zwei Bewegungsfreiheiten besitzt, das aber im allgemeinen in ein steifes Fachwerk übergeht, sobald zwei Stäbe hinzugefügt werden. Das naheliegendste wäre nun, das Fünfeck zu versteifen, beispielsweise durch die Diagonalen Y' und Y''. Die Versteifung möge aber in der Weise erfolgen, daſs irgend ein Knotenpunkt *m* mit dem Knotenpunkte 2 durch einen Stab Z_b verbunden wird und der Knotenpunkt *n* mit 1 durch einen Stab Z_a. Durch diese Beschreibung der Erzeugung des Fachwerks ist zugleich der Gang der Berechnung gegeben.

Wäre die Bildungsweise dieses Fachwerks nicht bekannt, so würde der im ersten Beispiele eingeschlagene Weg zu dem folgenden Rechnungsgange führen. Man beginnt bei irgend einem dreistäbigen Knotenpunkt. Entscheidet man sich für einen der vier auſsen liegenden Knotenpunkte n, $n - 1$, $n - 2$, $n - 3$, und wählt irgend einen der an diesen Punkten angreifenden Stäbe zum Stabe Z_a, so ist man imstande, die übrigen an den vier Knotenpunkten angreifenden Stäbe zu berechnen und begegnet auch an den Punkten $n - 4$, $n - 5$, ... $(m + 1)$ immer nur zwei Unbekannten. Erst bei *m* ist die Einführung eines zweiten *Z*-Stabes erforderlich; von hier ab treten nie mehr als zwei Unbekannte auf; man gelangt schlieſslich zu einem Knotenpunkte, an dem ein Stab fehlt und wird auf diese Weise zur Versteifung des inneren Fünfecks durch zwei Stäbe, die auch nach festen Punkten auſserhalb des Fachwerks führen dürfen, hingeleitet. Geht man von einem der dreistäbigen Knotenpunkte 1, 3, 4 aus, so wird man auf einem ähnlichen Wege zur Versteifung des äuſseren Fünfecks geführt.

Die als zweites Beispiel behandelte Aufgabe läſst sich verallgemeinern. Schlieſst man an ein irgendwie gestütztes ebenes Fachwerk (F), welches r Bewegungsfreiheiten besitzt, weitere Knotenpunkte zweistäbig an, so entsteht ein Stabgebilde, welches durch Hinzufügung von r Stäben Z steif gemacht werden kann. Um dieses steife Fachwerk zu berechnen, führe man die zur Versteifung des Fachwerks (F) erforderlichen r Ersatzstäbe Y ein. Die Zahl r ist hierbei die gröſste Anzahl der zur Berechnung der Z aufzustellenden Gleichungen $Y = 0$. Es kann aber auch vorkommen, daß man mit weniger als r Gleichungen auskommt, da durch die Einfügung der *Z*-Stäbe ein Fachwerk entstehen kann, das sich aus einer Stabverbindung mit i Bewegungsfreiheiten herleiten läſst, wo $i < r$ ist. Liegt z. B. bei dem oben aus dem

Fünfeck abgeleiteten Fachwerk der Sonderfall $m = 8$ und $n = 11$ vor, Fig. 6, so braucht man nur einen einzigen Ersatzstab Y einzuführen.

3. Beispiel. Es soll der in Fig. 7 dargestellte trapezförmige Balken, dessen Füllungsstäbe ein vierfaches, durch drei Ständer versteiftes Netzwerk bilden, untersucht werden.

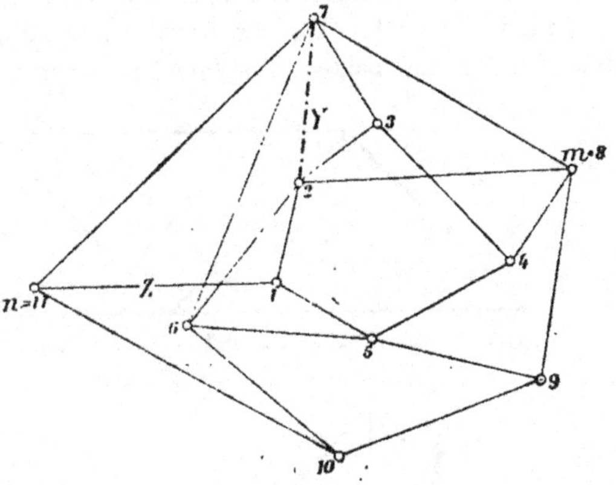

Fig. 6.

Beseitigt man die beiden Ständer in der Nähe der Stützen und zieht dafür die Ersatzstäbe Y' und Y'' ein, so entsteht ein Fachwerk, dessen Spannkräfte sich leicht für jeden Belastungszustand berechnen lassen, weil sich seine Knotenpunkte der Reihe nach zweistäbig an die in der Fig. 8 durch Schraffierung hervorgehobene statisch bestimmte Scheibe angliedern lassen. Damit ist auch bewiesen, daſs das Fachwerk die erforderliche und ausreichende Stabzahl besitzt.

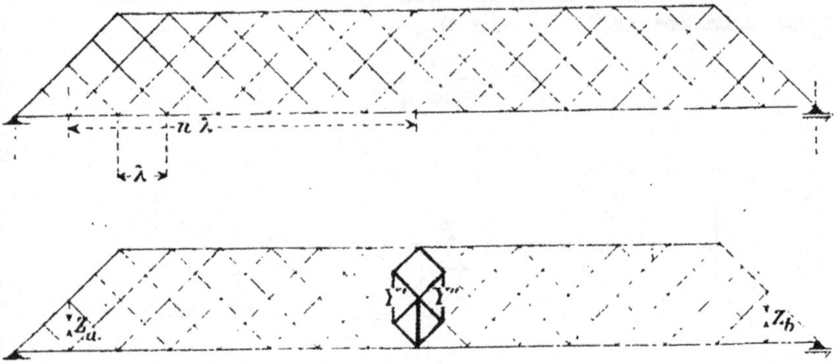

Fig. 7 und 8.

Wir wollen dieses Beispiel etwas weiter durchführen und die Determinante

$$D = \begin{vmatrix} Y_a' & Y_b' \\ Y_a'' & Y_b'' \end{vmatrix}$$

welche über die statische Bestimmtheit entscheidet, untersuchen. Die Anzahl der Felder sei gleich grofs, die Streben mögen alle mit der Wagerechten denselben Neigungswinkel φ bilden.

Y_a' und Y_a'' entsprechen dem Zustande $Z_a = 1$, und Y_b', Y_b'' dem Zustande $Z_b = 1$. Da das Fachwerk symmetrisch ist, so genügt es, den einen dieser beiden Zustände zu untersuchen.

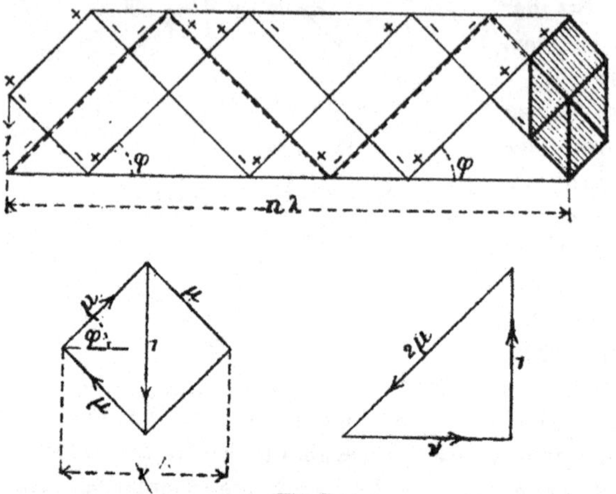

Fig. 9.

Fig. 9 stellt den Belastungszustand $Z_a = 1$ dar. Die spannungslosen Füllungsstäbe sind fortgelassen worden; in den übrigen Füllungsstäben entstehen Spannkräfte μ oder 2μ, wo

$$\mu = \pm \frac{1}{2 \sin \varphi}$$

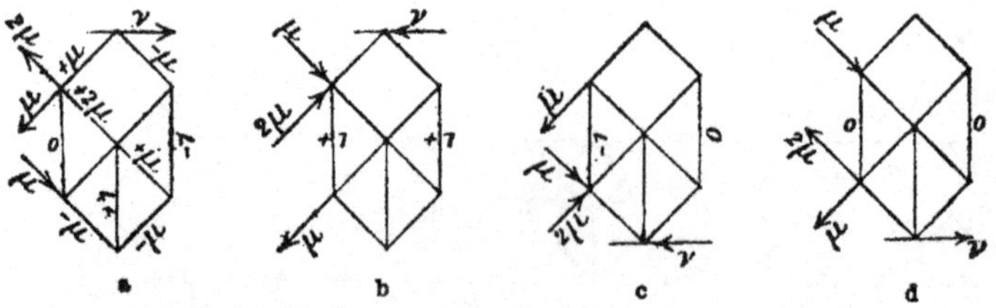

a b c d

Fig. 10.

ist. Die mit 2μ beanspruchten Stäbe sind durch gestrichelte Linien hervorgehoben worden. Der Trägerteil rechts von der schraffierten Scheibe ist spannungslos. Der Abstand der seitlichen Vertikalen von der Mitte sei gleich $n\lambda$. In Fig. 7 ist $n = 7$. Für diesen Fall und ebenso für $n = 3$, $n = 11$, 15, 19, ... zeigt Fig. 10a den Belastungszustand der steifen Scheibe in der Mitte des Balkens. Es greifen an dieser Scheibe drei Streben an, deren Spannkräfte μ, μ, 2μ sind. Damit Gleichgewicht besteht, mufs die obere Gurtung auf die Scheibe einen Druck $\nu = 1 \cdot \operatorname{cotg} \varphi$ ausüben.*) In den Ersatzstäben entsteht

$$Y_a' = 0, \quad Y_b' = -1.$$

Daraus folgt nun für den Zustand $Z_b = 1$

$$Y_a'' = -1, \quad Y_b'' = 0,$$

mithin

$$D = \begin{vmatrix} 0 & -1 \\ -1 & 0 \end{vmatrix} = -1.$$

Das Fachwerk ist also brauchbar.

Fig. 10b gibt den Belastungszustand der Scheibe für $n = 2, 6, 10, 14, \ldots$ an; es wird

$$Y_a' = 1, \quad Y_b' = 1, \quad Y_a'' = 1, \quad Y_b'' = 1$$

$$D = \begin{vmatrix} 1 & 1 \\ 1 & 1 \end{vmatrix} = 0$$

und das Fachwerk erweist sich als unbrauchbar.

Fig. 10c gilt für $n = 1, 5, 9, 13, \ldots$ und liefert

$$Y_a' = -1, \quad Y_b' = 0, \quad Y_a'' = 0, \quad Y_b'' = -1$$

$$D = \begin{vmatrix} -1 & 0 \\ 0 & -1 \end{vmatrix} = +1.$$

Das Fachwerk ist brauchbar.

Fig. 10d entspricht den Fällen $n = 4, 8, 12, 16, \ldots$ und liefert

$$Y_a' = 0, \quad Y_b' = 0, \quad Y_a'' = 0, \quad Y_b = 0$$

$$D = 0.$$

Das Fachwerk ist wieder unbrauchbar.

Unsere Untersuchung beweist, dafs n eine ungrade Zahl sein mufs, wenn das Fachwerk ein statisch bestimmtes sein soll.

2) Dem im vorstehenden entwickelten Verfahren des Verfassers möge nun das von Henneberg in seinem Buche Statik der starren Systeme, Leipzig 1886, angegebene Verfahren, das ebenfalls stets zum Ziele führt, gegenübergestellt werden. Es gilt zunächst nur für freie, d. h. ungestützte Fachwerke, an denen sich gegebene äufsere Kräfte das Gleichgewicht halten, läfst sich aber ohne weiteres auch auf irgendwie gestützte Fachwerke ausdehnen. Man hat nur nötig, die Stützpunkte durch Stäbe mit aufserhalb des Fachwerks liegenden festen Punkten zu verbinden und diese festen Punkte zu Knotenpunkten eines die Gesamtheit aller Widerlager vorstellenden statisch bestimmten Fachwerks zu machen. Auf diese Weise bildet man aus dem Fachwerk und den Widerlagern eine Fachwerkscheibe; sie möge k Knotenpunkte und $2k - 3$ Stäbe enthalten. Besitzt diese

*) Dies Ergebnis liefert auch die Verfolgung der Spannkräfte $\mathfrak{S}_a$ in den Gurtungen.

Scheibe dann keinen einzigen einfachen Knotenpunkt,*) so mufs sie mindestens einen zweifachen Knotenpunkt haben, denn liefen in allen Knotenpunkten mindestens vier Stäbe zusammen, so müfsten wenigstens $\frac{4k}{2} = 2k$ Stäbe vorhanden sein. Auf diesen Satz stützt sich nun das Verfahren von Henneberg: die Berechnung jedes freien Fachwerks von n Knotenpunkten auf die Berechnung eines Fachwerks von $n-1$ Knotenpunkten zurückzuführen. Wir teilen hier die von Henneberg selbst gegebene Darstellung seines Verfahrens mit. (Siehe a. a. O. Seite 228.)

„Es möge ein bestimmtes ebenes Fachwerk von n Knotenpunkten gegeben sein, welches keinen einfachen Knotenpunkt besitzt. Dann ist jedenfalls ein zweifacher Knotenpunkt O vorhanden. Derselbe sei durch Stäbe mit den drei Knotenpunkten A, B, C verbunden, und zwar seien relative Verschiebungen der beiden Punkte A und B nach Weglassung des Knotenpunktes O und der drei Stäbe OA, OB, OC möglich. Aus dem Fachwerke von n Knotenpunkten läfst sich ein einfaches von $n-1$ Knotenpunkten herleiten, indem der Knotenpunkt O und die Stäbe OA, OB, OC weggelassen und dafür ein Stab AB hinzugefügt wird. Hierbei ist das Fachwerk von $n-1$ Knotenpunkten ein (statisch) bestimmtes, sobald das Fachwerk von n Knotenpunkten ein solches ist. Ist umgekehrt das Fachwerk von $n-1$ Knotenpunkten ein bestimmtes, so ist es auch dasjenige von n Knotenpunkten.**)

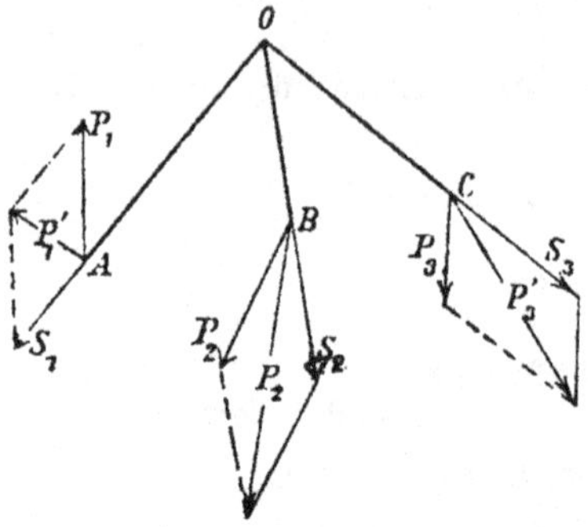

Fig. 11.

Die Kräfte, welche auf die einzelnen Knotenpunkte $X_i Y_i$ des Fachwerks von n Knotenpunkten wirken, seien P_i und speziell P_0, P_1, P_2, P_3 die Kräfte, welche auf die Knotenpunkte O, A, B, C wirken.

Die Kraft P_0, welche auf O wirkt, läfst sich auf unendlich viele Arten in drei Komponenten S_1, S_2, S_3 zerlegen, welche in den drei Stäben OA, OB, OC liegen. Es seien S_1', S_2', S_3' die Komponenten von P_0 bei einer speziellen Zerlegung und ferner S_1'', S_2'', S_3'' irgend drei in OA, OB, OC liegende Kräfte, welche unter sich im Gleichgewichte stehen. Dann sind alle möglichen Zerlegungen von P_0 in drei Komponenten in OA, OB, OC in der Form enthalten

$$S_1 = S_1' + \lambda S_1''$$
$$S_2 = S_2' + \lambda S_2''$$
$$S_3 = S_3' + \lambda S_3''.$$

Diese drei Kräfte S_1, S_2, S_3 drücken den Einflufs aus, welchen der Knotenpunkt O und die Kraft P_0 auf die Spannungen in den übrigen Stäben des Fachwerks besitzt. Es sei nun der Knotenpunkt O weggenommen, dafür ein Stab AB hinzugefügt, und so das bestimmte Fachwerk von n Knotenpunkten auf ein

*) Ein Knotenpunkt heifst i-fach, wenn $i+1$ Stäbe von ihm ausgehen.

**) Hier steht bei Henneberg noch der Zusatz: „wenn der Punkt O nicht auf dem Kegelschnitte 4, § 39 sich befindet“. Auf die Wiedergabe der Gleichung dieses Kegelschnittes (a. a. O. Seite 219) dürfen wir hier verzichten.

solches von $n-1$ Knotenpunkten reduziert. Sollen dann die Spannungen in den Stäben des Fachwerkes von $n-1$ Knotenpunkten übereinstimmen mit den Spannungen, die sich in dem Fachwerke von n Knotenpunkten infolge der Kräfte $P_0, P_1, P_2, P_3, P_4 \ldots\ldots$ ergeben, so mufs es möglich sein, den Faktor λ so zu bestimmen, dafs, wenn auf die drei Knotenpunkte A, B, C des Fachwerks von $n-1$ Knotenpunkten die Resultanten P_1', P_2', P_3' von P_1 und S_1, P_2 und S_2, P_3 und S_3, dagegen auf die übrigen Knotenpunkte die früheren Kräfte P_4, $P_5, \ldots$ wirken, sich in dem Stabe AB eine Spannung von der Gröfse Null ergibt. Es seien nun gefunden:

1) Die Spannungen in den Stäben des Fachwerks von $n-1$ Knotenpunkten, wenn auf die drei Knotenpunkte A, B, C die Resultanten von P_1 und S_1', von P_2 und S_2', von P_3 und S_3' und auf die übrigen Knotenpunkte die Kräfte P_4, $P_5, \ldots\ldots$ wirken. In einem Stabe l_a möge sich die Spannung S_a' und speziell in dem Stabe AB die Spannung S_{12}' ergeben.

2) Die Spannungen in den Stäben des Fachwerkes von $n-1$ Knotenpunkten, wenn auf die drei Knotenpunkte A, B, C die drei im Gleichgewichte stehenden Kräfte S_1'', S_2'', S_3'' und auf die übrigen Knotenpunkte gar keine Kräfte wirken. Hierbei möge sich in dem Stabe l_a eine Spannung S_a'' und speziell in dem Stabe AB eine Spannung S_{12}'' ergeben haben. Es stellt dann

$$S_a = S_a' + \lambda S_a''$$

die Spannung im Stabe l_a und speziell

$$S_{12} = S_{12}' + \lambda S_{12}''$$

die Spannung in dem Stabe AB für jeden Wert von λ dar, wenn auf die Knotenpunkte des Fachwerks von $n-1$ Knotenpunkten die Kräfte P_1', P_2', P_3', P_4, $P_5, \ldots$ wirken. Die gestellte Aufgabe ist gelöst, sobald es möglich ist, λ so zu bestimmen, dafs die Spannung S_{12} in dem Stabe AB gleich Null ist, dafs also:

I) $$S_{12}' + \lambda S_{12}'' = 0.$$

Dann stellt bei Einsetzung dieses Wertes S_a die Spannung in dem Stabe l_a des Fachwerks von n Knotenpunkten dar, wenn auf die Knotenpunkte die gegebenen Kräfte P_0, P_1, P_2, P_3, $P_4 \ldots\ldots$ wirken.

Damit das Fachwerk von n Knotenpunkten ein statisch bestimmtes ist, mufs das Fachwerk von $n-1$ Knotenpunkten ein solches sein; dann läfst sich die Bestimmung der Spannungen S_a' und S_a'' stets durchführen, und zwar ergibt sich nur eine Lösung für dieselben.

Ist das Fachwerk von $(n-1)$ Knotenpunkten ein statisch bestimmtes, so können zwei Fälle eintreten:

1) Es ist $S_{12}'' \gtrless 0$: Es gibt nur einen ganz bestimmten und endlichen Wert von λ, welcher der Gleichung:

$$S_{12}' + \lambda S_{12}'' = 0$$

genügt. Das Fachwerk von n Knotenpunkten ist ebenfalls statisch bestimmt.

2) Es ist $S_{12}'' = 0$. Die Gleichung I reduziert sich auf

$$S_{12}' = 0.$$

Es folgt hieraus, dafs die Kräfte P_i, die auf die Knotenpunkte wirken, nicht beliebig angenommen werden dürfen, wenn eine Lösung des Problems überhaupt existieren soll. Sind die Kräfte P_i der Bedingung gemäfs angenommen, dafs $S_{12}' = 0$ wird, so ist die Gleichung I für jeden endlichen Wert von λ erfüllt. Es sind unendlich viele Lösungen vorhanden. Das Fachwerk von n Knotenpunkten ist ein statisch unbestimmtes."*)

Soweit die Darstellung Hennebergs. — Den grofsen Unterschied zwischen

---

*) Es folgt nun eine Untersuchung über das Eintreten dieses singulären Falles.

seinem Verfahren und dem vorhin gezeigten Wege wird man sofort erkennen, wenn man die vorgeführten drei Beispiele nach der Hennebergschen Methode behandelt.

Das in Fig. 2 abgebildete Fachwerk besitzt 12 dreistäbige Knotenpunkte: *a*, *b*, *c*, *d*, *e*, *i*, *l*, *n*, *t*, *u*, *v*, *w*. Man hat die Auswahl unter den 36 Ersatzstäben — und nur unter diesen 36 Stäben —

oe	*eb*	*bo*	*ok*	*km*	*mo*
ah	*hc*	*ca*	*oz*	*zh*	*ho*
bm	*md*	*db*	*zy*	*ys*	*sz*
ck	*kg*	*gc*	*xz*	*zr*	*rx*
af	*fk*	*ka*	*wz*	*zq*	*qw*
yh	*hk*	*ky*	*xs*	*sv*	*vx*.

Hat man sich für den Knotenpunkt *a* und den Stab *oe* entschieden, so ist man imstande, zwei Systeme von Spannkräften S_a' und S_a'' für die in den Knotenpunkten *a*, *b*, *c*, *d* angreifenden Stäbe zu bestimmen und steht dann wieder vor einem Fachwerk, das keinen zweistäbigen Knotenpunkt, wohl aber 9 dreistäbige Knotenpunkte: *e*, *g*, *i*, *l*, *n*, *t*, *u*, *v*, *w* besitzt. Die Auswahl unter den zur Verfügung stehenden 18 Ersatzstäben mufs offenbar so getroffen werden, dafs die Systeme der Spannkräfte S_a', S_a'' und die neu hinzutretenden Systeme S_b', S_b'' für möglichst viele Knotenpunkte bestimmt werden können. Wir überlassen es dem Leser, selbst herauszuprobieren, welcher Weg nun einzuschlagen ist, damit möglichst wenig Systeme von Spannungen (S_a', S_a''), (S_b', S_b''), (S_c', S_c'') . . . . . erforderlich werden.

3) **Wir knüpfen noch einige Betrachtungen an den Fall, dafs die Nennerdeterminate D der Gleichungen $Y' = 0$, $Y'' = 0$, $Y''' = 0$, ... den Wert Null hat. Die Spannkräfte Z_a, Z_b, Z_c . . . . Z_m . . Z_n seien auf die Form gebracht $Z_m = D_m : D$.**

Ist $D = 0$, so ist ein Gleichgewichtszustand, herbeigeführt durch endliche Spannkräfte nur möglich, wenn die äufseren Kräfte den Bedingungen

$$D_a = 0,\ D_b = 0, \ldots D_m = 0, \ldots D_n = 0$$

genügen; die Spannkräfte erscheinen zunächst in der unbestimmten Form $0:0$ und nehmen nur dann bestimmte Werte an, wenn die Zähler- und Nennerdeterminanten gemeinschaftliche Faktoren besitzen, durch deren Verschwinden sie gleich Null werden. Die an jedes Fachwerk zu stellende Forderung aber, dafs für jeden Belastungszustand Gleichgewicht bestehen mufs, wird nicht erfüllt. Bleiben nämlich im Falle $D = 0$ die Determinanten $D_a D_b$ . . . . endlich, so beweist dies entweder, dafs nach Beseitigung der eingefügten Ersatzstäbe Gleichgewicht überhaupt nicht möglich ist, oder dafs ein Fachwerk vorliegt, in welchem durch endliche äufsere Kräfte unendlich grofse innere Kräfte hervorgerufen werden. Der erste Fall liegt beispielsweise vor bei dem in Fig. 12 dargestellten Fachwerk, welches mittels eines Er-

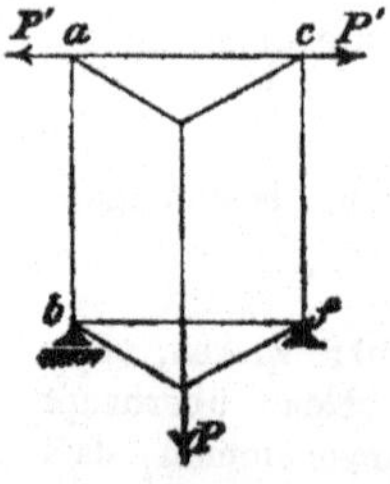

Fig. 12.

satzstabes 1 in das Fachwerk in Fig. 13 verwandelt werden möge. Bildet man

$$S_1 = \mathfrak{S}_{o1} + \mathfrak{S}_{a1} Z_a$$

und setzt $S_1 = 0$, so erhält man $Z_a = \frac{\mathfrak{S}_{o1}}{\mathfrak{S}_{a1}}$ und wegen $\mathfrak{S}_{a1} = 0$ (was leicht einzusehen ist) $Z_a = \infty$. Nimmt man den Ersatzstab heraus, so ist Gleichgewicht im allgemeinen nicht möglich; man erkennt auf den ersten Blick, daſs das Fachwerk in Fig. 12 von endlicher Beweglichkeit ist. Für gewiſse Belastungsfälle jedoch besteht Gleichgewicht, beispielsweise für die in der Figur 12 angegebene Angriffsweise. Ist $P = 0$, so lassen sich die Stabkräfte sogar eindeutig berechnen; man erhält für den Stab ac die Spannkraft $S = + P'$, für alle übrigen Stäbe $S = 0$. Tritt P hinzu, so gibt es unendlich viele Systeme von Kräften S, die mit den äuſseren Kräften im Gleichgewicht sind.

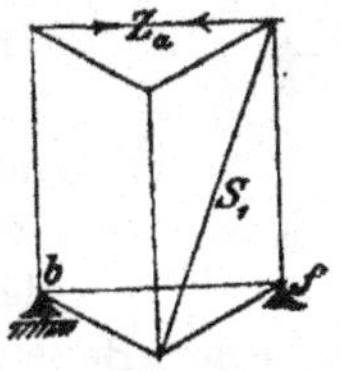

Fig. 13.

Der zweite Fall — nämlich das Auftreten unendlich groſser Stabkräfte infolge endlicher Lasten — erfordert eine eingehendere Prüfung, die an der Hand einiger leicht zu überschauender Sonderfälle erfolgen möge.

Wir gehen von dem bekannten statisch bestimmten Dreigelenkbogen aus, Fig. 14, nehmen im Scheitel eine lotrechte Last P an und bestimmen mittels der Gleichgewichtsbedingung $\frac{Pl}{2} - Hf = 0$ den Horizontalschub

$$H = \frac{Pl}{2f}.$$

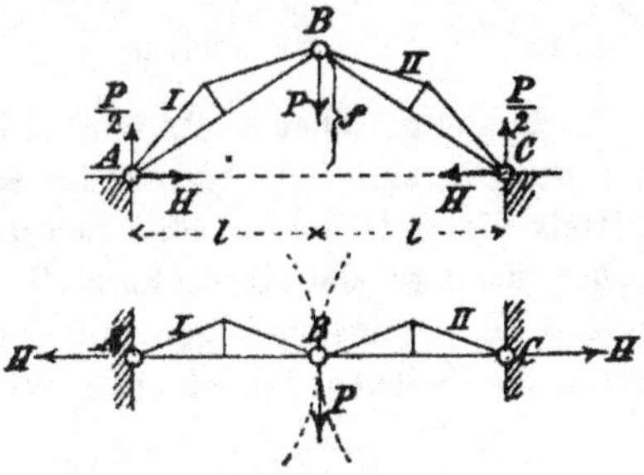

Fig. 14. u. 15.

Nehmen wir $f = 0$ an, Fig. 15, so wird $H = \infty$; es liegt dann ein Fachwerk von unendlich kleiner Beweglichkeit vor, denn der Punkt B wird in zwei Kreisbögen, deren Mittelpunkte in A bezw. C liegen, geführt und vermag sich innerhalb des beiden Bögen gemeinschaftlichen Elementes ds frei zu bewegen. Wird die Last P aufgebracht, so besteht zunächst kein Gleichgewicht; hat sich aber B im Sinne von P um $\frac{1}{2}\, ds$ verschoben, so ist die Ruhelage erreicht, und es entsteht dann

$$H = \frac{Pl}{ds} = \infty.$$

Ganz ähnlich verhält sich das Fachwerk in Fig. 16. Nach einer unendlich kleinen Verrückung der Punkte a und b im Sinne von P befindet sich das Fachwerk in einer Ruhelage; es herrschen aber unendlich grofse Spannkräfte.

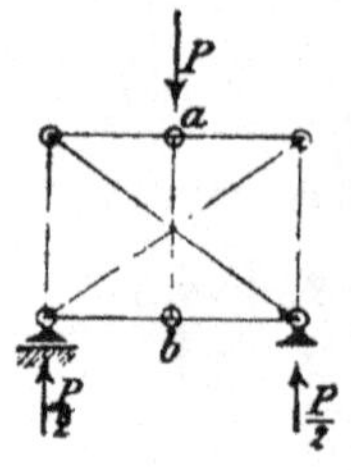
Fig. 16.

Weitere Beispiele für Fachwerke von unendlich kleiner Beweglichkeit lassen sich aus Fig. 14 mit Hilfe des von Föppl eingeführten Begriffs des imaginären Gelenks herleiten.

Werden zwei Scheiben bei G drehbar miteinander verbunden, Fig. 17, so nennt man G ein wirkliches Gelenk; in G greifen die entgegengesetzt gleichen Kräfte D an, mit denen die Scheiben bei Eintritt einer Belastung aufeinander wirken. Erfolgt die Verbindung der beiden Scheiben durch zwei Stäbe, Fig. 18, so nennt man den Schnittpunkt G der Stabachsen ein imaginäres Gelenk, und die Mittelkraft der

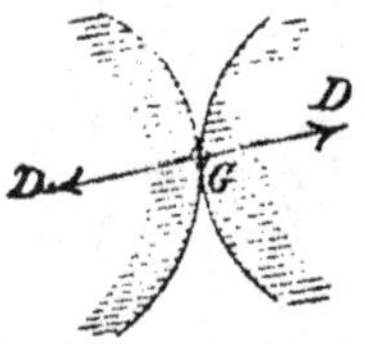
Fig. 17.

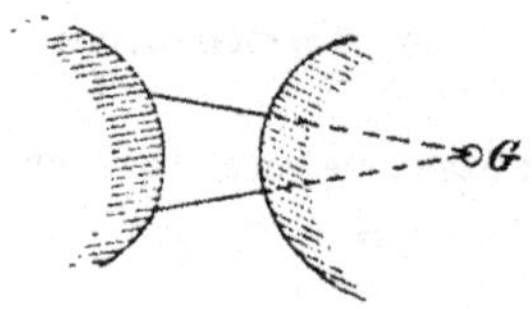
Fig. 18.

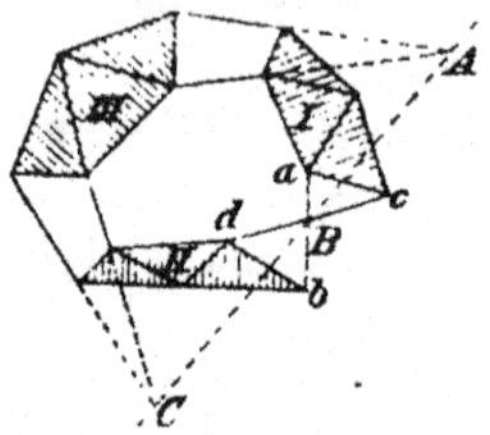
Fig. 19.

in den Verbindungsstäben auftretenden Spannkräfte stellt die Kraft D vor, mit der die eine Scheibe auf die andere wirkt.

Mittels dieser Definition läfst sich das Fachwerk in Fig. 19, dessen Stäbe ab und cd an der Kreuzungsstelle B nicht miteinander verbunden sein mögen, als Dreigelenkbogen mit drei imaginären Gelenken deuten.

Wird die Scheibe III als das Widerlager betrachtet, so sind A und C die Kämpfergelenke, B das Scheitelgelenk, und in derselben Weise kann das in Fig. 20 dargestellte Paskalsche Sechseck als Dreigelenkbogen aufgefafst werden.*) Da A, B, C in einer Geraden liegen, sind beide Fachwerke von unendlich kleiner Beweglichkeit; endliche äufsere Kräfte

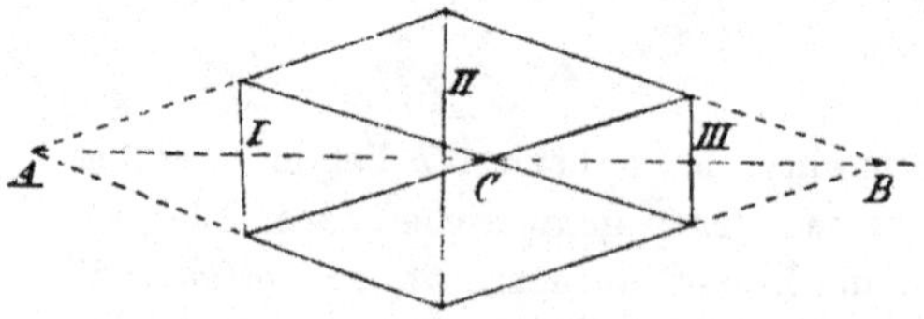
Fig. 20.

*) Ein Sonderfall wurde bereits in Fig. 16 dargestellt.

vermögen in ihnen unendlich große Spannkräfte hervorzurufen, der Gleichgewichtszustand tritt aber erst nach einer verschwindend kleinen Verrückung der Knotenpunkte ein.

Auch das Fachwerk in Fig. 21 (Bogenträger mit zwei festen Auflagern f und einem beweglichen Auflager b) läßt sich auf die in Fig. 22 veranschaulichte Weise als Dreigelenkbogen von unendlich kleiner Beweglichkeit auffassen. Die Scheibe IV bedeutet das Widerlager, die Scheibe III spielt die Rolle eines Stabes und bestimmt zusammen mit dem das Gleitlager ersetzenden Stabe V das imaginäre Kämpfergelenk C. Die in B angreifende Last P_1 erzeugt nach Eintritt der Ruhelage unendlich große Stabkräfte; hingegen besteht für den Belastungsfall in Fig. 21 sofort (d. h. ohne daß erst eine verschwindend kleine Bewegung erfolgt) Gleichgewicht; es gibt aber unendlich viele Systeme von Spannkräften S, welche die Gleichgewichtsbedingungen erfüllen.

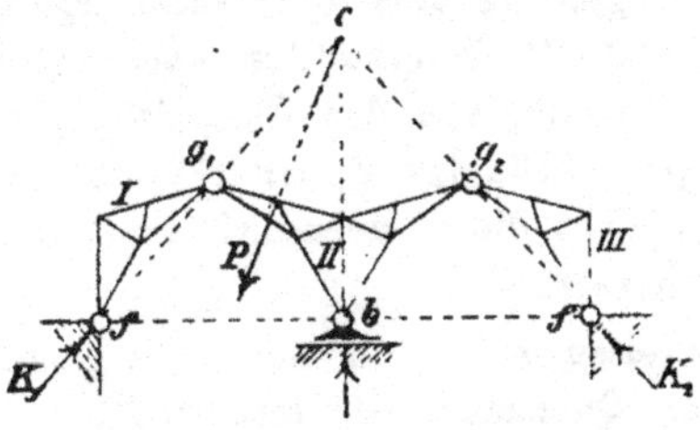

Fig. 21.

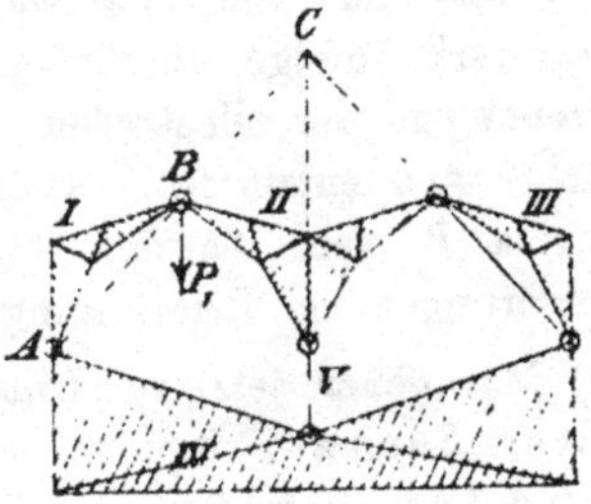

Fig. 22.

Nun ist aber zu beachten, daß die ganze vorstehende Untersuchung an die Annahme starrer Stäbe und Widerlager geknüpft ist — eine Voraussetzung, die in Wirklichkeit nie erfüllt wird.

So werden sich die Längen der Stäbe AB und BC des Fachwerks in Fig. 15 um endliche Strecken Δl ändern, und es wird selbst im Falle starrer Widerlager ein endlicher nach unten zeigender Pfeil $f = \sqrt{(l + \Delta l)^2 - l^2}$ entstehen, wofür unter Vernachlässigung von Δl^2

$$f = \sqrt{2 l \Delta l} = l \sqrt{\frac{2S}{EF}}$$

gesetzt werden darf, wenn S die Spannkraft in AB und BC, F den Stabquerschnitt und E die Elastizitätsziffer bedeutet. Da die Winkel, um welche sich die Stäbe drehen, sehr klein sind, darf $S = H = \frac{Pl}{2f}$ angenommen werden, womit schließlich

$$H = \sqrt[3]{\frac{P^2 EF}{8}}$$

erhalten wird, d. i. ein Wert, der um so gröfser wird, je gröfser E, d. h. je weniger elastisch der Stab ist. Für den starren Stab ist $E = \infty$ und $H = \infty$.

Und ganz in derselben Weise ergeben sich bei den in den Figuren 16, 19, 20, 21 dargestellten Fachwerken für jeden Belastungszustand ganz bestimmte, von den Elastizitätsziffern E und den Querschnittsabmessungen abhängige Spannkräfte S, so zwar, dafs für gewisse Belastungsweisen die S unendlich grofs werden, sobald man die E gleich unendlich setzt.

Erweisen sich nun auch die fraglichen Fachwerke — bei genügenden Querschnittsabmessungen — als tragfähig, so wird es sich doch empfehlen, den oben ausgesprochenen Satz: „das Fachwerk ist unbrauchbar, sobald die Determinante D der zur Bestimmung der Stabkräfte Z_a, Z_b, ... Z_n aufgestellten Gleichgewichtsbedingungen verschwindet" aufrecht zu erhalten. Ja es empfiehlt sich sogar, diesen Ausspruch dahin zu verschärfen, dafs man das Fachwerk schon als unbrauchbar bezeichnet, sobald sich die Determinante D der Null sehr nähert. Denn im Falle eines sehr kleinen D ist es leicht möglich, dafs das Fachwerk infolge geringfügiger Änderungen der Stablängen und Verschiebungen der elastischen Widerlager eine Lage durchschreitet, welcher $D = 0$ entspricht. Auch leuchtet ein, dafs bei gewissen Fachwerken, z. B. sehr flachen Bogenbrücken, die Vernachlässigung der Formänderungen bei Ermittelung der Spannkräfte unzulässig ist.

4) Wir gehen jetzt zur Untersuchung derjenigen statisch unbestimmten Fachwerke über, welche sich durch Beseitigung gewisser Stäbe und Auflagerkräfte — welche in der Folge überzählig genannt werden sollen — in ein statisch bestimmtes und ausschliefslich elastischen Formänderungen unterworfenes Stabgebilde (das Hauptnetz) verwandeln lassen. Die Stäbe und Auflagerkräfte des Hauptnetzes heifsen die notwendigen Glieder des Fachwerks.

Werden die überzähligen Stäbe entfernt und, damit an dem Spannungszustande des Fachwerkes nichts geändert werde, die Spannkräfte in den weggenommenen Stäben als äufsere Kräfte wieder hinzugefügt, so ist es möglich, die Spannkräfte in den notwendigen Stäben und die notwendigen Auflagerkräfte durch die gegebenen Lasten und die unbekannten überzähligen Stabkräfte und Auflagerkräfte auszudrücken. Hierbei können sich nur Beziehungen ersten Grades ergeben, weil in den Gleichgewichtsbedingungen alle Kräfte ausschliefslich in der ersten Potenz vorkommen. Da es nun weiter freisteht, die überzähligen Stabkräfte und Auflagerkräfte als geradlinige Funktionen anderer, ebenfalls in der ersten Potenz vorkommender Unbekannten darzustellen, beispielsweise als Funktionen ihrer Momente, bezogen auf gegebene Drehpunkte, so darf man behaupten:

Sämtliche Spannkräfte S und Auflagerkräfte C eines statisch unbestimmten Fachwerks lassen sich stets auf die Form bringen:

$$(5)\quad \begin{cases} S = S_0 + S'X' + S''X'' + S'''X''' + \ldots\ldots \\ C = C_0 + C'X' + C''X'' + C'''X''' + \ldots\ldots \end{cases}$$

wobei X', X'', X''' ...... *gewisse, statisch nicht bestimmbare Gröfsen bedeuten, während* S_0, S', S'' ...., C_0, C', C'' .... *Werte vorstellen, welche von den Unbekannten X unabhängig sind. Insbesondere bedeuten* S_0 *und* C_0 *die Spannkräfte und Auflagerkräfte des statisch bestimmten Hauptnetzes, in welches das Fachwerk übergeht, sobald sämtliche Gröfsen X verschwinden; sie sind geradlinige Funktionen der Lasten P, während die* S', S'' .... C', C'' .... *von den P unabhängig sind.**)

Beispiel. Der in Fig. 23 dargestellte, bei A, B und C unverschieblich gelagerte Dachbinder wird statisch bestimmt, sobald der Stab EC, dessen Spannkraft $= X$ sein möge, beseitigt wird. In den Knotenpunkten E und C sind die Kräfte X wieder anzubringen.

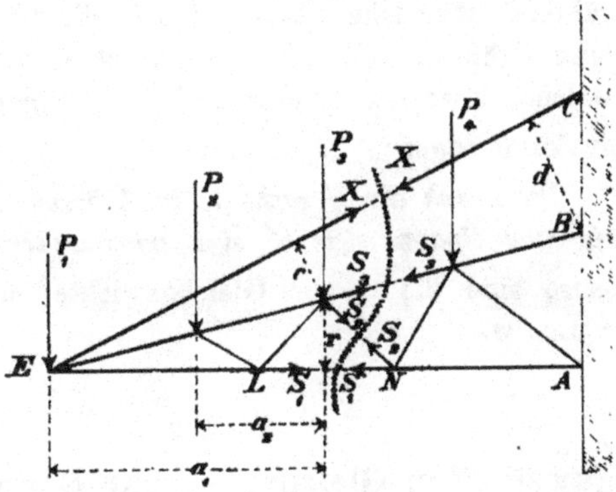

Fig. 23.

Um nun die Spannkraft in irgend einem Stabe, z. B. in LN, zu berechnen, werde die Rittersche Methode angewendet. Es wird das Fachwerk durch einen Schnitt, welcher aufser LN nur noch zwei Stäbe trifft, in zwei Teile zerlegt. An den Schnittstellen werden die inneren Kräfte S_1, S_2, S_3 der geschnittenen Stäbe als äufsere Kräfte angebracht, und nun wird für die auf den einen der beiden Fachwerkteile, z. B. den linken, wirkenden äufseren Kräfte die Gleichung der statischen Momente aufgestellt, wobei, wenn es sich um die Berechnung von S_1 handelt, der Schnittpunkt von S_2 und S_3 zum Drehpunkte gewählt wird. Mit den Bezeichnungen in Fig. 23 ergibt sich

$$Xc - P_1 a_1 - P_2 a_2 - S_1 r = 0 \text{ und hieraus}$$

$$S_1 = -\frac{P_1 a_1 + P_2 a_2}{r} + X\frac{c}{r},$$

und in gleicher Weise lassen sich die Kräfte S in sämtlichen übrigen notwendigen Stäben als geradlinige Funktionen der Lasten P und der Gröfse X darstellen.

---

*) Die Gleichungen 5 gelten für die notwendigen und überzähligen Stäbe und Auflagerkräfte. Ist z. B. X'' die Spannkraft in einem überzähligen Stabe, so entsprechen diesem die Werte: $S_0 = 0$, $S' = 0$, $S'' = 1$, $S''' = 0$ u. s. w., und es folgt $S = X''$.

An Stelle von X hätte man auch das auf den Knotenpunkt B bezogene Moment: $M = Xd$ dieser Kraft zu derjenigen statisch nicht bestimmbaren Gröfse wählen können, durch welche die S ausgedrückt werden sollen und würde erhalten haben:

$$S_1 = -\frac{P_1 a_1 + P_2 a_2}{r} + \frac{Mc}{dr}.$$

5) Für die Folge ist es nicht unwichtig, besonders hervorzuheben, dafs die mit Hilfe der Gleichgewichtsbedingungen hergestellten Beziehungen (5) zwischen den S, C, P und X für beliebige Werte der Lasten P und der statisch nicht bestimmbaren Gröfsen X gültig sind, und dafs mithin die teilweise Differentiation von S und C beispielsweise nach X' liefert:

$$\frac{\partial S}{\partial X'} = S' \text{ und } \frac{\partial C}{\partial X'} = C'.$$

Ferner ist zu beachten, dafs S' und C' diejenigen Werte bedeuten, welche die Spannkräfte und Auflagerkräfte annehmen, sobald $X' = 1$ wird, während sämtliche Lasten P und die übrigen statisch nicht bestimmbaren Gröfsen: X'', X''' ..... verschwinden, ein Belastungszustand, welcher kurz der „Zustand $X' = 1$" genannt werden möge.

Man kann sagen:

Die durch die Ursache $X' = 1$ hervorgerufenen Auflagerkräfte C' und Spannkräfte S' sind miteinander im Gleichgewichte.

Ebenso sind die C'' im Gleichgewichte mit den S'', die C''' mit den S''' u. s. w.

§ 2.

Die Maxwellschen Gleichungen zur Berechnung der statisch nicht bestimmbaren Gröfsen X', X'' ....

1. Allgemeine Form der Bedingungen für die Gröfsen X. Die Längen s der Stäbe eines Fachwerks mögen um Strecken $\overline{\Delta s}$ zunehmen, und im Zusammenhange hiermit mögen die Knotenpunkte ihre auf ein beliebiges, festes Koordinatensystem bezogenen Lagen ändern, wobei:

$\overline{\Delta c}$ = Verschiebung eines Stützpunktes im Sinne der in diesem Punkte angreifenden Auflagerkraft C,*)

$\overline{\delta}$ = Verschiebung des Angriffspunktes irgend einer Last P im Sinne von P.

---

*) $\overline{\Delta c}$ läfst sich stets als Längenänderung eines Auflagerstabes auffassen. Vergl. Seite 2.

Bezüglich aller dieser Verschiebungen wird nur vorausgesetzt, daſs sie möglich sind und klein genug, um als verschwindende Gröſsen aufgefaſst werden zu dürfen. Es gilt dann der Satz von den virtuellen Verrückungen (Prinzip der virtuellen Geschwindigkeiten), welcher aussagt, daſs im Falle des Gleichgewichtes der inneren und äuſseren Kräfte die Arbeit der ersteren entgegengesetzt gleich derjenigen der letzteren ist, und es folgt die Gleichung:

$$(6)\quad \Sigma P\overline{\delta} + \Sigma C\overline{\Delta c} = \Sigma S\overline{\Delta s},$$

welche wir die Arbeitsgleichung des Fachwerks nennen wollen, und welche mit den durch die Gleichungen (5) für C und S gegebenen Werten übergeht in

$$(7)\quad \Sigma P\overline{\delta} + \Sigma (C_0 + C'X' + C''X'' + \ldots.)\,\overline{\Delta c}$$
$$= \Sigma (S_0 + S'X' + S''X'' + \ldots.)\,\overline{\Delta s};$$

sie gilt für beliebige Werte der Lasten P und statisch nicht bestimmbaren Gröſsen $X', X'' \ldots.$

Wir schreiben nun der Gröſse X' den Wert $X' = 1$ zu, sämtlichen Lasten P hingegen und den übrigen statisch nicht bestimmbaren Gröſsen den Wert Null und erhalten die Beziehung

$$\Sigma C'\,\overline{\Delta c} = \Sigma S'\,\overline{\Delta s},$$

und ebenso läſst sich ableiten:

$$\Sigma C''\,\overline{\Delta c} = \Sigma S''\,\overline{\Delta s}$$
$$\Sigma C'''\,\overline{\Delta c} = \Sigma S'''\,\Delta s$$
$$\ldots\ldots\ldots\ldots$$

Es können diese Gleichungen — mit Hinweis auf die Ausdrucksweise am Schlusse des § 1 — beziehungsweise als die Arbeitsgleichungen für die Zustände $X' = 1$, $X'' = 1$, $X''' = 1$ u. s. w. bezeichnet werden; ihre Anzahl stimmt mit derjenigen der Unbekannten X überein, und sie ermöglichen deshalb die Berechnung der Werte X; man braucht sie nur auf die wirklichen elastischen Formänderungen des Fachwerks, welche nach einem durch die Erfahrung gegebenen Gesetze von den inneren und äuſseren Kräften abhängen und mit Δc, Δs bezeichnet werden mögen, anzuwenden.

Es ergeben sich dann die Maxwellschen Gleichungen:*)

$$\left.\begin{array}{l} \Sigma C'\,\Delta c = \Sigma S'\,\Delta s \\ \Sigma C''\,\Delta c = \Sigma S''\,\Delta s \\ \Sigma C'''\,\Delta c = \Sigma S'''\,\Delta s \\ \ldots\ldots\ldots\ldots \end{array}\right\}\ (8)$$

*) Vergl. die Geschichtlichen Anmerkungen im Anhang.

Sie lassen sich auch mit Beachtung von

$$\frac{\partial C}{\partial X'} = C', \quad \frac{\partial C}{\partial X''} = C'' \ldots\ldots, \quad \frac{\partial S}{\partial X'} = S', \quad \frac{\partial S}{\partial X''} = S'' \ldots\ldots$$

in der Form schreiben:

$$(9) \quad \begin{cases} \Sigma \dfrac{\partial C}{\partial X'} \Delta c = \Sigma \dfrac{\partial S}{\partial X'} \Delta s \\ \Sigma \dfrac{\partial C}{\partial X''} \Delta c = \Sigma \dfrac{\partial S}{\partial X''} \Delta s \\ \ldots\ldots\ldots\ldots\ldots ; \end{cases}$$

in welcher sie sich unmittelbar ergeben, sobald die Gleichung (6) nach allen unabhängigen Veränderlichen X', X'' ..... teilweise differentiiert wird und hierbei die Verschiebungen δ, Δc, Δs, sowie die Lasten P als Konstanten betrachtet werden, was bei der Willkürlichkeit dieser Gröſsen gestattet ist. Schlieſslich werden die virtuellen Formänderungen $\overline{\Delta s}$, $\overline{\Delta c}$ durch die wirklichen Δs, Δc ersetzt.

Für die den Zuständen $X' = 1$, $X'' = 1$, $X''' = 1$ ... entsprechenden virtuellen Arbeiten

$$\Sigma C' \Delta c, \quad \Sigma C'' \Delta c, \quad \Sigma C''' \Delta c, \ldots$$

der Auflagerkräfte werden wir häufig die kürzeren Bezeichnungen

$$L', \; L'', \; L''', \ldots.$$

anwenden.

2. Die Verschiebungen Δs und Δc. Es werde vorausgesetzt, daſs für den Stoff, aus dem das Fachwerk hergestellt ist, eine Proportionalitätsgrenze besteht und die Beanspruchung innerhalb dieser Grenze liegt, eine Annahme, welche bei den hier ausschlieſslich in Betracht kommenden Tragwerken aus Schweiſseisen, Fluſseisen und Stahl zulässig ist. Sodann wird angenommen, daſs das Fachwerk bei einem bestimmten Temperaturzustande vor Einwirkung der Belastung spannungslos sei (Anfangszustand), und daſs sich die Anfangstemperatur eines Stabes in allen Teilen desselben um den gleichen Betrag t ändere. Bedeutet dann:

E den Elastizitätsmodul des Stabmaterials,
F „ Inhalt des Stabquerschnittes,
ε „ Ausdehnungskoeffizienten für $t = 1$,

so ist erfahrungsgemäſs:

$$(10) \quad \Delta s = \frac{Ss}{EF} + \varepsilon t s,$$

wobei, bezogen auf die Tonne und das Meter als Einheiten, und wenn t in Celsiusgraden ausgedrückt wird, durchschnittlich gesetzt werden darf:

für Schweißeisen $E = 20\,000\,000$, $\varepsilon = 0{,}0000121$, $\varepsilon E = 240$
„ Flußeisen $E = 21\,500\,000$, $\varepsilon = 0{,}0000118$, $\varepsilon E = 250$
„ Flußstahl $E = 22\,000\,000$, $\varepsilon = 0{,}0000124$, $\varepsilon E = 270$.

Die Verschiebungen Δc der Stützpunkte hängen von der Form, der Elastizität, der Belastung und der Temperaturänderung der das Fachwerk stützenden Körper ab; sie lassen sich fast nie mit Sicherheit angeben und werden meistens gleich Null gesetzt oder geschätzt. Besitzen unbeabsichtigte Störungen der Stützlage einen größeren Einfluß auf den Spannungszustand eines Fachwerks, so darf dieses nur bei sicherer Stützung ausgeführt werden. Beispielsweise sind kontinuierliche Balken und Bogenträger ohne Gelenke bei unsicherem Baugrunde zu verwerfen.

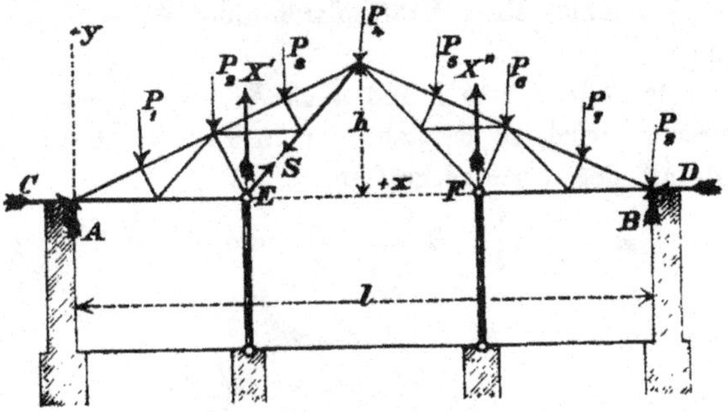

Fig. 24.

Im Falle starrer und reibungsloser Widerlager lauten die Bedingungsgleichungen, denen die statisch nicht bestimmbaren Größen X zu genügen haben:

$$(11) \qquad \Sigma S' \Delta s = 0; \quad \Sigma S'' \Delta s = 0; \quad \text{u. s. f.}$$

3. Beispiel zur Erläuterung der allgemeinen Theorie. Der in Fig. 24 dargestellte Dachbinder sei bei A und B fest gelagert und werde bei E und F durch Säulen gestützt, welche am Kopfe und am Fuße reibungslose Gelenke besitzen.

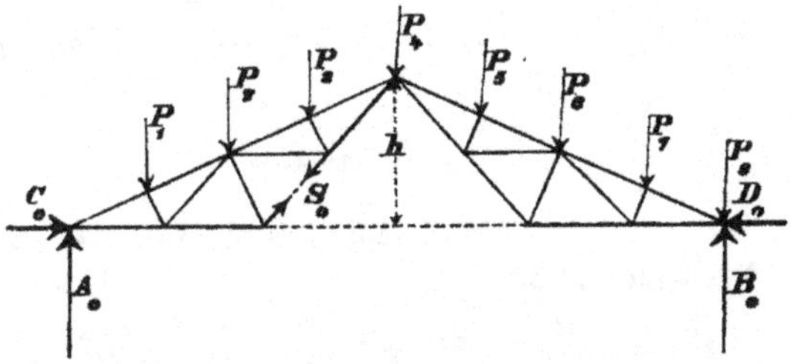

Fig. 25.

Alle Verschiebungen mögen auf das durch A und B gelegte feste Koordinatensystem (x, y) bezogen werden. Nachgeben der Widerlager verursachte eine Vergrößerung der Stützweite l um Δl und Senkungen der Stützpunkte E und F und δ' bezw. δ''. Die Lasten P seien beliebig gerichtet; die senkrechten Seitenkräfte der Stützendrücke an den Enden seien $= A$ und $= B$, die wagerechten $= C$ und $= D$; die Säulen üben die Gegendrücke X' und X'' aus.

Beseitigung der beiden Mittelstützen führt zu dem statisch bestimmten Hauptnetze, Fig. 25 (Bogen mit 3 Gelenken), dessen Auflagerkräfte A_0, B_0, C_0, D_0 und Stabkräfte S_0 sich leicht berechnen lassen. (Zeichnen eines Kräfteplanes oder Anwendung der Ritterschen Methode.)

Werden alle Kräfte P und auch $X'' = 0$ gesetzt, während $X' = 1$ angenommen wird, so entsteht der in Fig. 26 dargestellte Belastungszustand mit den Auflagerkräften

$$A' = 1\,\frac{d'}{l},\quad B' = 1\,\frac{d}{l}\quad \text{und}\quad C' = D' = 1\,\frac{d}{2h}\text{*)}$$

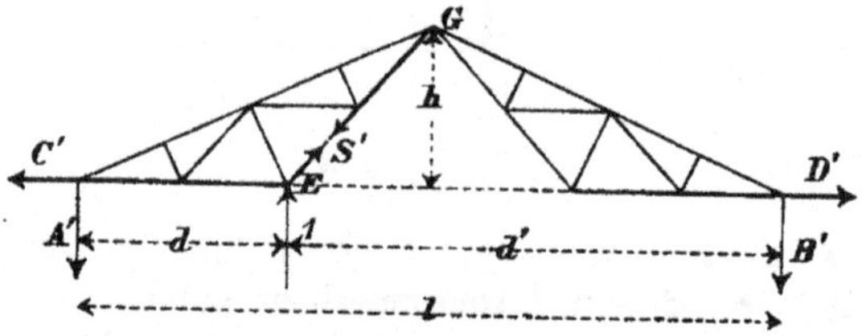

Fig. 26.

und den leicht zu berechnenden Spannkräften S'; wir nennen ihn kurz: Zustand $X' = 1$. Verschwinden die Kräfte P und X', während $X'' = 1$

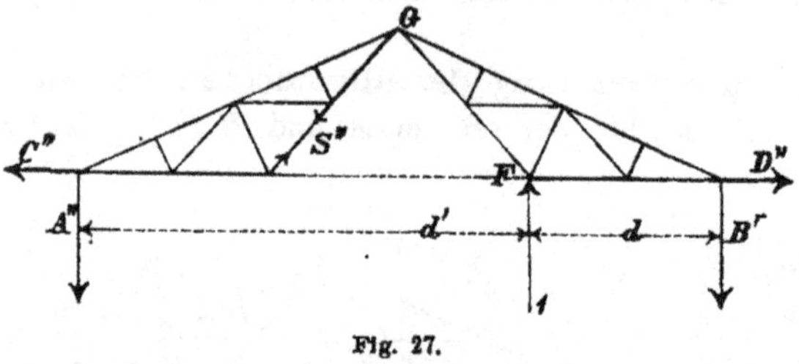

Fig. 27.

wird, so entsteht der Belastungszustand Fig. 27 (Zustand $X'' = 1$) mit den Auflagerkräften

$$A'' = 1\,\frac{d}{l},\quad B'' = 1\,\frac{d'}{l},\quad C'' = D'' = 1\,\frac{d}{2h}$$

und den Spannkräften S''.

---

*) Folgt aus der Momentgleichung für Punkt G:

$$D'h = B'\,\frac{l}{2}\,.$$

Für das statisch unbestimmte Fachwerk in Fig. 24 ergibt sich nun

$$
\text{(I)}\quad \left\{\begin{aligned}
A &= A_0 - A' X' - A'' X'' = A_0 - \frac{d'}{l} X' - \frac{d}{l} X'',\\
B &= B_0 - \frac{d}{l} X' - \frac{d'}{l} X'',\\
C &= C_0 - \frac{d}{2h} X' - \frac{d}{2h} X'',\\
D &= D^0 - \frac{d}{2h} X' - \frac{d}{2h} X'' \text{ und}\\
S &= S_0 + S' X' + S'' Y''.
\end{aligned}\right.
$$

Die Gleichungen zur Berechnung von X' und X'' werden durch Anschreiben der Arbeitsgleichungen für die Zustände $X' = 1$ und $X'' = 1$ erhalten. Im ersteren Belastungsfalle (Fig. 26) leistet die Auflagerkraft D' die virtuelle Arbeit $D' \cdot \Delta l = 1 \cdot \frac{d}{2h} \Delta l$ und die in E angreifende Kraft 1 leistet, da sich Punkt E und δ' senkt, die Arbeit $(-1 \cdot \delta')$; es ergibt sich daher:

$$-1 \cdot \delta' + \frac{d}{2h} \Delta l = \Sigma S' \Delta s,$$

während für den Belastungsfall in Fig. 27 in derselben Weise die Gleichung

$$-1 \cdot \delta'' + \frac{d}{2h} \Delta l = \Sigma S'' \Delta s$$

gewonnen wird. Drückt man Δs nach Gleichung (10) aus, so folgt:

$$-\delta' + \frac{d}{2h} \Delta l = \Sigma S' \left(\frac{Ss}{EF} + \varepsilon t s\right) \text{ und}$$

$$-\delta'' + \frac{d}{2h} \Delta l = \Sigma S'' \left(\frac{Ss}{EF} + \varepsilon t s\right).$$

Wir wollen E, ε und t für sämtliche Stäbe konstant annehmen und die vorstehenden Gleichungen mit einer beliebigen Querschnittsfläche F_c multiplizieren. Drücken wir dann noch S nach der letzten der Gleichungen (I) aus und setzen zur Abkürzung

$$s' = s \frac{F_c}{F},$$

so erhalten wir:

$$
\text{(II)}\quad \left\{\begin{aligned}
&EF_c\left(\frac{d}{2h} \Delta l - \delta'\right) - \varepsilon E t F_c \Sigma S' s\\
&\quad = \Sigma S_0 S' s' + X' \Sigma S'^2 s' + X'' \Sigma S' S'' s',\\
&EF_c\left(\frac{d}{2h} \Delta l - \delta''\right) - \varepsilon E t F_c \Sigma S'' s\\
&\quad = \Sigma S_0 S'' s' + X' \Sigma S' S'' s' + X'' \Sigma S''^2 s'.
\end{aligned}\right.
$$

Die Multiplikation mit F_c ist zu empfehlen, sobald, was meistens der Fall sein wird, mehrere Stäbe des Fachwerks denselben Querschnitt erhalten; setzt man dann F_c gleich der am häufigsten vorkommenden Querschnittsfläche, so erhält man möglichst viele Verhältnisse $\frac{F_c}{F} = 1$. Stimmen für eine gröfsere Anzahl von Stäben sowohl Länge als Querschnitt überein, so kann man F_c so annehmen, dafs $s' = s\frac{F_c}{F}$ durch eine runde Zahl ausgedrückt wird.

Sollen nun die Gleichungen (II) für einen bestimmten Fall der Anwendung aufgelöst werden, so müssen gewisse Voraussetzungen über die Gröfse der Verschiebungen δ', δ'' und Δl gemacht werden. Lehnt sich der Dachstuhl bei A und bei B gegen gemauerte Widerlager, so wird in der Regel $\Delta l = 0$ angenommen. Weiter wird meistens die Zusammendrückung des Baugrundes und der Säulen-Fundamente (weil schwer anzugeben) vernachlässigt, so dafs δ' und δ'' gleich sind den Verkürzungen der Säulen infolge der Drücke X' und X'', vermindert um die Verlängerungen derselben infolge einer Erhöhung der Temperatur. Ist also

E_0 = Elastizitätsmodul des Säulenmateriales,
ε_0 = Ausdehnungskoeffizient für $t = 1°$,
F_0 = Inhalt des Säulenquerschnittes,
s_0 = Länge einer Säule,

so ergibt sich

$$\delta' = \frac{X' s_0}{E_0 F_0} - \varepsilon_0 t s_0 \quad \text{und} \quad \delta'' = \frac{X'' s_0}{E_0 F_0} - \varepsilon_0 t s_0,$$

und es gehen die Gleichungen (II) über in

$$F_c t\,[\varepsilon_0 E s_0 - \varepsilon E \Sigma S' s] = \Sigma S_0 S' s' + X'\left[\frac{E F_c}{E_0 F_0} s_0 + \Sigma S'^2 s'\right] + X'' \Sigma S' S'' s'$$

$$F_c t\,[\varepsilon_0 E s_0 - \varepsilon E \Sigma S'' s] = \Sigma S_0 S'' s' + X''\left[\frac{E F_c}{E_0 F_0} s_0 + \Sigma S''^2 s'\right] + X' \Sigma S' S'' s';$$

sie enthalten jetzt nur noch die Unbekannten X' und X''.

Die Durchführung der Rechnung in Zahlen erfordert natürlich, dafs alle Querschnittsinhalte (deren Bestimmung in der Regel das Ziel einer statischen Berechnung ist) bekannt sind; es müssen also diese Inhalte, sobald es sich um ein neu zu entwerfendes Fachwerk handelt, zunächst abgeschätzt oder mit Hilfe von angenäherten Rechnungsmethoden ermittelt werden.

4. Zahlenbeispiel. Es ist der Horizontalschub X des in Fig. 28

dargestellten, bei A und B fest gelagerten Bogenträgers zu berechnen. Stützweite 20 m, Feldweite 2 m. Die unteren Knotenpunkte liegen auf einer Parabel, deren Pfeil = 2,5 m ist; die obere Gurtung ist geradlinig; Höhe der Endvertikale = 3 m. Die Knotenpunktslasten sind = 1 t bezw. 0,5 t. Die in Fig. 28 an die Stäbe gesetzten Zahlen geben links von der Mitte die Stablängen in cm an und rechts von der Mitte die Inhalte der Querschnitte in qcm.

Im Falle $X = 0$ entsteht ein statisch bestimmter Fachwerkbalken, dessen Spannkräfte S_0 mit Hilfe eines Kräfteplanes ermittelt und in der nachstehenden Tabelle zusammengestellt worden sind. Sodann sind in Fig. 29 diejenigen Stabkräfte S' eingetragen worden, welche tätig sind,

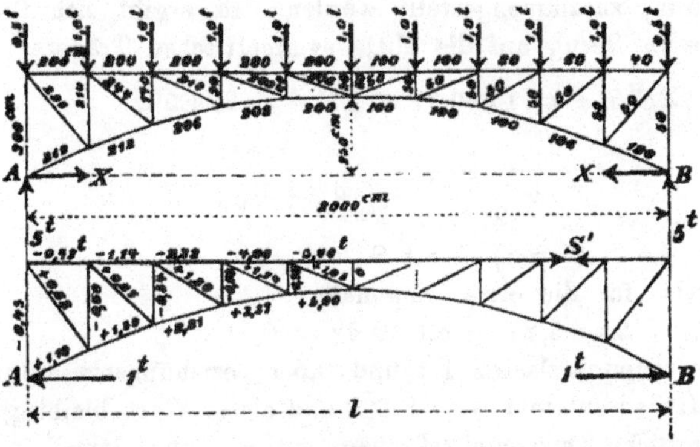

Fig. 28. u. 29.

sobald in A und B zwei auswärts gerichtete, wagerechte Kräfte 1 auf das im übrigen unbelastet und gewichtslos gedachte Fachwerk wirken. Aus den Werten S_0 und S' ergeben sich die Spannkräfte: (I) $S = S_0 - S'X$. Um X zu berechnen, schreiben wir die Arbeitsgleichung für den Belastungszustand in Fig. 29 an; sie lautet, wenn sich l um Δl vergrößert:

$$\text{(II)} \quad 1 \cdot \Delta l = \Sigma S' \Delta s$$

und geht mit

$$\Delta s = \frac{Ss}{EF} + \varepsilon t s$$

über in

$$\text{(III)} \quad \Delta l = \Sigma \frac{SS's}{EF} + \Sigma \varepsilon t S's.$$

Werden E und ε für alle Stäbe gleich groß angenommen, und wird die vorstehende Gleichung mit der beliebigen Querschnittsfläche F_c multipliziert, so geht sie, mit der Abkürzung

$$s' = s \frac{F_c}{F},$$

über in

$$EF_c\Delta l = \Sigma S'(S_0 - S'X)s' + \varepsilon EF_c\Sigma tS's$$

und liefert

$$\text{(IV)} \quad X = \frac{\Sigma S'S_0 s' + \varepsilon EF_c \Sigma tS's - EF_c\Delta l}{\Sigma S'^2 s'}.$$

Die Belastung erzeugt für sich allein

$$\text{(V)} \quad X = \frac{\Sigma S'S_0 s'}{\Sigma S'^2 s'}.$$

In der folgenden Tabelle sind die den einzelnen Stäben entsprechenden Werte $S'S_0 s'$ und $S'^2 s'$, bei deren Berechnung $F_c = 100$ qcm angenommen wurde, zusammengestellt worden. Es ergibt sich für die eine Hälfte des in Bezug auf die Mitte symmetrischen Trägers

$$\Sigma S'S_0 s' = 1982{,}78, \quad \Sigma S'^2 s' = 224{,}50,$$

mithin ist

$$X = \frac{1982{,}78}{224{,}50} = 8{,}8 \text{ t und}$$

$$S = S_0 - 8{,}8\, S',$$

also beispielsweise für die erste Diagonale

$$S = 6{,}22 - 8{,}8 \cdot 0{,}62 = 0{,}76 \text{ t}.$$

Werden die Knotenpunktslasten 1 t und 0,5 t beziehungsweise durch P und $0{,}5\,P$ ersetzt, so entsteht $X = 8{,}8\,P$ und dieser Wert bleibt gültig, wenn man sämtliche Querschnittsflächen mit ein und derselben Zahl multipliziert, so daſs es bei der Berechnung des durch die Belastung erzeugten Horizontalschubes H eines zu entwerfenden Fachwerkbogens nur darauf ankommt, das gegenseitige Verhältnis der Querschnittsflächen abzuschätzen.

Der durch eine Erhöhung der Temperatur hervorgerufene Horizontalschub möge unter der Voraussetzung eines konstanten t berechnet werden; er ergibt sich nach Gleichung (IV):

$$X = \frac{\varepsilon EF_c t \Sigma S's}{\Sigma S'^2 s'}$$

und, wenn für Schweiſseisen $\varepsilon E = 240$ (bezogen auf die Tonne und das Meter) gesetzt und $t = 40°$ C. angenommen wird, mit $F_c = 100$ qcm $= 0{,}01$ qm,

$$X = \frac{240 \cdot 0{,}01 \cdot 40\, \Sigma S's}{2 \cdot 224{,}50} = 0{,}214\, \Sigma S's.$$

Um den Wert $\Sigma S's$, welcher sich über den ganzen Träger erstreckt, schnell zu berechnen, beachte man, daſs in der Arbeitsgleichung (II) unter Δl und Δs beliebige, aber mögliche und genügend kleine Verschiebungen verstanden werden dürfen. Solche mögliche Verschiebungen entstehen unter anderem, wenn das Fachwerk eine der früheren Form ähnliche Form annimmt, wenn sich also s um ωs und l um ωl ändert, unter ω eine Konstante verstanden. Gleichung (II) geht dann über in

$$\omega l = \omega \Sigma S' s;$$

	s	F	$s' = s\frac{F_c}{F}$	S'	$S'^2 s'$	S_0	$S_0 S' s'$
Obere Gurtung	2,00	40	5,00	— 0,43	0,92	— 4,29	9,22
	2,00	60	3,34	— 1,14	4,36	— 11,43	43,39
	2,00	80	2,50	— 2,33	13,57	— 23,33	135,90
	2,00	100	2,00	— 4,00	32,00	— 40,00	320,00
	2,00	100	2,00	— 5,00	50,00	— 50,00	500,00
Untere Gurtung	2,19	120	1,83	+ 1,10	2,21	0	0
	2,12	106	2,00	+ 1,50	4,50	+ 4,54	13,62
	2,06	100	2,06	+ 2,21	10,06	+ 11,77	53,58
	2,02	100	2,02	+ 3,87	22,94	+ 23,57	160,45
	2,00	100	2,00	+ 5,00	50,00	+ 40,05	400,50
Diagonalen	2,90	50	5,80	+ 0,62	2,23	+ 6,22	22,37
	2,44	50	4,88	+ 0,87	3,69	+ 8,71	36,98
	2,19	50	4,38	+ 1,30	7,40	+ 13,03	74,19
	2,09	50	4,18	+ 1,74	12,66	+ 17,42	126,70
	2,06	50	4,12	+ 1,03	4,37	+ 10,30	43,71
Vertikalen	3,00	50	6,00	— 0,45	1,22	— 5,00	13,50
	2,10	50	4,20	— 0,50	1,05	— 6,00	12,60
	1,40	50	2,80	— 0,54	0,82	— 6,36	9,62
	0,90	50	1,80	— 0.50	0,45	— 6,00	5,40
	0,60	50	1,20	— 0,25	0.08	— 3,50	1,05
	m	*qcm*	*m*	$\Sigma S'^2 s' = 224{,}50$		$\Sigma S_0 S' s' = 1982{,}78$	

sie liefert

$$\Sigma S' s = l,$$

und es folgt somit:

$$X = 0{,}214 \cdot 20 = 4{,}3 \text{ t}.$$

Eine durch Nachgeben der Widerlager entstandene Vergrößerung der Stützweite um Δl bedingt nach Gleichung (IV) den Horizontalschub

$$X = -\frac{EF_c \Delta l}{\Sigma S_s'^2} = -\frac{20000000 \cdot 0{,}01}{2 \cdot 224{,}5} \Delta l$$

und beispielsweise für $\Delta l = 1$ cm $= 0{,}01$ m:

$$X = -4{,}5 \text{ t.}$$

§ 3.

Verschiebungen der Knotenpunkte eines Fachwerks. Allgemeine Untersuchungen.

Werden die Knotenpunkte des Fachwerks mit 1, 2, 3 ... m .... n bezeichnet und die in denselben angreifenden Lasten mit P_1, P_2, P_3, ... P_m .... P_n, so lautet die in § 2 aufgestellte Arbeitsgleichung (6):

$$(12) \quad P_1 \delta_1 + P_2 \delta_2 + P_3 \delta_3 + \ldots + P_m \delta_m + \ldots . P_n \delta_n + \Sigma C \Delta c = \Sigma S \Delta s;$$

sie gilt für beliebige mögliche Verschiebungen δ, Δc und Δs und für beliebige Werte der Lasten P und liefert unmittelbar die durch bestimmte Δc und Δs hervorgerufene Verschiebung δ_m des Knotenpunktes m im Sinne von P_m, sobald P_1 bis P_{m-1} und P_{m+1} bis P_n gleich Null gesetzt werden, während $P_m = 1$ angenommen wird. Da nun aber die Gleichung (12) bei statisch unbestimmten Fachwerken auch für beliebige Werte der statisch nicht bestimmbaren Gröfsen X gültig ist, so wird es sich empfehlen, sämtliche X gleich Null zu setzen, d. h.

> *man wird, um die durch irgend einen, kurz mit L bezeichneten Belastungszustand erzeugte Verschiebung δ_m zu berechnen, die Arbeitsgleichung für das durch $P_m = 1$ belastete, statisch bestimmte Hauptnetz anschreiben und in diese Gleichung die dem Belastungszustande L entsprechenden Verschiebungen Δc und Δs einsetzen.*

Hierbei ist es ganz gleichgültig, in welcher Weise das statisch bestimmte Hauptnetz gebildet wird. Dafs dies auf verschiedenartige Weise geschehen kann, geht daraus hervor, dafs bei der Auswahl der als statisch nicht bestimmbar aufzufassenden Gröfsen — innerhalb gewisser Grenzen — nach Willkür verfahren werden darf.

Auch ist hervorzuheben, dafs bei der Berechnung der Knotenpunktsverschiebungen δ andere Hauptnetze gebildet werden dürfen, wie bei der Berechnung der Spannkräfte.

Zahlenbeispiel. Es wird die Senkung δ_3 des Knotenpunktes 3 des in Fig. 30 dargestellten, statisch bestimmten Fachwerkträgers gesucht. Die Knotenpunktlasten sind 8 t und 4 t. Stützweite = 12 m, Trägerhöhe = 4 m, Feldweite = 3 m, Länge einer Diagonale = 5 m.

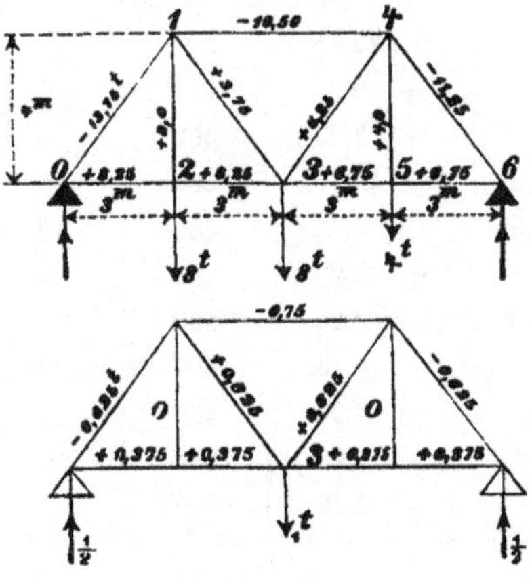

Fig. 30. u. 31.

In Fig. 30 sind die Spannkräfte S zusammengestellt worden; die ihnen entsprechenden Änderungen der Stablängen sind, wenn die Anfangstemperatur erhalten bleibt,

$$\Delta s = \frac{Ss}{EF}.$$

Fig. 31 gibt diejenigen Spannkräfte $\mathfrak{S}$, welche entstehen, sobald im Knotenpunkte 3 nach der Richtung der gesuchten Verschiebung (d. i. also im vorliegenden Falle senkrecht) eine Last 1 angreift. Die Arbeitsgleichung lautet für diesen Belastungszustand

$$1 \cdot \delta_3 = \Sigma \mathfrak{S} \cdot \Delta s,$$

sie gilt für beliebige zusammengehörige Werte δ_3 und Δs, und liefert insbesondere die dem Belastungsfalle in Fig. 30 entsprechende Senkung δ_3, sobald die für diesen Belastungsfall berechneten Δs eingesetzt werden. Bei konstantem E folgt:

$$\delta_3 = \Sigma \frac{\mathfrak{S} Ss}{EF} = \frac{1}{E} \Sigma \frac{\mathfrak{S} Ss}{F}.$$

Die den einzelnen Stäben entsprechenden Produkte $\frac{\mathfrak{S} Ss}{F}$ sind in der Tabelle auf Seite 34 zusammengestellt worden. Man findet

$$\Sigma \frac{\mathfrak{S} Ss}{F} = 822$$

und, wenn für Schweifseisen $E = 2000$ t für das qcm gesetzt wird,

$$\delta = \frac{822}{2000} = 0{,}4 \text{ cm}.$$

Beispiel 2. Es soll die Senkung δ des Scheitels G des in Fig. 24 auf Seite 25 dargestellten Dachbinders ermittelt werden.

Nachdem die statisch nicht bestimmbaren Gröfsen X' und X'' nach der in § 2 gegebenen Anleitung berechnet und die Spannkräfte $S = S_0 + S'X' + S''X''$ ermittelt worden sind, werden die wirklichen Längenänderungen $\Delta s = \frac{Ss}{EF} + \varepsilon ts$ für sämtliche Stäbe, sowie etwaige Verschiebungen der Stützpunkte festgestellt.

Tabelle zum Zahlenbeispiele auf Seite 32.

Stab	S	s	F	$\mathfrak{S}$	$\frac{\mathfrak{S} S s}{F}$
0 — 1	— 13,75	500	30	— 0,625	143
0 — 2	+ 8,25	300	15	+ 0,375	62
1 — 2	+ 8,00	400	10	0	0
1 — 4	— 10,50	600	20	— 0,750	24
1 — 3	+ 3,75	500	10	+ 0,625	117
2 — 3	+ 8,25	300	15	+ 0,375	62
3 — 4	+ 6,25	500	10	+ 0.625	195
3 — 5	+ 6,75	300	15	+ 0,375	51
4 — 5	+ 4,00	400	10	+ 0	0
4 — 6	— 11,25	500	30	— 0,625	117
5 — 6	+ 6,75	300	15	+ 0,375	51
	Tonnen	*cm*	*qcm*	Tonnen	$\Sigma \frac{\mathfrak{S} S s}{F} = 822$

Hierauf wird das statisch bestimmte Hauptnetz (Fig. 32) mit der in G angreifenden Kraft 1 belastet. Es entstehen die Auflagerkräfte

$$A = B = \frac{1}{2} \quad \text{und} \quad C = D = 1 \cdot \frac{l}{2h},$$

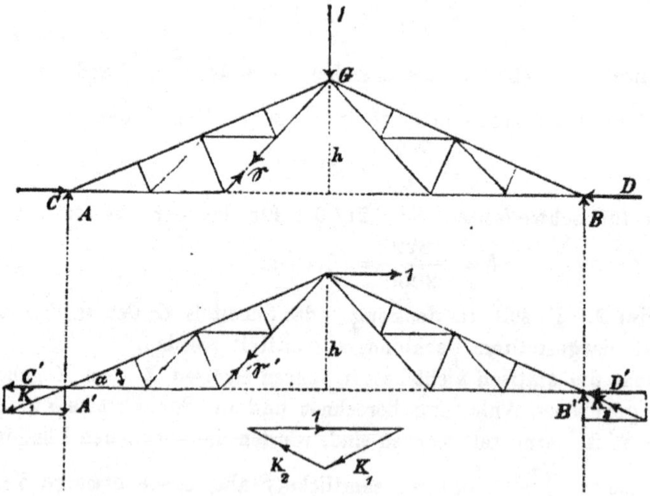

Fig. 32. u. 33.

sowie gewisse, leicht bestimmbare Spannkräfte $\mathfrak{S}$, und es lautet die Arbeitsgleichung

$$1 \cdot \delta - 1 \cdot \frac{l}{2h} \Delta l = \Sigma \mathfrak{S} \Delta s,$$

sie gilt für beliebige zusammengehörige δ und Δs. Setzt man also die wirklichen (dem Belastungszustande in Fig. 24 entsprechenden) Formänderungen Δl und Δs ein, so erhält man auch die wirkliche Senkung δ.

Wird die wagerechte Verschiebung δ' des Punktes G gesucht und hierbei δ' positiv angenommen, sobald sich G nach rechts verschiebt, so ist das statisch bestimmte Hauptnetz mit einer nach rechts gerichteten Kraft 1 zu belasten (Fig. 33). Diese erzeugt die Auflagerkräfte

$$A' = 1 \cdot \frac{h}{l}, \text{ abwärts gerichtet*)},$$

$$B' = 1 \cdot \frac{h}{l}, \text{ aufwärts gerichtet},$$

$$C' = D' = \frac{1}{2},$$

sowie Spannkräfte $\mathfrak{S}'$, und es ergibt sich die Arbeitsgleichung

$$1 \cdot \delta' - D' \cdot \Delta l = \Sigma \mathfrak{S}' \Delta s, \text{ aus welcher}$$

$$\delta' = \frac{1}{2} \Delta l + \Sigma \mathfrak{S}' \Delta s$$

erhalten wird.

Beispiel 8. Gesucht sei die Senkung δ_m des Knotenpunktes m der Mittelöffnung eines kontinuierlichen Fachwerkträgers mit 4 Stützpunkten (Fig. 34).

Nachdem für den vorgeschriebenen Belastungsfall die Spannkräfte S ermittelt worden sind, wird der Teil des Fachwerks, welchem der Knotenpunkt m angehört, statisch bestimmt gemacht. Dies geschieht am zweckmäſsigsten durch Beseitigung der beiden Stäbe LN und RT. Der Trägerteil $C_1 C_2$ ist jetzt als ein einfacher Balken aufzufassen (Fig. 34); er wird im Punkte m mit der senkrechten Kraft 1 belastet, und hierauf werden die Auflagerkräfte $1 \frac{b}{l}$ und $1 \frac{a}{l}$ und die Spannkräfte $\mathfrak{S}$ berechnet. Schlieſslich wird die Arbeitsgleichung

$$1 \cdot \delta_m = \Sigma \mathfrak{S} \Delta s$$

angeschrieben; sie liefert, wenn für Δs die wirklichen Änderungen

*) Es ist B' gleich aber entgegengesetzt A', damit die senkrechten Kräfte im Gleichgewichte sind. Sodann verlangt das Gleichgewicht gegen Drehen: $A' l = 1 \cdot h$, woraus $A' = 1 \frac{h}{l}$. Schlieſslich folgt $C' = A' \operatorname{cotg} \alpha = \frac{h}{l} \cdot \frac{l}{2h} = \frac{1}{2}$ und ebenso $D' = \frac{1}{2}$, weil die Mittelkraft K_1 aus A' und C', desgl. K_2 aus B' und D' durch den Punkt G gehen muſs.

der Stablängen gesetzt werden, die **wirkliche** senkrechte Verschiebung des Punktes m gegen die fest gedachte Gerade $C_1 C_2$. Senken sich die

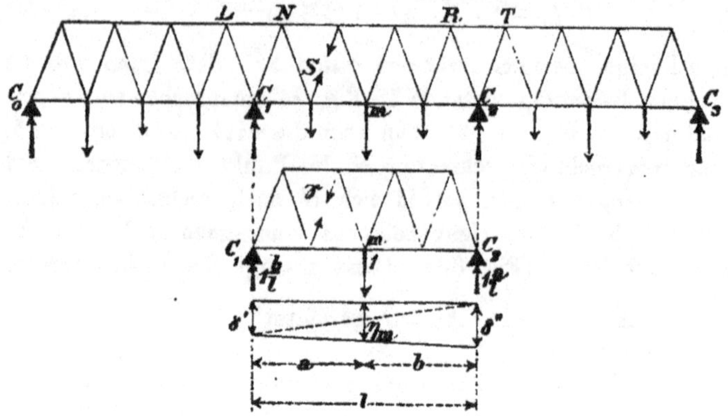

Fig. 34 a, b, c.

Stützpunkte C_1 und C_2 bezw. um δ' und δ'', so ist zu δ_m noch der durch die Fig. 34 nachgewiesene Betrag

$$\eta_m = \delta' \frac{b}{l} + \delta'' \frac{a}{l}$$

hinzuzufügen.

§ 4.

Die Biegungspolygone für ebene Fachwerkträger.

1) Trägt man die (nach unten positiv gezählten) senkrechten Verschiebungen .... δ_{m-1}, δ_m, δ_{m+1} ..... der Knotenpunkte .... $m-1$, m, $m+1$ ..... einer Gurtung AB eines in einer lotrechten Ebene gedachten Fachwerks von einer wagerechten $A'B'$ aus als Ordinaten auf und verbindet die Endpunkte derselben durch gerade Linien, so erhält man das der gegebenen Belastung entsprechende Biegungspolygon der Gurtung AB (Fig. 35b). Es läfst sich bestimmen, sobald die Längenänderungen der Gurtstäbe und die Änderungen der von je zwei aufeinander folgenden Gurtstäben gebildeten Winkel, welche wir kurz die Randwinkel nennen und $= \mathfrak{I}$ setzen wollen, bekannt sind.

Die Fläche zwischen dem Biegungspolygone und der zugehörigen Abscissenachse möge die Biegungsfläche der Gurtung heifsen.

Wir betrachten zuerst das

Biegungspolygon einer unteren Gurtung, bezeichnen

mit s_m und s_{m+1} die Längen der einem Knotenpunkte m benachbarten Gurtstäbe,

" γ_m und γ_{m+1} die von der Wagerechten durch das linke Stabende aus nach unten positiv gezählten Neigungswinkel dieser Stäbe,

mit c_m und c_{m+1} die senkrechten Projektionen von s_m und s_{m+1},
„ λ_m und λ_{m+1} die wagerechten Projektionen von s_m und s_{m+1},
„ Δs, $\Delta\gamma$, Δc, $\Delta\lambda$ die Änderungen von s, γ, c und λ, und erhalten

$$\delta_m - \delta_{m-1} = \Delta c_m,$$
$$\delta_{m+1} - \delta_m = \Delta c_{m+1}.$$

Wird die Gleichung

$$c_m = s_m \sin\gamma_m$$

differentiiert und hierbei das Differentialzeichen d durch das Zeichen Δ ersetzt, so folgt:

$$\Delta c_m = \Delta s_m \sin\gamma_m + s_m \cos\gamma_m \Delta\gamma_m$$

und nach Division durch $\lambda_m = s_m \cos\gamma_m$:

$$\frac{\Delta c_m}{\lambda_m} = \frac{\Delta s_m}{s_m} tg\gamma_m + \Delta\gamma_m$$

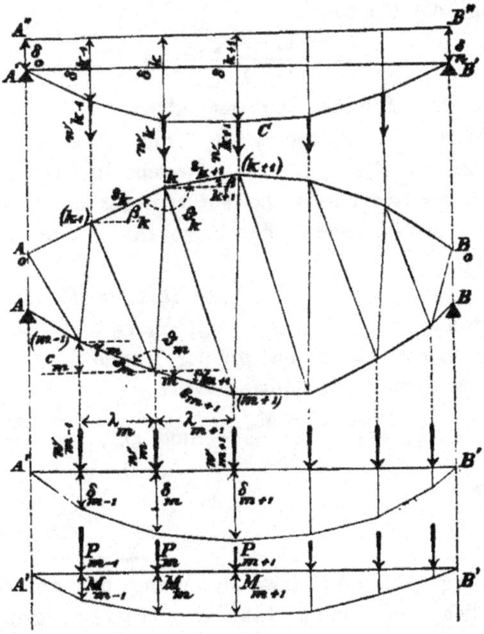

Fig. 35a, b, c.

und ebenso ergibt sich

$$\frac{\Delta c_{m+1}}{\lambda_{m+1}} = \frac{\Delta s_{m+1}}{s_{m+1}} tg\gamma_{m+1} + \Delta\gamma_{m+1},$$

so dafs

$$\frac{\Delta c_m}{\lambda_m} - \frac{\Delta c_{m+1}}{\lambda_{m+1}} = \frac{\Delta s_m}{s_m} tg\gamma_m - \frac{\Delta s_{m+1}}{s_{m+1}} tg\gamma_{m+1} + \Delta\gamma_m - \Delta\gamma_{m+1}$$

wird.

Nun ist aber

$$\vartheta_m + \gamma_m - \gamma_{m+1} = 180^\circ, \text{ mithin } \Delta\vartheta_m + \Delta\gamma_m - \Delta\gamma_{m+1} = 0,$$

und es entsteht, wenn die Δc durch die δ ausgedrückt werden:

$$\frac{\delta_m - \delta_{m-1}}{\lambda_m} - \frac{\delta_{m+1} - \delta_m}{\lambda_{m+1}} = \frac{\Delta s_m}{s_m} tg\gamma_m - \frac{\Delta s_{m+1}}{s_{m+1}} tg\gamma_{m+1} - \Delta\vartheta_m.$$

Bezeichnet man zunächst für den Temperaturzustand $t = 0$ mit

$$\sigma_m = \frac{S_m}{F_m} = \frac{\Delta s_m}{s_m} E \text{ und } \sigma_{m+1} = \frac{S_{m+1}}{F_{m+1}} = \frac{\Delta s_{m+1}}{s_{m+1}} E$$

die Spannungen in den Gurtstäben s_m und s_{m+1} und setzt zur Abkürzung

$$(13) \quad w_m = \frac{\sigma_m}{E} tg\gamma_m - \frac{\sigma_{m+1}}{E} tg\gamma_{m+1} - \Delta\vartheta_m,$$

so folgt die Gleichung

$$(14) \qquad \frac{\delta_m - \delta_{m-1}}{\lambda_m} - \frac{\delta_{m+1} - \delta_m}{\lambda_{m+1}} = w_m,$$

welche eine einfache Deutung zuläfst.

Wird ein Balken $A'B'$ (Fig. 35c) durch senkrechte Lasten $\ldots\ldots P_{m-1}, P_m, P_{m+1} \ldots\ldots$, welche in Abständen $\ldots\ldots \lambda_m, \lambda_{m+1} \ldots\ldots$ wirken, beansprucht, so besteht zwischen den Querkräften Q_m und Q_{m+1}, welche bezw. innerhalb der Strecken λ_m und λ_{m+1} konstant sind, die Beziehung

$$Q_m - Q_{m+1} = P_m.$$

Bedeuten nun $\ldots\ldots M_{m-1}, M_m, M_{m+1} \ldots\ldots$ die Biegungsmomente für die durch die Angriffspunkte der Lasten $\ldots\ldots P_{m-1}, P_m, P_{m+1} \ldots\ldots$ gelegten Balkenquerschnitte, so ist

$$Q_m = \frac{M_m - M_{m-1}}{\lambda_m} \text{ und } Q_{m+1} = \frac{M_{m+1} - M_m}{\lambda_{m+1}},$$

und es folgt:

$$\frac{M_m - M_{m-1}}{\lambda_m} - \frac{M_{m+1} - M_m}{\lambda_{m+1}} = P_m.*)$$

Vergleicht man diese Beziehung mit der Gleichung (14), so ist ersichtlich, dafs man das Biegungspolygon einer Fachwerksgurtung auffassen darf als das Momentenpolygon eines Balkens $A'B'$, welcher durch Lasten $\ldots w_{m-1}, w_m, w_{m+1} \ldots\ldots$ beansprucht wird (Fig. 35b).

Sind insbesondere die Verschiebungen des ersten und des letzten Knotenpunktes (o und n) der Gurtung gleich Null, wie dies in der Fig. 35b vorausgesetzt worden ist, so ist der Balken $A'B'$ ein einfacher, d. h. an den Enden frei aufliegender.

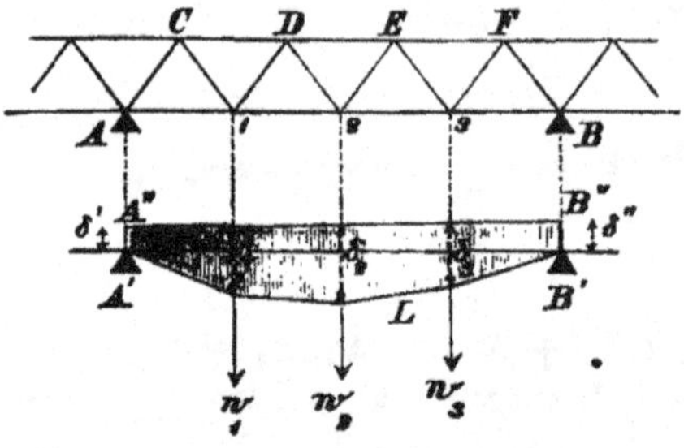

Fig. 36.

Handelt es sich um das Biegungspolygon einer Gurtung AB, deren Endknotenpunkte sich um Strecken δ' und δ'' senken (beispielsweise der Gurtung des Mittelfeldes eines kontinuierlichen Trägers mit verschieblichen Stützpunkten, Fig. 36), so setze man zuerst δ' und δ'' gleich Null, berechne

*) Die Querkraft Q ist hierbei als Mittelkraft der auf das Balkenstück links vom betrachteten Querschnitte wirksamen äufseren Kräfte aufgefafst und positiv angenommen, wenn aufwärts gerichtet. M bedeutet das Moment von Q, bezogen auf den Schwerpunkt des betrachteten Querschnitts als Drehpunkt, und wird positiv gesetzt, wenn es rechts drehend ist.

also das den Lasten w entsprechende Momentenpolygon $A'LB'$ eines einfachen Balkens $A'B'$ und füge schließlich zu den Ordinaten dieses Polygons die Ordinaten der Geraden $A''B''$, welche durch $A'A'' = \delta'$ und $B'B'' = \delta''$ gegeben ist. Die in der Fig. 36 schraffierte Fläche ist die gesuchte Biegungsfläche. Für das

Biegungspolygon einer oberen Gurtung ergibt sich, wenn

β_k und β_{k+1} die von der Wagerechten durch das linke Stabende aus nach oben positiv gezählten Neigungswinkel der Gurtstäbe s_k und s_{k+1}

bedeuten (Fig. 35a), in gleicher Weise

$$\frac{\delta_k - \delta_{k-1}}{\lambda_k} - \frac{\delta_{k+1} - \delta_k}{\lambda_{k+1}} = w_k,$$

wobei

$$(15) \quad w_k = \frac{\sigma_{k+1}}{E} tg\beta_{k+1} - \frac{\sigma_k}{E} tg\beta_k + \Delta\vartheta_k$$

ist. Der durch die Lasten w_k beanspruchte Balken $A'B'$, dessen Momentenpolygon mit dem gesuchten Biegungspolygone übereinstimmt, ist, wie vorhin, als ein an den Enden frei aufliegender anzusehen, sobald der erste und der letzte Knotenpunkt der betrachteten Gurtung keine senkrechten Verschiebungen erfahren. Handelt es sich nun beispielsweise um die obere Gurtung eines Fachwerkträgers mit Endvertikalen (Fig. 35d), so hat man nach Aufzeichnung des Momentenpolygons $A'CB'$ für den an den Enden freiliegenden Balken $A'B'$, zu den Ordinaten dieses Polygons noch die der Geraden $A''B''$ zu addieren, wobei die Strecken $\overline{A'A''}$ und $\overline{B'B''}$ gleich den Verkürzungen δ_o bezw. δ_n der Endvertikalen zu machen sind.

Will man die Senkungen der Knotenpunkte C, D, E, F der oberen Gurtung einer Mittelöffnung eines kontinuierlichen Balkens bestimmen (Fig. 36), so betrachte man das Polygon $ACDEFB$ als obere Gurtung und die Stützpunkte A und B, deren Verschiebungen stets gegeben sind, bezw. als Anfangs- und Endknotenpunkt.

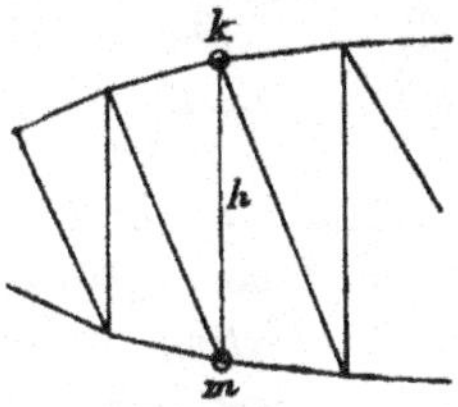

Fig. 37.

Bei einem Fachwerke mit Vertikalen (Fig. 37) findet man nach Bestimmung des Biegungspolygones der unteren Gurtung dasjenige der oberen (oder umgekehrt) mit Hilfe der Beziehung

$$\delta_m - \delta_k = \Delta h,$$

wobei δ_m = Senkung des unteren Knotenpunktes m,

δ_k = Senkung des oberen Knotenpunktes k,

Δh = Verlängerung der die beiden Punkte m und k verbindenden Vertikale.

Berechnung der $\Delta\mathfrak{T}_m$. Wir beschränken uns in diesem Buche auf die Behandlung des Falles, in welchem das Fachwerk durch Aneinanderfügung von Dreiecken erzeugt werden kann. Es setzt sich dann jeder Winkel $\mathfrak{T}$ aus einzelnen Dreieckswinkeln zusammen, und es genügt, die Berechnung der Änderung eines solchen zu zeigen.

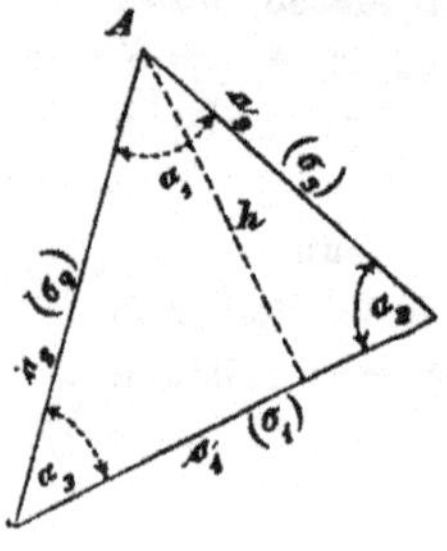

Fig. 38.

Sind a_1, a_2, a_3 die Seiten eines Dreiecks und $\alpha_1, \alpha_2, \alpha_3$ die ihnen gegenüberliegenden Winkel, und bedeutet h das Lot von A auf a_1, so folgt:

$$a_1 = a_2 \cos \alpha_3 + a_3 \cos \alpha_2$$

und hieraus durch Differentiieren:

$$\Delta a_1 = \Delta a_2 \cos \alpha_3 - a_2 \sin \alpha_3 \Delta \alpha_3 + \Delta a_3 \cos \alpha_2 - a_3 \sin \alpha_2 \Delta \alpha_2$$

$$= \frac{\Delta a_2}{a_2} \cdot a_2 \cos \alpha_3 + \frac{\Delta a_3}{a_3} \cdot a_3 \cos \alpha_2 - h (\Delta \alpha_2 + \Delta \alpha_3).$$

Nun ist aber $\alpha_1 + \alpha_2 + \alpha_3 = 180°$ also $\Delta \alpha_1 + \Delta \alpha_2 + \Delta \alpha_3 = 0$ und $\Delta \alpha_2 + \Delta \alpha_3 = - \Delta \alpha_1$, ferner ist $a_2 \cos \alpha_3 = h \operatorname{cotg} \alpha_3$ und $a_3 \cos \alpha_2 = h \operatorname{cotg} \alpha_2$, weshalb sich ergibt:

$$\Delta \alpha_1 = \frac{\Delta a_1}{a_1} \cdot \frac{a_1}{h} - \frac{\Delta a_2}{a_2} \operatorname{cotg} \alpha_3 - \frac{\Delta a_3}{a_3} \operatorname{cotg} \alpha_2 .$$

Bezeichnet man mit $\sigma_1, \sigma_2, \sigma_3$ die Spannungen in den Stäben a_1, a_2, a_3 und setzt die Temperaturänderung $t = 0$ voraus, so ist

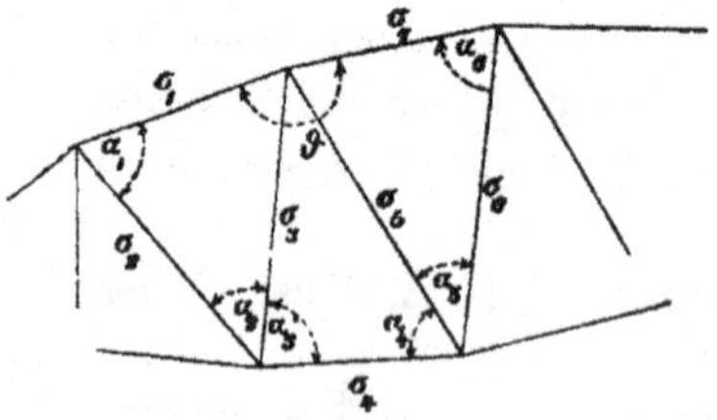

Fig. 39.

$$\frac{\Delta a_1}{a_1} = \frac{\sigma_1}{E}, \quad \frac{\Delta a_2}{a_2} = \frac{\sigma_2}{E},$$

$$\frac{\Delta a_3}{a_3} = \frac{\sigma_3}{E}.$$

Beachtet man noch

$$\frac{a_1}{h} = \operatorname{cotg} \alpha_2 + \operatorname{cotg} \alpha_3,$$

so findet man, wenn E konstant ist, zur Berechnung der durch die Spannungen σ hervorgebrachten Winkeländerung die Gleichung

$$(16) \quad E \Delta \alpha_1 = (\sigma_1 - \sigma_2) \operatorname{cotg} \alpha_3 + (\sigma_1 - \sigma_3) \operatorname{cotg} \alpha_2 .$$

Für die Änderung des Winkels $\mathfrak{T}$ in Fig. 39 ergibt sich z. B. mit den an die einzelnen Stäbe geschriebenen Spannungen σ die Gleichung:

$$(16\text{a}) \quad E \Delta \mathfrak{T} = (\sigma_2 - \sigma_1) \operatorname{cotg} \alpha_1 + (\sigma_2 - \sigma_3) \operatorname{cotg} \alpha_2 + (\sigma_4 - \sigma_3) \operatorname{cotg} \alpha_3$$
$$+ (\sigma_4 - \sigma_5) \operatorname{cotg} \alpha_4 + (\sigma_6 - \sigma_5) \operatorname{cotg} \alpha_5 + (\sigma_6 - \sigma_7) \operatorname{cotg} \alpha_6 .$$

Sollen **Temperaturänderungen** berücksichtigt werden, so ergibt sich die Änderung Δs einer Stablänge s aus

$$\frac{\Delta s}{s} = \frac{S}{FE} + \varepsilon t = \frac{\sigma}{E} + \varepsilon t = \frac{1}{E} (\sigma + \varepsilon E t);$$

es treten alsdann in den Gleichungen (13) bis (16) an die Stelle der Spannungen σ die Werte $\sigma + \varepsilon E t$.

Zahlenbeispiel. Es soll das Biegungspolygon für die untere Gurtung des in Fig. 40 dargestellten Schwedler-Trägers berechnet

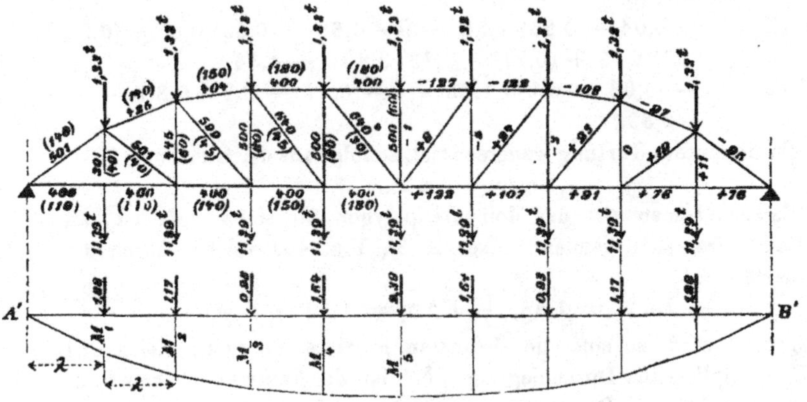

Fig. 40.

werden. Material: Schweißeisen. Jeder untere Knotenpunkt ist mit 11,39 t, jeder obere mit 1,33 t belastet. In Fig. 40 geben links von der Mitte die nicht eingeklammerten Zahlen die Stablängen in cm an und die eingeklammerten Zahlen die Querschnittsinhalte F in qcm; die Zahlen rechts von der Mitte sind gleich den Spannkräften in Tonnen.

In Figur 41 bedeuten die an die Stäbe geschriebenen Zahlen die

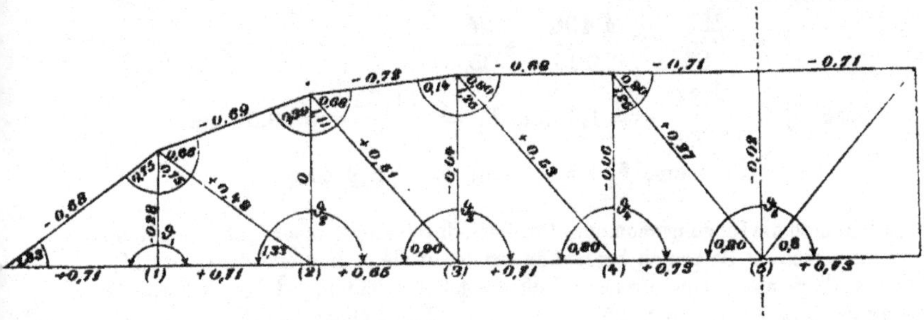

Fig. 41.

in Tonnen für das qcm ausgedrückten Spannungen; die in die Winkel gesetzten Zahlen sind gleich den Kotangenten der Winkel.

Es ergeben sich folgende Werte für die den unteren Randwinkeln entsprechenden Produkte $E \Delta \vartheta_m$:

$$E \Delta \vartheta_1 = (-0{,}68 - 0{,}71)\,1{,}33 + (-0{,}68 + 0{,}28)\,0{,}75 + (0{,}48 + 0{,}28)\,0{,}75 + (0{,}48 - 0{,}71)\,1{,}33 = -1{,}88$$

$E\Delta\mathfrak{J}_2 = (-0{,}28 - 0{,}48)\,0{,}75 + (-0{,}69 - 0{,}48)\,0{,}66 + (-0{,}69 - 0)\,0{,}39 + (0{,}51 - 0)\,1{,}11 + (0{,}51 - 0{,}65)\,0{,}90 = -1{,}17$

$E\Delta\mathfrak{J}_3 = (0 - 0{,}51)\,1{,}11 + (-0{,}72 - 0{,}51)\,0{,}68 + (-0{,}72 + 0{,}04)\,0{,}14 + (0{,}53 + 0{,}04)\,1{,}25 + (0{,}53 - 0{,}71)\,0{,}8 = -0{,}93$

$E\Delta\mathfrak{J}_4 = (-0{,}04 - 0{,}53)\,1{,}25 + (-0{,}68 - 0{,}53)\,0{,}8 + (0{,}27 + 0{,}06)\,1{,}25 + (0{,}27 - 0{,}73)\,0{,}8 = -1{,}64$

$E\Delta\mathfrak{J}_5 = \{(-0{,}06 - 0{,}27)\,1{,}25 + (-0{,}71 - 0{,}27)\,0{,}8\}\,2 = -2{,}39.$

Da die untere Gurtung wagerecht ist, so folgt aus der Gleichung (13):

$$w_m = -\Delta\mathfrak{J}_m.$$

Berechnet man also das Momentenpolygon für einen einfachen, an den Enden frei aufliegenden Balken $A'B'$, Fig. 40, welcher durch die Einzellasten

$$-E\Delta\mathfrak{J}_1 = 1{,}88, \quad -E\Delta\mathfrak{J}_2 = 1{,}17 \text{ u. s. w.}$$

beansprucht wird, so sind die Ordinaten M dieses Polygons gleich den mit E multiplizierten Durchbiegungen δ. Ist die Feldweite λ konstant, so darf man bei der Berechnung der Momente M für den Balken $A'B'$ die Annahme $\lambda = 1$ machen, und erhält dann $\mathrm{M} = \frac{E\delta}{\lambda}$.

Es ergibt sich:

$$\mathrm{M}_1 = 6{,}815, \quad \mathrm{M}_2 = 11{,}750, \quad \mathrm{M}_3 = 15{,}515, \quad \mathrm{M}_4 = 18{,}350$$
$$\text{und } \mathrm{M}_5 = 19{,}545,\text{*)}$$

und es folgen nun, wegen $\lambda = 400$ cm und $E = 2000$ t für das qcm, die Durchbiegungen:

$$\delta = \frac{\mathrm{M}\lambda}{E} = \frac{\mathrm{M}\,400}{2000} = \frac{\mathrm{M}}{5};$$

$$\text{also } \delta_1 = \frac{6{,}815}{5} = 1{,}4 \text{ cm}, \quad \delta_2 = \frac{11{,}750}{5} = 2{,}35 \text{ cm},$$

$$\delta_3 = 3{,}1 \text{ cm}, \quad \delta_4 = 3{,}7 \text{ cm}; \quad \delta_5 = 3{,}9 \text{ cm}.$$

---

*) Hat man die Biegungsmomente für einen durch eine gröfsere Zahl von Einzellasten beanspruchten Balken zu berechnen, so ermittele man zuerst die Querkräfte. Für den vorliegenden symmetrischen Belastungsfall erhält man folgenden Ansatz:

für Feld 5 ist $Q_5 = \frac{1}{2} \cdot 2{,}39 = 1{,}195$	$\mathrm{M}_1 = Q_1 = 6{,}815$
dazu addiert . . . . $1{,}640 = w_4$	dazu addiert $4{,}935 = Q_2$
gibt $Q_4 = 2{,}835$	gibt $\mathrm{M}_2 = 11{,}750$
$+\,0{,}930 = w_3$	$+\,3{,}765 = Q_3$
$Q_3 = 3{,}765$	$\mathrm{M}_3 = 15{,}515$
$+\,1{,}170 = w_2$	$+\,2{,}835 = Q_4$
$Q_2 = 4{,}935$	$\mathrm{M}_4 = 18{,}350$
$+\,1{,}880 = w_1$	$+\,1{,}195 = Q_5$
$Q_1 = 6{,}815$	$\mathrm{M}_5 = 19{,}545$

§ 5.

Das Biegungspolygon eines Strebenfachwerkes. (Zweites Verfahren.)

Haben sämtliche Stäbe eine gegen die Senkrechte geneigte Lage, so nennt man das Stabsystem ein Strebenfachwerk. Für ein solches möge dasjenige Polygon bestimmt werden, dessen Ordinaten gleichzeitig die senkrechten Verschiebungen δ der Knotenpunkte der oberen und der unteren Gurtung liefern.

Mit Bezugnahme auf die aus der Fig. 42 zu ersehende Bezeichnung der Knotenpunkte sollen bedeuten:

o_m die Länge des einem Knotenpunkte m der unteren Gurtung gegenüberliegenden Obergurt-Stabes,

u_k die Länge des einem Knotenpunkte k der oberen Gurtung gegenüberliegenden Untergurt-Stabes,

d_m die Länge der m^{ten} Diagonale,

β_m den Neigungswinkel von o_m gegen die Wagerechte,

γ_k den Neigungswinkel von u_k gegen die Wagerechte,

φ_m den Neigungswinkel von d_m gegen die Wagerechte,

e_m die senkrechte Projektion von d_m.

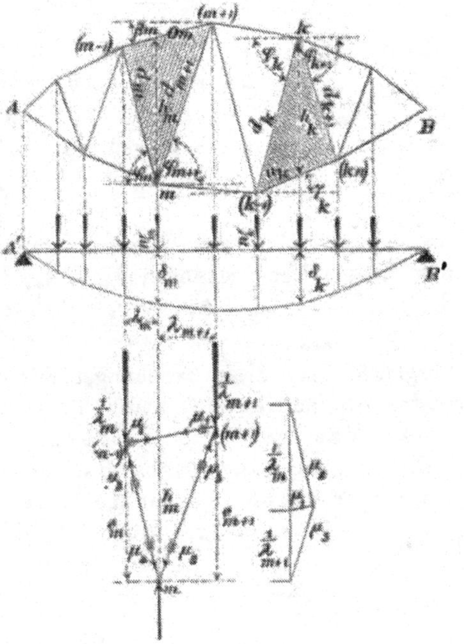

Fig. 42. u. 43.

Um eine einfache Beziehung zwischen den Verlängerungen Δo_m, Δd_m, Δd_{m+1} der Seiten des Dreiecks $(m-1)-m-(m+1)$, und den Verkürzungen

$$\Delta e_m = \delta_{m-1} - \delta_m \text{ und } \Delta e_{m+1} = \delta_{m+1} - \delta_m$$

der Strecken e_m und e_{m+1} zu erhalten, denken wir dieses Dreieck herausgelöst und in den Punkten $m-1$ und $m+1$ mit den senkrechten Kräften $\frac{1}{\lambda_m}$ und $\frac{1}{\lambda_{m+1}}$ belastet, Fig. 43, während wir den Punkt m festlegen. In den drei Stäben o_m, d_m, d_{m+1} entstehen gewisse Spannkräfte μ_1, μ_2, μ_3, und es lautet, da μ_2 und μ_3 Drücke sind, die Arbeitsgleichung:

$$\frac{1}{\lambda_m}\Delta e_m + \frac{1}{\lambda_{m+1}}\Delta e_{m+1} = \mu_1 \Delta o_m - \mu_2 \Delta d_m - \mu_3 \Delta d_{m+1}.$$

Mit Hilfe des Kräfteplanes in Fig. 43 ergibt sich nun, wenn h_m die bei m gemessene senkrechte Höhe des Fachwerks bedeutet,

$$\mu_1 : \frac{1}{\lambda_m} = \lambda_m \sec \beta_m : h_m \text{ und hieraus } \mu_1 = \frac{\sec \beta_m}{h_m},$$

$$\mu_2 : \frac{1}{\lambda_m} = d_m : h_m = \lambda_m \sec \varphi_m : h_m \quad \text{„} \quad \mu_2 = \frac{\sec \varphi_m}{h_m},$$

$$\mu_3 : \frac{1}{\lambda_{m+1}} = d_{m+1} : h_m = \lambda_{m+1} \sec \varphi_{m+1} : h_m \text{ und hieraus}$$

$$\mu_3 = \frac{\sec \varphi_{m+1}}{h_m},$$

und es wird

$$\frac{\Delta e_m}{\lambda_m} + \frac{\Delta e_{m+1}}{\lambda_{m+1}} = \frac{\Delta o_m \sec \beta_m - \Delta d_m \sec \varphi_m - \Delta d_{m+1} \sec \varphi_{m+1}}{h_m}.$$

Werden die Δe durch die δ ausgedrückt, so folgt

$$\frac{\delta_m - \delta_{m-1}}{\lambda_m} - \frac{\delta_{m+1} - \delta_m}{\lambda_{m+1}} = \frac{-\Delta o_m \sec \beta_m + \Delta d_m \sec \varphi_m + \Delta d_{m+1} \sec \varphi_{m+1}}{h_m},$$

und ebenso ergibt sich, wenn k ein Knotenpunkt der oberen Gurtung ist, zwischen den Verschiebungen δ_{k-1}, δ_k, δ_{k+1} die Beziehung

$$\frac{\delta_k - \delta_{k-1}}{\lambda_k} - \frac{\delta_{k+1} - \delta_k}{\lambda_{k+1}} = \frac{\Delta u_k \sec \gamma_k - \Delta d_k \sec \varphi_k - \Delta d_{k+1} \sec \varphi_{k+1}}{h_k}.$$

Vergleicht man diese Beziehungen mit den auf Seite 30 und 31 abgeleiteten Gleichungen (12) und (13), so erkennt man,

> d a ſ s   d a s   g e s u c h t e   B i e g u n g s p o l y g o n   m i t   d e m   M o m e n t e n p o l y g o n e   e i n e s   B a l k e n s $A'B'$ ü b e r e i n s t i m m t ,   w e l c h e r   d u r c h   s e n k r e c h t e   K r ä f t e

$$(17) \quad w_m = \frac{-\Delta o_m \sec \beta_m + \Delta d_m \sec \varphi_m + \Delta d_{m+1} \sec \varphi_{m+1}}{h_m}, \text{ und}$$

$$(17a) \quad w_k = \frac{\Delta u_k \sec \gamma_k - \Delta d_k \sec \varphi_k - \Delta d_{k+1} \sec \varphi_{k+1}}{h_k}$$

> b e l a s t e t   w i r d .

In Figur 42 ist vorausgesetzt worden, daſs die senkrechten Verschiebungen der Endpunkte A und B gleich Null sind, daſs also $A'B'$ ein an den Enden frei aufliegender Balken ist.

Zahlenbeispiel. Es sollen die senkrechten Verschiebungen sämtlicher Knotenpunkte des in Fig. 44 dargestellten schmiedeeisernen Netzwerkes unter der Voraussetzung berechnet werden, daſs in jedem Knotenpunkte der oberen Gurtung eine Last von 12 t angreift.

In Fig. 44 sind die Spannkräfte in Tonnen (nicht eingeklammerte Zahlen) und die Stablängen in dm (eingeklammerte Zahlen) angegeben und in Fig. 45 die unter der Annahme $E = 100$ (statt des wirklichen Wertes $E = 200000$ t für das qdm) berechneten Verlängerungen der Stäbe in dm und die Querschnittsflächen in qdm zusammengestellt worden. Für den ersten Stab der oberen Gurtung beträgt z. B. die Querschnittsfläche 0,45 qdm und die Verlängerung Δo

$$= -\frac{32 \cdot 40}{100 \cdot 0{,}45} = -29 \text{dm}.$$

Schließlich wurden in Fig. 46 die senkrechten Trägerhöhen und die mit der Sekante des Stab-Neigungswinkels (gegen die Wagerechte) multiplizierten Verlängerungen eingetragen, zum Beispiel für eine Diagonale des Mittelfeldes $\Delta d \cdot \sec \varphi$

$$= -5 \cdot \frac{32}{20} = -8 \text{ dm}.$$

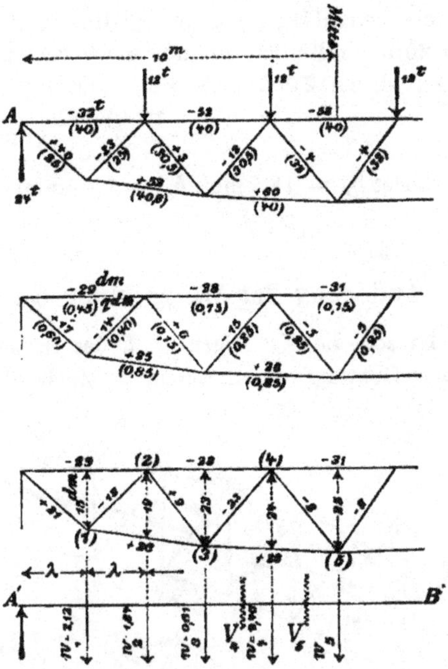

Fig. 44—46.

Es ergeben sich jetzt mittels der Gleichung (17) für die unteren Knotenpunkte 1, 3 und 5 die Werte

$$w_1 = \frac{29 + 21 - 18}{15} = 2{,}13,$$

$$w_3 = \frac{28 + 9 - 23}{23} = 0{,}61,$$

$$w_5 = \frac{31 - 8 - 8}{25} = 0{,}60$$

und mittels der Gleichung (17a) für die oberen Knotenpunkte die Werte

$$w_2 = \frac{26 + 18 - 9}{19} = 1{,}84,$$

$$w_4 = \frac{28 + 28 + 8}{24} = 2{,}46.$$

Um die Biegungsmomente für den mit den Werten w belasteten Balken $A'B'$ schnell zu erhalten, berechnen wir zuerst die Querkräfte $Q_5 = \frac{1}{2} w_5 = 0{,}30$, $Q_4 = 0{,}30 + w_4 = 2{,}76$, $Q_3 = 2{,}76 + w_3 = 3{,}37$, $Q_2 = 3{,}37 + w_2 = 5{,}21$, $Q_1 = 5{,}21 + w_1 = 7{,}34$ und hierauf, unter der vorläufigen Annahme: $\lambda = 1$, die Biegungsmomente

$$M_1 = Q_1 = 7{,}84,\ M_2 = M_1 + Q_2 = 12{,}55,\ M_3 = M_2 + Q_3 = 15{,}92,$$
$$M_4 = M_3 + Q_4 = 18{,}68 \text{ und } M_5 = M_4 + M_5 = 18{,}98.$$

Um die Durchbiegungen zu erhalten, müssen wir die Momente M mit $\lambda = 20\,\mathrm{dm}$ multiplizieren und (da wir vorhin $E = 100$ statt $E = 200\,000$ setzten) durch 2000 dividieren. Es ergibt sich

$$\delta_5 = \frac{18{,}98 \cdot 20}{2000}\,\mathrm{dm} = 19{,}0\,\mathrm{mm}$$

und ebenso $\delta_4 = 18{,}7\,\mathrm{mm}$, $\delta_3 = 15{,}9\,\mathrm{mm}$, $\delta_2 = 12{,}6\,\mathrm{mm}$, $\delta_1 = 7{,}8\,\mathrm{mm}$.

§ 6.

Änderung der Länge einer Gurtsehne. (Fig. 47.)

Es soll die Verlängerung ξ der irgend zwei Knotenpunkte 0 und n einer Gurtung verbindenden Sehne bestimmt werden. Die Lote von den Knotenpunkten $1, 2, \ldots m \ldots$ auf diese Sehne seien $= y_1, y_2, \ldots y_m \ldots$, und die Projektionen der Längen s_1, s_2, $\ldots s_m \ldots$ der von der Sehne $0-n$ unterspannten Gurtstäbe auf $0-n$ seien $= e_1, e_2, \ldots e_m \ldots$ Die Vergrößerung irgend eines Randwinkels ϑ_m um $\Delta\vartheta_m$ bedingt die durch die Figur 47b nachgewiesene Änderung $\xi = y_m \Delta\vartheta_m$, und die Verlängerung Δs_m der Länge s_m eines Gurtstabes erzeugt $\xi = \Delta s_m \cos\psi_m$, wobei

ψ_m = Neigungswinkel des Stabes s_m gegen die fragliche Sehne.

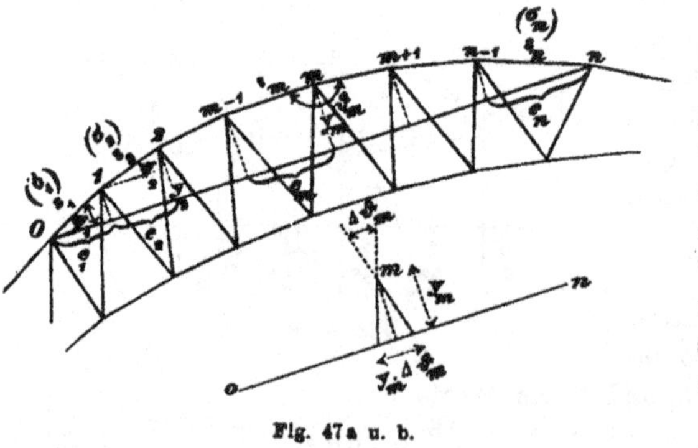

Fig. 47a u. b.

Im ganzen entsteht also

$$\xi = \sum_1^{n-1} y_m \Delta\vartheta_m + \sum_1^{n} \Delta s_m \cos\psi_m$$

und, wenn für den Fall $t = 0$

$$\Delta s_m = s_m \frac{\sigma_m}{E} = \frac{e_m}{\cos\psi_m} \cdot \frac{\sigma_m}{E}$$

gesetzt wird,

$$(18)\qquad \xi = \sum_1^{n-1} y_m \Delta\vartheta_m + \sum_1^{n} \frac{\sigma_m}{E} e_m.$$

Beispiele für die Anwendung dieser Gleichung finden sich im § 7 und § 9.

§ ~~8~~ 7.

Aufgaben, betreffend die Ermittelung von Biegungslinien.

Aufgabe 1. Gesucht die senkrechten Verschiebungen der Knotenpunkte der unteren Gurtung des in Fig. 48 dargestellten Fachwerkträgers mit 2 nicht an den Enden stehenden Stützen *A* und *B*.

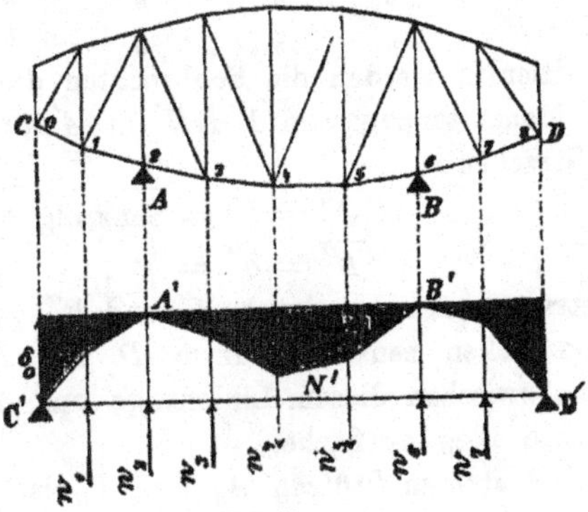

Fig. 48.

Man nehme zunächst *C* und *D* in senkrechter Richtung unverschieblich an und zeichne das Momentenpolygon *C'A'N'B'D'* für einen bei *C'* und *D'* frei aufliegenden Balken, auf welchen die nach Gleich. (12) berechneten Lasten *w* (welche teils positiv, teils negativ sind*) wirken. Bringt man hierauf die Senkrechten durch die festen Stützpunkte *A* und *B* in *A'* und *B'* mit dem Momentenpolygone zum Schnitte und zieht die Gerade *A'B'*, so erhält

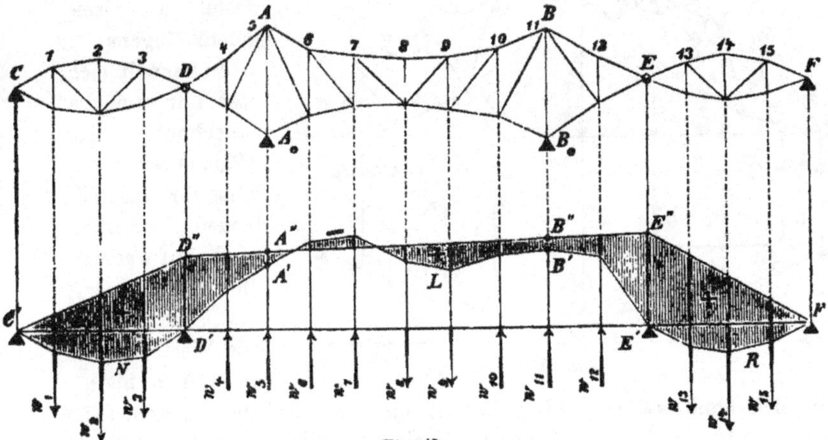

Fig. 49.

man in der schraffierten Fläche die gesuchte Biegungsfläche. Beispielsweise ist die Senkung der Knotenpunkte *o* und 5 gleich δ_o bezw. δ_5.

Aufgabe 2. Gesucht die Biegungsfläche für die obere Gurtung *CDABEF* des Gerberschen Trägers in Fig. 49.

---

*) In Fig. 48 wurden w_4 und w_5 positiv, die übrigen *w* negativ (also nach oben gerichtet) angenommen.

Nachdem die den Knotenpunkten 1 bis 3, 4 bis 12 und 13 bis 15 entsprechenden (teils positiv, teils negativ ausfallenden) Werte w berechnet worden sind, werden die Momentenpolygone gezeichnet:

$C'ND'$ für den einfachen Balken $C'D'$ mit den Lasten w_1 bis w_3,
$D'LE'$ „ „ „ „ $D'E'$ „ „ „ w_4 „ w_{12},
$E'RF'$ „ „ „ „ $E'F'$ „ „ „ w_{13} „ w_{15}.

Hierauf werden die Senkrechten durch die Punkte A und B mit dem Momentenpolygone $D'LE'$ in A' und B' zum Schnitte gebracht, die Strecken

$$\overline{A'A''} = \delta' = \text{Senkung des Punktes } A,$$
$$\overline{B'B''} = \delta'' = \quad \text{„} \quad \text{„} \quad \text{„} \quad B$$

abgetragen und der durch A'' und B'' gehende Linienzug $C'D''E''F'$, dessen Ecken senkrecht unter D und E liegen, eingezeichnet. Die Fläche zwischen diesem Linienzuge und dem Momentenpolygone ist die gesuchte Biegungsfläche.

Bei starren Stützen A_0 und B_0 ist

$$\delta' = \text{Verkürzung der Vertikale } A_0 A,$$
$$\delta'' = \quad \text{„} \quad \text{„} \quad \text{„} \quad B_0 B.$$

Aufgabe 3. Gesucht die Biegungslinie für die obere Gurtung des in Fig. 50 dargestellten Dreigelenk-Bogens.

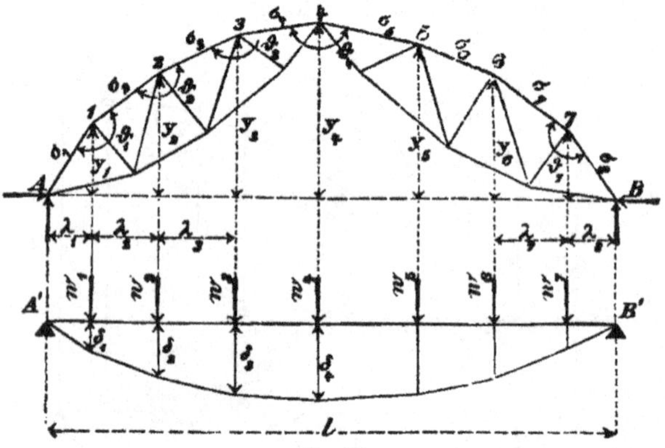

Fig. 50.

Es handelt sich hier nur um die Berechnung des Momentenpolygons für den einfachen Balken $A'B'$, auf welchen die Lasten w_1, w_2, ... w_7 wirken. Die Werte w_1 bis w_3 und w_5 bis w_7 lassen sich ohne weiteres mit Hilfe der im § 4 gegebenen Gleich. (15) berechnen, da sich die Randwinkel ϑ_1 bis ϑ_3 und ϑ_5 bis ϑ_7 aus Dreieckswinkeln zusammensetzen. Um w_4 mittels der Gleich. (14) bestimmen zu können, mufs $\Delta\vartheta_4$ bekannt sein. Nun ist die durch Änderungen der Randwinkel und die Spannungen in den Gurtstäben bedingte Änderung ξ der Stützweite AB nach § 6, zunächst für den Fall $t = 0$:

$$\xi = \frac{\sigma_1}{E}\lambda_1 + \frac{\sigma_2}{E}\lambda_2 + \frac{\sigma_3}{E}\lambda_3 + \frac{\sigma_4}{E}\lambda_4 + \ldots\ldots + \frac{\sigma_8}{E}\lambda_8$$
$$+ y_1\Delta\vartheta_1 + y_2\Delta\vartheta_2 + y_3\Delta\vartheta_3 + y_4\Delta\vartheta_4 + y_5\Delta\vartheta_5 + y_6\Delta\vartheta_6 + y_7\Delta\vartheta_7$$

und man erhält somit, bei gegebener Verschiebung $\xi = \Delta l$, den Wert

$$\Delta \vartheta_4 = \frac{\Delta l - \sum_1^3 y \Delta \vartheta - \sum_5^7 y \Delta \vartheta - \sum_1^8 \frac{\sigma}{E} \lambda}{y_4}.$$

Bei starren Stützen ist $\Delta l = 0$. Sind die Kämpfer A und B durch eine Zugstange mit dem Querschnitte F_0 verbunden, so ist Δl = Verlängerung dieser den Horizontalschub H des Bogens aufnehmenden Stange; es folgt dann $\Delta l = \frac{Hl}{EF_0}$. Sollen Temperaturänderungen berücksichtigt werden, so ist σ durch $\sigma + \varepsilon Et$ zu ersetzen, während für Δl der Wert $\frac{Hl}{EF_0} + \varepsilon t_0 l$ einzuführen ist. Hierbei bedeutet t die Temperaturänderung für einen Stab der oberen Gurtung und t_0 die Temperaturänderung für die Stange AB.

§ 8.

Ebene Fachwerkträger mit veränderlicher Belastung. Einflußlinien für die statisch nicht bestimmbaren Größen X.

1) Stellt man bei Fachwerken mit veränderlicher Belastung die Spannkraft S eines jeden Stabes in einer solchen Form als Funktion der Lasten P dar, daß der Einfluß jeder einzelnen Last auf S ersichtlich ist, so vermag man anzugeben, welche Lasten in dem Stabe einen Zug, und welche Lasten einen Druck hervorbringen, und wie groß die Grenzwerte S_{max} (= größter Zug) und S_{min} (= größter Druck) sind. In gleicher Weise können die Werte C_{max} und C_{min} für jede Auflagerkraft berechnet werden.

Handelt es sich um ein ebenes Fachwerk mit senkrechter Belastung, so verfolge man den Einfluß einer über den Träger fortschreitenden Last „Eins", trage den Wert S beziehungsweise C unter dem jedesmaligen Angriffspunkte der Last als Ordinate auf und verbinde die Endpunkte dieser Ordinaten durch eine Linie, welche die Einflußlinie für S bezw. C heißt; die zwischen ihr und der Abscissenachse gelegene Fläche wird die Einflußfläche für S bezw. C genannt.

Die Einflußlinien für die Werte S und C lassen sich mit Hilfe der Gleichungen

$$S = S_0 + S'X' + S''X'' + S'''X''' + \ldots.$$
$$C = C_0 + C'X' + C''X'' + C'''X''' + \ldots.$$

leicht finden, sobald die Einflußlinien für die Größen X', X'', X''' .... gegeben sind. Die Ermittelung dieser „X-Linien" ist das Ziel der nachstehenden Untersuchungen, und zwar soll sie unter der Voraussetzung erfolgen, dafs jede zwischen zwei Knotenpunkten wirkende Last durch einfache Zwischenträger auf die benachbarten Knotenpunkte übertragen wird. Es ist dann jede Einflufslinie ein aus geraden Linien bestehendes Polygon, dessen Ecken den Knotenpunkten des Fachwerkes entsprechen. Besitzt z. B. (Fig. 51) die X'-Linie unter den Knotenpunkten $(m-1)$ und m die Ordinaten X'_{m-1} und X'_m, und wird der durch eine zwischen $m-1$ und m gelegene Last P verursachte Wert X' gesucht, so bestimmt man die durch den Zwischenträger auf die Knotenpunkte $(m-1)$ und m übertragenen Lastanteile

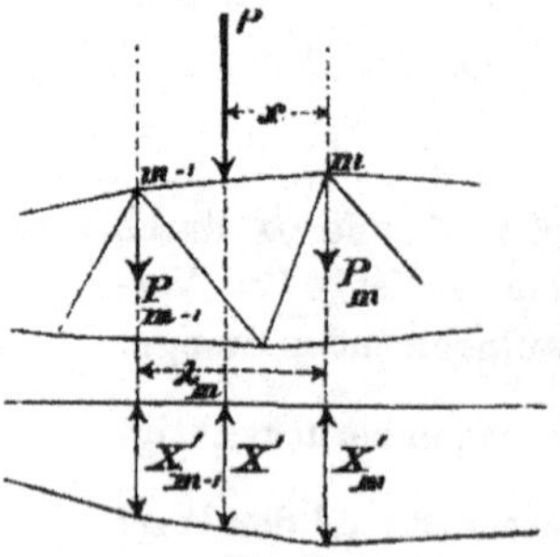

Fig. 51.

$$P_{m-1} = P\frac{x}{\lambda_m} \text{ und } P_m = P\frac{\lambda_m - x}{\lambda_m}$$

und erhält:

$$PX' = P_{m-1}X'_{m-1} + P_m X'_m.$$

Hieraus folgt aber

$$X' = X'_{m-1}\frac{x}{\lambda_m} + X'_m\frac{\lambda_m - x}{\lambda_m},$$

und dieser Ausdruck ist in Bezug auf die Veränderliche x vom ersten Grade.

2) Die statisch nicht bestimmbaren Gröfsen X', X'' ..... müssen, wenn im allgemeinen nachgiebige Stützen vorausgesetzt werden, den im § 3 abgeleiteten Gleichungen genügen:

$$\Sigma C'\Delta c = \Sigma S'\Delta s,\ \Sigma C''\Delta c = \Sigma S''\Delta s,\ \Sigma C'''\Delta c = \Sigma S'''\Delta s, \ldots\ldots$$

und diese gehen mit

$$\Delta s = \frac{Ss}{EF} + \varepsilon t s$$

und nach Einsetzen der Werte S über in

$$\left.\begin{aligned}
L' - \Sigma \varepsilon t S' s &= \Sigma S_0 S'\rho + X'\Sigma S'^2\rho + X''\Sigma S''S'\rho \\
&\quad + X'''\Sigma S'''S'\rho + \ldots\ldots \\
L'' - \Sigma \varepsilon t S'' s &= \Sigma S_0 S''\rho + X'\Sigma S'S''\rho + X''\Sigma S''^2\rho \\
&\quad + X'''\Sigma S'''S''\rho + \ldots \\
L''' - \Sigma \varepsilon t S''' s &= \Sigma S_0 S'''\rho + X'\Sigma S'S'''\rho \\
&\quad + X''\Sigma S''S'''\rho + X'''\Sigma S'''^2\rho + \ldots\ldots \\
&\ldots\ldots\ldots\ldots\ldots\ldots\ldots\ldots
\end{aligned}\right\} \quad (19),$$

wobei, zur Abkürzung,

$$(20) \qquad \frac{s}{EF} = \rho$$

gesetzt wurde, während L', L'', L''', ... die virtuellen Arbeiten der Auflagerkräfte für die Zustände $X' = 1$, $X'' = 1$, $X''' = 1$, ... bedeuten.

Wird das Fachwerk zunächst unbelastet gedacht, so verschwinden die von S_0 abhängigen Glieder, und es ergeben sich, durch Auflösung der Gleichungen (19), die durch die Verschiebungen der Stützpunkte und durch eine Änderung des anfänglichen Temperaturzustandes hervorgerufenen Gröfsen X in der Form

$$(21)\quad \begin{cases} X' = \alpha' (L' - \Sigma \varepsilon t S' s) + \beta' (L'' - \Sigma \varepsilon t S'' s) \\ \quad + \gamma' (L''' - \Sigma \varepsilon t S''' s) + \ldots\ldots \\ X'' = \alpha'' (L' - \Sigma \varepsilon t S' s) + \beta'' (L'' - \Sigma \varepsilon t S'' s) \\ \quad + \gamma'' (L''' - \Sigma \varepsilon t S''' s) + \ldots \\ \ldots\ldots\ldots\ldots\ldots\ldots\ldots\ldots\ldots, \end{cases}$$

wobei α', β', γ', ... α'', β'', γ'', ... Werte sind, welche nur von den Koeffizienten der Gröfsen X in den Gleichungen (19) abhängen und nur einmal berechnet zu werden brauchen, da sie lediglich durch die Form des Fachwerks bestimmt sind.

Nach Erledigung dieser in der Regel wenig zeitraubenden Rechnungen ergeben sich die von der Belastung abhängigen Werte:

$$(22)\quad \begin{cases} X' = -\alpha' \Sigma S_0 S' \rho - \beta' \Sigma S_0 S'' \rho - \gamma' \Sigma S_0 S''' \rho - \ldots. \\ X'' = -\alpha'' \Sigma S_0 S' \rho - \beta'' \Sigma S_0 S'' \rho - \gamma'' \Sigma S_0 S''' \rho - \ldots. \\ \ldots\ldots\ldots\ldots\ldots\ldots\ldots\ldots\ldots, \end{cases}$$

und mit Hilfe dieser letzteren Gleichungen lassen sich die Einflufslinien für die Gröfsen X', X'' .... schnell finden, sobald die Einflufslinien für die von der jedesmaligen Belastung abhängigen Summen

$$\Sigma S_0 S' \rho,\ \Sigma S_0 S'' \rho,\ \ldots.$$

bekannt sind.

Wir zeigen jetzt die Ermittelung dieser Summen für den Fall, dafs auf das Fachwerk nur eine senkrechte Lasteinheit P wirkt, welche in irgend einem Knotenpunkte des statisch bestimmten Hauptnetzes, das meistens ein einfacher Balken oder ein Drei-Gelenkbogen oder ein Gerberscher Balken sein wird, angreift.

Da die Last P in den Stäben des Hauptnetzes die Spannkräfte S_0 erzeugt (Fig. 52), so ist die durch irgend welche Änderungen Δs der Stablängen hervorgebrachte Senkung δ ihres Angriffspunktes (nach § 8) durch die Arbeitsgleichung

$$P\delta = \Sigma S_0 \Delta s\text{*)}$$

gegeben, und es besteht insbesondere

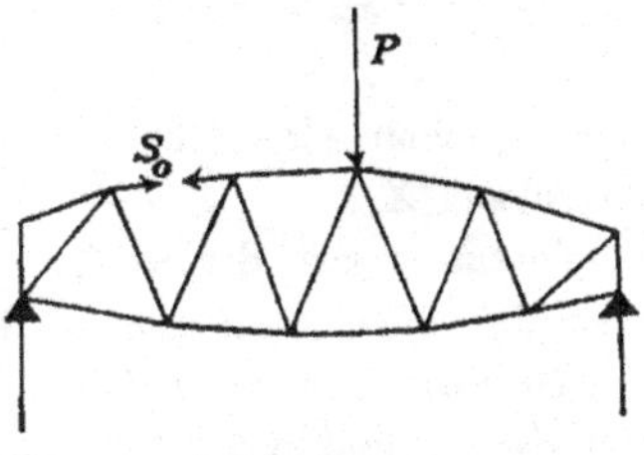

Fig. 52.

*) Bei Aufstellung dieser Arbeitsgleichung werden die Stützen starr vorausgesetzt, da der Einflufs etwaiger Verschiebungen Δc der Stützpunkte gesondert mit Hilfe der Gleichung (21) beurteilt wird. Die Reibungswiderstände an den Auflagern werden gleich Null angenommen.

zwischen den durch die Ursache $X' = 1$ (welche die Spannkräfte S' erzeugt) bedingten Verschiebungen δ' und $\Delta' s$ die Beziehung:

$$P\delta' = \Sigma S_0 \Delta' s = \Sigma S_0 \cdot \frac{S' s}{EF},$$

aus welcher sich

$$(23a) \quad \Sigma S_0 S' \rho = P\delta'$$

ergibt.

Da nun δ' die Ordinate des den Spannungen $\sigma' = \frac{S'}{F}$ entsprechenden Biegungspolygones derjenigen Gurtung ist, welcher der Angriffspunkt von P angehört, so ergibt sich der wichtige Satz:

Bewegt sich über den Träger eine Last „Eins“, welche der Reihe nach in den verschiedenen Knotenpunkten der $\frac{\text{oberen}}{\text{unteren}}$ Gurtung des Hauptnetzes angreift, so stimmt die Einflufslinie für den Ausdruck $\Sigma S_0 S' \rho$ mit dem für den Belastungszustand $X' = 1$ berechneten Biegungspolygone der $\frac{\text{oberen}}{\text{unteren}}$ Gurtung des Hauptnetzes überein.

In gleicher Weise lassen sich die Einflufslinien für die übrigen in den Gleichungen (22) vorkommenden Summen darstellen. Man erhält

$$(23b) \quad \Sigma S_0 S'' \rho = P\delta'', \quad \Sigma S_0 S''' \rho = P\delta''' \text{ u. s. f.,}$$

unter δ'', δ''', ... die unter dem jedesmaligen Angriffspunkte von P gemessenen Ordinaten der Biegungspolygone verstanden, welche beziehungsweise für die Spannungszustände $X'' = 1$, $X''' = 1$, ... und für die Gurtung berechnet worden sind, in deren Knotenpunkten die Last P nacheinander angreift.

Die Gleichungen (22) gehen jetzt über in

$$X' = -(\alpha'\delta' + \beta'\delta'' + \gamma'\delta''' + \ldots\ldots)P$$
$$X'' = -(\alpha''\delta' + \beta''\delta'' + \gamma''\delta''' + \ldots\ldots)P$$
$$\ldots\ldots\ldots\ldots\ldots\ldots\ldots\ldots\ldots$$

und ermöglichen eine schnelle Berechnung der Einflufslinien für sämtliche Gröfsen X.

Meistens greift die veränderliche Belastung nur in den Knotenpunkten der einen Gurtung an, und es ist dann in der Regel zulässig, das Eigengewicht ausschliefslich auf die Knotenpunkte dieser Gurtung zu verteilen. Sind die Knotenpunkte beider Gurtungen Angriffspunkte veränderlicher Lasten, so hat man für jeden Wert X zwei Einflufslinien zu zeichnen, da die Wirkungen der oben und unten angreifenden Lasten gesondert untersucht werden müssen.

Beispiel 1. Der vereinigte Balken- und Bogenträger in Fig. 53 mit einem festen Lager bei B und einem wagerechten Gleitlager bei A ist einfach statisch unbestimmt. Es lassen sich deshalb die Spannkräfte in der Form

$$S = S_0 + S'X$$

darstellen, und es ergibt sich, da die Verschiebungen der Stützen im vorliegenden Falle ohne Einfluſs auf die Beanspruchung des Fachwerks sind, zur Berechnung der statisch nicht bestimmbaren Gröſse X aus der ersten der Gleichungen (19) die Bedingung:

$$-\Sigma \varepsilon t S' s = \Sigma S_0 S' \rho + X \Sigma S'^2 \rho,$$

aus welcher erhalten wird

der Einfluſs einer Temperaturänderung: $X_t = \frac{-\Sigma \varepsilon t S' s}{\Sigma S'^2 \rho}$

und „ „ der Belastung: $X = \frac{-\Sigma S_0 S' \rho}{\Sigma S'^2 \rho}$.

Als statisch nicht bestimmbare Gröſse X wählen wir die überall gleiche wagerechte Seitenkraft der in den Stäben 1, 2, 3, 3′, 2′, 1′ des Bogens wirksamen Spannkräfte. Ist $X = 0$, so sind diese Stäbe spannungslos, und ebenso verschwinden die nur von X abhängigen Spannkräfte in den senkrechten Stäben 4, 5, 6, 5′, 4′. Als statisch bestimmtes Hauptnetz verbleibt der einfache Balken $ABCD$.*)

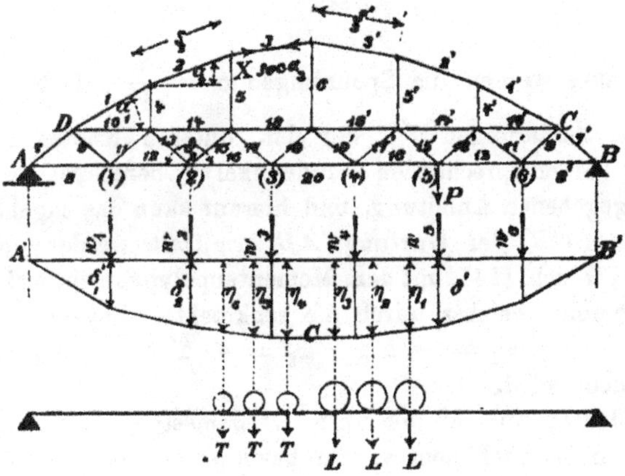

Fig. 53 a u. c.

Soll nun die Einfluſslinie für X unter der Voraussetzung ermittelt werden, daſs eine Lasteinheit P der Reihe nach in sämtlichen Knotenpunkten der unteren Gurtung AB angreift, so müssen die durch die Ursache $X = 1$ hervorgerufenen Spannkräfte S', sowie das Biegungspolygon der Gurtung AB für diesen Spannungszustand bestimmt werden.

*) Sind α_2 und α_3 die Neigungswinkel der Stäbe 2 und 3, so sind die Spannkräfte in diesen Stäben bezw.: $S_2 = X \sec \alpha_2$ und $S_3 = X \sec \alpha_3$. Für den Stab 5 erhält man aus der Bedingung $S_5 + S_2 \sin \alpha_2 - S_3 \sin \alpha_3 = 0$ den Wert: $S_5 = -X(\text{tg}\,\alpha_2 - \text{tg}\,\alpha_3)$. In gleicher Weise werden die S für alle übrigen Bogenglieder und für die senkrechten Stäbe 4 bis 4′ berechnet.

Die Kräfte S' werden zweckmäfsig mit Hilfe des in Fig. 53b dargestellten Kräfteplanes gefunden. In diesem Plane schneiden die von dem Punkte O aus zu den Stäben 1, 2, 3, 3', 2', 1' gezogenen Parallelen auf der im Abstande „Eins" von O gezeichneten Senkrechten die in den Stäben 4, 5, 6, 5', 4' wirksamen Spannkräfte S' ab, und die Längen der Strahlen 1, 2, ... 1' stellen die Spannkräfte S' in den Bogengliedern vor. Aus der Spannkraft 1 findet man die Kräfte 9 und 10, hierauf 11 und 12 u. s. w. Für die Stäbe 7, 8, 8' und 7' ist $S' = 0$.*)

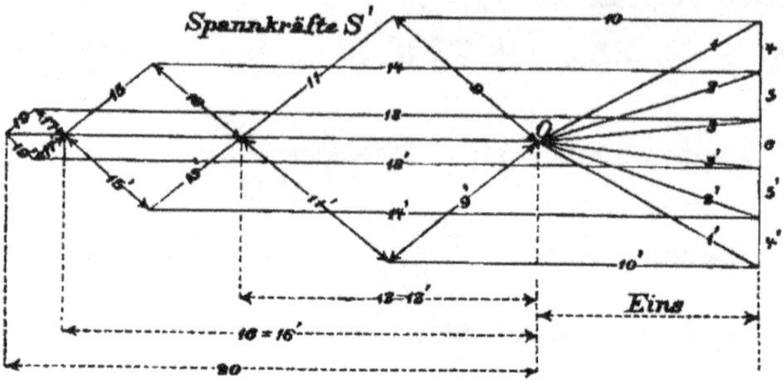

Fig. 53b.

Nach Zeichnen dieses Kräfteplanes werden die Spannungen $\sigma' = \frac{S'}{F}$ und die von den σ' abhängigen Änderungen $\Delta'\mathfrak{T}$ der den unteren Knotenpunkten (1), (2), (3) . . . (6) entsprechenden Randwinkel $\mathfrak{T}$ berechnet, letztere nach der im § 4 gegebenen Anleitung, und hierauf kann das zugehörige Biegungspolygon $A'CB'$ der Gurtung AB ermittelt werden; dasselbe stimmt nach § 4, Gleich. (14), mit dem Momentenpolygone eines einfachen Balkens $A'B'$ überein, welcher durch die senkrechten Lasten

$$w_1 = -\Delta'\mathfrak{T}_1,\ w_2 = -\Delta'\mathfrak{T}_2 \ldots\ldots$$

beansprucht wird.

Bedeutet nun δ' die unter P gemessene Ordinate des Polygons $A'CB'$, so ist nach dem vorhin bewiesenen Satze:

$$\Sigma S_0 S' \rho = P\delta',$$

mithin

$$X = -\frac{P\delta'}{\Sigma S'^2 \rho}.$$

Dividiert man also die Ordinaten δ'_1, δ'_2 . . . . des Biegungspolygones $A'CB'$ durch den konstanten Wert $\Sigma S'^2\rho$, so erhält man die Ordinaten X_1, X_2 . . . . der gesuchten Einflufslinie.

Wird beispielsweise durch den Träger ein Eisenbahngleis gestützt, und bedeutet L die Belastung einer Lokomotivachse, T die Belastung

*) Die Stäbe 1, 2, 3, 3', 2', 1', 9, 12, 13, 16, 17, 20, 17', 16', 13', 12', 9' werden gezogen, die übrigen gedrückt.

einer Tenderachse. und entsprechen den Lasten L und T beziehungsweise die Polygon-Ordinaten $\eta_1, \eta_2 \ldots$, so ist der durch die Belastung in Fig. 53c erzeugte Wert X bestimmt durch die Gleichung

$$X \cdot \Sigma S'^2 \rho = - L(\eta_1 + \eta_2 + \eta_3) - T(\eta_4 + \eta_5 + \eta_6).$$

Das Zeichen (—) deutet an, dafs der Bogen auf Druck beansprucht wird.

Es sei noch darauf aufmerksam gemacht, dafs der durch eine Temperaturänderung erzeugte Wert X_t gleich Null wird, sobald ε und t konstant sind; denn setzt man in die dem Spannungszustande $X = 1$ entsprechende Arbeitsgleichung

$$\Sigma S' \overline{\Delta s} = 0,$$

welche für beliebige, mögliche Formänderungen $\overline{\Delta s}$ gilt, den Wert $\overline{\Delta s} = \omega s$, wobei ω eine Konstante, d. h. nimmt man an, dafs das Fachwerk eine der früheren Form ähnliche Form annimmt, so findet man

$$\Sigma S' s = 0.$$

In der Regel setzt man innerhalb einzelner Gruppen von Stäben konstante Temperaturänderungen voraus, und kann dann die vorstehende Gleichung zur Abkürzung der Rechnung benutzen. Macht man z. B. die Annahme, dafs sich die dem spannungslosen Anfangszustande des Fachwerks entsprechende Temperatur in allen Punkten des Bogens um den Betrag t_1 ändere und in allen übrigen Punkten des Trägers um t_2, so folgt

$$\Sigma \varepsilon t S' s = \varepsilon t_1 \sum_{\mathrm{I}} S' s + \varepsilon t_2 \sum_{\mathrm{II}} S' s,$$

wobei sich der Ausdruck $\sum_{\mathrm{I}} S' s$ auf die Bogenglieder 1, 2, 3, 3', 2', 1' und der Ausdruck $\sum_{\mathrm{II}} S' s$ auf alle übrigen Stäbe bezieht. Bezeichnet man mit $s_1, s_2, s_3, s'_3, s'_2, s'_1$ die Längen der Stäbe 1, 2, 3, 3', 2', 1' und mit $\alpha_1, \alpha_2, \alpha_3, \alpha'_3, \alpha'_2, \alpha'_1$ deren Neigungswinkel gegen die Wagerechte, so sind die Spannkräfte S' in diesen Stäben beziehungsweise gleich

$$1 \cdot \sec \alpha_1,\ 1 \cdot \sec \alpha_2,\ 1 \cdot \sec \alpha_3,\ \ldots\ldots\ 1 \sec \alpha'_1,$$

und es folgt

$$\sum_{\mathrm{I}} S' s = s_1 \sec \alpha_1 + s_2 \sec \alpha_2 + \ldots\ldots + s'_1 \sec \alpha'_1.$$

Da nun $\sum_{\mathrm{I}} S' s + \sum_{\mathrm{II}} S' s = 0$ ist, so ergibt sich schliefslich

$$X_t = - \frac{\varepsilon(t_1 - t_2)}{\Sigma S'^2 \rho} \cdot [s_1 \sec \alpha_1 + s_2 \sec \alpha_2 + s_3 \sec \alpha_3 + s'_3 \sec \alpha'_3 + s'_2 \sec \alpha'_2 + s'_1 \sec \alpha'_1].$$

Beispiel 2. Es soll der Horizontalzug X der in Fig. 54a dargestellten, durch einen Balken versteiften Kette ermittelt werden. Der Balken ist mit der Kette durch senkrechte Stäbe verbunden und besitzt bei B ein festes und bei A ein auf einer Wagerechten geführtes Lager. Bei ausschliefslich senkrechten Lasten P wirken auf den Balken nur senkrechte Kräfte. Die Kette ruht auf Pendelpfeilern (10 und 10'), welche aus demselben Materiale hergestellt sein sollen, wie alle übrigen Stäbe des Fachwerks und als Bestandteile des Fachwerks aufgefaſst werden. Die Stabverbindung ist eine einfach statisch unbestimmte, und es mögen die Spannkräfte auf die Form

$$S = S_0 - S'X$$

gebracht werden. Die Spannkräfte S' entsprechen dann dem Zustande $X = -1$, welchen man erhält, wenn man sich in irgend einem Stabe

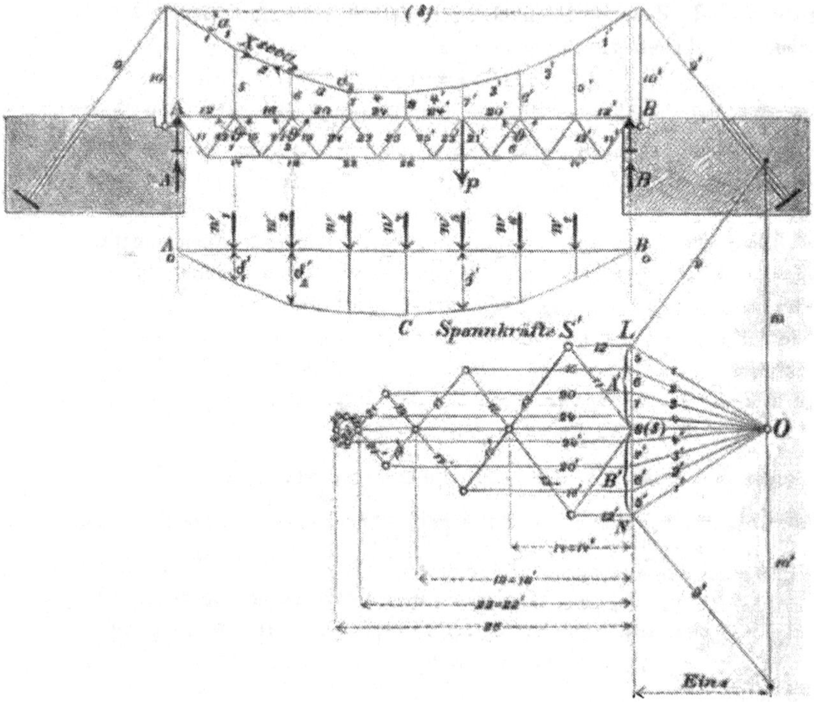

Fig. 54a u. b.

der Kette einen Druck erzeugt denkt, dessen wagerechte Seitenkraft = „Eins" ist, und es lautet die Gleichung zur Berechnung von X, sobald die Stützen starr angenommen werden,

$$-\Sigma \varepsilon t S' s = \Sigma S_0 S' \rho - X \Sigma S'^2 \rho;$$

sie liefert den durch eine Änderung der Temperatur entstehenden Horizontalzug

$$X_t = \frac{\Sigma \varepsilon t S' s}{\Sigma S'^2 \rho}$$

und den durch eine Belastung hervorgerufenen

$$X = \frac{\Sigma S_0 S' \rho}{\Sigma S'^2 \rho}.$$

Den Kräfteplan für den Zustand $X = -1$ zeigt Fig. 54b; er wird in ähnlicher Weise konstruiert wie in dem vorigen Beispiele. Die Spannkräfte in den Kettengliedern 1, 2, 3, 4, 4′, 3′, 2′, 1′ bilden einen Strahlenbüschel, dessen wagerechte Projektion der Horizontalschub „Eins" ist, und welcher auf der Senkrechten LN die in den Hängestangen wirksamen Spannkräfte 5, 6, 7, 8, 7′, 6′, 5′ abschneidet. Die Kräfte 9 und 10, desgleichen 9′ und 10′ ergeben sich aus den Kräften 1 und 1′. Die Kräfte 5, 6, 7, 8, 7′, 6′, 5′ wirken als Drücke auf den Balken und rufen die senkrechten Auflagerwiderstände A' und B' hervor. Ist das Fachwerk symmetrisch (wie in Fig. 54 angenommen wurde), so ist $A' = B'$; im Gegenfalle verlängere man in Fig. 54 die Auflagersenkrechten A und B bis zu ihren Schnittpunkten mit der Kette, verbinde diese durch die Schlufslinie (s) und ziehe von O aus (Fig. 54b) eine Parallele zu (s); letztere zerlegt nach einem bekannten Satze der graphischen Statik den Kräftezug $5 + 6 + 7 + 8 + 7' + 6' + 5'$ in A' und B'. Nunmehr lassen sich die Spannkräfte S' auch für den Balken ermitteln.*)

Nach Zeichnen dieses Kräfteplanes werden die Spannungen $\sigma' = \frac{S'}{F}$ und die von den σ' abhängigen Änderungen $\Delta'\vartheta$ der oberen Randwinkel ϑ bestimmt, und hierauf wird das Biegungspolygon $A_e C B_e$ der Gurtung AB, in dessen Knotenpunkten die über den Balken wandernde Last P der Reihe nach angreifen möge, berechnet; es stimmt (nach § 4, Gleichung 15) mit dem Momentenpolygone eines einfachen Balkens $A_e B_e$ überein, welcher durch senkrechte Lasten

$$w_1 = \Delta'\vartheta_1,\; w_2 = \Delta'\vartheta_2,\; w_3 = \Delta'\vartheta_3, \ldots\ldots$$

beansprucht wird.

Bedeutet nun δ' die unter P gemessene Ordinate des Biegungspolygones, so ist

$$\Sigma S_0 S' \rho = P\delta',$$

und es erzeugt mithin die Last P in der Kette den Horizontalzug

$$X = \frac{P\delta'}{\Sigma S'^2 \rho}.$$

*) Die Spannkräfte S' sind, links von der Mitte, negativ (Drücke) für die Stäbe: 1, 2, 3, 4, 5, 6, 7, 8, 9, 12, 13, 16, 17, 20, 21, 24, 25 und positiv (Züge) für die Stäbe: 10, 11, 14, 15, 18, 19, 22, 23.

§ 9.

Der Maxwellsche Lehrsatz von der Gegenseitigkeit der elastischen Verschiebungen.

Wir betrachten ein Fachwerk, dessen Stützpunkte unverrückbar sind oder über reibungslose Lager gleiten, dessen Auflagerkräfte mithin bei der eintretenden Formänderung keine Arbeit leisten.

Die durch irgendwelche Änderungen Δs der Stablängen s verursachten Verschiebungen δ_1 und δ_2 der Knotenpunkte A_1 und A_2 nach den Richtungen $A_1 B_1$ und $A_2 B_2$ ergeben sich nach § 8 aus den Arbeitsgleichungen

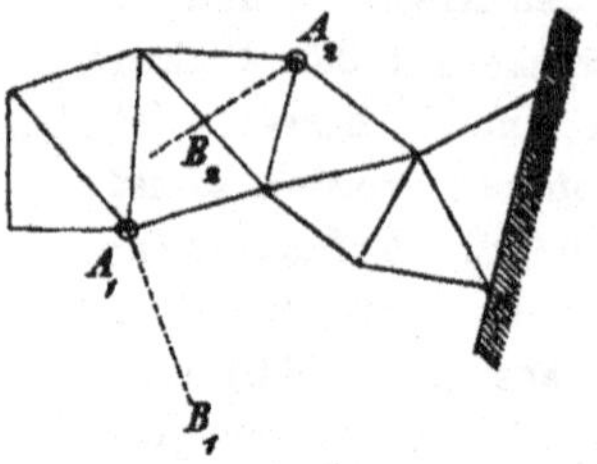

Fig. 55.

$$1 \cdot \delta_1 = \Sigma S_1 \overline{\Delta s} \text{ und}$$
$$1 \cdot \delta_2 = \Sigma S_2 \overline{\Delta s},$$

wobei für irgend einen Stab

S_1 diejenige Spannkraft ist, welche eine in A_1 angreifende, nach der Richtung $A_1 B_1$ wirkende Kraft „Eins" hervorbringt und

S_2 diejenige Spannkraft, welche entsteht, sobald in A_2 nach der Richtung $A_2 B_2$ die Kraft „Eins" wirksam ist.

Herrscht in allen Stäben die dem spannungslosen Anfangszustande entsprechende Temperatur, so ist für irgend einen Belastungsfall

$$\overline{\Delta s} = \frac{Ss}{EF} \text{ mithin}$$

$$\delta_1 = \Sigma S_1 S \frac{s}{EF} \text{ und } \delta_2 = \Sigma S_2 S \frac{s}{EF}.$$

Ist insbesondere $S = S_2$, so ergibt sich

$$\delta_1 = \Sigma S_1 S_2 \frac{s}{EF},$$

während im Falle $S = S_1$

$$\delta_2 = \Sigma S_2 S_1 \frac{s}{EF}$$

ist, und es folgt aus der Übereinstimmung dieser beiden Werte der hinsichtlich seiner Gültigkeit an die oben gemachten Annahmen gebundene Satz:

> Eine in dem Knotenpunkte A_1 und im Sinne $A_1 B_1$ angreifende Kraft „Eins" verschiebt einen Knotenpunkt A_2 im Sinne $A_2 B_2$ um eine Strecke, welche ebenso grofs ist wie die Verschiebung, welche der Knotenpunkt A_1 im Sinne $A_1 B_1$ erfährt, sobald im Punkte A_2 und im Sinne $A_2 B_2$ eine Kraft „Eins" angreift.

Um diesen zuerst von Maxwell aufgestellten Satz zu erweitern, wollen wir den Buchstaben P und δ, die bis jetzt zur Bezeichnung einer Einzellast und der Verschiebung des Angriffspunktes dieser Last im Sinne der Last dienten, eine allgemeine Bedeutung beilegen, so zwar, dafs wir unter $P\delta$ die virtuelle Arbeit einer ganzen Gruppe von Lasten verstehen. Diese Gruppenbildung möge durch einige Beispiele erläutert werden.

1) Greifen in zwei Punkten m, m_1 (Fig. 56) zwei entgegengesetzte, gleich grofse Kräfte P_m an, die in die Grade $m\,m_1$ fallen, so ist das zugehörige δ_m gleich der gegenseitigen Verschiebung des Punktepaares m, m_1, d. h. gleich der Änderung, welche die Entfernung $m m_1$ erfährt. Man nennt diese Gegenkräfte P auch die Belastung des Punktepaares $m\,m_1$ und spricht im Falle $P = 1$ von der Belastungseinheit eines Punktepaares.

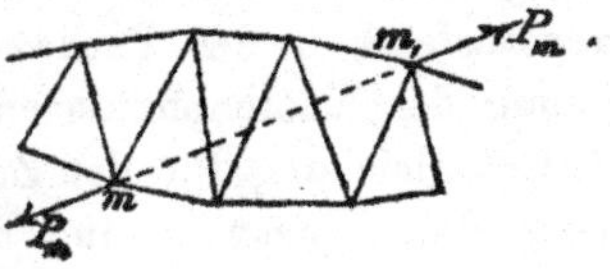

Fig. 56.

2) Werden zwei in i und k angreifende, rechtwinklig zur Geraden ik gerichtete, entgegengesetzt gleiche Kräfte, die ein Kräftepaar bilden, dessen Moment $= P_m \cdot 1$ ist (Fig. 57), zu einer Gruppe vereinigt, so ist das zugehörige δ_m gleich dem im Bogenmafs ausgedrückten Drehungswinkel der Geraden $i\,k$*). Man spricht hier kurz von der Belastung einer Geraden (m) und im Falle $P = 1$ von der Belastungseinheit einer Geraden.

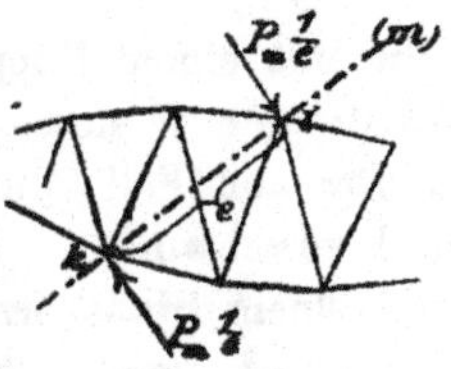

Fig. 57.

3) Eine aus den Belastungen zweier Geraden $(m)(m_1)$, Fig. 59, gebildeten Gruppe führt den Namen Belastung eines Geradenpaares; das zugehörige δ_m ist die gegenseitige Drehung der beiden Geraden, d. i. die Änderung des Winkels ϑ, den die Geraden miteinander bilden.

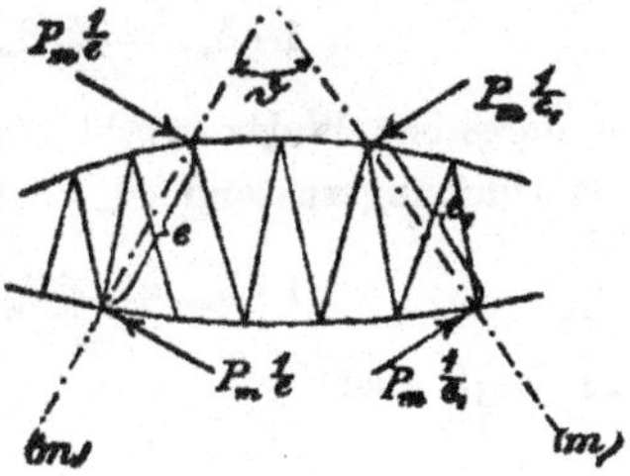

Fig. 59.

*) Um dies einzusehen, betrachte man ein Kräftepaar, dessen Moment $\mathrm{M} = Qe$ ist, und welches an einem sich um den Punkt D drehenden, beliebigen Systeme materieller Punkte angreift. Bedeuten c und $c + e$ die Lote von D auf die Kräfte Q, und ist τ der im Sinne von M gemessene Drehungswinkel, so ist die virtuelle Arbeit der Kräfte Q:

$$Q(c+e)\tau - Qc\tau = Qe\tau = \mathrm{M}\tau.$$

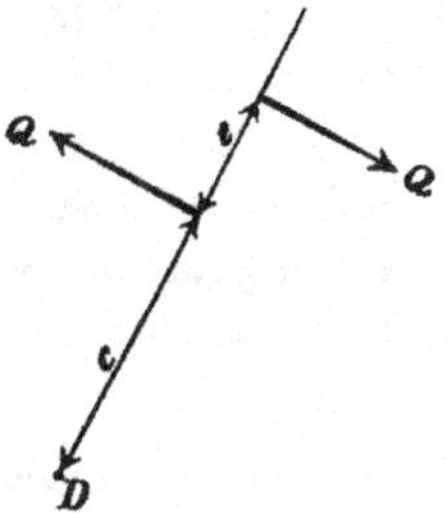

Fig. 58.

Die Bildung von Lastgruppen dürfte hiermit genügend erläutert sein, und es werde nur noch festgesetzt, daſs jede am Fachwerke angreifende Last immer nur einer einzigen Gruppe zugewiesen werden soll. Der Kürze wegen nennen wir — im Anschluſs an die unter 1, 2, 3 eingeführten Begriffe — eine solche Gruppe von Kräften allgemein eine **Belastung** und das zugehörige δ den **Weg dieser Belastung.** Die Ermittlung eines beliebigen δ_m für irgend einen Belastungszustand L des Fachwerks erfolgt auf dem im § 3 zur Bestimmung der Knotenpunktsverschiebungen angegebenen Wege mittels der Arbeitsgleichung für den Zustand $P_m = 1$ und läſst erkennen, daſs zwischen den Wegen δ und den Belastungen P Beziehungen ersten Grades bestehen, daſs also der Weg δ_m infolge von Belastungen P_a, P_b, P_c, . . . P_m, P_n . . . in der Form erscheint:

$$\delta_m = \delta_{ma} P_a + \delta_{mb} P_b + \delta_{mc} P_c + \ldots + \delta_{mm} P_m + \delta_{mn} P_n + \ldots,$$

wobei die mit einem Doppelzeiger behafteten Werte δ unabhängig von den Belastungen P sind. Beispielsweise bedeutet δ_{mn} den Sonderwert von δ_m für den Fall, daſs P_n die Gröſse Eins besitzt, während alle übrigen P verschwinden. Bezeichnet man nun mit S_n die infolge $P_n = 1$ in irgend einem Stabe erzeugte Spannkraft und mit S_m die Spannkraft infolge $P_m = 1$, und schreibt man behufs Berechnung von δ_{mn} die Arbeitsgleichung für den Zustand $P_m = 1$ und für den Verschiebungszustand $P_n = 1$*) an, so erhält man:

$$1 \cdot \delta_{mn} = \Sigma S_m \Delta s_n = \Sigma S_m \frac{S_n s}{EF};$$

und in derselben Weise ergibt sich für den Kräftezustand $P_n = 1$ und den Verschiebungszustand $P_m = 1$:

$$1 \cdot \delta_{nm} = \Sigma S_n \Delta s_m = \Sigma S_n \frac{S_m s}{EF}.$$

Hieraus folgt aber

$$\delta_{mn} = \delta_{nm}.$$

d. h. es dürfen die beiden Buchstaben eines Doppelzeigers miteinander vertauscht werden. Das ist der **erweiterte Maxwellsche Satz.** Aus ihm folgt u. a. für die vorhin erklärten Sonderfälle der Belastung eines Punktepaares bezw. eines Geradenpaares:

1. Die gegenseitige Verschiebung δ_{mn} eines Punktepaares m, m_1 infolge der Belastungseinheit eines anderen Punktepaares n, n_1 ist ebenso groſs wie die gegenseitige Verschiebung δ_{nm} des Punktepaares n, n_1 infolge der Belastungseinheit des Punktepaares mm_1.

---

*) D. h. es sollen die durch $P_n = 1$ erzeugten Formänderungen δ_{mn}, Δs_n an die Stelle der virtuellen Formänderungen $\overline{\delta}$ und $\overline{\Delta s}$ treten.

2. Die gegenseitige Drehung δ_{mn} eines Geradenpaares (m) (m_1) infolge der Belastungseinheit eines anderen Geradenpaares (n) (n_1) ist ebenso grofs wie die gegenseitige Drehung des Geradenpaares (n, n_1) infolge der Belastungseinheit des Geradenpaares (m) (m_1).

3. Die gegenseitige Verschiebung eines Punktepaares m, m_1 infolge der Belastungseinheit eines Geradenpaares (n) (n_1) ist ebenso grofs wie die gegenseitige Drehung des Geradenpaares (n) (n_1) infolge der Belastungseinheit des Punktepaares m, m_1.

Wie vorteilhaft der Maxwellsche Satz in der Fachwerkstheorie verwertet werden kann, wird die Lösung der folgenden Aufgaben zeigen.

Aufgabe 1. Gesucht die Einflufslinie für die Senkung δ_m eines Knotenpunktes m eines Fachwerkträgers (Fig. 60).

Wir nehmen das gewichtslose Fachwerk nur mit einer in m angreifenden senkrechten Kraft „Eins" belastet an, berechnen die hierbei entstehenden Spannkräfte S und Spannungen σ und bestimmen (nach § 4 bis § 7) das diesen Spannungen entsprechende Biegungspolygon derjenigen Gurtung (beispielsweise von ACB), in deren Knotenpunkten die Verkehrsbelastungen angreifen sollen. Ist nun die unter k gemessene Ordinate dieses Biegungspolygones $= \eta_k$, so verschiebt die in m angreifende Last „Eins" den Knotenpunkt k im senkrechten Sinne um η_k, und es wird mithin (nach dem eben bewiesenen Satze) eine in k angreifende Last „Eins" den Knotenpunkt m ebenfalls um η_k verschieben. Hieraus folgt, dafs das gezeichnete Biegungspolygon die Einflufslinie für δ_m ist.

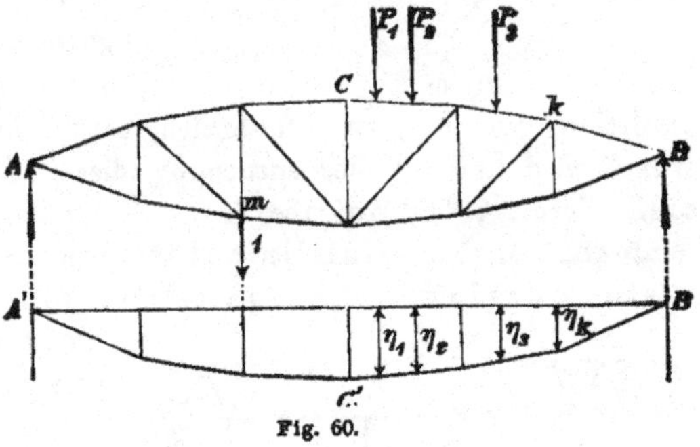

Fig. 60.

Die Lasten P_1, P_2, P_3 in Fig. 60, denen die Ordinaten η_1, η_2, η_3 entsprechen, verursachen beispielsweise bei m die Senkung

$$\delta_m = P_1 \eta_1 + P_2 \eta_2 + P_3 \eta_3.$$

Aufgabe 2. Gesucht die Einflufslinie für die gegenseitige Drehung δ der Scheitelständer eines Dreigelenkbogens.

Es sei δ im Sinne der in Fig. 61 eingezeichneten Pfeile positiv. Die Belastungseinheit des aus den Achsen der Scheitelständer bestehenden Geradenpaares setzt sich aus vier gleich grofsen Kräften

$\frac{1}{f'}$ zusammen (wo f' die Höhe des Bogenträgers im Scheitel) nämlich aus zwei an den Scheitelständern angreifenden Kräftepaaren, deren Momente $\frac{1}{f'} \cdot f' = 1$ sind. Der Drehungssinn dieser Kräftepaare mufs mit dem Sinn der gesuchten Drehung übereinstimmen. An den Kämpfern werden nur wagerechte Auflagerwiderstände von der Gröfse $\frac{1}{f}$ hervorgerufen, unter f die Pfeilhöhe des Bogens verstanden.

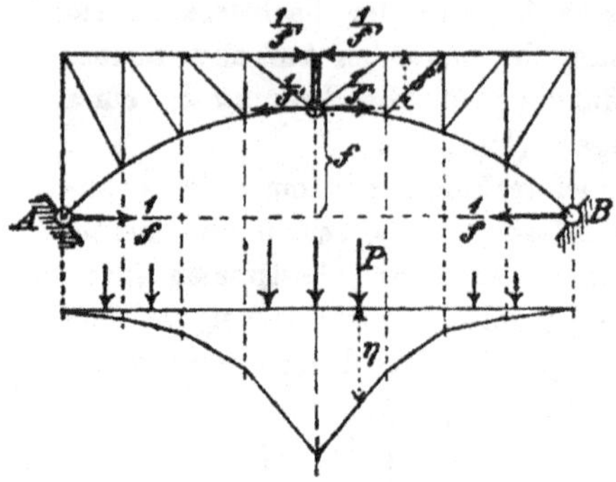

Fig. 61.

Berechnet man nun die durch diese Belastungszustände erzeugten Spannkräfte S und Längenänderungen Δs und zeichnet man die hierzu gehörige Biegungslinie (vergl. § 7), so ist dies die Einflufslinie für die gesuchte Drehung δ. Der Beweis wird wie in Aufgabe 1 geführt. Die in der Fig. 61 angegebene Belastung erzeugt

$$\delta = \Sigma P\eta.$$

Die Ermittlung von δ_{max} ist erforderlich, sobald im Scheitel eine Feder angeordnet wird und die Beanspruchung dieser Feder untersucht werden soll. Vergl. § 16, Aufgabe 7.

Aufgabe 3. Einflufslinie für den Widerstand X der Mittelstütze des in Fig. 62 dargestellten kontinuierlichen Fachwerkträgers mit 3 Stützpunkten. Die Lasten greifen in den Knotenpunkten der unteren Gurtung an.

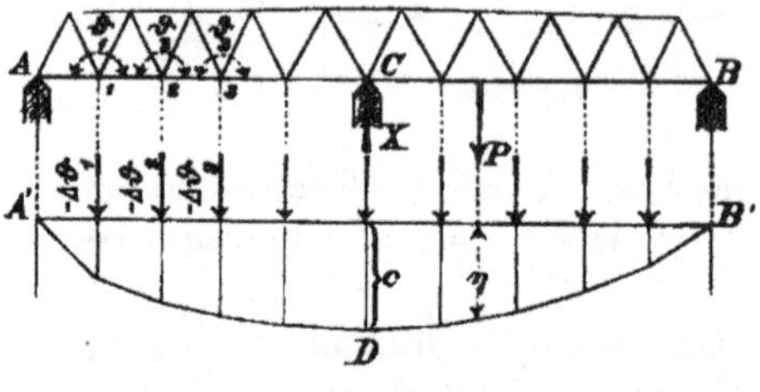

Fig. 62.

Beseitigt man die Mittelstütze, so entsteht der statisch bestimmte Balken AB. Für diesen werden, unter der Voraussetzung, dafs bei C eine senkrechte, abwärts gerichtete Last „Eins" angreift, die Spannkräfte S', Spannungen σ' und Änderungen $\Delta'\vartheta$ der unteren Randwinkel berechnet, und hierauf wird das Biegungspolygon der wagerechten Gurtung AB als Momentenlinie eines durch die Änderungen $(-\Delta'\vartheta_1)$, $(-\Delta'\vartheta_2)$, ... belasteten, einfachen Balkens $A'B'$ gezeichnet (vergl. §4, Gleichung (12). Dieses Polygon ist die Einflufslinie für die Senkung δ des Punktes C. Wirken nun auf das Fachwerk die beiden Kräfte P und X, und mifst man unter P die Polygonordinate η und unter C die Ordinate c, so folgt

$$\delta = P\eta - Xc.$$

Aus der Bedingung $\delta = 0$ ergibt sich

$$X = P\frac{\eta}{c}.$$

Es ist also das Biegungspolygon $A'DB'$ die Einflufslinie für X, und $\frac{1}{c}$ ist der Multiplikator für diese Linie.

Der Elastizitätsmodul E darf bei gleichem Materiale sämtlicher Stäbe beliebig grofs angenommen werden, da es nur auf das gegenseitige Verhältnis von η und c ankommt, und ebenso leuchtet ein, dafs $A'DB'$ ein mit beliebigem Polabstande zu den Lasten $(-\Delta'\mathfrak{J})$ gezeichnetes Seilpolygon sein darf.

Aufgabe 4. Einflufslinien für die Widerstände X' und X'' der Mittelstützen des in Fig. 63a dargestellten, in den Knotenpunkten der unteren Gurtung belasteten kontinuierlichen Fachwerkträgers mit 4 Stützpunkten.

Man beseitige die Mittelstützen, verwandle also den Träger in einen einfachen Balken AB, berechne diejenigen Spannkräfte S' und Spannungen $\sigma' = \frac{S'}{F}$, welche eine im Punkte C' wirksame, senkrechte, abwärts gerichtete Last „Eins" hervorbringt und zeichne das den Spannungen σ' entsprechende Biegungspolygon $A'L'B'$ der Gurtung AB; es stimmt mit dem Momentenpolygone eines mit den Randwinkeländerungen $(-\Delta'\mathfrak{J}_1)$, $(-\Delta'\mathfrak{J}_2)$ .... belasteten einfachen Balkens $A'B'$ überein.

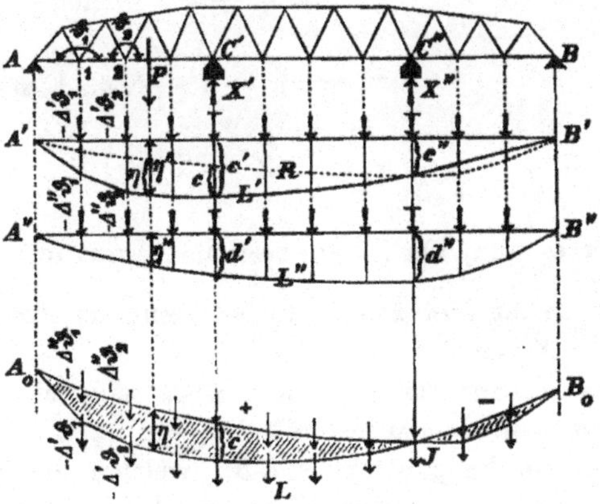

Fig. 63a, b, c, d.

In gleicher Weise wird dasjenige Biegungspolygon $A''L''B''$ der Gurtung AB ermittelt, welches eine im Punkte C'' angreifende Last „Eins" verursacht.

Es sind nun $A'L'B'$ und $A''L''B''$ die Einflufslinien für die Senkungen δ' und δ'' der Punkte C' und C'' des einfachen Balkens AB, und es erzeugen somit die drei Kräfte P, X' und X'' zusammen die Durchbiegungen

$$\delta' = P\eta' - X'c' - X''c'' \text{ und}$$
$$\delta'' = P\eta'' - X'd' - X''d'',$$

wobei c' und c'' die unter den Stützpunkten C' und C'' gemessenen Ordinaten des Polygons $A'L'B'$ und d' und d'' die entsprechenden Ordinaten des Polygons $A''L''B''$ sind.

Aus den Bedingungen $\delta' = 0$ und $\delta'' = 0$ ergeben sich zur Berechnung von X' und X'' die Gleichungen

$$X'c' + X''c'' = P\eta'$$
$$X'd' + X''d'' = P\eta''$$

und aus diesen folgt:

$$X' = \frac{\eta' - \eta'' \frac{c''}{d''}}{c' - d' \frac{c''}{d''}} P.$$

Sind die Ordinaten des in Fig. 63b gestrichelten Polygons $A'RB'$ gleich den mit $\frac{c''}{d''}$ multiplizierten Ordinaten η'' des Polygons $A''L''B''$, und ist der Unterschied der Ordinaten der Polygone $A'L'B'$ und $A'RB'$, unter P gemessen, $= \eta$ und, unter der Stütze C' gemessen, $= c$, so folgt

$$\eta = \eta' - \eta'' \frac{c''}{d''} \text{ und}$$

$$c = c' - d' \frac{c''}{d''}, \text{ und es ergibt sich}$$

$$X' = P \frac{\eta}{c}.$$

Da es nun, um X' zu bestimmen, nur auf das Verhältnis $\frac{\eta}{c}$ ankommt, so leuchtet sofort folgende einfache Konstruktion der Einflußlinie für X' ein.

Man zeichne Fig. 63d zu den als senkrechte Lasten aufzufassenden Randwinkeländerungen $(-\Delta'\mathfrak{T}_1)$, $(-\Delta'\mathfrak{T}_2)$ . . . . . mit beliebigem Polabstande ein Seilpolygon A_0LB_0, welches die Senkrechte durch den Stützpunkt C'' in J und die Senkrechten durch die Endstützen in A_0 und B_0 schneiden möge. Hierauf zeichne man zu den Änderungen $(-\Delta''\mathfrak{T}_1)$, $(-\Delta''\mathfrak{T}_2)$ . . . . . ein durch die 3 Punkte A_0, J und B_0 gehendes Seilpolygon. Mißt man jetzt unter P den senkrechten Abstand η der beiden Seilpolygone und unter der Stütze C' den Abstand c, so folgt

$$X' = P \frac{\eta}{c}.$$

Es ist also die in Fig. 63d schraffierte Fläche die Einflufsfläche für X'; dieselbe ist links von der Stütze C'' positiv, rechts von dieser Stütze negativ. Der Wert $\frac{1}{c}$ ist der Multiplikator der Einflufsfläche.

In gleicher Weise wird die Einflufsfläche für X'' gefunden.

Sind sämtliche Stäbe aus gleichem Materiale, so darf bei Berechnung der Winkeländerungen der Elastizitätsmodul beliebig grofs angenommen werden.

Aufgabe 5. Gesucht der Horizontalschub X des bei A und B festgelagerten Bogenträgers in Fig. 64. Es handelt sich um den Einflufs einer der Reihe nach in sämtlichen Knotenpunkten

Fig. 64a.

Fig. 64b.

Fig. 64c.

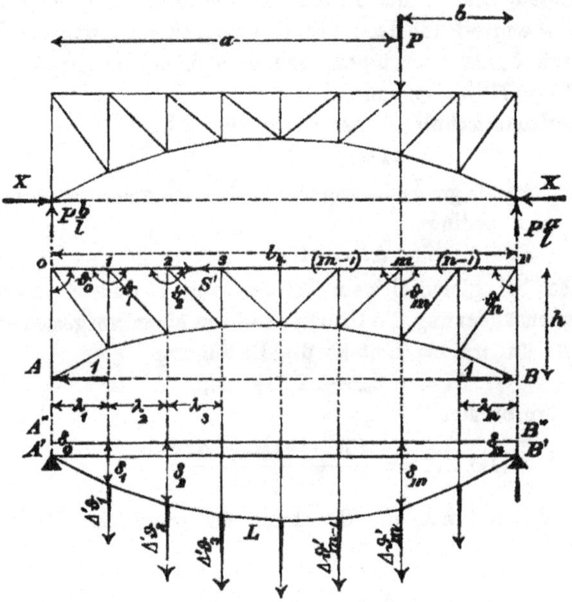

der oberen, wagerechten Gurtung angreifenden Last P, und gleichzeitig soll der Einflufs einer Änderung der Anfangstemperatur und eines Nachgebens der Widerlager bestimmt werden.

Zuerst wird angenommen, dafs auf das Fachwerk nur zwei in A und B angreifende, nach aufsen gerichtete wagerechte Kräfte „Eins" wirken. Es entstehen Spannkräfte S', Spannungen σ' und Änderungen $\Delta'\mathfrak{J}$ der oberen Randwinkel, und man erhält die entsprechende Biegungsfläche der oberen Gurtung, wenn man die den Lasten $\Delta'\mathfrak{J}_1$, $\Delta'\mathfrak{J}_2$, ... entsprechende Momentenfläche $A'LB'$ eines an den Enden A' und B' frei aufliegenden Balkens bestimmt und zu dieser das Trapez $A'A''B''B'$ hinzufügt, dessen Endhöhen gleich den (ebenfalls für den Belastungszustand in Fig. 64b berechneten) Verkürzungen δ_0 und δ_m der Endvertikalen sind.

Hierauf wird die dem Belastungszustande in Fig. 64b entsprechende Verlängerung ξ der Sehne AB berechnet; sie ist nach § 6, Gleichung (18):

$$\text{(I)} \quad \xi = h\sum_0^n \Delta'\mathfrak{J} + \sum_1^n \sigma' \frac{\lambda}{E},$$

wobei sich die erste Summe über sämtliche Randwinkeländerungen der oberen Gurtung erstreckt und die zweite die Spannungen σ' in sämtlichen Stäben dieser Gurtung umfaſst.

Nunmehr lassen sich folgende Schlüsse ziehen:

1) Die in A und B wirksamen wagerechten Kräfte 1 verschieben den Knotenpunkt m um δ_m senkrecht nach abwärts, mithin wird eine in m angreifende Last „Eins" eine Vergröſserung der Stützweite um δ_m hervorbringen, und eine in m angreifende Last P wird $\Delta l = P \cdot \delta_m$ erzeugen.

2) Der Horizontalschub X verursacht für sich allein

$$\Delta l = -X\xi.$$

3) Eine gleichmäſsige Änderung der Anfangstemperatur sämtlicher Stäbe um t bedingt

$$\Delta l = \varepsilon t l.$$

4) Soll sich bei gleichzeitigem Wirken von P und X sowie der Temperaturänderung die Stützweite l um einen vorgeschriebenen Wert Δl ändern, so besteht die Bedingung

$$\Delta l = P\delta_m - X\xi + \varepsilon t l,$$

und aus dieser ergibt sich

$$\text{(II)} \quad X = \frac{P\delta_m + \varepsilon t l - \Delta l}{\xi}.$$

Insbesondere lautet also die Gleichung der gesuchten Einfluſslinie für X:

$$X = \frac{P\delta_m}{\xi}.$$

Bei gleichem Materiale sämtlicher Stäbe darf die Berechnung der $\Delta'\mathfrak{J}$ und der Strecke ξ unter der Annahme $E = 1$ erfolgen. Es muſs dann in Gleichung (II) gesetzt werden:

εE an Stelle von ε und
$\Delta l E$ „ „ „ Δl.

Zahlenbeispiel zu Aufgabe 5. Es möge der bereits im § 2, Seite 29, für den Fall einer vollen Belastung untersuchte, in Fig. 28 dargestellte Bogenträger vorliegen. Die über den Träger wandernde Last $P = 1$ greife der Reihe nach in sämtlichen Knotenpunkten der oberen Gurtung an. In Fig. 28 geben die links von der Mitte an die Stäbe gesetzten Zahlen die Stablängen s in cm an und die Zahlen rechts von der Mitte die Stabquerschnitte F in qcm, während in Fig. 29 die in Tonnen ausgedrückten, durch die in A und B angreifenden Kräfte 1 erzeugten Spannkräfte S eingetragen sind.

In der (der Deutlichkeit der Zahlen wegen verzerrt gezeichneten) Trägerskizze in Fig. 65 bedeuten die an die Stäbe geschriebenen Zahlen die Spannungen $\sigma' = \frac{S'}{F}$ in Tonnen für das qdm und die in die Winkel gesetzten Zahlen die Kotangenten dieser Winkel. Aus diesen Zahlen ergeben sich — mit $E = 1$ — die folgenden Änderungen der Randwinkel der oberen Gurtung (vergl. § 4, Gleichung (16), Seite 40):

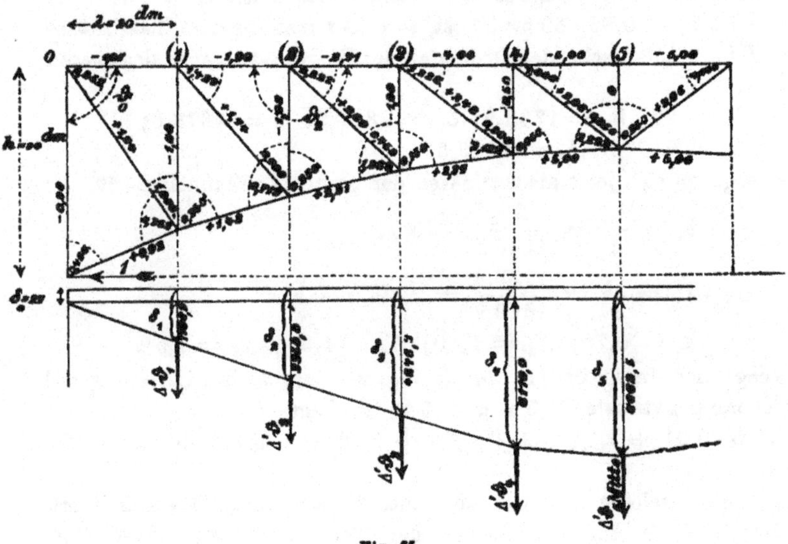

Fig. 65.

$\Delta'\mathfrak{J}_0 = (0{,}92 + 0{,}90)\, 0{,}450 + (0{,}92 - 1{,}24)\, 0{,}352 + (-1{,}00 - 1{,}24)\, 1{,}050 = -1{,}42$

$\Delta'\mathfrak{J}_1 = (1{,}24 + 1{,}07)\, 0{,}952 + (1{,}24 + 1{,}00)\, 1{,}050 + (1{,}42 + 1{,}00)\, 0{,}350 + (1{,}42 - 1{,}74)\, 0{,}719 + (-1{,}08 - 1{,}74)\, 0{,}700 = +3{,}19$

$\Delta'\mathfrak{J}_2 = (1{,}74 + 1{,}90)\, 1{,}429 + (1{,}74 + 1{,}08)\, 0{,}700 + (2{,}21 + 1{,}08)\, 0{,}250 + (2{,}21 - 2{,}60)\, 1{,}268 + (-1{,}00 - 2{,}60)\, 0{,}450 = +7{,}34$

$\Delta'\mathfrak{J}_3 = (2{,}60 + 2{,}91) \cdot 2{,}222 + (2{,}60 + 1{,}00)\, 0{,}450 + (3{,}37 + 1{,}00)\, 0{,}150 + (3{,}37 - 3{,}48)\, 2{,}122 + (-0{,}50 - 3{,}48)\, 0{,}300 = +11{,}63$

$$\Delta'\mathfrak{T}_4 = (3,48 + 4,00)\,3,333 + (3,48 + 0,50)\,0,300 + (5,00 + 0,50)\,0,050 + (5,00 - 2,06)\,3,292 + (0 - 2,06)\,0,250 = 35,56$$

$$\Delta'\mathfrak{T}_5 = [(2,06 + 5,00)\,4,000 + (2,06 - 0)\,0,250]\,2 = 55,25$$

und es folgt nach Gleichung (I) (wegen $h = 30$ dm und $\lambda = 20$ dm)

$$\xi = 30\Sigma\Delta'\mathfrak{T} + 20\Sigma\sigma'$$
$$= 30\,[(-1,42 + 3,19 + 7,34 + 11,63 + 35,56)\,2 + 55,25] + 20\,[-1,07 - 1,90 - 2,91 - 4,00 - 5,00]\,2 = 4440,3.$$

Die Ordinaten des Momentenpolygones eines mit den Winkeländerungen $\Delta'\mathfrak{T}_1$, $\Delta'\mathfrak{T}_2$ ..... belasteten, einfachen Balkens $A'B'$ sind:

$$M_1 = 1706,9;\ M_2 = 3350,0;\ M_3 = 4846,3;$$
$$M_4 = 6110,0;\ M_5 = 6662,5;$$

fügt man zu ihnen die Verkürzung der Endvertikale, welche (für $E = 1$) gleich $(-\sigma' h) = 0,90 \cdot 30 = 27$ ist, so erhält man die dem Elastizitätsmodul $E = 1$ entsprechenden Ordinaten des Biegungspolygons der oberen Gurtung:

$$\delta_0 = 27;\ \delta_1 = 1733,9;\ \delta_2 = 3377,0;\ \delta_3 = 4873,3;$$
$$\delta_4 = 6137,0;\ \delta_5 = 6689,5,$$

und es ergeben sich jetzt die Ordinaten der gesuchten Einflußlinie für X:

$$X_0 = \frac{\delta_0}{\xi} = \frac{27}{4440,3} = 0,01$$

$$X_1 = \frac{\delta_1}{\xi} = \frac{1733,9}{4440,9} = 0,39 \text{ u. s. w.}$$

$$X_2 = 0,76;\ X_3 = 1,10;\ X_4 = 1,38;\ X_5 = 1,51.$$

Liegt nun beispielsweise der in Fig. 28 dargestellte Belastungsfall vor (Knotenpunktslasten 0,5 t und 1 t), so folgt

$$X = [0,5 \cdot 0,01 + 1,0\,(0,39 + 0,76 + 1,10 + 1,38)]\,2 + 1,0 \cdot 1,50 = 8,8 \text{ t},$$

ein Ergebnis, welches mit dem auf Seite 23 erhaltenen übereinstimmt.

Der Einfluß einer Änderung der Temperatur und einer Verschiebung der Widerlager ist

$$X = E\,\frac{\varepsilon t l - \Delta l}{\xi},$$

worein für Schweißeisen $E = 200\,000$ t für das qdm und $\varepsilon = 0,000\,012$ zu setzen ist. Eine Erhöhung der Temperatur um $t = 40°$ erzeugt (wegen $l = 300$ dm)

$$X = \frac{200\,000 \cdot 0,000\,012 \cdot 40 \cdot 200}{4440,3} = 4,3 \text{ t}$$

und eine Verschiebung $\Delta l = 0,1$ dm bedingt

$$X = -\frac{200\,000 \cdot 0,1}{4340,3} = -4,5 \text{ t.} \quad \text{(Vergl. Seite 32.)}$$

§ 10.

Bemerkungen über die angenäherte Berechnung der statisch nicht bestimmbaren Gröfsen X ebener Fachwerkträger.

Die genaue Berechnung von neu zu entwerfenden, statisch unbestimmten Fachwerken wird durch den Umstand sehr erschwert, dafs die Gröfsen X', X'', ... von den Querschnitten sämtlicher Stäbe oder — wenn es sich nur um den Einflufs der Belastung handelt — von dem gegenseitigen Verhältnisse dieser Querschnitte abhängen. Es müssen deshalb die Querschnittsflächen zunächst abgeschätzt und hierauf an der Hand der Ergebnisse der schärferen Untersuchung geändert werden. Bei wesentlichen Abweichungen zwischen den so erhaltenen und zuerst angenommenen Querschnitten mufs die ganze Rechnung wiederholt werden.

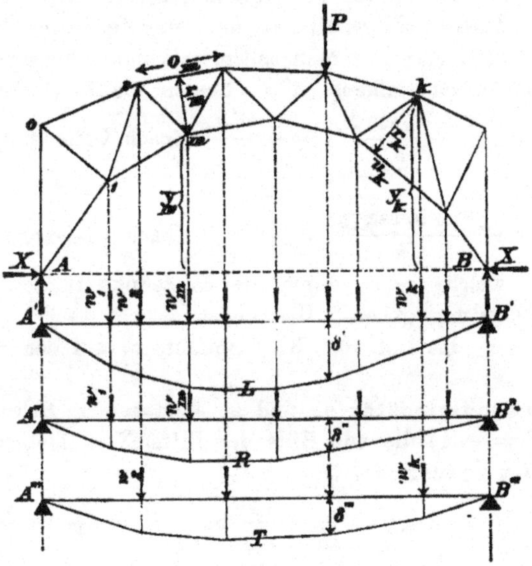

Fig. 66.

In sehr vielen, für die Praxis besonders wichtigen Fällen läfst sich nun eine wesentliche Abkürzung (ohne dafs die Ergebnisse der Rechnung an Zuverlässigkeit einbüfsen) dadurch erzielen, **dafs bei der Berechnung der Gröfsen X', X'' . . . . . die Formänderungen der Wandglieder des Hauptnetzes vernachläfsigt und hinsichtlich der Querschnitte der Gurtungen vereinfachende Annahmen (z. B. Einführung eines gleichen Querschnittes für die Stäbe einer Gurtung) gemacht werden.**

Ein Beispiel möge den Vorgang erläutern.

Es handele sich um die Berechnung der Einflufslinie für den Horizontalschub X des in Fig. 66 dargestellten Bogenträgers, dessen Spannkräfte, wie im § 2, auf die Form

$$S = S_0 - S'X$$

gebracht werden sollen. Die Spannkräfte S' entstehen, sobald $P = 0$ und $X = -1$ wird, und zur Berechnung von X dient die Gleichung:

$$X = \frac{\Sigma \frac{S' S_0 s}{EF}}{\Sigma \frac{S'^2 s}{EF}} \text{ (vergl. § 2, Seite 30),}$$

wofür geschrieben werden darf (nach § 9):

$$X = \frac{P\delta'}{\Sigma \frac{S'^2 s}{EF}},$$

wenn δ' die unter der Last P gemessene Ordinate des Biegungspolygons der oberen Gurtung für den Belastungsfall ($P = 0$ und $X = -1$) bedeutet. Dieses Polygon stimmt, wenn nur die Formänderungen der Gurtstäbe berücksichtigt werden sollen, mit dem Momentenpolygon $A'LB'$ eines einfachen Balkens $A'B'$ überein, auf den senkrechte Lasten

$$w_m = -\frac{\Delta' o_m \sec \beta_m}{h_m} = -\frac{\Delta' o_m}{r_m} \text{ (nach Gleichung (17), Seite 44)}$$

und

$$w_k = +\frac{\Delta' u_k \sec \gamma_k}{h_k} = +\frac{\Delta' u_k}{r_k} \text{ (nach Gleichung (17a), Seite 44)}$$

wirken, welche bezw. durch die Knotenpunkte der unteren und der oberen Gurtung gehen. Hierbei ist

r_m das Lot vom Knotenpunkte m auf den Stab o_m,
r_k „ „ „ „ k „ „ „ u_k.

In den Gurtstäben o_m und u_k entstehen im Belastungsfalle ($P = 0$ und $X = -1$) die mit Hilfe der Ritterschen Methode leicht nachzuweisenden Spannkräfte:

$$O'_m = -1 \cdot \frac{y_m}{r_m} \text{ und } U'_k = +1 \cdot \frac{y_k}{r_k},$$

unter y_m und y_k die auf die Wagerechte AB bezogenen Ordinaten der Punkte m und k verstanden, und es folgt, wenn F_m und F_k die Querschnitte der Stäbe o_m und u_k bedeuten,

$$\Delta' o_m = \frac{O'_m o_m}{EF_m} \text{ und } \Delta' u_k = \frac{U'_k u_k}{EF_k} \text{ mithin}$$

$$w_m = \frac{y_m o_m}{EF_m r_m^2} \text{ und } w_k = \frac{y_k u_k}{EF_k r_k^2}.$$

Diese Werte w darf man — ein konstantes E vorausgesetzt — ersetzen durch

$$w_m = \frac{y_m o_m}{r_m^2} \cdot \frac{F_c}{F_m} \text{ und } w_k = \frac{y_k u_k}{r_k^2} \frac{F_c}{F_k},$$

wobei F_c eine beliebige Querschnittfläche ist (vergl. § 2, Seite 27); nur muſs man dann schreiben:

$$X = P \frac{\delta'}{\Sigma S'^2_s \frac{F_c}{F}}.$$

Für einen Stab o_m der oberen Gurtung ist

$$S'^2_s \frac{F_c}{F} = O'^2_m o_m \frac{F_c}{F_m} = \frac{y_m^2 o_m}{r_m^2} \cdot \frac{F_c}{F_m} = y_m w_m,$$

und für einen Stab u_k der unteren Gurtung

$$S'^2_s \frac{F_c}{F} = U'^2_k u_k \cdot \frac{F_c}{F_k} = \frac{y_k^2 u_k}{r_k^2} \frac{F_c}{F_k} = y_k w_k,$$

und es folgt, wenn zur Kürzung gesetzt wird:

$$z_m = y_m w_m \text{ und } z_k = y_k w_k$$

$$X = P \frac{\delta'}{\Sigma z}.$$

Die Summe im Nenner des Wertes X erstreckt sich über alle Werte z_m und z_k.

Es ist statthaft, für sämtliche Stäbe der oberen Gurtung denselben Querschnitt F_o anzunehmen und für sämtliche Stäbe der unteren Gurtung denselben Querschnitt F_u. Setzt man dann die willkürliche Querschnittfläche $F_c = F_o$, so ist für alle Stäbe o_m:

$$\frac{F_c}{F_m} = \frac{F_o}{F_o} = 1, \text{ mithin } w_m = \frac{y_m o_m}{r_m^2}$$

und für alle Stäbe u_k:

$$\frac{F_c}{F_k} = \frac{F_o}{F_u}, \text{ mithin } w_k = \frac{y_k u_k}{r_k^2} \frac{F_o}{F_u},$$

und es wird sich empfehlen:

1) ein Momentenpolygon $A'' R B''$ zu zeichnen, entsprechend den durch die Knotenpunkte m der unteren Gurtung gehenden Lasten

$$w_m = \frac{y_m o_m}{r_m^2},$$

2) desgleichen ein Momentenpolygon $A''' T B'''$, entsprechend den durch die Knotenpunkte k der oberen Gurtung gehenden Lasten

$$w_k = \frac{y_k u_k}{r_k^2} \left(\text{statt } w_k = \frac{y_k u_k}{r_k^2} \cdot \frac{F_o}{F_u}\right),$$

3) die beiden Summen zu berechnen:

$$\sum_1 = \Sigma \frac{y_m^2 o_m}{r_m^2} \text{ und } \sum_2 = \Sigma \frac{y_k^2 u_k}{r_k^2},$$

aus denen sich dann

$$\Sigma z = \sum_1 + \frac{F_o}{F_u} \sum_2$$

ergibt.

Sind nun δ'' und δ''' die unter der Last P gemessenen Ordinaten der Momentenpolygone $A''RB''$ und $A'''TB'''$, so ist offenbar

$$X = P \frac{\delta'' + \frac{F_o}{F_u}\delta'''}{\underset{1}{\Sigma} + \frac{F_o}{F_u}\underset{2}{\Sigma}}, \text{*)}$$

und man ist jetzt im stande, für verschiedene Verhältnisse $\frac{F_o}{F_u}$ eine Reihe von Einflußlinien für X zu zeichnen und durch vergleichende Rechnungen festzustellen, welchen Einfluß die Wahl des Verhältnisses $\frac{F_o}{F_u}$ auf die Spannkräfte S besitzt.

Betont werde noch, daß in dem Falle einer von der Wagerechten wenig abweichenden oder mit dieser zusammenfallenden Gurtung unter $\frac{F_o}{F_u}$ das mittlere Verhältnis der Querschnitte der oberen und unteren Gurtstäbe in der Nähe des Scheitels zu verstehen ist, weil die Längenänderungen der hier gelegenen Gurtstäbe einen besonderen Einfluß auf X ausüben, und daß es sich bei der geringen Höhe, welche derartige Bogenträger in der Regel im Scheitel erhalten, empfiehlt (wenigstens für die erste Berechnung) $\frac{F_o}{F_u} = 1$ zu wählen.

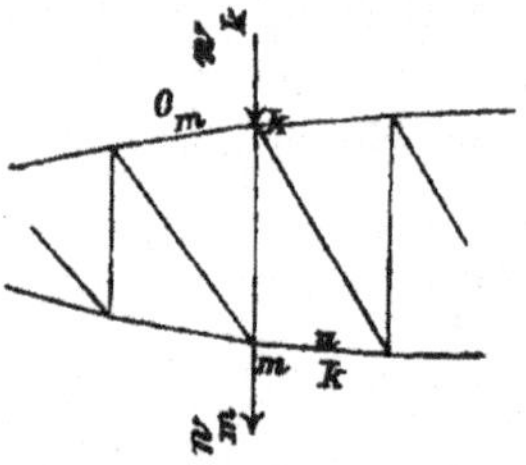

Fig. 67.

In gleicher Weise kann auch der Fachwerkbogen mit senkrechten Wandgliedern berechnet werden; hier fallen je zwei Lasten w in dieselbe Senkrechte, Fig. 67.

§ 11.

Die Castiglianoschen Lehrsätze über die Formänderungsarbeit.

1. Der Satz von der kleinsten Formänderungsarbeit. Wir betrachten ein statisch unbestimmtes Fachwerk mit spannungslosem Anfangszustande, nehmen an, daß der anfängliche Temperaturzustand bestehen bleibt, daß also die Änderungen der Stablängen durch die

---

*) Der Horizontalschub infolge einer gleichmäßigen Erhöhung der Anfangstemperatur um t wird, nach § 2, Seite 30 und 31,

$$X = \frac{\varepsilon E F_c t l}{\Sigma S_s'^2 \frac{F_c}{F}} = \frac{\varepsilon E F_o t l}{\Sigma + \frac{F_o}{F_u}\underset{2}{\Sigma}}.$$

Gleichung $\Delta s = \frac{Ss}{EF}$ gegeben sind, und setzen festliegende oder über reibungslose Lager gleitende Stützpunkte voraus. Es sind dann sämtliche Verschiebungen $\Delta c = 0$, und die statisch nicht bestimmbaren Gröfsen X', X'', X''' ..... haben (nach Seite 24) den Gleichungen zu genügen:

$$(24)\quad \begin{cases} \Sigma \frac{\partial S}{\partial X'} \Delta s = \Sigma \frac{\partial S}{\partial X'} \cdot \frac{Ss}{EF} = 0 \\ \Sigma \frac{\partial S}{\partial X''} \Delta s = \Sigma \frac{\partial S}{\partial X''} \cdot \frac{Ss}{EF} = 0 \\ \dots\dots\dots\dots\dots\dots\dots, \end{cases}$$

welche man durch die Forderung ersetzen darf:

Es müssen die Gröfsen X', X'', ... den Ausdruck

$$A = \Sigma \frac{S^2 s}{2EF} \text{ zu einem Minimum machen.}$$

In der Tat stimmen die aus der Bedingung $A = minimum$ gefolgerten Gleichungen

$$\frac{\partial A}{\partial X'} = \Sigma \frac{\partial S}{\partial X'} \cdot \frac{Ss}{EF} = 0$$
$$\frac{\partial A}{\partial X''} = \Sigma \frac{\partial S}{\partial X''} \cdot \frac{Ss}{EF} = 0$$
$$\dots\dots\dots\dots\dots\dots\dots$$

mit den Gleichungen (24) überein.*)

Der Wert A läfst sich in einfacher Weise deuten. Verlängert sich ein Fachwerkstab unter dem Einflusse einer von 0 bis S wachsenden Spannkraft allmählich um die Strecke $\Delta s = \frac{Ss}{EF}$, so wird er in dem Augenblicke, in welchem die Verlängerung den zwischen 0 und Δs liegenden Wert x erreicht hat, durch die Kraft $S_x = \frac{EFx}{s}$ gespannt. Schreitet die Verlängerung um dx fort, so leistet S_x die Arbeit

$$S_x \cdot dx = \frac{EF}{s} x dx,$$

und es ist somit die gesamte Formänderungsarbeit des Stabes:

---

*) Dafs A ein Minimum und nicht ein Maximum wird, lehrt die Untersuchung des zweiten Differentialquotienten. Es ist $\frac{\partial A}{\partial X'} = \Sigma \frac{Ss}{EF} \cdot \frac{\partial S}{\partial X'}$ $= \Sigma \frac{Ss}{EF} S'$ und $\frac{\partial^2 A}{\partial X'^2} = \Sigma \frac{S's}{EF} \cdot \frac{\partial S}{\partial X'} = \Sigma \frac{S'^2 s}{EF}$, also positiv.

$$\frac{EF}{s}\int_0^{\Delta s} x\,dx = \frac{EF}{s}\frac{(\Delta s)^2}{2} = \frac{EF}{2s}\left(\frac{Ss}{EF}\right)^2 = \frac{S^2 s}{2EF},$$

und diejenige des Fachwerks

$$A = \Sigma \frac{S^2 s}{2EF}.$$

Es folgt mithin der hinsichtlich seiner Giltigkeit an die im Eingange dieses Paragraphen gemachten Annahmen $\Delta c = 0$ und $t = 0$ und an die Voraussetzung eines spannungslosen Anfangszustandes gebundene Satz:

Werden die Spannkräfte S eines statisch unbestimmten Fachwerks als Funktionen der unabhängigen Veränderlichen $X', X'', \ldots$ aufgefaſst, so müssen den Gröſsen X diejenigen Werte beigelegt werden, welche die Formänderungsarbeit A zu einem Minimum machen.

2. Der Satz von der Abgeleiteten der Formänderungsarbeit. Die Arbeitsgleichung eines Fachwerks lautet bei festliegenden oder über reibungslose Lager gleitenden Stützpunkten (vergl. § 3, Gleichung (12)

$$P_1\delta_1 + P_2\delta_2 + \ldots + P_m\delta_m + \ldots + P_n\delta_n = \Sigma S\Delta s;$$

sie gilt für beliebige, genügend kleine, zusammengehörige Verschiebungen δ und Δs und für beliebige Werte der Lasten P, und es dürfen somit bei der teilweisen Differentation dieser Gleichung nach P_m sämtliche δ und Δs sowie alle Lasten P_1 bis P_{m-1} und P_{m+1} bis P_n als Konstanten aufgefaſst werden. Es ergibt sich

$$\delta_m = \Sigma \frac{\partial S}{\partial P_m} \Delta s$$

und, wenn $\Delta s = \frac{Ss}{EF}$ ist, wenn also die dem spannungslosen Anfangszustande entsprechenden Temperaturen ungeändert bleiben,

$$\delta_m = \Sigma \frac{\partial S}{\partial P_m} \cdot \frac{Ss}{EF} = \frac{\partial \left(\Sigma \frac{S^2 s}{2EF}\right)}{\partial P_m} \text{ d. i.}$$

$$(25) \quad \delta_m = \frac{\partial A}{\partial P_m}.$$

Für den Fall: $\Delta c = 0$ und $t = 0$ und unter der Voraussetzung eines spannungslosen Anfangszustandes gilt somit der zuerst von Castigliano bewiesene Satz:

Die Verschiebung δ_m des Angriffspunktes m einer Last P_m im Sinne von P_m ist gleich der nach P_m gebildeten teilweisen Abgeleiteten der Formänderungsarbeit A des Fachwerks.

Bei der Anwendung dieses Satzes ist zu beachten, daſs man die Spannkräfte in den überzähligen Stäben und die überzähligen Stützenwiderstände stets als Lasten auffassen darf, welche auf das Hauptnetz wirken. Es ist aus diesem Grunde zulässig, unter A nur die Formänderungsarbeit für die dem statisch bestimmten Hauptnetze angehörigen Stäbe zu verstehen und $\frac{\partial S}{\partial P_m} = \frac{\partial S_0}{\partial P_m}$ zu setzen, d. h. bei der Berechnung der Abgeleiteten $\frac{\partial A}{\partial P_m}$ die Gröfsen X als Konstanten zu betrachten.

Die Ausdehnung von A über das ganze Fachwerk, entsprechend dem Wortlaute des oben gegebenen Satzes, und die Behandlung der X als Funktionen der Lasten P führt natürlich zu demselben Ergebnisse. Man mufs dann setzen:

$$\frac{\partial S}{\partial P_m} = \frac{\partial S_0}{\partial P_m} + S' \frac{\partial X'}{\partial P_m} + S'' \frac{\partial X''}{\partial P_m} + \ldots\ldots$$

und, da für X stets Ausdrücke von der Form

$$X' = z_1' P_1 + z_2' P_2 + \ldots + z_m' P_m + \ldots\ldots$$
$$X'' = z_1'' P_1 + z_2'' P_2 + \ldots + z_m'' P_m + \ldots\ldots$$
$$\ldots\ldots\ldots\ldots\ldots\ldots\ldots\ldots$$

gefunden werden, wobei sämtliche z von den P unabhängige Werte sind,

$$\frac{\partial S}{\partial P_m} = \frac{\partial S_0}{\partial P_m} + S' z_m' + S'' z_m'' + \ldots\ldots \quad \text{und}$$

$$\delta_m = \Sigma \frac{Ss}{EF} \frac{\partial S_0}{\partial P_m} + z_m' \Sigma \frac{S'Ss}{EF} + z_m'' \Sigma \frac{S''Ss}{EF} + \ldots\ldots$$

Nun ist aber $\Sigma S'\Delta s = 0$, $\Sigma S''\Delta s = 0$, …… (vergl. Seite 25),

$$\text{d. h. } \Sigma \frac{S'Ss}{EF} = 0, \; \Sigma \frac{S''Ss}{EF} = 0, \ldots\ldots$$

und es ergibt sich, genau wie bei der obigen Auffassung,

$$\delta_m = \Sigma \frac{Ss}{EF} \frac{\partial S_0}{\partial P_m}.$$

3. Berücksichtigung einer Änderung des Temperaturzustandes. Ändert sich die Anfangstemperatur in allen Punkten eines Fachwerkstabes um den gleichen, gegebenen Betrag t, so ist

$$\Delta s = \frac{Ss}{EF} + \varepsilon ts,$$

und es gehen die Gleichungen (24), denen die Gröfsen X bei festliegenden oder über reibungslose Lager gleitenden Stützpunkten genügen müssen über in

$$(26) \quad \begin{cases} \Sigma \frac{\partial S}{\partial X'} \left(\frac{Ss}{EF} + \varepsilon ts \right) = 0 \\ \Sigma \frac{\partial S}{\partial X''} \left(\frac{Ss}{EF} + \varepsilon ts \right) = 0 \\ \ldots\ldots\ldots\ldots\ldots ; \end{cases}$$

sie führen zu dem für den Fall $\Delta c = 0$ und bei Bestehen eines spannungslosen Anfangszustandes giltigen Satze:

Die statisch nicht bestimmbaren Gröſsen X müssen den Ausdruck

$$(27)\qquad A_t = \Sigma \frac{S^2 s}{2EF} + \Sigma \varepsilon t S s$$

*zu einem Minimum machen.**)

Die für die Verschiebung δ_m des Angriffspunktes m der Last P_m im Sinne von P_m abgeleitete Gleichung

$$\delta_m = \Sigma \frac{\partial S}{\partial P_m} \Delta s$$

geht über in

$$\delta_m = \Sigma \frac{\partial S}{\partial P_m}\left(\frac{Ss}{EF} + \varepsilon t s\right) = \frac{\partial\left(\Sigma \frac{S^2 s}{2EF} + \Sigma \varepsilon t S s\right)}{\partial P_m}$$

und führt zu dem hinsichtlich seiner Giltigkeit an dieselben Voraussetzungen wie der Satz A_t = Minimum gebundenen ebenfalls zuerst von Castigliano bewiesenen Satze:

$$(28)\qquad \delta_m = \frac{\partial A_t}{\partial P_m},$$

bei dessen Benutzung wieder zu beachten ist, daſs die Gröſsen X als Konstanten aufgefaſst werden dürfen, sobald A_t teilweise nach P_m differentiiert wird, und daſs sich mithin der Ausdruck A_t nur über die dem Hauptnetze angehörigen Stäbe zu erstrecken braucht.

4. Berücksichtigung von Verschiebungen der Stützpunkte bei Anwendung der unter 1 bis 3 aufgestellten Sätze. Es verdient noch besonders hervorgehoben zu werden, daſs die für den Fall $\Delta c = 0$ abgeleiteten Sätze $A_t = minimum$ und $\delta_m = \frac{\partial A_t}{\partial P_m}$ die Berechnung der Gröſsen X und der Verschiebungen δ auch dann ermöglichen, wenn sich die Angriffspunkte der Auflagerkräfte C bei der Formänderung des Fachwerks verschieben. Die Kräfte C dürfen nämlich nach § 1 stets als die Spannkräfte in Stäben aufgefaſst werden, welche gleiche Richtung wie die Kräfte C haben und die Stützpunkte mit auſserhalb des Fachwerks gelegenen festen Punkten (zuweilen auch mit festen Punkten des Fachwerks selbst) verbinden. Werden diesen Auflagerstäben solche Eigenschaften beigelegt, daſs ihre Längenänderungen mit den vorgeschriebenen Verschiebungen Δc der Stützpunkte übereinstimmen, so sind sie als den Stützen vollkommen gleichwertig aufzufassen, und man hat, wenn die Verschiebungen Δc bei der Berechnung der X und δ berücksichtigt werden sollen, nur nötig, den Ausdruck A_t auf die Auflagerstäbe mit auszudehnen, wobei für jeden Auflagerstab ein beliebiger Elastizitätsmodul und ein beliebiger Querschnitt angenommen werden darf.

Bedeutet nun für einen Auflagerstab:

c die Länge, E_c den Elastizitätsmodul,
F_c den Querschnittsinhalt, t_c die Temperaturänderung,
ε_c den Ausdehnungskoeffizienten für $t_c = 1$,

---

*) Es ist $\frac{\partial^2 A_t}{\partial X^2} = \frac{\partial^2 A}{\partial X^2}$, also positiv.

so ist $\Delta c = \frac{Cc}{E_c F_c} + \varepsilon_c t_c c$. Mit $E_c F_c = \infty$ wird $\Delta c = \varepsilon_c t_c c$, d. i. unabhängig von C, und man erhält:

$$A_i = \Sigma \frac{S^2 s}{2EF} + \Sigma \varepsilon t S s + \Sigma C \Delta c,$$

wobei Δc als eine Konstante zu betrachten ist.

Beispiel. Handelt es sich um den Horizontalschub X des in Fig. 28, Seite 29 dargestellten Bogenträgers, dessen Stützweite l sich um Δl ändern möge, so denke man die Kämpfergelenke A und B durch einen Stab verbunden, in welchem die Spannkraft X wirksam ist und mache

$$A_i = \Sigma \frac{S^2 s}{2EF} + \Sigma \varepsilon t S s + X \cdot \Delta l$$

zu einem Minimum. Es ergibt sich die Gleichung

$$\Sigma \frac{\partial S}{\partial X} \cdot \frac{Ss}{EF} + \Sigma \varepsilon t s \frac{\partial S}{\partial X} + \Delta l = 0.$$

Ist (wie im § 2, Seite 29) $S = S_0 - XS'$, so folgt $\frac{\partial S}{\partial X} = -S'$ und

$$-\Sigma S'(S_0 - XS') \frac{s}{EF} - \Sigma \varepsilon t s S' + \Delta l = 0,$$

und hieraus ergibt sich, wie auf Seite 30,

$$X = \frac{\Sigma S' S_0 \frac{s}{EF} + \Sigma \varepsilon t S' s - \Delta l}{\Sigma \frac{S'^2 s}{EF}}.$$

Abschnitt II.

Biegungsfestigkeit gerader und einfach gekrümmter Stäbe.

§ 12.

Allgemeine Gesetze für Stäbe, deren Querschnittsabmessungen im Verhältnis zu den Krümmungshalbmessern klein sind.

1) **Arbeitsgleichung.** Wird ein Stab, dessen Schwerpunktsachse AB eine Linie einfacher Krümmung ist, durch äußere Kräfte angegriffen, welche in der die Linie AB enthaltenden Ebene (Kräfteebene, Stabebene) liegen, so besitzen, bei im Verhältnis zur Länge des Stabes geringen Querschnittsabmessungen, außer den Temperaturänderungen nur die senkrecht zu den Querschnittsteilchen wirkenden Spannungen (Normalspannungen) σ einen wesentlichen Einfluß auf die Formänderung. Der Stab läßt sich, bei Vernachlässigung aller übrigen Spannungen, in unendlich kleine, annähernd prismatische Teilchen zer-

legen, welche durch der Stabachse parallele Spannkräfte S auf Zug oder auf Druck beansprucht werden (Fig. 69).

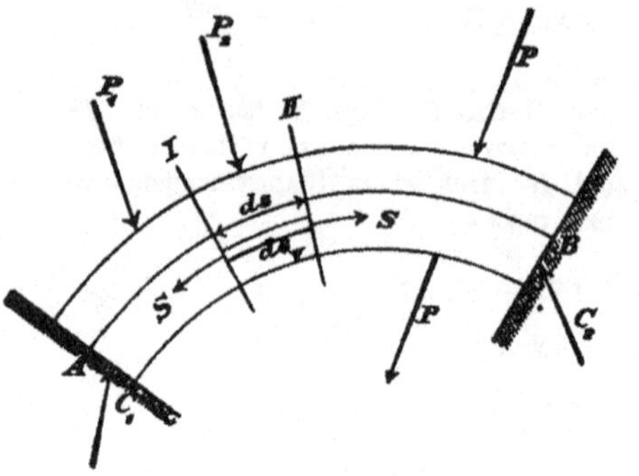

Fig. 69.

Bedeutet

F die im allgemeinen veränderliche Querschnittsfläche des Stabes,

ds die Länge des zwischen den unendlich nahen Querschnitten I und II gelegenen Elementes der Stabachse,

ds_v die dem Bogenelemente ds parallele Länge irgend eines der zwischen I und II gedachten, unendlich kleinen Prismen,

σ die Normalspannung für den Endquerschnitt dF dieses Prismas,

Δds_v die Strecke, um welche sich ds_v infolge irgend einer geringen Verbiegung des Stabes ändert,

so ist

$$S = \sigma dF,$$

und es ergibt sich, mit Vernachlässigung der Änderungen der Querschnittsabmessungen, die virtuelle Formänderungs-Arbeit

$$\int S \cdot \Delta ds_v = \int \sigma \frac{\Delta ds_v}{ds_v} dV, \text{ wobei}$$

$$dV = ds_v dF$$

den Inhalt des Stabteilchens bedeutet. Bezeichnet nun, wie im Abschnitte I auf Seite 22:

P eine Last,

C eine Auflagerkraft,

δ die durch jene Δds_v bedingte Verschiebung des Angriffspunktes von P im Sinne von P,

Δc die durch jene Δds_v bedingte Verschiebung des Angriffspunktes von C im Sinne von C,

und wird angenommen, daſs die äuſseren und inneren Kräfte miteinander im Gleichgewichte sind, so folgt, wenn die Gewichte der Stabteilchen zu den Lasten gerechnet werden, aus dem Satze von den virtuellen Verschiebungen die Arbeitsgleichung:

$$(28) \quad \Sigma P\delta + \Sigma C\Delta c = \int \sigma \frac{\Delta ds_v}{ds_v} dV,$$

welche für beliebige mögliche Verschiebungen δ, Δc und Δds_v gilt, sobald diese nur klein genug sind, um als verschwindende Größen aufgefaßt werden zu dürfen.

In den meisten Fällen der Anwendung handelt es sich um Stäbe, deren Querschnittsabmessungen, verglichen mit den Krümmungshalbmessern r, so gering sind, daß es zulässig ist, $ds_v = ds$ zu setzen und die Spannungen σ genau so zu berechnen, als sei an der betrachteten Stelle $r = \infty$, d. h. der Stab gerade. Wir wollen auch (ausgenommen sind die genaueren Entwicklungen im § 21) mit dieser vereinfachenden Annahme rechnen, trotzdem aber die Bezeichnung ds_v beibehalten, um die Verschiedenheit der Lagen, nicht der Längen, der Stabteilchen zu kennzeichnen.

2) **Bedingungsgleichungen zur Berechnung statisch nicht bestimmbarer Größen.** Unter gewissen vereinfachenden Annahmen gelingt es mit Hilfe der Gleichgewichtsbedingungen, die Spannungen σ ebenso wie die Auflagerkräfte C als geradlinige Funktionen der gegebenen Lasten P und gewisser statisch nicht bestimmbarer Größen X', X'', X''' . . . . . darzustellen: sie erscheinen dann in den für beliebige Werte der P und X gültigen Formen:

$$(29)\quad \begin{cases} \sigma = \sigma_0 + \sigma' X' + \sigma'' X'' + \sigma''' X''' + \ldots\ldots \\ C = C_0 + C' X' + C'' X'' + C''' X''' + \ldots\ldots, \end{cases}$$

wobei σ', σ'', σ''' . . . . ., C', C'', C''' gegebene, von den Lasten P und den Größen X unabhängige Koeffizienten sind, während σ_0 und C_0 die als geradlinige Funktionen der Kräfte P darstellbaren Spannungen und Auflagerkräfte für denjenigen statisch bestimmten Belastungszustand bedeuten, welcher entsteht, sobald alle statisch nicht bestimmbaren Größen X verschwinden.

Wird $X' = 1$ angenommen, und werden gleichzeitig alle Lasten P, sowie die übrigen statisch nicht bestimmbaren Größen X'', X''', ... gleich Null gesetzt, so entsteht ein Belastungsfall, welcher „Zustand $X' = 1$" heißen soll, und welchem die Spannungen σ' und Auflagerkräfte C' entsprechen, und in gleicher Weise soll in der Folge von Zuständen $X'' = 1$ oder $X''' = 1$ u. s. w. gesprochen werden.

Die Arbeitsgleichung für den Zustand $X' = 1$ bildet einen besonderen Fall der Arbeitsgleichung (28); sie ergibt sich aus jener, sobald $P = 0$, $C = C'$ und $\sigma = \sigma'$ gesetzt wird und lautet:

$$(30)\quad \begin{cases} \Sigma C' \Delta c = \int \sigma' \frac{\Delta ds_v}{ds_v} dV, \\ \text{und ganz entsprechend wird gefunden:} \\ \Sigma C'' \Delta c = \int \sigma'' \frac{\Delta ds_v}{ds_v} dV, \\ \Sigma C''' \Delta c = \int \sigma''' \frac{\Delta ds_v}{ds_v} dV, \\ \ldots\ldots\ldots\ldots\ldots \end{cases}$$

Die Gleichungen (30), deren Anzahl mit derjenigen der Unbekannten X übereinstimmt, ermöglichen die Berechnung dieser Gröfsen; man hat nur nötig, sie auf die wirklichen elastischen Verschiebungen Δc und Δds_v anzuwenden. Die Δc werden meistens geschätzt (vergl. § 2, Seite 25) und die Δds_v unter der Voraussetzung eines spannungslosen Anfangszustandes als Funktionen der Spannungen σ und Temperaturänderungen t dargestellt. Es ist dann nach Gleichung (10):

$$(31)\quad \frac{\Delta ds_v}{ds_v} = \frac{\sigma}{E} + \varepsilon t,$$

und es folgen somit die Bedingungsgleichungen:

$$(32)\quad \begin{cases} L' = \int \frac{\sigma' \sigma}{E} dV + \int \varepsilon t \sigma' dV \\ L'' = \int \frac{\sigma'' \sigma}{E} dV + \int \varepsilon t \sigma'' dV \\ \ldots\ldots\ldots\ldots\ldots, \end{cases}$$

in denen $L' = \Sigma C' \Delta c$, $L'' = \Sigma C'' \Delta c$ ..... die virtuellen Arbeiten der den Zuständen $X' = 1$, $X'' = 1$ u. s. w. entsprechenden Auflagerkräfte bedeuten.

Bringt man die dem wirklichen Belastungszustande entsprechende virtuelle Arbeit der Auflagerkräfte auf die Form

$$\mathfrak{A} = \mathfrak{A}_0 + \mathfrak{A}' X' + \mathfrak{A}'' X'' + \mathfrak{A}''' X''' + \ldots\ldots,$$

wobei $\mathfrak{A}_0$, $\mathfrak{A}'$, $\mathfrak{A}''$, $\mathfrak{A}'''$ .... Gröfsen vorstellen, welche von den Werten X und (mit Ausnahme von $\mathfrak{A}_0$) von den Lasten P unabhängig sind, so ist:

$$L' = \mathfrak{A}',\ L'' = \mathfrak{A}'', \ldots\ldots$$

Beachtet man nun, dafs

$$\sigma' = \frac{\partial \sigma}{\partial X'},\ \sigma'' = \frac{\partial \sigma}{\partial X''}, \ldots\ldots$$

ist, so sieht man ein, dafs die Gleichung:

$$(33)\quad L = \int \frac{\sigma}{E} \frac{\partial \sigma}{\partial X} dV + \int \varepsilon t \frac{\partial \sigma}{\partial X} dV,$$

welche auch unmittelbar durch teilweise Differentiation der Gleichung (28) erhalten werden kann, als allgemeine Form der Bedingungsgleichungen (32) aufgefafst werden darf; man braucht nur X der Reihe nach durch X', X'' .... zu ersetzen, um die Gleichungen (32) zu erhalten. L bedeutet die virtuelle Arbeit der Auflagerkräfte für den Zustand $X = 1$.

Führt man die Bezeichnung ein:

$$(34)\quad A_i = \int \frac{\sigma^2 dV}{2E} + \int \varepsilon t \sigma dV,$$

so kann man Gleichung (33) noch kürzer schreiben:

$$(35) \quad L = \frac{\partial A_i}{\partial X}.$$

Für den besonderen Fall festliegender oder über reibungslose Lager gleitender Stützen verschwindet die Arbeit L, und es ergibt sich die Bedingung

$$(I) \quad \frac{\partial A_i}{\partial X} = 0, \text{ also } A_i = \text{minimum}.$$

Ist außer $L = 0$ auch $t = 0$, so folgt

$$(II) \quad \int \frac{\sigma^2 d V}{2E} = \text{minimum},$$

wobei $\int \frac{\sigma^2 d V}{2E}$ die Formänderungsarbeit für den Fall $t = 0$ vorstellt. Die vorstehenden Sätze (I) und (II) entsprechen den für das Fachwerk im § 11 unter 3 bezw. 1 abgeleiteten; sie ergeben sich sofort aus jenen, sobald die Spannkraft S des Fachwerkstabes ersetzt wird durch σdF, der Stab-Inhalt sF durch dV und das Zeichen Σ durch das Zeichen $\int$.

3) **Bestimmung der Verschiebung δ irgend eines in der Kräfteebene gelegenen Punktes des Stabes nach irgend einer in die Kräfteebene fallenden Richtung.** Werden die auf den Stab wirkenden Lasten mit $P_1, P_2 \ldots P_m \ldots P_n$ bezeichnet, ihre Angriffspunkte mit $1, 2, \ldots m \ldots n$ und die Verschiebungen dieser Punkte im Sinne der entsprechenden P mit $\delta_1, \delta_2 \ldots \delta_m \ldots \delta_n$, so lautet die Arbeitsgleichung:

$$P_1\delta_1 + P_2\delta_2 \ldots + P_m\delta_m + \ldots + P_n\delta_n + \Sigma C \Delta c = \int \sigma \frac{\Delta d s_v}{d s_v} d V;$$

sie gilt für beliebige zusammengehörige Verschiebungen δ, Δc und $\Delta d s_v$ und für beliebige Werte der Lasten P und statisch nicht bestimmbaren Größen X und liefert unmittelbar einen einfachen Ausdruck für die Verschiebung δ_m, sobald sämtliche Größen X sowie die Lasten P_1 bis P_{m-1} und P_{m+1} bis P_n gleich Null gesetzt werden, während $P_m = 1$ angenommen wird. Es entsteht dann ein statisch bestimmter Stab, welcher der H a u p t t r ä g e r genannt werden möge, und an welchem außer $P_m = 1$ noch die durch diese Last hervorgerufenen Auflagerkräfte $\overline{C}$ angreifen, während im Innern gewisse Spannungen $\overline{\sigma}$ erzeugt werden. Die obige Arbeitsgleichung geht über in

$$(36) \quad \delta_m + \Sigma \overline{C} \Delta c = \int \overline{\sigma} \frac{\Delta d s_v}{d s_v} d V$$

und gestattet, die durch einen beliebigen Belastungs- und Temperaturzustand verursachte Verschiebung δ_m aus den diesem Zustande entsprechenden Verschiebungen Δc und $\Delta d s_v$ zu berechnen. Insbesondere ergibt sich mit

$$\frac{\Delta ds_v}{ds_v} = \frac{\sigma}{E} + \varepsilon t$$

der Wert

$$(37) \quad \delta_m = \int \overline{\sigma} \left(\frac{\sigma}{E} + \varepsilon t \right) d V - \overline{L},$$

wobei $\overline{L}$ die virtuelle Arbeit der Auflagerkräfte für den durch $P_m = 1$ belasteten Hauptträger bezeichnet.

Denselben Ausdruck für δ_m erhält man — in anderer Form — durch teilweise Differentiation der allgemeinen Arbeitsgleichung nach der Last P_m, wobei die δ, Δc und Δds_v als Konstanten aufgefaſst werden dürfen, da jene Arbeitsgleichung für beliebige zusammengehörige Werte dieser Verschiebungen gültig ist. Man gelangt zu

$$\delta_m + \Sigma \frac{\partial C}{\partial P_m} \Delta c = \int \frac{\partial \sigma}{\partial P_m} \frac{\Delta ds_v}{ds_v} d V = \int \frac{\partial \sigma}{\partial P_m} \left(\frac{\sigma}{E} + \varepsilon t \right) d V$$

und findet schlieſslich das übersichtliche Gesetz:

$$(38) \quad \delta_m = \frac{\partial A_i}{\partial P_m} - \Sigma \frac{\partial C}{\partial P_m} \Delta c,$$

wobei A_i durch die Gleichung (34) erklärt ist.

Bei festliegenden oder über reibungslose Lagerflächen gleitenden Stützpunkten verschwinden sämtliche Δc; es ergibt sich

$$\delta_m = \frac{\partial A_i}{\partial P_m}$$

und im Falle $\Delta c = 0$ und $t = 0$ folgt

$$\delta_m = \frac{\partial A}{\partial P_m},$$

wobei $A = \int \frac{\sigma^2 d V}{2 E}$ die Formänderungsarbeit bedeutet.

Mit Hilfe der entwickelten Gesetze ist man auch imstande, die Verschiebungen von solchen Punkten eines Stabes zu bestimmen, welche nicht Angriffspunkte von Lasten sind; man hat nur nötig, in dem fraglichen Punkte nach der Richtung der gewünschten Verschiebung eine beliebig groſse Last P hinzuzufügen und nachträglich $P = 0$ zu setzen. Bedingung ist nur, daſs die Verschiebungsrichtung in die Kräfteebene fällt.

Bedient man sich bei der Berechnung von δ der Gleichung (38), so ist zu beachten, daſs nicht nur die Lasten P, sondern auch die Gröſsen X als unabhängige Veränderliche aufgefaſst werden dürfen, daſs es also zulässig ist, die X als Konstanten anzusehen, sobald nach einer Last P differentiiert wird. Vergl. Seite 75.

4) **Auflager.** Auſser den im § 1 (Fig. 1) angeführten festen und beweglichen Lagern, deren Widerstände durch die Angabe von zwei Seitenkräften oder einer Seitenkraft bestimmt sind, müssen bei den auf Biegungsfestigkeit beanspruchten Stäben noch Auflager unter-

schieden werden, welche der im Stützpunkte an die Stabachse gelegten Tangente eine bestimmte Lage vorschreiben. Es kommen zwei Anordnungen in Betracht.

a) Feste Einspannung (Fig. 70). Bei vollkommener Starrheit des stützenden Körpers liegt der Stützpunkt A fest, desgleichen die in A an die Stabachse gelegte Tangente (Auflagertangente). Der Stützenwiderstand läfst sich zerlegen in zwei Seitenkräfte C_1 und C_2 und in ein Kräftepaar, dessen Moment M das Einspannungsmoment heifst. Verschiebt sich, infolge der Elastizität des stützenden Körpers, der Punkt A im Sinne von C_1 um Δc_1 und im Sinne von C_2 um Δc_2, während sich die Auflagertangente im Sinne des Momentes M um τ dreht, so leisten die Auflagerkräfte die virtuelle Arbeit

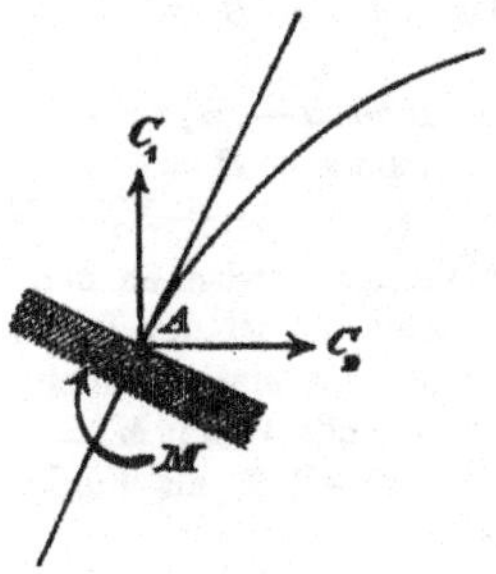

Fig. 70.

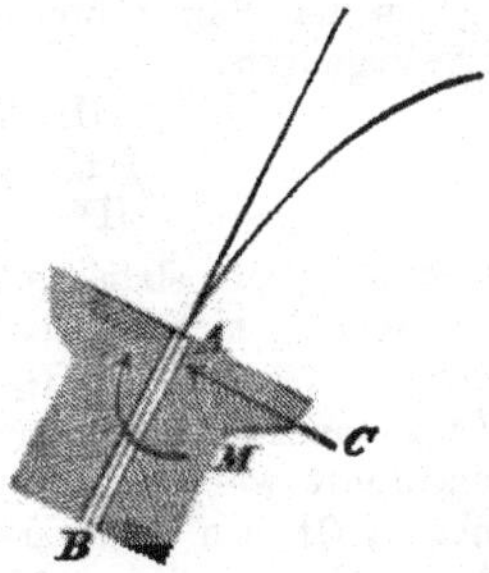

Fig. 71.

$$C_1\,\Delta c_1 + C_2\,\Delta c_2 + \mathrm{M}\tau.^{*)}$$

b) Lose Einspannung (Fig. 71). Der Stützpunkt A gleitet auf vorgeschriebener Bahn AB. Die Auflagertangente liegt bei starrem Stützkörper fest. Der Stützenwiderstand zerfällt in das Einspannungsmoment M und in einen Gegendruck C, welcher bei glatter Bahn senkrecht zu AB wirkt. Verschiebt sich A im Sinne von A um Δc, während sich die Auflagertangente im Sinne von M um τ dreht, so leisten die Auflagerkräfte die virtuelle Arbeit

$$C\Delta c + \mathrm{M}\tau.$$

c) Beispiel für die Berechnung der Arbeiten L. Um die Ermittelung der in den Gleichungen (32) vorkommenden Arbeiten $L', L'', \ldots$ der Auflagerkräfte für die Zustände $X' = 1$, $X'' = 1, \ldots$ durch ein Beispiel zu erläutern, betrachten wir einen bei A und B fest eingespannten Bogenträger ohne Gelenke (Fig. 72). Die senkrechten und wagerechten Seitenkräfte

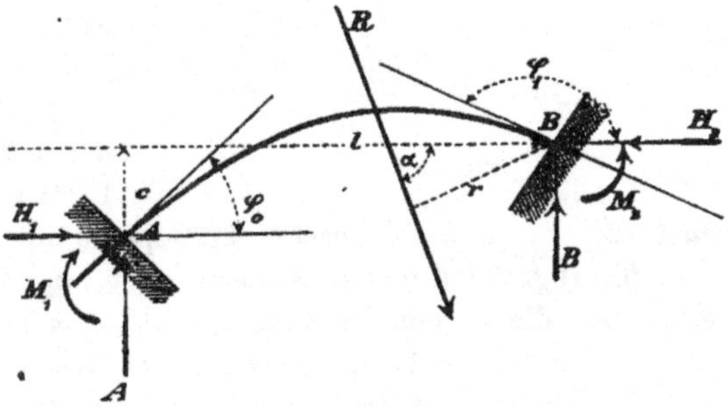

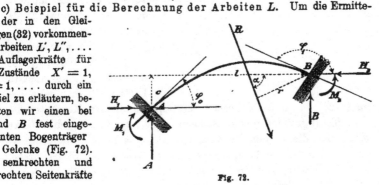

Fig. 72.

*) Hinsichtlich der Arbeit des Momentes M vergl. Seite 59.

der Stützendrücke seien A, B, H_1, H_2, und die Einspannungsmomente seien M_1 und M_2. Infolge der Nachgiebigkeit der Widerlager gehe über

$$c \text{ in } c + \Delta c,\; l \text{ in } l + \Delta l,\; \varphi_0 \text{ in } \varphi_0 + \Delta\varphi_0,\; \varphi_1 \text{ in } \varphi_1 + \Delta\varphi_1;$$

es leisten dann die Auflagerkräfte (wenn Punkt B und die Wagerechte durch B festliegen) die virtuelle Arbeit

$$\text{(I)}\quad \mathfrak{A} = -A\Delta c - H_1\Delta l - M_1\Delta\varphi_0 + M_2\Delta\varphi_1.$$

Bedeutet R die Mittelkraft aus sämtlichen Lasten, α den Neigungswinkel von R gegen die Wagerechte, r das Lot von B auf R, so bestehen die Gleichgewichtsbedingungen:

$$\text{(II)}\quad H_1 + R\cos\alpha - H_2 = 0$$

$$\text{(III)}\quad A - R\sin\alpha + B = 0$$

$$\text{(IV)}\quad Al - H_1 c - Rr + M_1 - M_2 = 0.$$

Da sich weitere statische Beziehungen zwischen den 6 Unbekannten A, B, H_1, H_2, M_1 und M_2 nicht aufstellen lassen, so ist der Träger ein dreifach statisch unbestimmter. Werden A, H_1 und M_1 als statisch nicht bestimmbare Größen aufgefaßt, so muß der aus (IV) sich ergebende Wert: $M_2 = Al - H_1 c - Rr + M_1$ in (I) eingeführt werden, worauf die Arbeit $\mathfrak{A}$ als Funktion der statisch nicht bestimmbaren Größen in der Form

$$\mathfrak{A} = A(l\Delta\varphi_1 - \Delta c) - H_1(c\Delta\varphi_1 + \Delta l) + M_1(\Delta\varphi_1 - \Delta\varphi_0) - Rr\Delta\varphi_1$$

erhalten wird, und es folgt schließlich

für den Zustand $X' = A = 1$ der Wert $L' = l\Delta\varphi_1 - \Delta c$

„ „ „ $X'' = H_1 = 1$ „ „ $L'' = -(c\Delta\varphi_1 + \Delta l)$

„ „ „ $X''' = M_1 = 1$ „ „ $L''' = \Delta\varphi_1 - \Delta\varphi_0$.

5) **Belastung durch Kräftepaare. Drehung von Tangenten an die Stabachse.** Die in irgend einem Punkte m an die Stabachse gelegte Tangente TT (Fig. 73) können wir als starre Linie auffassen, welche mit dem Stabe fest verbunden ist. Wirkt auf diese Linie ein Kräftepaar, dessen Moment $= \mathfrak{M}_m$ ist, so werden an den Auflagern gewisse Gegendrücke und im Stabe gewisse Spannungen hervorgerufen. Es möge m der Angriffspunkt des Kräftepaares heißen.

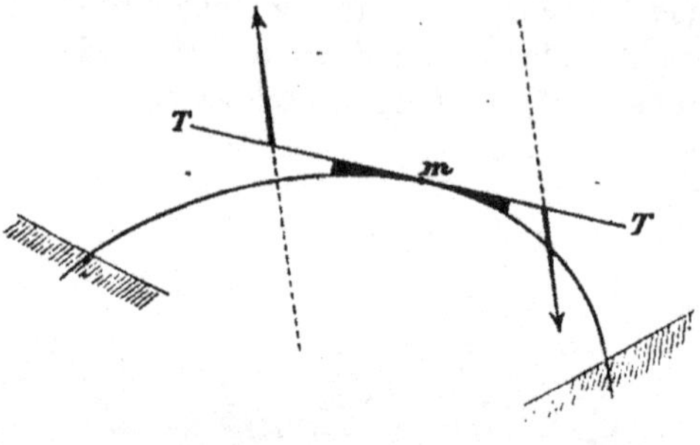

Fig. 73.

Denken wir uns nun in gleicher Weise (außer den bislang vorausgesetzten Lasten P) in beliebigen Punkten 1, 2, ... n der Stabachse Kräftepaare mit den Momenten $\mathfrak{M}_1$, $\mathfrak{M}_2$, ... $\mathfrak{M}_n$ angreifend und bezeichnen mit τ_1, τ_2, ... τ_n die Winkel, um welche sich die in den Punkten 1, 2, ... n an die Stabachse gelegten Tangenten infolge der Umgestaltung des elastischen Stabes drehen, so leisten die Kräftepaare die virtuelle Arbeit $\mathfrak{M}_1\tau_1 + \mathfrak{M}_2\tau_2 + \ldots + \mathfrak{M}_n\tau_n$, und es ergibt sich die Arbeitsgleichung:

$$\Sigma P\delta + \mathfrak{M}_1 \tau_1 + \mathfrak{M}_2 \tau_2 + \dots \mathfrak{M}_m \tau_m + \dots \mathfrak{M}_n \tau_n + \Sigma C \Delta c$$
$$= \int \sigma \frac{\Delta ds_v}{ds_v} dV.$$

Sie gilt im Falle des Gleichgewichtes und bei verschwindend kleinen, möglichen Verschiebungen für beliebige Werte der Lasten P und Momente $\mathfrak{M}_m$ und liefert, teilweise nach $\mathfrak{M}_m$ differentiiert, die Beziehung:

$$\tau_m + \Sigma \frac{\partial C}{\partial \mathfrak{M}_m} \Delta c = \int \frac{\partial \sigma}{\partial \mathfrak{M}_m} \frac{\Delta ds_v}{ds_v} dV,$$

aus welcher sich die (der Gleichung (38) gegenüberzustellende) Gleichung

$$\text{(38a)} \qquad \tau_m = \frac{\partial A_i}{\partial \mathfrak{M}_m} - \Sigma \frac{\partial C}{\partial \mathfrak{M}_m} \Delta c$$

ableiten läfst; dieselbe ermöglicht die Berechnung des Drehungswinkels τ jeder Tangente an die Stabachse. Tritt das Kräftepaar mit dem Momente $\mathfrak{M}_m$ in Wirklichkeit nicht auf, so hat man nach Ausführung der Differentiation $\mathfrak{M}_m = 0$ zu setzen.

Weiter leuchtet sofort die Richtigkeit der (der Gleichung (37) gegenüberzustellenden) Gleichung ein:

$$\text{(37a)} \qquad \tau_m = \int \bar{\sigma} \left(\frac{\sigma}{E} + \varepsilon t \right) dV - \bar{L},$$

in welcher $\bar{\sigma}$ diejenige Spannung bedeutet, die in irgend einem Querschnittselemente des statisch bestimmten Hauptträgers entsteht, sobald im Punkte m ein Kräftepaar mit dem Momente $\mathfrak{M}_m = 1$ angreift, während $\bar{L}$ die virtuelle Arbeit der durch diese Belastung hervorgerufenen Auflagerkräfte vorstellt.

§ 13.

Die Spannungen σ im geraden Stabe. Naviersche Biegungsformel.

1) Durch einen Querschnitt im Abstande x von irgend einem in der Stabachse angenommenen Anfangspunkte A denken wir den Stab in zwei Teile zerlegt und vereinigen alle an dem einen der beiden Teile, z. B. an dem linken, angreifenden äufseren Kräfte zu ihrer Mittelkraft R (Fig. 74).

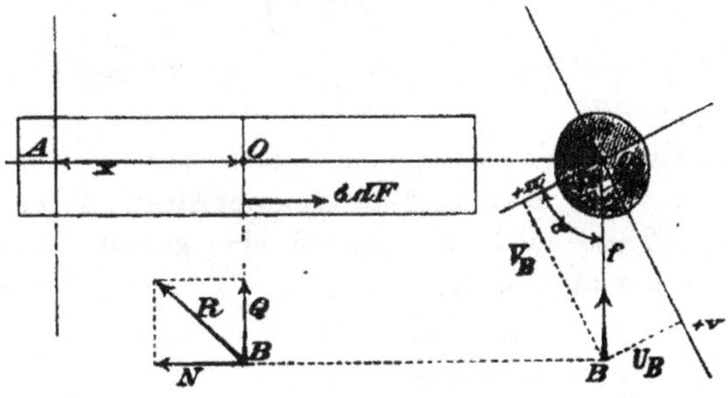

Fig. 74.

R heifst die äufsere Kraft für den fraglichen Querschnitt und zerfällt in die Längskraft N, senkrecht zum Querschnitte, und die Querkraft Q in der Ebene des Querschnittes. Wird vorausgesetzt, dafs alle äufseren Kräfte die Stabachse treffen (wenn auch in unendlicher Ferne) so geht Q durch den Schwerpunkt O des Querschnitts. Die Kraft N möge positiv angenommen werden, sobald sie das Bestreben hat, den linken Stabteil von dem festgehalten gedachten rechten Teile zu entfernen.

Die durch den Schwerpunkt O des Querschnittes und den Schnittpunkt B der Kraft R mit dem Querschnitte gelegte Gerade heifse die Kraftlinie, sie möge mit der u-Achse eines in der Querschnittsebene angenommenen rechtwinkligen Achsenkreuzes (u, v), dessen Ursprung der Punkt O ist, den Winkel α einschliefsen. Bedeuten dann:

f den Abstand des Punktes B vom Ursprunge,

u_B und v_B die Koordinaten von B,

so zerfällt das dem betrachteten Querschnitte entsprechende Biegungsmoment

$$M = Nf$$

in das um die u-Achse drehende Moment

$$\mathrm{M}_u = N v_B = \mathrm{M} \sin \alpha$$

und in das um die v-Achse drehende Moment

$$\mathrm{M}_v = N u_B = \mathrm{M} \cos \alpha,$$

und es bestehen zwischen den in dem Querschnitte wirksamen Spannungen σ und den äufseren Kräften die Gleichgewichtsbedingungen:

$$N = \int \sigma dF$$

$$\mathrm{M}_u = \int v \cdot \sigma dF$$

$$\mathrm{M}_v = \int u \cdot \sigma dF.$$

Die Berechnung der σ soll unter folgenden Voraussetzungen durchgeführt werden:

1. Die Strecke Δdx_v, um welche sich im Punkte u, v die Entfernung dx des betrachteten Querschnittes von dem unendlich nahe gelegenen Querschnitte ändert, sei eine geradlinige Funktion der Koordinaten u und v, d. h. es sei

$$\frac{\Delta dx_v}{dx} = a' + a'' v + a''' u,$$

unter a', a'', a''' Werte verstanden, welche für den betrachteten Querschnitt Konstanten sind.*)

2. Die Temperaturänderung t im Punkte u, v sei ebenfalls eine geradlinige Funktion von u und v, es bestehe also die Gleichung

$$t = t' + t''v + t'''u,$$

deren Koeffizienten gegeben sind, sobald die Temperaturänderungen für drei nicht in einer Geraden gelegene Punkte des Querschnittes bekannt sind.

Dann folgt aus der Gleichung

$$\frac{\Delta dx_v}{dx} = \frac{\sigma}{E} + \varepsilon t$$

für die Spannung σ der Ausdruck

$$\sigma = E(a' - \varepsilon t') + E(a'' - \varepsilon t'')v + E(a''' - \varepsilon t''')u$$

und hierfür soll kürzer geschrieben werden

$$\sigma = a + bv + cu,$$

wobei a, b, c Konstanten sind, welche sich mit Hilfe der drei Gleichgewichtsbedingungen berechnen lassen. Jene Bedingungen gehen über in

$$N = a\int dF + b\int v\,dF + c\int u\,dF$$

$$M_u = a\int v\,dF + b\int v^2 dF + c\int uv\,dF$$

$$M_v = a\int u\,dF + b\int au\,dF + c\int u^2 dF;$$

sie nehmen eine besonders einfache Gestalt an, sobald zu den Koordinatenachsen Hauptachsen gewählt werden. In diesem Falle ist das Centrifugalmoment $\int uv\,dF = 0$, und weiter folgt, da der Ursprung O mit dem Schwerpunkte des Querschnittes zusammenfällt, $\int u\,dF = 0$ und $\int v\,dF = 0$. Es ergeben sich die Werte:

$$a = \frac{N}{F}, \quad b = \frac{M_u}{\int v^2 dF} = \frac{M_u}{J_u}, \quad c = \frac{M_v}{\int u^2 dF} = \frac{M_v}{J_v},$$

in denen J_u und J_v die Trägheitsmomente des Querschnittes in Bezug

---

*) Es stimmt diese Annahme mit der bekannten Voraussetzung Naviers überein, dafs ursprünglich ebene Querschnitte des Stabes auch nach der Biegung Ebenen sind. Die Zuverlässigkeit der Navierschen Methode ist durch die Arbeiten von Saint-Venant (in Liouvilles Journal 1856), Kirchhoff (in Crelles Journal 1859) und namentlich von Pochhammer (in dessen Werke über das Gleichgewicht des elastischen Stabes, Kiel, 1879) nachgewiesen worden.

auf die Hauptachsen bedeuten, und es entsteht die Naviersche Formel

$$(39)\quad \sigma = \frac{N}{F} + \frac{\mathrm{M}_u}{J_u} v + \frac{\mathrm{M}_v}{J_v} u.$$

Besonders hervorzuheben ist, daſs eine ungleichmäſsige Erwärmung des Stabes nach dem Gesetze $t = t' + t'' v + t''' u$ nur dann Spannungen σ hervorbringt, wenn die Werte N und M von den Temperaturänderungen abhängig sind, was nur bei statisch unbestimmten Stäben der Fall sein kann. Verschwinden alle äuſseren Kräfte, so verschwinden auch die Spannungen σ.

2) Setzt man in Gleichung (39)

$$\mathrm{M}_u = N v_B \text{ und } \mathrm{M}_v = N u_B$$

und bezeichnet man die Koordinaten der Stelle A, für welche die Spannung σ infolge der in B angreifenden Kraft N berechnet werden soll, mit v_A, u_A, so erhält man — wenn diese Spannung σ_{AB} genannt wird —

$$(40)\quad \sigma_{AB} = \frac{N}{F}\left(1 + \frac{F}{J_u} v_B v_A + \frac{F}{J_v} u_B u_A\right),$$

und in dieser Gleichung sind die Buchstaben B und A vertauschbar. Man findet nämlich für die Spannung an der Stelle B infolge einer in A angreifenden Kraft N den Wert

$$\sigma_{BA} = \frac{N}{F}\left(1 + \frac{F}{J_u} v_A v_B + \frac{F}{J_v} u_B u_A\right)$$

und gelangt zu der Beziehung

$$\sigma_{AB} = \sigma_{BA}.$$

Es seien nun für irgend einen Querschnitt (Fig. 75) die Spannungen bestimmt, welche eine in einem Querschnittspunkte B angreifende Kraft $N = 1$ hervorruft, und zwar seien diese Spannungen mit Hülfe von Gleichung (39) durch eine Gerade $B'B''$ dargestellt. Die Spannung an der Stelle A ist dann gleich der Ordinate σ_{AB}, welche die $B'B''$ auf einer durch den Punkt A parallel zur Spannungs-Nulllinie gezogenen Geraden g abschneidet; und ebensogroſs ist auch (nach Gleichung (40) die Spannung σ_{BA}, welche eine in A angreifende Kraft $N = 1$ bei B hervorruft. Eine in A wirksame Kraft N wird also an der Stelle B die Spannung

$$\sigma_B = N \cdot \sigma_{AB}$$

hervorrufen, und dieser Wert σ bleibt ungeändert, wenn sich der Angriffspunkt A von N in der Geraden g bewegt. Greifen mehrere Kräfte N am Querschnitte an, so erhält man für die Spannung an der Stelle B einen Wert

$$\sigma_B = \Sigma N \sigma_{AB}.$$

Die Gerade $B'B''$ ist also die Einfluſslinie für die Spannung σ an der Stelle B.

Wird der Einfluſs eines Momentes M gesucht, welches in einer den Querschnitt in der Geraden $l — l$ schneidenden, zum Querschnitte rechtwinkligen Ebene wirkt, Fig. 76, so ersetze man dasselbe durch ein Kräftepaar Na mit beliebig groſsem Arme a und lege den Angriffs-

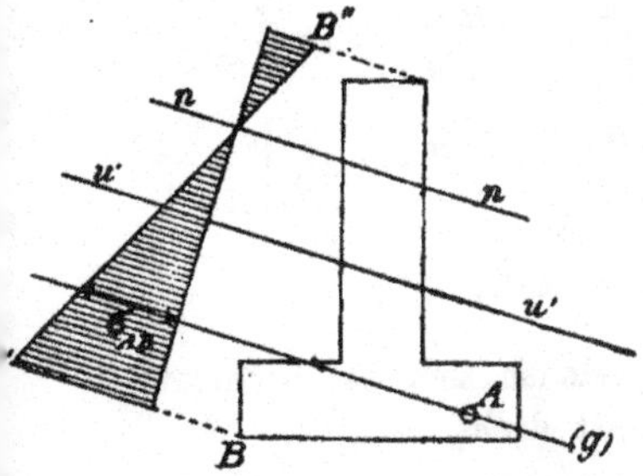

Fig. 75.

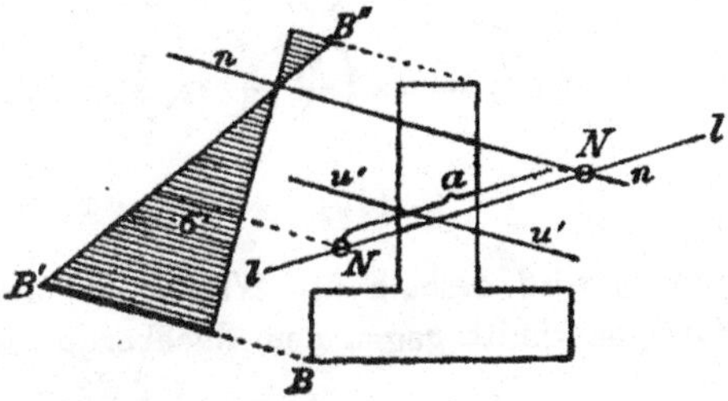

Fig. 76.

punkt der einen der beiden Gegenkräfte N in den Schnittpunkt der Geraden $l — l$ und $n — n$. Man findet dann nach Fig. 76:

$$\sigma_B = N\sigma' = \frac{M\sigma'}{a}.$$

3) Meistens fällt die Kraftlinie mit einer Hauptachse zusammen. Wir wählen dann die Kraftlinie zur v-Achse, bezeichnen das Trägheitsmoment für die u-Achse kurz mit J und erhalten:

$$(41) \quad \sigma = \frac{N}{F} + \frac{Mv}{J}.$$

Wird angenommen, daſs die Temperaturänderung t von u unabhängig ist, so darf

$$(42) \quad t = t_0 + \Delta t \frac{v}{h}$$

gesetzt werden; hierbei bedeutet (Fig. 77):

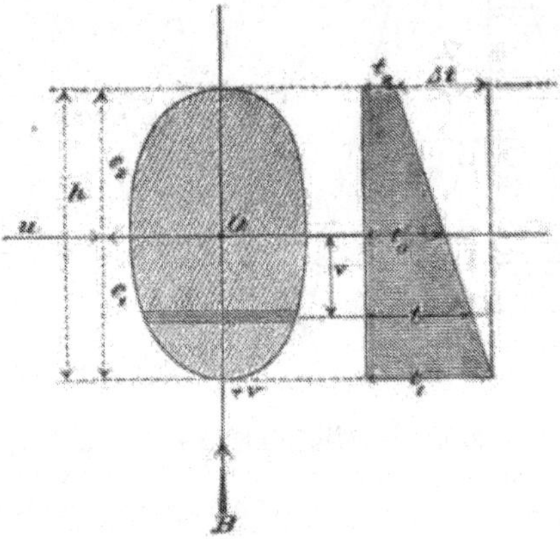

Fig. 77.

h die Höhe des Querschnittes,
t_0 die Temperaturänderung für $v = 0$ (also z. B. für den Querschnittsschwerpunkt),
$\Delta t = t_1 - t_2$ den Unterschied der den äuſsersten Querschnittspunkten entsprechenden Temperaturänderungen,
t_1 den Wert von t für $v = + e_1$ und
t_2 den Wert von t für $v = - e_2$.

Zwischen t_0, t_1 und t_2 besteht die Beziehung

$$t_0 = t_1 \frac{e_2}{h} + t_2 \frac{e_1}{h}.$$

Die Werte Δdx_1, Δdx_2 und Δdx, welche Δdx_v bezw. für $v = + e_1$, $v = - e_2$ und $v = 0$ annimmt, sind

$$\Delta dx_1 = dx\left(\frac{\sigma_1}{E} + \varepsilon t_1\right) = dx\left[\frac{N}{EF} + \frac{Me_1}{EJ} + \varepsilon t_1\right]$$

$$\Delta dx_2 = dx\left(\frac{\sigma_2}{E} + \varepsilon t_2\right) = dx\left[\frac{N}{EF} - \frac{Me_2}{EJ} + \varepsilon t_2\right]$$

$$(43) \quad \Delta dx = dx\left(\frac{N}{EF} + \varepsilon t_0\right)$$

und es wird deshalb der Winkel $d\tau$, um welchen sich der betrachtete Stabquerschnitt gegen den Nachbarquerschnitt dreht,

$$d\tau = \operatorname{tg} d\tau = \frac{\Delta dx_1 - \Delta dx_2}{h}, \text{ d. i.}$$

$$(44) \quad d\tau = dx\left(\frac{M}{EJ} + \varepsilon \frac{\Delta t}{h}\right).$$

4) Die Gleichung (39) gilt auch für schiefwinklige Koordinaten u', v', Fig. 78. Wählt man die Kraftlinie zur v'-Achse und bestimmt die u'-Achse so, daß $\int u'v'dF = 0$ wird, so erhält man

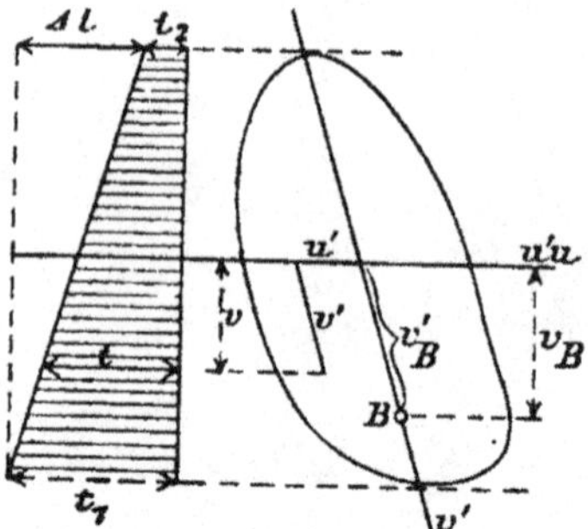

Fig. 78.

$$\sigma = \frac{N}{F} + \frac{M_{u'} v'}{J_{u'}},$$

wo $M_{u'} = Nv'_B$ ist.

Bildet die v'-Achse mit der u'-Achse den Winkel α, so ist

$$J_{u'} = \int v'^2 dF = \frac{1}{\sin^2\alpha}\int v^2 dF = \frac{J_u}{\sin^2\alpha},$$

$$v' = \frac{v}{\sin\alpha},$$

$$M_{u'} = \frac{Nv_B}{\sin\alpha} = \frac{M_u}{\sin\alpha},$$

und man findet schließlich für σ den Wert

$$(45) \quad \sigma = \frac{N}{F} + \frac{M_u v}{J_u},$$

welcher dieselbe Form hat, wie der durch die Gleichung (41) für den Fall einer mit einer Hauptachse zusammenfallenden Kraftlinie bestimmte Wert. Ist nun h die Querschnittshöhe rechtwinklig zur u-Achse und wird angenommen, daß sich t nur mit v ändert, so gelten die Gleichungen (44) und (45) auch für den in Fig. 78 dargestellen Fall.

§ 14.

Bedingungsgleichungen für statisch unbestimmte gerade Stäbe.

1) Integrationen. Es sollen die im § 12 abgeleiteten Bedingungsgleichungen zunächst für den Fall umgeformt werden, dafs die Kraftlinie mit der v-Achse zusammenfällt, dafs also

$$\sigma = \frac{N}{F} + \frac{\mathrm{M}v}{J}$$

ist, während die Temperaturänderung dem in Fig. 77 dargestellten Gesetze folgt. Zu diesem Zwecke mögen die Integrale

$$\int \frac{\sigma_a \sigma_b \, dV}{E} \quad \text{und} \quad \int \sigma \varepsilon t \, dV$$

berechnet werden, wobei

$$\sigma_a = \frac{N_a}{F} + \frac{\mathrm{M}_a v}{J} \quad \text{und} \quad \sigma_b = \frac{N_b}{F} + \frac{\mathrm{M}_b v}{J}$$

die Spannungen für irgend zwei durch die Zeiger a und b unterschiedene Belastungsfälle bedeuten.

Mit $dV = dx\,dF$ ergibt sich

$$\int \frac{\sigma_a \sigma_b \, dV}{E} = \int\int \left(\sigma_b \frac{N_a}{F} + \sigma_b \frac{\mathrm{M}_a v}{J} \right) \frac{dx\,dF}{E}$$

$$= \int \frac{N_a dx \int \sigma_b dF}{EF} + \int \frac{\mathrm{M}_a dx \int \sigma_b v \, dF}{EJ}$$

und mit Beachtung der Gleichgewichtsbedingungen

$$\int \sigma_b dF = N_b \quad \text{und} \quad \int \sigma_b v \, dF = \mathrm{M}_b$$

$$(46) \qquad \int \frac{\sigma_a \sigma_b \, dV}{E} = \int \frac{N_a N_b \, dx}{EF} + \int \frac{\mathrm{M}_a \mathrm{M}_b \, dx}{EJ}.$$

Ebenso findet man

$$\int \sigma \varepsilon t \, dV = \int\int \sigma \left(t_o + \Delta t \frac{v}{h} \right) \varepsilon \, dx\,dF$$

$$= \int \varepsilon t_o dx \int \sigma dF + \int \varepsilon \frac{\Delta t}{h} dx \int \sigma v \, dF$$

$$(47) \qquad \int \sigma \varepsilon t \, dV = \int \varepsilon t_o N dx + \int \varepsilon \Delta t \frac{\mathrm{M}}{h} dx.$$

2) Umformung der Gleichungen (32). Die Auflagerkräfte C, Biegungsmomente M und Längskräfte N eines mehrfach statisch unbestimmten Stabes lassen sich in der Form darstellen

$$(48)\quad \begin{cases} C = C_0 + C'X' + C''X'' + C'''X''' + \ldots\ldots \\ \mathrm{M} = \mathrm{M}_0 + \mathrm{M}'X' + \mathrm{M}''X'' + \mathrm{M}'''X''' + \ldots\ldots \\ N = N_0 + N'X' + N''X'' + N'''X''' + \ldots\ldots, \end{cases}$$

wobei X', X'', X''', ... statisch nicht bestimmbare Gröſsen bedeuten.

C_0, M_0, N_0, sind die Auflagerkräfte, Biegungsmomente und Längskräfte für den statisch bestimmten Hauptträger, in welchen der Stab übergeht, sobald sämtliche Unbekannten X verschwinden; sie sind geradlinige Funktionen der gegebenen Lasten.

C', M', N' sind die Werte der Auflagerkräfte, Momente und Längskräfte für den auf Seite 79 erklärten Zustand $X' = 1$, desgl. C'', M'', N'' die Werte für den Zustand $X'' = 1$ u. s. w.

Die Spannungen für den Zustand $X' = 1$ sind:

$$\sigma' = \frac{N'}{F} + \frac{\mathrm{M}'v}{J},$$

für den Zustand $X'' = 1$:

$$\sigma'' = \frac{N''}{F} + \frac{\mathrm{M}''v}{J}, \text{ u. s. w.}$$

und die Gleichungen (32) gehen, mit Beachtung der Gleich. (46) und (47), über in

$$(49)\quad \begin{cases} L' = \int \frac{N'N}{EF} dx + \int \frac{\mathrm{M}'\mathrm{M}}{EJ} dx + \int \varepsilon t_0 N' dx + \int \varepsilon \Delta t \frac{\mathrm{M}'}{h} dx \\ L'' = \int \frac{N''N}{EF} dx + \int \frac{\mathrm{M}''\mathrm{M}}{EJ} dx + \int \varepsilon t_0 N'' dx + \int \varepsilon \Delta t \frac{\mathrm{M}''}{h} dx \\ \ldots\ldots\ldots\ldots\ldots\ldots\ldots\ldots, \end{cases}$$

wobei L', L'', ... die virtuellen Arbeiten der Auflagerkräfte bei Eintreten der Zustände $X' = 1$, $X'' = 1$, ... bedeuten.

Ist die Temperaturerhöhung für alle Punkte eines Stabquerschnittes konstant und $= t$, so ist $\Delta t = 0$ und $t_0 = t$ zu setzen.

3) Umformung der Gleichungen (33) und (34). Für den durch die Gleichung (34) gegebenen Arbeitsausdruck A_i findet man mit Hilfe der Gleichungen (46) und (47) den Wert

$$(50)\quad A_i = \int \frac{N^2 dx}{2EF} + \int \frac{\mathrm{M}^2 dx}{2EJ} + \int \varepsilon t_0 N dx + \int \varepsilon \Delta t \frac{\mathrm{M}}{h} dx,$$

und es geht somit die Bedingungsgleichung (33) über in

$$(51)\quad L=\int\frac{N}{EF}\cdot\frac{\partial N}{\partial X}dx+\int\frac{M}{EJ}\cdot\frac{\partial M}{\partial X}dx+\int\varepsilon t_0\frac{\partial N}{\partial X}dx$$
$$+\int\varepsilon\frac{\Delta t}{h}\cdot\frac{\partial M}{\partial X}dx,$$

wobei X irgend eine der zu berechnenden statisch nicht bestimmbaren Gröfsen und L die virtuelle Arbeit der Auflagerkräfte für den Zustand $X=1$ bedeutet.

Dafs Gleichung (51) die allgemeine Form der Bedingungsgleichungen (49) darstellt, leuchtet ein, sobald der Gröfse X der Reihe nach die Werte X', X'' ...... beigelegt werden und

$$\frac{\partial M}{\partial X}=M',\ \frac{\partial M}{\partial X''}=M''\ldots\ldots$$
$$\frac{\partial N}{\partial X'}=N',\ \frac{\partial N}{\partial X''}=N''\ldots.$$

gesetzt wird.

4) Der auf Biegungsfestigkeit beanspruchte gerade Stab in Verbindung mit einem Fachwerke. Sehr häufig hat man es mit der Berechnung eines Körpers zu tun, der aus einem Fachwerke und aus einem oder mehreren auf Biegungsfestigkeit beanspruchten, geraden Stäben besteht. Die allgemeine Form der Bedingungsgleichungen, denen die statisch nicht bestimmbaren Gröfsen X zu genügen haben, lautet dann (vergleiche die für das Fachwerk abgeleiteten Gleichungen 26):

$$(52)\quad L=\int\frac{N}{EF}\cdot\frac{\partial N}{\partial X}dx+\int\frac{M}{EJ}\cdot\frac{\partial M}{\partial X}dx+\int\varepsilon t_0\frac{\partial N}{\partial X}dx$$
$$+\int\varepsilon\frac{\Delta t}{h}\cdot\frac{\partial M}{\partial X}dx+\Sigma\frac{Ss}{EF}\cdot\frac{\partial S}{\partial X}+\Sigma\varepsilon ts\frac{\partial S}{\partial X},$$

wobei angenommen wird, dafs die Temperaturänderung t für alle Punkte eines und desselben Fachwerkstabes gleich grofs ist.

Meistens macht man die Annahme, dafs auch für alle Punkte eines und desselben Querschnittes der durch die M und N beanspruchten Stäbe die Temperaturänderung t gleich grofs ist und erhält dann die Bedingung

$$(53)\quad L=\int\frac{N}{EF}\cdot\frac{\partial N}{\partial X}dx+\int\frac{M}{EJ}\cdot\frac{\partial M}{\partial X}dx+\int\varepsilon t\frac{\partial N}{\partial X}dx$$
$$+\Sigma\frac{Ss}{EF}\cdot\frac{\partial S}{\partial X}+\Sigma\varepsilon ts\frac{\partial S}{\partial X}.$$

L bedeutet die virtuelle Arbeit der Auflagerkräfte für den Zustand $X=1$.

5) Die im vorstehenden abgeleiteten Gesetze gelten auch für den Fall einer nicht mit einer Hauptachse zusammenfallenden Kraftlinie, vorausgesetzt, daſs sich (nach Fig. 78) t nur mit v ändert, daſs unter h die Querschnittshöhe rechtwinklig zur u-Achse verstanden wird und für J das auf die u-Achse bezogene Trägheitsmoment J_u gesetzt wird. Liegen jedoch die Kraftlinien der verschiedenen Querschnitte oder die u-Achsen nicht in einer Ebene, so ist es zweckmäſsiger, die Momente M_u und M_v (§ 13, 1) einzuführen und das Integral

$$\int \frac{\sigma_a \sigma_b dV}{E}$$

auf Grund der Formeln

$$\sigma_a = \frac{N_a}{F} + \frac{M_{ua} v}{J_u} + \frac{M_{va} u}{J_v}$$

$$\sigma_b = \frac{N_b}{F} + \frac{M_{ub} v}{J_u} + \frac{M_{vb} u}{J_v}$$

zu berechnen. Man erhält mit $dV = dx dF$

$$\int \frac{\sigma_a \sigma_b dV}{E} = \int \frac{N_a dx \int \sigma_b dF}{EF} + \int \frac{M_{ua} dx \int \sigma_b v dF}{EJ_u}$$

$$+ \int \frac{M_{va} dx \int \sigma_b u dF}{EJ_v}$$

und mit Beachtung der Gleichgewichtsbedingungen

$$\int \sigma_b dF = N_b, \int \sigma_b v dF = M_{ub}, \int \sigma_b u dF = M_{vb}$$

die Beziehung:

$$\int \frac{\sigma_a \sigma_b dV}{E} = \int \frac{N_a N_b dx}{EF} + \int \frac{M_{ua} M_{ub} dx}{EJ_u} + \int \frac{M_{va} M_{vb} dx}{EJ_v}.$$

Für das Integral $\int \sigma \varepsilon t dV$ liefert die Voraussetzung der allgemeinen Beziehung

$$t = t' + t'' v + t''' u$$

den Wert

$$\int \sigma \varepsilon t dV = \int \varepsilon t' N dx + \int \varepsilon t'' M_u dx + \int \varepsilon t''' M_v dx.$$

Hiernach ist es leicht, die unter 2), 3), 4) abgeleiteten Gesetze für den allgemeineren Fall zu erweitern. Beispielsweise geht der Ausdruck (50) für A_i über in

$$(50a) \quad A_i = \int \frac{N^2 dx}{2EF} + \int \frac{M_u^2 dx}{2EJ_u} + \int \frac{M_v^2 dx}{2EJ_v}$$

$$+ \int \varepsilon t' N dx + \int \varepsilon t'' M_u dx + \int \varepsilon t''' M_v dx.$$

6) Anwendungen.*)

Aufgabe 1. Wagerechter, bei B eingespannter und bei A frei aufliegender Balken. Gesucht ist der durch eine gleichmäfsige Belastung, p für die Längeneinheit, hervorgerufene Auflagerwiderstand X (Fig. 79). Temperaturänderungen sollen unberücksichtigt bleiben, desgleichen Verschiebungen der Angriffspunkte der Auflagerkräfte; es ist also $L = 0$ und $t = 0$.

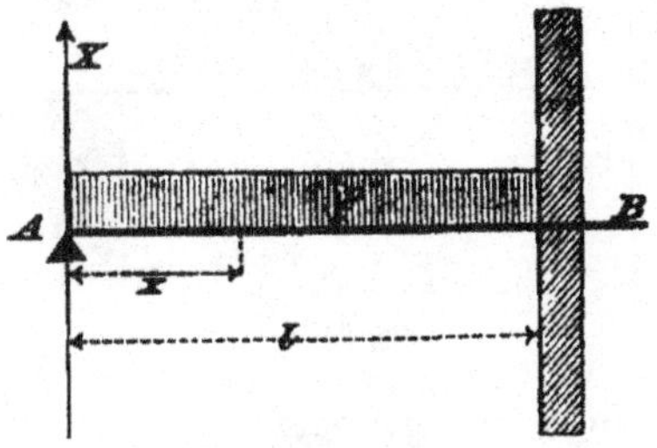

Fig. 79.

Da nur Beanspruchung auf Biegung vorliegt ($N = 0$), so mufs X der Bedingung (vergl. Gleich. 51)

$$\int_0^l \frac{\mathrm{M}}{EJ} \cdot \frac{\partial \mathrm{M}}{\partial X} dx = 0$$

genügen, und bei konstantem EJ der Bedingung

$$\int_0^l \mathrm{M} \frac{\partial \mathrm{M}}{\partial X} dx = 0.$$

Nun ist $\mathrm{M} = Xx - \frac{px^2}{2}$ und $\frac{\partial \mathrm{M}}{\partial X} = x$, weshalb

$$\int_0^l \left(Xx - \frac{px^2}{2}\right) x\,dx = \frac{Xl^3}{3} - \frac{pl^4}{8} = 0,$$

woraus

$$X = \frac{3pl}{8}.$$

Es ist mithin das Biegungsmoment an der Stelle x

$$\mathrm{M} = \frac{3pl}{8} x - \frac{px^2}{2}.$$

Für $x = \frac{3l}{8}$ folgt $\max \mathrm{M} = \frac{9}{128} pl^2$ und für $x = l$ ergibt sich das Einspannungsmoment $\mathrm{M}_B = -\frac{pl^2}{8}$. Die gröfsten Beanspruchungen sind

$$\sigma_1 = \frac{\mathrm{M}_B e_1}{J} \text{ und } \sigma_2 = -\frac{\mathrm{M}_B e_2}{J} \text{ (nach Gleichung 41).}$$

Aufgabe 2. Wagerechter, bei A und B eingespannter Balken mit Dreiecksbelastung (Fig. 80). Es sei wie in Aufgabe 1 sowohl L als auch $t = 0$.

---

*) In den Aufgaben 1—11 wird vorausgesetzt, dafs überall die Kraftlinie mit einer Querschnittshauptachse zusammenfällt.

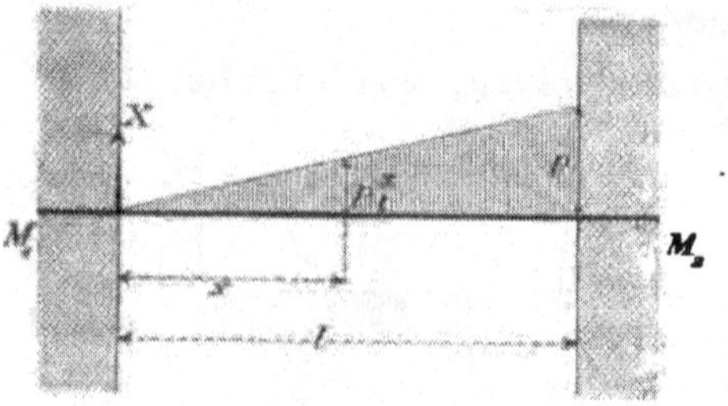

Fig. 80.

Bedeutet X die senkrechte Auflagerkraft und M_1 das Biegungsmoment am linken Auflager, so ist das Biegungsmoment an der Stelle x:

$$M = Xx - p\frac{x}{l}\cdot\frac{x}{2}\cdot\frac{x}{3} + M_1.$$

Die beiden statisch nicht bestimmbaren Gröſsen X und M_1 müssen, bei konstantem EJ, den Bedingungen genügen:

$$\int_0^l M\frac{\partial M}{\partial X}dx = 0 \text{ und } \int_0^l M\frac{\partial M}{\partial M_1}dx = 0$$

und diese gehen, wegen $\frac{\partial M}{\partial X} = x$ und $\frac{\partial M}{\partial M_1} = 1$, nach Ausführung der Integrationen über in

$$X\frac{l^3}{3} - \frac{pl^4}{30} + M_1\frac{l^2}{2} = 0 \text{ und}$$

$$X\frac{l^2}{2} - \frac{pl^3}{24} + M_1 l = 0;$$

sie liefern:

$$X = \frac{8}{20}pl,\quad M_1 = -\frac{pl^2}{80}.$$

Nun folgt an der Stelle x:

$$M = \frac{p}{2}\left[\frac{8}{10}lx - \frac{1}{3}\cdot\frac{x^3}{l} - \frac{1}{15}l^2\right].$$

Für $x = l\sqrt{0{,}8}$ folgt $\max M = +0{,}02144\,pl^2$.

Für $x = l$ ist $M_2 = -\frac{pl_2}{20}$.

Das gröſste aller Momente ist M_2.

Aufgabe 3 (Fig. 81). Ein frei auf drei Stützpunkten ruhender, ursprünglich wagerechter, kontinuierlicher Balken ohne Gelenke und mit konstantem E und J sei durch beliebige senkrechte Lasten beansprucht; auſserdem mögen auf die Endquerschnitte (1) und (3) beliebig groſse, von auſserhalb des Balkens wirkenden Kräften herrührende Biegungsmomente M_1 und M_3 wirken. Es soll das Biegungsmoment M_2 für den über der Mittelstütze gelegenen Querschnitt unter der Voraussetzung berechnet werden, daſs, bei festliegenden Stützpunkten (1) und (3), sich der Stützpunkt (2) um δ senkt und der Balken ungleichmäſsig erwärmt wird. Die Temperaturänderung sei für den untersten Punkt eines Querschnittes t_1, für den obersten t_2; beide Werte seien konstant, und es sei $t_1 - t_2 = \Delta t$. Querschnittshöhe $= h$ (vergl. Fig. 77).

Wir benutzen (da $N = 0$ ist) die Bedingungsgleichung (vergl. Seite 92, Gleichung 49):

$$L' = \frac{1}{EJ}\int \mathrm{M}'\mathrm{M}\,dx + \varepsilon\frac{\Delta t}{h}\int \mathrm{M}'\,dx,$$

in welcher M das wirkliche Biegungsmoment für irgend einen Querschnitt bedeutet, während M' das demselben Querschnitte entsprechende

Fig. 81.
Fig. 82.
Fig. 83.

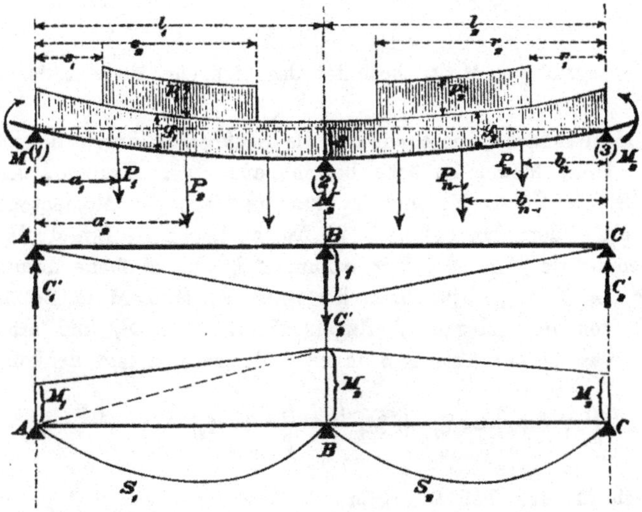

Biegungsmoment für den Fall ist, daſs die Lasten verschwinden und die statisch nicht bestimmbare Gröſse (hier also M_2) den Wert 1 annimmt (Zustand $X = \mathrm{M}_2 = 1$). Die Momentenfläche für diesen Zustand ist das Dreieck in Fig. 82 mit der Höhe 1, und die zugehörigen Auflagerkräfte sind

$$C_1' = \frac{1}{l_1},\quad C_3' = \frac{1}{l_2},\ \text{beide aufwärts wirkend, und}$$

$$C_2' = \frac{1}{l_1} + \frac{1}{l_2} = \frac{l_1 + l_2}{l_1 l_2},\ \text{abwärts gerichtet.}$$

Senkt sich die Mittelstütze um δ, so ist die virtuelle Arbeit der dem Zustande $X = \mathrm{M}_2 = 1$ entsprechenden Auflagerkräfte:

$$L' = C_2'\delta = \frac{l_1 + l_2}{l_1 l_2}\,\delta,$$

und es folgt somit die Bedingung

$$\text{(I)} \quad EJ\frac{l_1+l_2}{l_1 l_2}\delta = \int \mathrm{M}'\mathrm{M}\,dx + \varepsilon EJ\frac{\Delta t}{h}\int \mathrm{M}'dx.$$

Für einen Querschnitt im Abstande $x_1 < l_1$ von A folgt: $\mathrm{M}' = 1 \cdot \frac{x_1}{l_1}$,

mithin für den Teil l_1: $\int \mathrm{M}'dx = \frac{1}{l_1}\int_0^{l_1} x_1 dx_1 = \frac{l_1}{2}$ und

$$\int \mathrm{M}'\mathrm{M}\,dx = \frac{1}{l_1}\int_0^{l_1} x_1 \mathrm{M}\,dx_1.$$

Das Integral: $\int_0^{l_1} x_1 \mathrm{M}\,dx_1$ bedeutet das statische Moment der wirklichen Momentenfläche, bezogen auf die Senkrechte durch den Stützpunkt 1. Diese Momentenfläche besteht aus einem Trapeze, das bei (1) und (2) die Höhen M_1 und M_2 hat und aus der Momentenfläche AS_1B, welche dem bei (1) und (2) frei aufliegenden Einzelbalken l_1 entsprechen würde, Fig. 83. Wir nennen AS_1B die einfache Momentenfläche für den Teil l_1, bezeichnen ihr statisches Moment in Bezug auf die links von ihr gelegene Auflagersenkrechte mit $\mathfrak{L}_1$ und erhalten, indem wir das Trapez über AB in zwei Dreiecke zerlegt denken,

$$\int_0^{l_1} x_1 \mathrm{M}\,dx_1 = \mathfrak{L}_1 + \mathrm{M}_1\frac{l_1}{2}\cdot\frac{l_1}{3} + \mathrm{M}_2\frac{l_1}{2}\cdot\frac{2l_1}{3},$$

so daſs sich für den Teil l_1 ergibt:

$$\int \mathrm{M}'\mathrm{M}\,dx = \frac{\mathfrak{L}_1}{l_1} + \frac{1}{6}(\mathrm{M}_1 l_1 + 2\mathrm{M}_2 l_1);$$

ebenso ergibt sich für den Teil l_2:

$$\int \mathrm{M}'dx = \frac{l_2}{2} \text{ und } \int \mathrm{M}'\mathrm{M}\,dx = \frac{\mathfrak{R}_2}{l_2} + \frac{1}{6}(\mathrm{M}_3 l_2 + 2\mathrm{M}_2 l_2),$$

wobei $\mathfrak{R}_2$ das statische Moment der zu dem Teile l_2 gehörigen einfachen Momentenfläche BS_2C, bezogen auf die rechts von ihr gelegene Auflagersenkrechte, bedeutet.

Die Gleichung (I) geht jetzt, nach Multiplikation mit 6 über in

$$\text{(II)} \quad 6EJ\delta\frac{l_1+l_2}{l_1 l_2} = 6\frac{\mathfrak{L}_1}{l_1} + 6\frac{\mathfrak{R}_2}{l_2} + \mathrm{M}_1 l_1 + 2\mathrm{M}_2(l_1+l_2) + \mathrm{M}_3 l_2 + 3\varepsilon EJ\frac{l_1+l_2}{h}\Delta t;$$

sie ermöglicht die Berechnung von M_2.

Die am häufigsten vorkommenden Belastungen sind: Beanspruchung durch Einzellasten und durch eine gleichmäſsige Belastung.

Liegt auf einem einfachen Balken eine Einzellast P in den Abständen a und b von den Stützpunkten (Fig. 84), so ist die Momentenfläche ABS ein Dreieck, dessen Höhe $= \frac{Pab}{l}$, und dessen statisches Moment, bezogen auf die links gelegene Auflagersenkrechte,

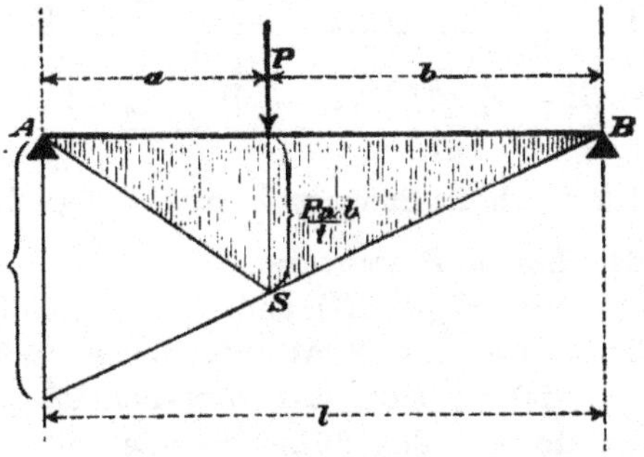

Fig. 84.

$$\text{(III)} \quad \mathfrak{L} = Pa \cdot \frac{l}{2} \cdot \frac{l}{3} - Pa\,\frac{a}{2} \cdot \frac{a}{3} = \frac{Pa\,(l^2 - a^2)}{6}$$

ist. In Bezug auf die rechtsseitige Auflagersenkrechte ergibt sich das statische Moment

$$\text{(IV)} \quad \mathfrak{R} = \frac{Pb\,(l^2 - b^2)}{6}.$$

Liegt zwischen den Grenzen $\xi = s_1$ und $\xi = s_2$ eine gleichmäſsige Last p für die Längeneinheit (Fig. 85), so entspricht dem Lastteilchen $p \cdot d\xi$ nach Gleichung (III) der Wert

$$d\mathfrak{L} = \frac{pd\xi \cdot \xi\,(l^2 - \xi^2)}{6}$$

und es folgt

$$\text{(V)} \quad \mathfrak{L} = \int_{s_1}^{s_2} d\mathfrak{L} = \frac{p\,(s_2^2 - s_1^2)\,(2l^2 - s_2^2 - s_1^2)}{24}.$$

Ist der ganze Balken AB mit g für die Längeneinheit belastet, so ergibt sich aus (V) (mit $p = g$, $s_2 = l$ und $s_1 = 0$)

$$\text{(VI)} \quad \mathfrak{L} = \frac{gl^4}{24}.$$

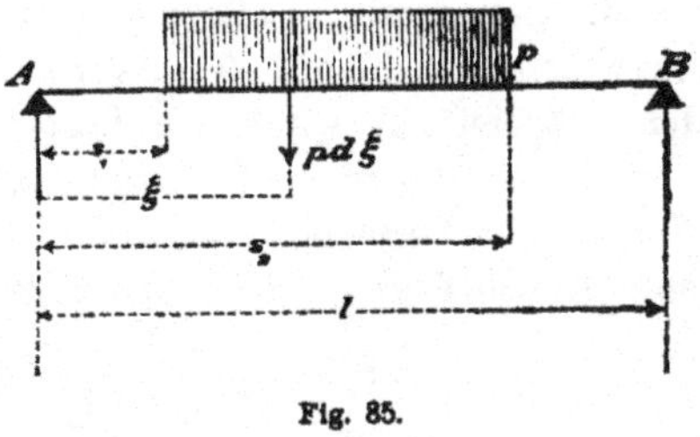

Fig. 85.

Wenn also, wie in Fig. 81 angenommen wurde, auf den kontinuierlichen Balken gleichzeitig Einzellasten P und gleichmäſsige Lasten g_1, g_2, p_1, p_2 wirken, so geht mit den aus der Fig. 81 ersichtlichen Bezeichnungen die Gleichung (II) über in

$$\text{(VII)} \quad M_1 l_1 + 2 M_2 (l_1 + l_2) + M_3 l_2 + 3 EJ \left[\frac{\varepsilon \Delta t}{h} - 2 \frac{\delta}{l_1 l_2}\right] (l_1 + l_2)$$
$$+ \frac{\sum_1 Pa (l_1^2 - a^2)}{l_1} + \frac{\sum_2 Pb (l_2^2 - b^2)}{l_2} + \frac{g_1 l_1^3}{4} + \frac{g_2 l_2^3}{4}$$
$$+ \frac{p_1 (s_2^2 - s_1^2)(2 l_1^2 - s_2^2 - s_1^2)}{4 l_1} + \frac{p_2 (r_2^2 - r_1^2)(2 l_2^2 - r_2^2 - r_1^2)}{4 l_2} = 0,$$

in welcher sich die Summen $\sum_1$ und $\sum_2$ über die auf den Teilen l_1 oder l_2 ruhenden Lasten P erstrecken.

Die Gleichungen (II) und (VII) ermöglichen die Berechnung der Stützenmomente von **kontinuierlichen Trägern, welche frei auf beliebig vielen, sich um vorgeschriebene Strecken senkenden Stützen liegen** (Fig. 86). Bedeuten für einen solchen Träger M_1,

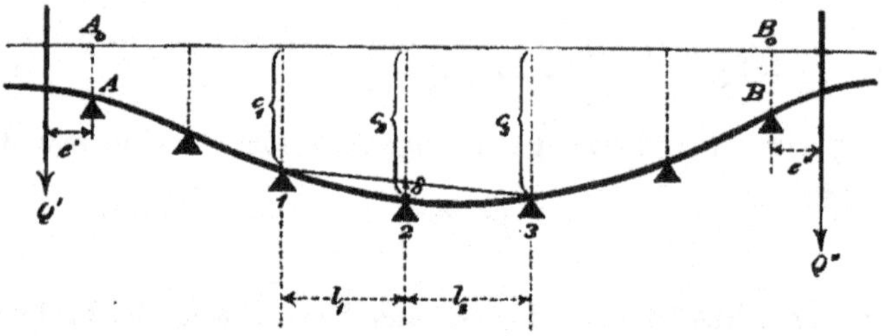

Fig. 86.

M_2, M_3 irgend drei aufeinander folgende Stützenmomente und δ die Strecke, um welche sich der Stützpunkt 2 unter die Verbindungsgerade der beiden benachbarten Stützpunkte 1 und 3 verschiebt, so besteht zwischen den Momenten M_1, M_2, M_3 die durch die Gleichung (II) oder Gleichung (VII) dargestellte Beziehung. Bei n Stützen lassen sich $n - 2$ solcher Beziehungen angeben, und diese genügen zur Berechnung aller Momente M, da die Momente M_A und M_B über den Endstützen bekannt sind. Setzen wir im allgemeinen überragende Trägerenden voraus und bezeichnen mit Q' und Q'' die Mittelkräfte aus den auf die überragenden Trägerstücke wirkenden Lasten, so erhalten wir

$$M_A = - Q' e' \text{ und } M_B = - Q'' e''.$$

Werden die Verschiebungen der Stützpunkte (1, 2, 3) aus einer gegebenen Anfangslage $A_0 B_0$ des Balkens mit c_1, c_2, c_3 bezeichnet, so ist

$$\delta = c_2 - c_1 \frac{l_2}{l_1 + l_2} - c_3 \frac{l_1}{l_1 + l_2},$$

und es ergibt sich

$$\text{(VIII)} \quad \frac{\delta (l_1 + l_2)}{l_1 l_2} = \frac{c_2 - c_1}{l_1} + \frac{c_2 - c_3}{l_2}.$$

Aufgabe 4. Es sollen die bei Lösung der Aufgabe 3 abgeleiteten allgemeinen Gleichungen zur Berechnung der Stützenmomente des in Fig. 87 dargestellten gleichmäfsig belasteten, kontinuierlichen Trägers, dessen Mittelstützen sich um c_2 und c_3 gesenkt haben, benutzt werden.

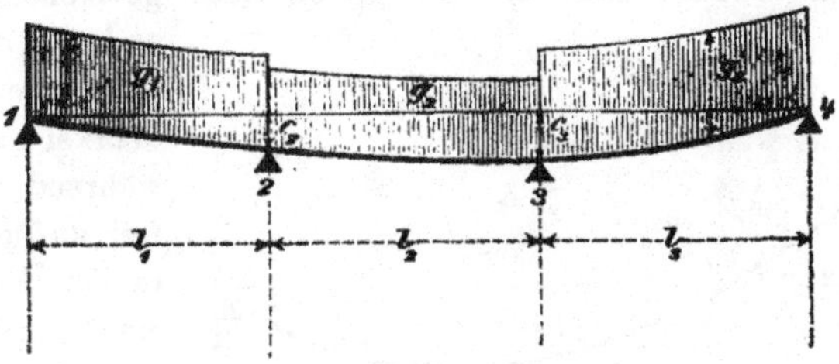

Fig. 87.

Zwischen den Stützenmomenten M_1, M_2 und M_3 besteht (nach Gleichung (VII) mit Beachtung von Gleichung (VIII) die Beziehung:

$$M_1 l_1 + 2 M_2 (l_1 + l_2) + M_3 l_2 + \frac{3 E J \varepsilon \Delta t (l_1 + l_2)}{h} - 6 E J \left[\frac{c_2 - c_1}{l_1} + \frac{c_2 - c_3}{l_2}\right]$$
$$+ \frac{g_1 l_1^3}{4} + \frac{g_2 l_2^3}{4} = 0,$$

und ebenso folgt

$$M_2 l_2 + 2 M_3 (l_2 + l_3) + M_4 l_3 + \frac{3 E J \varepsilon \Delta t (l_2 + l_3)}{h} - 6 E J \left[\frac{c_3 - c_2}{l_2} + \frac{c_3 - c_4}{l_3}\right]$$
$$+ \frac{g_2 l_2^3}{4} + \frac{g_3 l_3^3}{4} = 0,$$

und in diese Gleichungen ist zu setzen:

$$M_1 = 0, \; M_4 = 0, \; c_1 = 0, \; c_4 = 0.$$

Die Auflösung der beiden Gleichungen nach M_2 und M_3 ergibt z. B. für den Fall $l_1 = l_2 = l_3 = l$:

1) den Einflufs der Lasten g_1, g_2, g_3:

$$M_2 = -\frac{1}{60}(4 g_1 + 3 g_2 - g_3) l^2$$

$$M_3 = -\frac{1}{60}(4 g_3 + 3 g_2 - g_1) l^2,$$

2) den Einflufs der Stützenverschiebungen c_1, c_2:

$$M_2 = \frac{6}{5} \frac{E J}{l^2} (3 c_2 - 2 c_3)$$

$$M_3 = \frac{6}{5} \frac{E J}{l^2} (3 c_3 - 2 c_2),$$

3) den Einflufs der Temperaturänderung:

$$M_2 = M_3 = -\frac{6}{5} \frac{\varepsilon E J}{h} \Delta t.$$

Die im Querschnitte über der Stütze 2 durch die unter 2 und 3 angeführten Einflüsse erzeugten Spannungen σ_1 und σ_2 sind nach Gleichung (41) (vergl. auch Fig. 77):

$$\sigma_1 = + \frac{M_2 e_1}{J} = + \frac{6}{5} E \frac{e_1}{l} \left[\frac{3 c_2 - 2 c_3}{l} - \varepsilon \Delta t \frac{l}{h}\right] \text{ und}$$

$$\sigma_2 = - \frac{M_2 e_2}{J} = - \frac{6}{5} E \frac{e_2}{l} \left[\frac{3 c_2 - 2 c_3}{l} - \varepsilon \Delta t \frac{l}{h}\right].$$

Aufgabe 5. Es soll das Einspannungsmoment M_1 für einen ursprünglich wagerechten Balken berechnet werden, auf welchen Einzellasten P wirken, und der, bei gleich hoch gelegenen Stützpunkten 1 und 2 am linken Ende unter einem gegebenen Winkel τ eingespannt wird, während er am rechten Ende frei aufliegt. Es soll, wie in den Aufgaben 3 und 4, eine ungleichmäſsige Erwärmung berücksichtigt werden. Fig. 88.

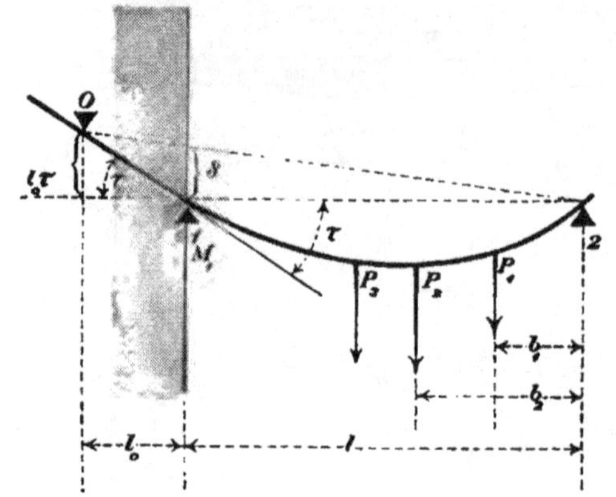

Fig. 88.

Wir betrachten den Balken als frei auf 3 Stützen 0, 1, 2 ruhend. Die Endstütze 0 liegt unendlich nahe der Stütze 1 und ist um $l_0 \tau$ angehoben.

Gleichung (VII) in Aufgabe 3 liefert dann die Beziehung:

$$M_0 l_0 + 2 M_1 (l_0 + l) + M_2 l + 3 E J \left[\frac{\varepsilon \Delta t}{h} - \frac{2\delta}{l_0 l}\right](l_0 + l)$$
$$+ \Sigma \frac{Pb(l^2 - b^2)}{l} = 0,$$

in welcher δ die Verschiebung des Punktes 1 gegen die Gerade $\overline{0\,2}$ bedeutet. Es ist

$$\delta = l_0 \tau \frac{l}{l_0 + l} \quad \text{also} \quad \frac{\delta}{l_0} = \frac{\tau l}{l_0 + l},$$

und es ergibt sich, da $l_0 = 0$, $M_0 = 0$ und $M_2 = 0$ ist, der Wert $\frac{2\delta}{l_0 l} = 2\frac{\tau}{l}$ und die Gleichung:

$$2 M_1 l + 3 E J l \left[\frac{\varepsilon \Delta t}{h} - 2\frac{\tau}{l}\right] + \frac{\Sigma Pb(l^2 - b^2)}{l} = 0;$$

mithin ist das gesuchte Einspannungsmoment

$$M_1 = -\frac{\Sigma Pb(l^2 - b^2)}{2l^2} + \frac{3}{2}\frac{EJ}{l}\left[2\tau - \varepsilon \Delta t \frac{l}{h}\right].$$

Die Lösung dieser Aufgabe lehrt auch, in welcher Weise die Gleichungen (II) und (VII) in Aufgabe 3 auf die Berechnung der Stützenmomente eines kontinuierlichen Balkens angewendet werden können, dessen Enden unter bestimmten Winkeln eingespannt sind.

Aufgabe 6. Ein bei A und C frei aufliegender, durch 2 Zugstangen und eine Strebe verstärkter Träger, Fig. 89, sei durch senkrechte Lasten beansprucht. Die Spannkräfte S_1, S_2 in den gelenkartig befestigten Fachwerkstäben sind, wenn X die wagerechte Seitenkraft

Fig. 89.

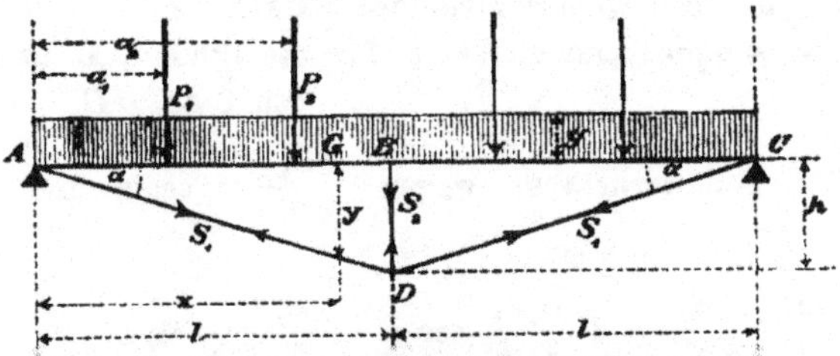

Fig. 90.

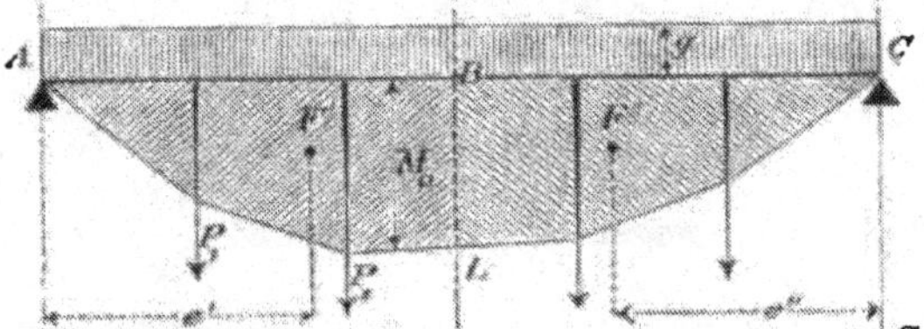

Fig. 91.

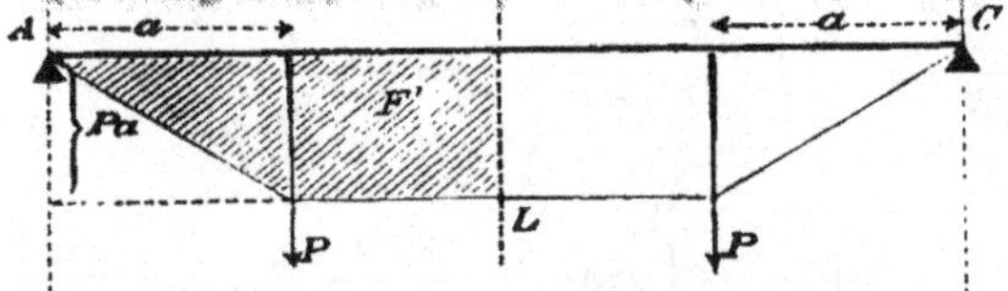

Fig. 92.

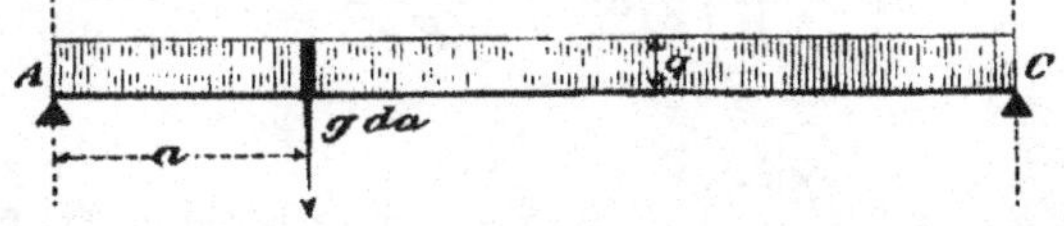

von S_1 bedeutet: $S_1 = X \sec \alpha$ und $S_2 = -2X \operatorname{tg} \alpha$, und für den Balkenquerschnitt G bei x ergibt sich die Längskraft

$$N = -S_1 \cos \alpha = -X$$

und das Biegungsmoment

$$\mathrm{M} = \mathrm{M}_0 - S_1 y \cos \alpha = \mathrm{M}_0 - Xy,$$

wobei M_0 das Biegungsmoment für einen bei A und C frei aufliegenden, nicht verstärkten Balken AC bedeutet (Fig. 90). Die Momentenfläche ALC für diesen einfachen Balken AC möge die einfache Momentenfläche heifsen.*)

Die Gröfse X ist statisch nicht bestimmbar, sie mufs, wenn Temperaturänderungen unberücksichtigt bleiben sollen, der Bedingung genügen:

---

*) Infolge der gleichmäfsigen Belastung g sind die Begrenzungslinien der Momentenfläche schwach gekrümmte Linien, nicht gerade Linien, wie in Fig. 90 der Einfachheit wegen gezeichnet.

$$\text{(I)}\quad \int \frac{\mathrm{M}}{EJ}\cdot\frac{\partial \mathrm{M}}{\partial X}dx+\int\frac{N}{EF}\cdot\frac{\partial N}{\partial X}dx+\Sigma\frac{Ss}{EF}\cdot\frac{\partial S}{\partial X}=0.$$

Bedeuten nun

E, J und F den Elastizitätsmodul, das Trägheitsmoment und den Inhalt für sämtliche Querschnitte des Balkens AC,

E_1 und F_1 die entsprechenden Werte für die Stäbe AD und CD,

E_2 und F_2 " " " " den Stab BD,

so folgt für die Fachwerkstäbe, wegen $\frac{\partial S_1}{\partial X}=\sec\alpha$ und $\frac{\partial S_2}{\partial X}=-2\operatorname{tg}\alpha$:

$$\Sigma\frac{Ss}{EF}\cdot\frac{\partial S}{\partial X}=2\frac{S_1 s_1}{E_1 F_1}\sec\alpha-\frac{S_2 s_2}{E_2 F_2}2\operatorname{tg}\alpha$$

$$=X\left(\frac{2l\sec^3\alpha}{E_1 F_1}+\frac{4l\operatorname{tg}^3\alpha}{E_2 F_2}\right)$$

und für den Balken ABC, wegen $\frac{\partial \mathrm{M}}{\partial X}=-y$ und $\frac{\partial N}{\partial X}=-1$,

$$\int_0^{2l}\frac{\mathrm{M}}{EJ}\frac{\partial \mathrm{M}}{\partial X}dx+\int_0^{2l}\frac{N}{EF}\frac{\partial N}{\partial X}dx=-\frac{1}{EJ}\int_0^{2l}\mathrm{M}_0\,y\,dx$$

$$+\frac{X}{EJ}\int_0^{2l}y^2dx+\frac{2Xl}{EF}$$

und es geht, mit $\int_0^{2l}y^2dx=2\int_0^{l}\left(\frac{hx}{l}\right)^2dx=2\frac{h^2l}{3}$ die Gleichung (I) über in

$$-\frac{1}{EJ}\int_0^{2l}\mathrm{M}_0\,y\,dx+\frac{2Xh^2l}{3EJ}+\frac{2Xl}{EF}+X\left(\frac{2l\sec^3\alpha}{E_1F_1}+\frac{4l\operatorname{tg}^3\alpha}{E_2F_2}\right)=0;$$

sie liefert den Wert:

$$X=\frac{3\int_0^{2l}\mathrm{M}_0\,y\,dx}{2\mu h^2 l},$$

wo

$$\mu=1+3\frac{J}{Fh^2}\left(1+\frac{E}{E_1}\frac{F}{F_1}\sec^3\alpha+2\frac{E}{E_2}\frac{F}{F_2}\operatorname{tg}^3\alpha\right)$$

eine von den Querschnittsabmessungen abhängige Zahl ist.

Die einfache Momentenfläche ALC in Fig. 90 wird durch die Mittel-Senkrechte in zwei Teile zerlegt, deren Inhalte gleich F' und F'' und deren Schwerpunktsabstände von den benachbarten Auflager-Senkrechten gleich e' und e'' sein mögen, und es folgt nun für das Balkenstück AB:

$$\int_0^l \mathrm{M}_0\, y\, dx = \frac{h}{l}\int_0^l \mathrm{M}_0\, x\, dx = \frac{h}{l}\cdot F'e'$$

und für den ganzen Balken AC:

$$\int_0^{2l} \mathrm{M}_0\, y\, dx = \frac{h}{l}\,(F'e' + F''e''),$$

mithin ergibt sich

$$X = \frac{3\,(F'e' + F''e'')}{2\,\mu h l^2}.$$

Zwei in Bezug auf die Mittel-Senkrechte gleich gelegenen Einzellasten P entspricht z. B. als einfache Momentenfläche ein Trapez von der Höhe Pa (Fig. 91), und für dieses ist

$$F'e' = F''e'' = Pa\cdot l\cdot\frac{l}{2} - Pa\cdot\frac{a}{2}\cdot\frac{a}{3} = \frac{Pa\,(3l^2 - a^2)}{6},$$

weshalb die beiden Lasten P hervorrufen:

$$X = \frac{Pa\,(3l^2 - a^2)}{2\,\mu h l^2}.$$

Da beide Lasten zu X denselben Beitrag liefern, so entsteht bei Aufbringen nur einer Last:

$$X = \frac{Pa\,(3l^2 - a^2)}{4\,\mu h l^2}.$$

Eine gleichförmige Belastung g für die Längeneinheit (Fig. 92) darf als aus unendlich kleinen Einzellasten $g\,da$ bestehend aufgefafst werden; sie erzeugt, wenn sie auf der ganzen Länge des Trägers wirkt,

$$X = \frac{1}{4\,\mu h l^2}\cdot 2\int_0^l a\,(3l^2 - a^2)\, g\, da = \frac{5\,g l^2}{8\,\mu h}.$$

Wird also der Träger gleichzeitig durch eine gleichmäfsige Last und eine Schar von Einzellasten beansprucht, Fig. 86, so entsteht

$$X = \frac{5\,g l^4 + 2\,\Sigma Pa\,(3l^2 - a^2)}{8\,\mu h l^2}.$$

Nach Berechnung von X lassen sich die Beanspruchungen σ in allen Teilen des Trägers leicht angeben.

Die abgeleiteten Formeln gelten natürlich auch für das durch Umkehrung des verspannten Balkens entstandene einfache Hängewerk, Fig. 93. Nur sind die Vorzeichen der Spannkräfte S umzukehren.

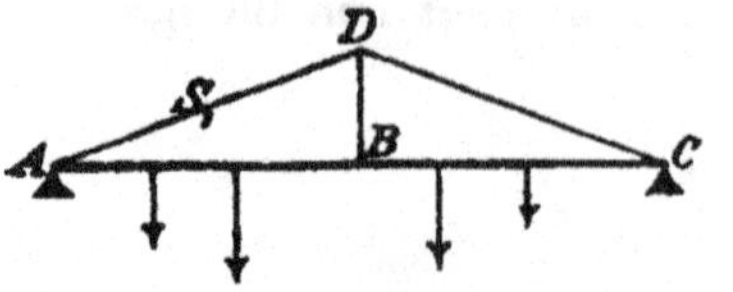

Fig. 93.

Liegt ein einfaches Sprengewerk vor, Fig. 94, so verlängere man die Mittellinien der Streben bis zu ihren Schnittpunkten A' und C' mit den Lotrechten durch A und C, bezeichne die auf die Gerade $A'C'$ bezogene Pfeilhöhe des Sprengewerks mit h und zerlege den Strebendruck S_1 im Punkte A' in den Horizontalschub X und die lotrechte Seitenkraft A_u. Ist dann A_o der Stützenwiderstand am Balkenende A, so ergibt sich der Einfluſs einer Last P auf die Summe $A_o + A_u$ aus der Momentengleichung für C'

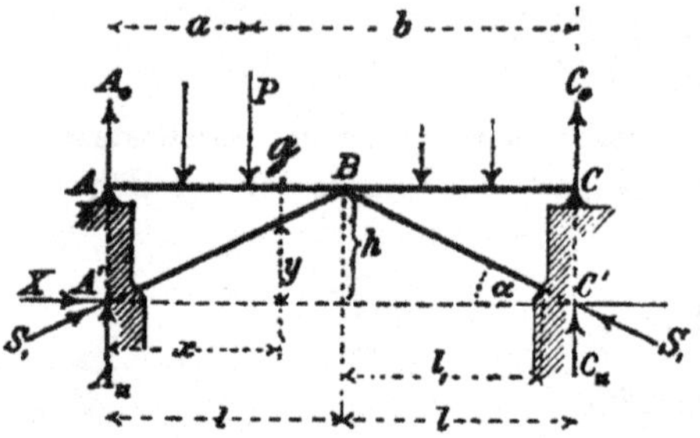

Fig. 94.

$$(A_o + A_u)\, 2l - Pb = 0$$

$$A_o + A_u = \frac{Pb}{2l}$$

so daſs also $A_o + A_u$ gleich dem Auflagerwiderstande A eines Balkens AC ist, der nur bei A und C aufliegt. Führt man nun an der Stelle x einen lotrechten Schnitt und zerlegt man an der Schnittstelle die Strebenkraft S_1 nach wagerechter und lotrechter Richtung, so ist die wagerechte Seitenkraft $= X$ und das Angriffsmoment für den Balkenquerschnitt 𝔖 wird (da A_o, A_u zusammen gleich A sind)

$$\mathrm{M} = \mathrm{M}_0 - Xy,\text{*)}$$

wo M_0 das Moment für den nur bei A und C gestützten Balken ist. Die ganze Betrachtung lehrt, daſs die vorhin für X abgeleiteten Formeln gültig bleiben, nur hat jetzt μ eine andere Bedeutung; denn es fehlt die Hängestange, und auſserdem wird der Balken nur auf Biegung beansprucht. Man findet

$$\mu = 1 + 3\,\frac{E}{E_1}\,\frac{J}{F_1 h^2}\sec^3\alpha \cdot \frac{l_1}{l}.\text{**)}$$

*) Diese Gleichung folgt auch daraus, daſs der Einfluſs von A_o sich auf die Form bringen läſst: $A_o x = (A - A_u)\,x = Ax - X\,\mathrm{tg}\,\alpha \cdot x = Ax - Xy$.

**) Der Faktor $l_1 : l$ ist erforderlich, weil die Länge der Strebe $s_1 = \overline{A'B} \cdot \frac{l_1}{l}$ ist.

Aufgabe 7. Für den in Fig. 95 dargestellten Balken mit zwei von Zugstangen getragenen Mittelstützen wählen wir die Spannkraft S_2 in der mittelsten Zugstange zur statisch nicht bestimmbaren Gröſse X und erhalten

$$S_1 = X \sec \alpha, \quad S_3 = -X \operatorname{tg} \alpha,$$

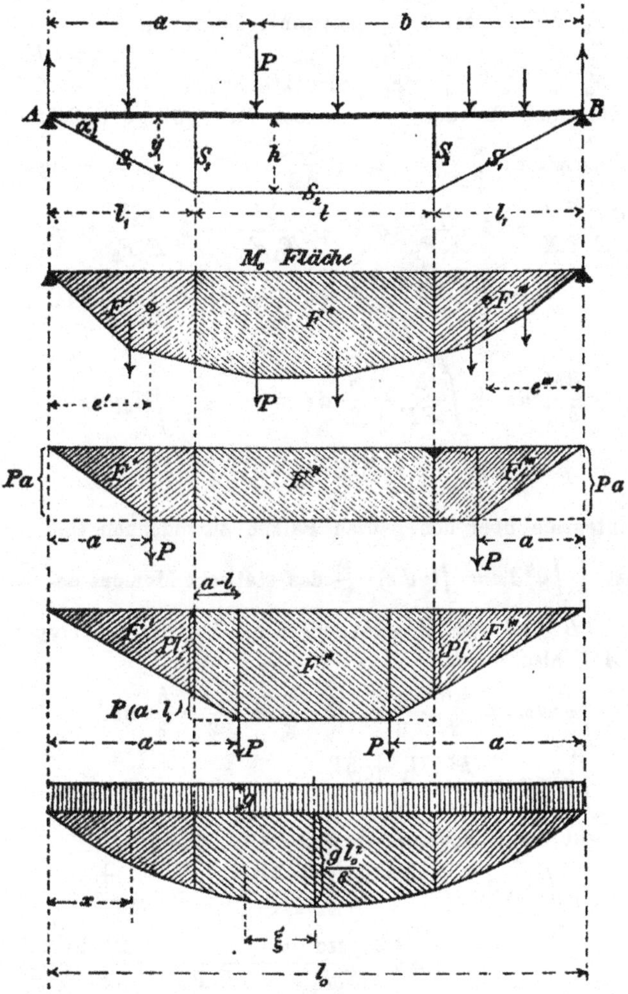

Fig. 95. Fig. 96. Fig. 97. Fig. 98. Fig. 99.

ferner für den Balken die Längskraft

$$N = -X$$

und (an der Stelle x) das Biegungsmoment

$$M = M_0 - Xy \text{ (vergl. Aufgabe 6),}$$

wo M_0 das Angriffsmoment für den nur in A und B gestützten Balken bedeutet. Ist $x > l_1$ aber $< l + l_1$, so wird $y = h$, wir wollen aber die allgemeine Bezeichnung y beibehalten und $\frac{\partial M}{\partial X} = -y$ setzen.

Beziehen sich nun die Werte

E, J, F auf den Balken,
E_1, F_1 auf die durch S_1 gespannte Zugstange,
E_1, F_2 „ „ „ S_2 „ „ $(E_2 = E_1)$,
E_3, F_3 „ „ „ S_3 gedrückte Stütze,

so ist in die auch für den vorliegenden Fall gültige Gleichung (I), Seite 104, einzusetzen: $\frac{\partial S_1}{\partial X} = \sec\alpha$, $\frac{\partial S_2}{\partial X} = 1$, $\frac{\partial S_3}{\partial X} = -\operatorname{tg}\alpha$, also:

$$\Sigma \frac{Ss}{EF}\frac{\partial S}{\partial X} = 2\frac{S_1 s_1}{E_1 F_1}\sec\alpha + \frac{S_2 l}{E_1 F_2} - 2\frac{S_3 h}{E_3 F_3}\operatorname{tg}\alpha$$
$$= X\left[\frac{2 l_1 \sec^3\alpha}{E_1 F_1} + \frac{l}{E_1 F_2} + \frac{2 l_1 \operatorname{tg}^3\alpha}{E_3 F_3}\right],$$

ferner

$$\int \frac{M}{EJ}\frac{\partial M}{\partial X}dx + \int \frac{N}{EF}\frac{\partial N}{\partial X}ds = -\frac{1}{EJ}\int M_0 y\,dx$$
$$+ \frac{X}{EJ}\int y^2 dx + \frac{X(2l_1 + l)}{EF},$$

wobei die Integrale über den ganzen Balken auszudehnen sind.

Nun ist $\frac{1}{2}\int y^2 dx = \int (y\,dx)\cdot\frac{y}{2}$ das statische Moment des von der Balkenachse AB und den Zugstangenachsen begrenzten Trapezes in Bezug auf AB, also

$$\frac{1}{2}\int y^2 dx = \frac{l_1 h}{2}\cdot\frac{h}{3} + lh\cdot\frac{h}{2} + \frac{l_1 h}{2}\cdot\frac{h}{3} \text{ und}$$
$$\int y^2 dx = \frac{h^2(2l_1 + 3l)}{3}.$$

Mithin geht die Gleichung (I), Seite 104, über in

$$-\frac{1}{EJ}\int M_0 y\,dx + \frac{Xh^2(2l_1 + 3l)}{3EJ} + \frac{X(2l_1 + l)}{EF}$$
$$+ X\left[\frac{2l_1\sec^3\alpha}{E_1F_1} + \frac{l}{E_1F_2} + \frac{2l_1\operatorname{tg}^3\alpha}{E_3F_3}\right] = 0;$$

sie liefert für X den Wert

$$X = \frac{3\int M_0 y\,dx}{\mu h^2(2l_1 + 3l)},$$

wo

$$\mu = 1 + 3\frac{J}{Fh^2}\frac{2l_1+l}{2l_1+3l} + \frac{3l_1}{h^2(2l_1+3l)}\left(2\frac{E}{E_1}\frac{J}{F_1}\sec^3\alpha + \frac{E}{E_1}\frac{J}{F_2}\frac{l}{l_1} + 2\frac{E}{E_3}\frac{J}{F_3}\operatorname{tg}^3\alpha\right).\text{*)}$$

Da nun den Balkenteilen l_1, l, l_1 bezw. $y=\frac{h}{l_1}x$, $y=h$, $y=\frac{h}{l_1}x$ entspricht, so findet man (vgl. Seite 105) leicht die Beziehung

$$\int M_0 y\,dx = \frac{h}{l_1}[F'e' + F'''e'''] + hF'',$$

wo F', F'', F''' die Inhalte der zu den Balkenteilen l_1, l, l_1 gehörigen Teile der einfachen Momentenfläche sind, ferner e' und e''' die Schwerpunktsabstände der Flächen F', F''' von den Lotrechten durch A und B, Fig. 96.

Zwei in Bezug auf die Mittelsenkrechten gleich gelegenen Lasten P entspricht als einfache Momentenfläche ein Trapez von der Höhe Pa, und man erhält für $a < l_1$ (Fig. 97):

$$F'e' = F'''e''' = Pa\cdot l_1\frac{l_1}{2} - Pa\cdot\frac{a}{2}\cdot\frac{a}{3} = \frac{Pa(3l_1^2 - a^2)}{6}$$

$$F'' = Pal, \text{ also}$$

$$\int M_0 y\,dx = \frac{2Pa(3l_1^2 - a^2)h}{6l_1} + Palh$$

und für $a > l_1$ und $< (l_1 + l)$ (Fig. 98):

$$F'e' = F'''e''' = Pl_1\frac{l_1}{2}\cdot\frac{l_1}{3};\ F'' = Pal - P(a - l_1)^2$$

$$\int M_0 y\,dx = \frac{2Pl_1^2h}{6} + Ph[al - (a - l_1)^2].$$

Da zwei symmetrisch liegende Lasten zu X denselben Beitrag liefern, so entsteht bei Aufbringen nur einer Last:

für $a < l_1$

$$X = Pa\frac{3l_1^2 - a^2 + 3l_1 l}{2\mu h l_1(2l_1 + 3l)},$$

für $a > l_1$

$$X = P\frac{l_1^2 + 3al - 3(a - l_1)^2}{2\mu h(2l_1 + 3l)}.$$

Behufs Ermittlung des Einflusses einer gleichförmigen Belastung g setzen wir (mit $l_0 = 2l_1 + l$) für den Teil l_1:

---

*) Vergl. Anmerkung Seite 104.

$$\mathbf{M}_0 = \frac{g l_0 x}{2} - \frac{g x^2}{2}$$

und für den Teil l (indem wir die Abscisse $\xi = \frac{l_0}{2} - x$ einführen, Fig. 99)

$$\mathbf{M}_0 = \frac{g l_0^2}{8} - \frac{g \xi^2}{2}.$$

weshalb

$$\frac{1}{h}\int \mathbf{M}_0 y\,dx = 2\int_0^{l_1}\left(\frac{g l_0 x}{2} - \frac{g x^2}{2}\right)\frac{x}{l_1}\,dx - 2\int_0^{\frac{1}{2}l}\left(\frac{g l_0^2}{8} - \frac{g \xi^2}{2}\right)d\xi$$

$$= g\,\frac{5 l_1^3 + l^3 + 10 l_1^2 l + 6 l_1 l^2}{12}$$

und schliefslich

$$X = \frac{g\,(5 l_1^3 + l^3 + 10 l_1^2 l + 6 l_1 l^2)}{4 \mu h\,(2 l_1 + 3 l)}.$$

Die für X abgeleiteten Formeln gelten auch für den Druck im Spannriegel eines doppelten Hängewerks, Fig. 100, und für den Horizontalschub eines doppelten Sprengewerks, Fig. 101. Für letzteres ist (unter der Annahme, daſs der Druck X lediglich vom Spannriegel aufgenom-

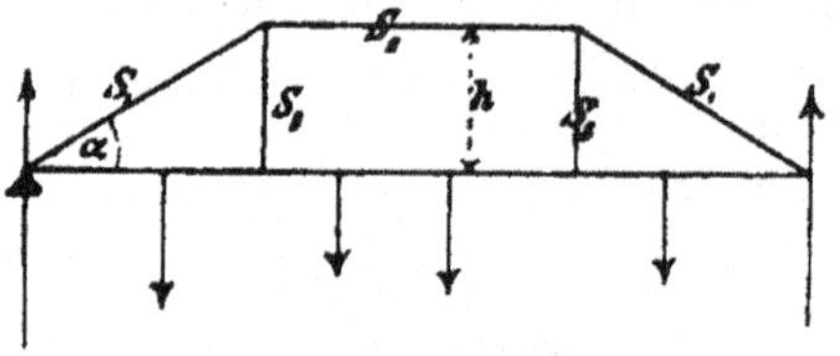

Fig. 100.

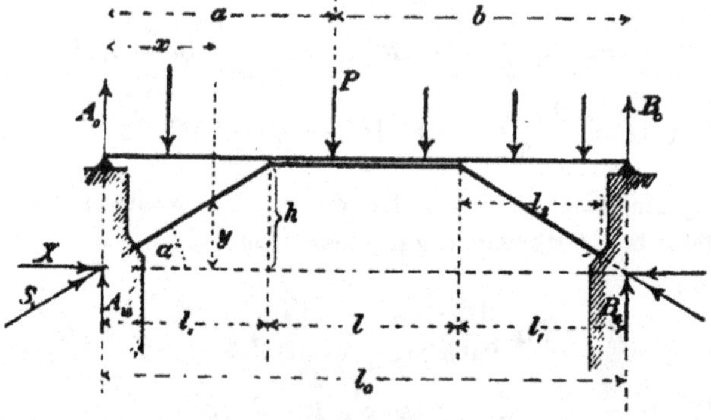

Fig. 101.

men wird):

$$\mu = 1 + \frac{3}{h^2\,(2 l_1 + 3 l)}\left(2\,\frac{J l_2}{F_1}\sec^3\alpha + \frac{J l}{F_2}\right)\frac{E}{E_1}.$$

Für das doppelte Sprengewerk erhält man ferner, genau wie auf Seite 100 für das einfache Sprengewerk:

$$A_0 + A_u = \frac{\Sigma Pb}{l_0}, \quad B_0 + B_u = \frac{\Sigma Pa}{l_0}$$

$$A_u = X \operatorname{tg} \alpha = B_u.$$

Das Angriffsmoment für den Balkenquerschnitt an der Stelle x wird $\mathrm{M} = \mathrm{M}_0 - Xy$. Für den Teil l ist $y = h$.

Aufgabe 8. Der in Fig. 102 dargestellte, oben durch ein Halsband und unten durch einen Zapfen gestützte Gießereikrahn ist einfach statisch unbestimmt; seine Beanspruchung läßt sich feststellen, sobald eine der beiden Streben-Spannkräfte D_1 oder D_2 bekannt ist.*) Wird D_1 als statisch nicht bestimmbare Größe angesehen, so muß der Bedingung

$$\int \frac{\mathrm{M}}{EJ} \cdot \frac{\partial \mathrm{M}}{\partial D_1} dx + \int \frac{N}{EF} \cdot \frac{\partial N}{\partial D_1} dx = 0$$

genügt werden. Mit der erlaubten Vernachlässigung der Wirkung der Längskräfte, welche, verglichen mit dem Einflusse der Momente, gering ist, entsteht:

$$\text{(I)} \quad \int \frac{\mathrm{M}}{EJ} \cdot \frac{\partial \mathrm{M}}{\partial D_1} dx = 0.$$

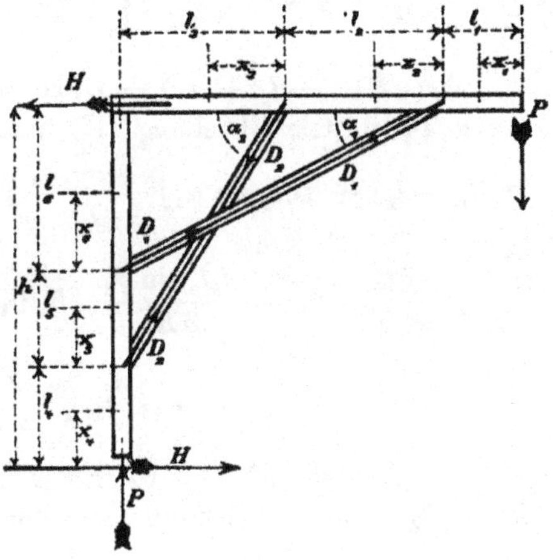

Fig. 102.

Zunächst sei eine Beziehung zwischen D_1 und D_2 aufgestellt. Auf den wagerechten Krahnbalken wirken die Querkräfte P, $D_1 \sin \alpha_1$ und $D_2 \sin \alpha_2$, und es muß sein:

$$P(l_1 + l_2 + l_3) + D_1 \sin \alpha_1 (l_2 + l_3) + D_2 \sin \alpha_2 l_3 = 0,$$

mithin

$$\text{(II)} \quad D_2 \sin \alpha_2 = - D_1 \sin \alpha_1 \frac{l_2 + l_3}{l_3} - P \frac{l_1 + l_2 + l_3}{l_3},$$

und ebenso ergibt sich für die an der Krahnsäule angreifenden Querkräfte:

$$Hh + D_2 \cos \alpha_2 (l_5 + l_6) + D_1 \cos \alpha_1 l_6 = 0$$

*) Es ist dies nur dann streng richtig, wenn alle Krahnteile durch reibungslose Gelenke miteinander befestigt werden, was oben vorausgesetzt wird.

und hieraus

$$\text{(III)}\quad D_2 \cos\alpha_2 = -D_1 \cos\alpha_1 \frac{l_6}{l_5+l_6} - H\frac{h}{l_5+l_6},$$

wo

$$H = P\frac{l_1+l_2+l_3}{h}.$$

Wir bezeichnen mit J und J_0 beziehungsweise die Trägheitsmomente der Querschnitte von Balken und Säule, mit E und E_0 die zugehörigen Elastizitätsziffern und erhalten für die Teile l_1, l_2, l_3, l_4, l_5 und l_6 folgende Momente und Werte $\int \frac{M}{EJ}\frac{\partial M}{\partial D_1}dx$:

$$\text{Teil } l_1\text{: } M = Px_1,\quad \frac{\partial M}{\partial D_1} = 0;$$

$$\text{Teil } l_2\text{: } M = P(l_1+x_2) + D_1 \sin\alpha_1 x_2;\quad \frac{\partial M}{\partial D_1} = x_2 \sin\alpha_1$$

$$\int_0^{l_2} \frac{M}{EJ}\cdot\frac{\partial M}{\partial D_1}dx_2 = \frac{l_2^2 \sin\alpha_1}{3EJ}\left[\frac{P}{2}(3l_1+2l_2) + D_1 l_2 \sin\alpha_1\right];$$

Teil l_3: $M = P(l_1+l_2+x_3) + D_1 \sin\alpha_1 (l_2+x_3) + D_2 \sin\alpha_2 \cdot x_3$, oder, wenn D_2 mittels Gleichung (II) ausgedrückt wird,

$$M = [P(l_1+l_2) + D_1 l_2 \sin\alpha_1]\frac{l_3-x_3}{l_3};\quad \frac{\partial M}{\partial D_1} = \frac{l_2}{l_3}(l_3-x_3)\sin\alpha_1;$$

$$\int_0^{l_3} \frac{M}{EJ}\cdot\frac{\partial M}{\partial D_1}dx_3 = \frac{l_2 l_3 \sin\alpha_1}{3EJ}[P_1(l_1+l_2) + D_1 l_2 \sin\alpha_1];$$

$$\text{Teil } l_4\text{: } M = Hx_4,\quad \frac{\partial M}{\partial D_1} = 0;$$

$$\text{Teil } l_5\text{: } M = H(l_4+x_5) + D_2 \cos\alpha_2 x_5$$

und, wenn D_2 mittels Gleichung (III) ausgedrückt wird,

$$M = H\left(1-\frac{x_5}{l_5+l_6}\right)l_4 - D_1\cos\alpha_1\frac{l_6 x_5}{l_5+l_6};$$

$$\frac{\partial M}{\partial D_1} = -\cos\alpha_1\frac{l_6 x_5}{l_5+l_6};$$

$$\int_0^{l_5} \frac{M}{EJ}\cdot\frac{\partial M}{\partial D_1}dx_5 = \frac{l_6 l_5^2 \cos\alpha_1}{3(l_5+l_6)^2 E_0 J_0}\left[D_1 l_5 l_6 \cos\alpha_1 - \frac{H}{2}l_4(l_5+3l_6)\right];$$

Teil l_6: $M = H(l_4+l_5+x_6) + D_2\cos\alpha_2(l_5+x_6) + D_1\cos\alpha_1 x_6$ und, mit Beachtung von Gleichung (III),

$$M = (Hl_4 - D_1 l_5 \cos\alpha_1)\frac{l_6-x_6}{l_5+l_6};\quad \frac{\partial M_6}{\partial D_1} = -\frac{l_5(l_6-x_6)}{l_5+l_6}\cos\alpha_1;$$

$$\int_0^{l_6} \frac{M}{EJ}\,\frac{\partial M}{\partial D_1}\,dx_6 = \frac{l_5 l_6^2 \cos\alpha_1}{3\,(l_5+l_6)^2 E_0 J_0}\,[D_1 l_5 \cos\alpha_1 - H l_4].$$

Setzt man nun, nach Gleichung (I), die Summe aller berechneten Integrale: $\int_0^l \frac{M}{EJ}\,\frac{\partial M}{\partial D_1}\,dx$ gleich Null und multipliziert man mit $3\,EJ$, so erhält man die Gleichung:

$$0 = l_2^2 \sin\alpha_1 \left[\frac{P}{2}(3l_1+2l_2) + D_1 l_2 \sin\alpha_1\right] + l_2 l_3 \sin\alpha_1\,[P(l_1+l_2)$$
$$+ D_1 l_3 \sin\alpha_1] + \frac{l_6 l_5^2 \cos\alpha_1}{(l_5+l_6)^2}\,\frac{EJ}{E_0 J_0}\left[D_1 l_5 l_6 \cos\alpha_1 - \frac{H}{2}\,l_4\,(l_5+3l_6)\right]$$
$$+ \frac{l_5 l_6^2 \cos\alpha_1}{(l_5+l_6)^2}\,\frac{EJ}{E_0 J_0}\,[D_1 l_5 \cos\alpha_1 - H l_4] = 0,$$

und hieraus folgt, mit $\sin\alpha_1 = \cos\alpha_1 \operatorname{tg}\alpha_1 = \cos\alpha_1 \frac{l_6}{l_2+l_3}$,

$$D_1 = -\frac{1}{2}\,\frac{P[l_1 l_2 + 2(l_1+l_2)(l_2+l_3)]\,\frac{l_2}{l_2+l_3} - H\,\frac{l_4 l_5}{l_5+l_6}\,[l_5+2l_6]\,\frac{EJ}{E_0 J_0}}{l_2^2 \sin\alpha_1 + \frac{l_5^2 l_6}{l_5+l_6}\cos\alpha_1\,\frac{EJ}{E_0 J_0}}.$$

Nun kann man nach Gleichung (II) oder (III) die Strebenkraft D_2 finden und sämtliche Biegungsmomente berechnen.

Aufgabe 9. Das in Figur 103 dargestellte Krahngerüst ist bei D und C fest, aber gelenkartig gelagert. Bei A und B sind starre Eckverbindungen gedacht. Bedeutet R die Mittelkraft aus den auf den Balken AB wirkenden, senkrecht angenommenen Lasten, so sind die senkrechten Auflagerkräfte bei D und C

Fig. 103.

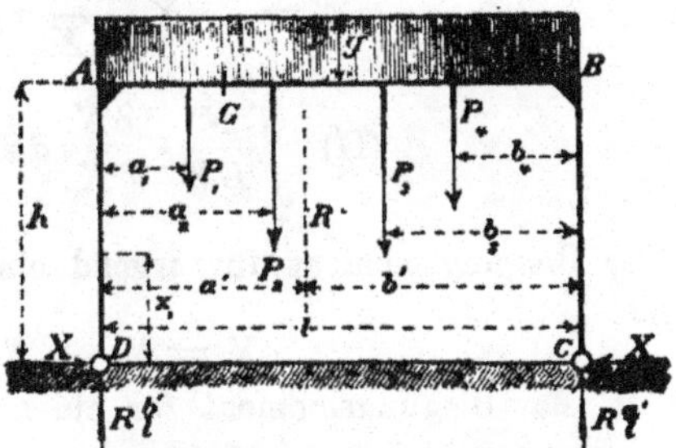

Fig. 104.

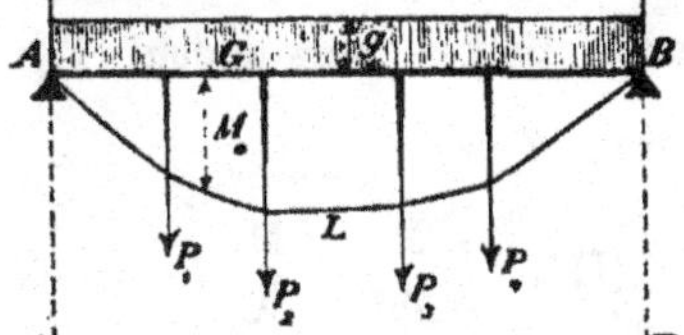

Fig. 105.

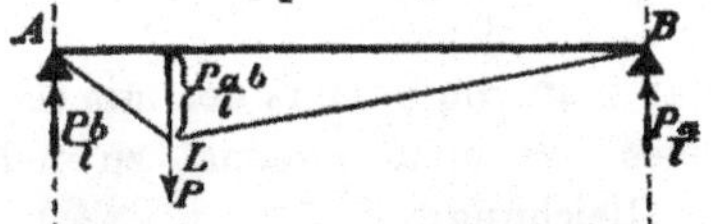

Fig. 106.

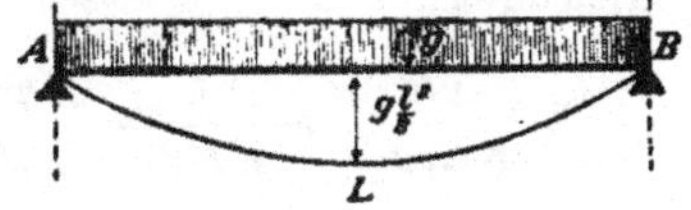

bezw. $= \frac{Rb'}{l}$ und $= \frac{Ra'}{l}$. Die wagerechten Auflagerkräfte sind gleich grofs und statisch nicht bestimmbar, sie seien $= X$ gesetzt.

Bleiben Verschiebungen der Angriffspunkte der Auflagerkräfte und Temperaturänderungen unberücksichtigt, so mufs X der Bedingung genügen:

$$\int \frac{\mathrm{M}}{EJ} \cdot \frac{\partial \mathrm{M}}{\partial X} dx + \int \frac{N}{EF} \cdot \frac{\partial N}{\partial X} dx = 0.$$

Bedeuten J_1 und E_1 das Trägheitsmoment und den Elastizitätsmodul für alle Querschnitte der Stäbe AD und CB,
J und E die entsprechenden Werte für den Stab AB,
F den konstanten Querschnitt des Stabes AB,
so folgt für den Stab AD:

$$\mathrm{M} = -Xx_1, \quad N = -\frac{Rb'}{l}, \quad \frac{\partial \mathrm{M}}{\partial X} = -x_1, \quad \frac{\partial N}{\partial X} = 0,$$

$$\text{(I)} \quad \int_0^h \frac{\mathrm{M}}{E_1 J_1} \cdot \frac{\partial \mathrm{M}}{\partial X} dx_1 = \frac{Xh^3}{3 E_1 J_1}; \int \frac{N}{E_1 F_1} \cdot \frac{\partial N}{\partial X} dx_1 = 0.$$

Dieselben Werte der gesuchten Integrale ergeben sich für CB.
Dem Stabe AB entspricht

$$N = -X, \quad \frac{\partial N}{\partial X} = -1,$$

$$\text{(II)} \quad \int_0^l \frac{N}{EF} \cdot \frac{\partial N}{\partial X} dx = \frac{Xl}{EF}.$$

Das Biegungsmoment für irgend einen Querschnitt G des Stabes AB ist

$$\mathrm{M} = \mathrm{M}_0 - Xh,$$

unter M_0 das Biegungsmoment für einen einfachen, bei A und B frei aufliegenden Balken verstanden (Fig. 53), und es folgt somit $\frac{\partial \mathrm{M}}{\partial X} = -h$ und

$$\text{(III)} \quad \int_0^l \frac{\mathrm{M}}{EJ} \cdot \frac{\partial \mathrm{M}}{\partial X} dx = + \frac{Xh^2 l}{EJ} - \frac{h}{EJ} \int_0^l \mathrm{M}_0 dx.$$

Setzt man die Summe der mit (I), (II), (III) bezeichneten Integrale (von denen das erste zweimal zu nehmen ist) gleich Null, so erhält man die Gleichung:

$$2 \frac{Xh^3}{3 E_1 J_1} + \frac{Xl}{EF} + \frac{Xh^2 l}{EJ} - \frac{h}{EJ} \int_0^l \mathrm{M}_0 dx = 0,$$

und aus dieser folgt:

$$\text{(IV)}\quad X = \frac{\int_0^l M_0\,dx}{hl\left[1 + \frac{2}{3}\frac{J}{J_1}\frac{E}{E_1}\frac{h}{l} + \frac{J}{Fh^2}\right]}.$$

Hierin bedeutet $\int_0^l M_0\,dx$ den Inhalt der dem einfachen Balken AB (Fig. 104) entsprechenden Momentenfläche ALB. Wirkt z. B. auf AB nur die Einzelkraft P, Fig. 105, so ist die Momentenfläche ALB ein Dreieck von der Höhe $\frac{Pab}{l}$ und dem Inhalte

$$\text{(V)}\quad \int_0^l M_0\,dx = \frac{Pab}{2}.$$

Einer gleichmäfsigen Belastung der Längeneinheit von AB mit g entspricht eine Parabelfläche ALB von der Höhe $\frac{gl^2}{8}$, Fig. 106, und dem Inhalte

$$\int_0^l M_0\,dx = \frac{2}{3}\cdot\frac{gl^2}{8}\cdot l = \frac{gl^3}{12}.$$

Bei gleichzeitigem Auftreten einer gleichmäfsigen Last und einer Schar von Einzellasten entsteht:

$$\text{(VI)}\quad X = \frac{gl^3 + 6\,\Sigma Pab}{12hl\left[1 + \frac{2}{3}\frac{J}{J_1}\frac{E}{E_1}\frac{h}{l} + \frac{J}{Fh^2}\right]}.$$

Nachdem X gefunden ist, lassen sich die Spannungen σ in allen Teilen des Gerüstes leicht berechnen.

Aufgabe 10. Fig. 107 stellt die Endversteifung einer Balkenbrücke mit einer oben liegenden und einer unten liegenden Fahrbahn dar. Der untere Endquerträger fehlt; der obere sei bei A und B gelenkartig aufgelagert und durch lotrechte Lasten beansprucht, er übe auf die Endständer die Drücke A und B aus; vergl. die Figuren 108, 109, 110, in denen die am Querträger und an den Ständern angreifenden Kräfte angegeben sind; N bedeutet die im Querträger auftretende Längskraft. A und B werden nach den bekannten Regeln für den einfachen Balken berechnet. Man erhält

$$A = \frac{\Sigma Pb}{l}, \qquad B = \frac{\Sigma Pa}{l}.$$

Liegt P links von A, so wird a negativ, liegt es rechts von B, so wird b negativ.

H bedeutet den in A angreifenden, gegebenen Winddruck; X und $H - X$ sind die bei B' und A' hervorgerufenen wagerechten Stützen-

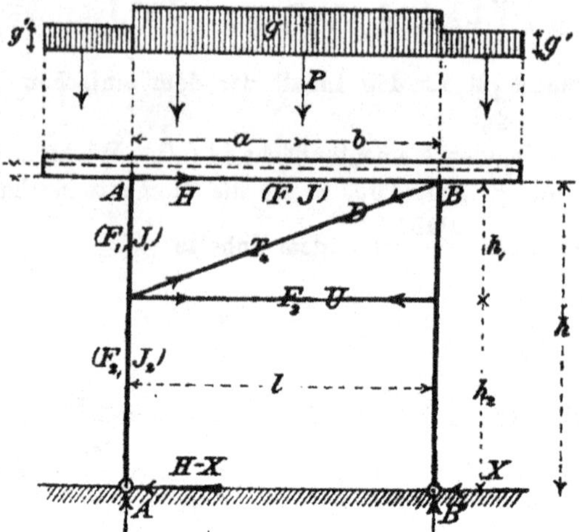

Fig. 107.

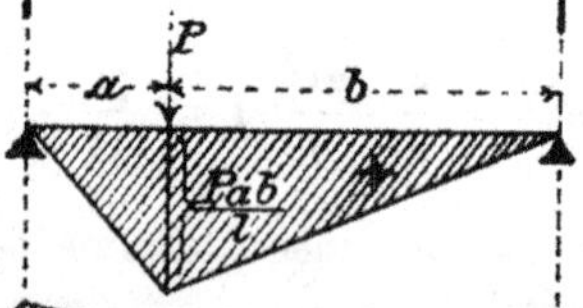

Fig. 111.

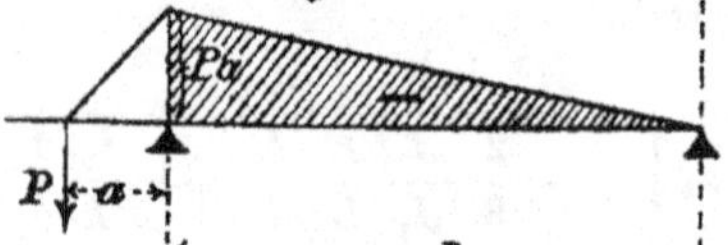

Fig. 112.

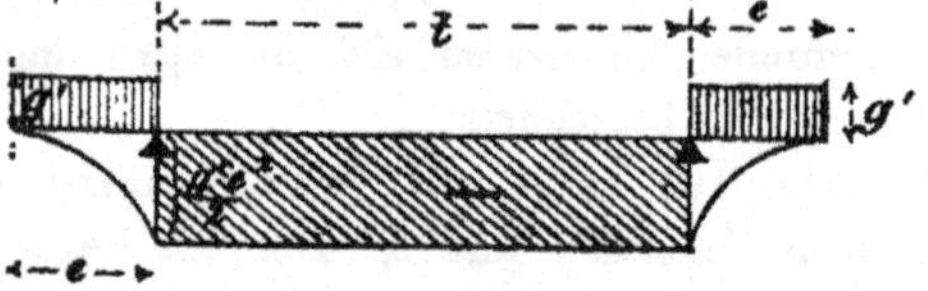

Fig. 113.

widerstände. Die lotrechten Stützendrücke bei A' und B' sind $A' = A - H\frac{h}{l}$ bezw. $B' = B + H\frac{h}{l}$.

Damit der Ständer AA' im Gleichgewicht bleibt, mufs

$$(H + N)\, h_1 = (X - H)\, h_2$$

sein, und hieraus folgt:

$$N = X\frac{h_2}{h_1} - H\frac{h}{h_1}.$$

Ebenso mufs sein

$$Uh_1 + Xh = 0, \text{ also}$$
$$U = -X\frac{h}{h_1}.$$

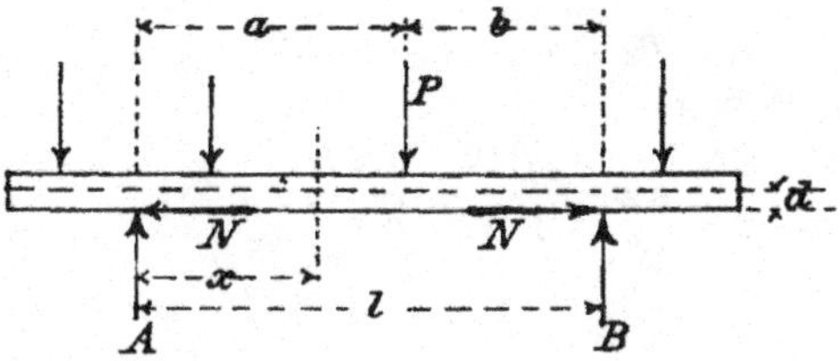

Fig. 108.

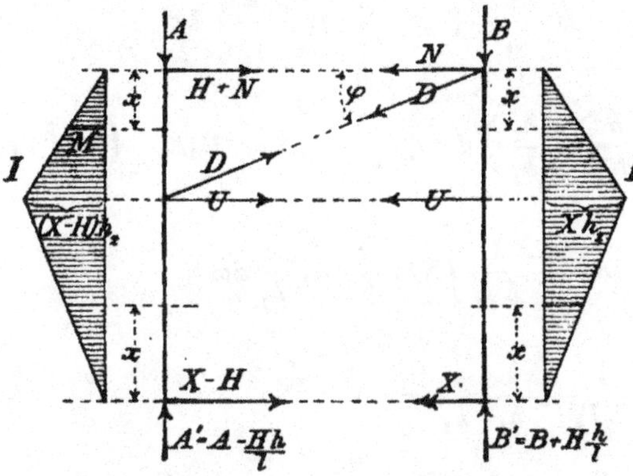

Fig. 109. Fig. 110.

Ferner ergibt sich für die Diagonale

$$D \sin \varphi = H\frac{h}{l},$$

so dafs also D unabhängig von X ist. Das gleiche gilt von den Längskräften der Ständer.

Das Biegungsmoment für einen zwischen A und B gelegenen Querschnitt des Querträgers ist, wenn d der Abstand des Windverbandes von der Achse des Querträgers bedeutet,

$$\mathrm{M} = \mathrm{M}_0 + Nd = \mathrm{M}_0 - H\frac{hd}{h_1} + X\frac{h_2 d}{h_1},$$

wo M_0 das Moment für einen bei A und B frei aufliegenden, nur von den lotrechten Kräften A, B, P beanspruchten Balken AB ist. Die Momente für die Querschnitte der ausgekragten Teile des Querträgers sind unabhängig von X.

Für die Ständer ergeben sich auf Grund der Momentenflächen I und II die folgenden Biegungsmomente. Es ist an der Stelle x

des linken Teiles h_1 . . . . . $\mathrm{M} = (X - H)\, h_2 \dfrac{x}{h_1}$

„ „ „ h_2 . . . . . $\mathrm{M} = (X - H)\, x$

„ rechten „ h_1 . . . . . $\mathrm{M} = X h_2 \dfrac{x}{h_1}$

„ „ „ h_2 . . . . . $\mathrm{M} = X x.$

Die Elastizitätsgleichung

$$\int \frac{\mathrm{M}}{EJ} \frac{\partial \mathrm{M}}{\partial X}\, dx + \int \frac{N}{EF} \frac{\partial N}{\partial X}\, dx$$

lautet hiernach:

$$\frac{1}{EJ}\int_0^l \left(\mathrm{M}_0 - H \frac{hd}{h_1} + X \frac{h_2 d}{h_1}\right)\left(\frac{h_2 d}{h_1}\right) dx$$

$$+ \frac{1}{EF}\int_0^l \left(X \frac{h_2}{h_1} - H \frac{h}{h_1}\right)\left(\frac{h_2}{h_1}\right) dx + \frac{1}{EJ_1}\int_0^{h_1} (X - H)\, h_2 \frac{x}{h_1}\left(h_2 \frac{x}{h_1}\right) dx$$

$$+ \frac{1}{EJ_2}\int_0^{h_2} (X - H)\, x \cdot x\, dx + \frac{1}{EJ_1}\int_0^{h_1} X h_2 \frac{x}{h_1} \cdot h_2 \frac{x}{h_1}\, dx$$

$$+ \frac{1}{EJ_2}\int_0^{h_2} X x \cdot x\, dx + \frac{1}{EF_3} X \frac{h}{h_1} \cdot \frac{h}{h_1}\, l = 0.$$

Die beiden ersten Integrale beziehen sich auf den Querträger, die folgenden der Reihe nach auf den linken Ständerteil h_1, den linken Teil h_2, den rechten Teil h_1, den rechten Teil h_2, den Stab U.

Nach Ausführung der Integrationen findet man:

$$X = \frac{1}{C}\left\{- \frac{h_2 d}{h_1}\int \mathrm{M}_0\, dx + H\left[\frac{J}{F} \frac{h h_2 l}{h_1^2} + \frac{J h_2^2}{3 J_1} h_1 + \frac{J h_2^3}{3 J_2} + \frac{h_2 h d^2 l}{h_1^2}\right]\right\},$$

wo $$C = \frac{l h_2^2}{h_1^2}\left(d^2 + \frac{J}{F}\right) + \frac{2 J h_2^2 h_1}{3 J_1} + \frac{2 J h_2^3}{3 J} + \frac{J}{F_3} \frac{h^2 l}{h_1^2}.$$

Das Integral $\int \mathrm{M}_0\, dx$ ist gleich dem Inhalte des zwischen A und B gelegenen Teiles der $\mathrm{M}_0 =$ Fläche. Einer Last zwischen A und B entspricht (vergl. Fig. 111):

$$\int \mathrm{M}_0\, dx = \frac{Pab}{2},$$

und einer links von A gelegenen Last

$$\int \mathrm{M}_0\, dx = - \frac{Pal}{2} \text{ (Fig. 112)},$$

ebenso einer rechts von B angreifenden Last

$$\int \mathrm{M}_0 \, dx = -\frac{Pbl}{2}.$$

Eine gleichmäſsige Belastung g f. d. Längeneinheit, die zwischen A und B aufgebracht wird, bringt hervor (vergl. Seite 115):

$$\int \mathrm{M}_0 \, dx = \frac{gl^3}{12},$$

und die gleichmäſsige Belastung g' f. d. Längeneinheit der Kragträger erzeugt das Stützenmoment (Fig. 113)

$$\mathrm{M}_A = -\frac{g'e^2}{2}, \text{ mithin}$$

$$\int \mathrm{M}_0 \, dx = -\frac{g'e^2 l}{2}.$$

Aufgabe 11. Es ist ein ebener Stabzug (Fig. 114) zu untersuchen, der an den Enden (A und B) fest eingespannt ist und von gegebenen, in der Ebene des Stabzuges gelegenen Lasten P beansprucht wird. In den Ecken seien die Stäbe starr miteinander verbunden. Wären die Stützenwiderstände K_a und K_b bekannt, so lieſsen sich die Momente M und Längskräfte N für sämtliche Querschnitte leicht berechnen. Wir zerlegen K_a nach lotrechter und wagerechter Richtung in A und H_a, bezeichnen den Abstand der Kraft H_a von der Einspannungsstelle mit k_a (nach oben positiv gezählt) und setzen

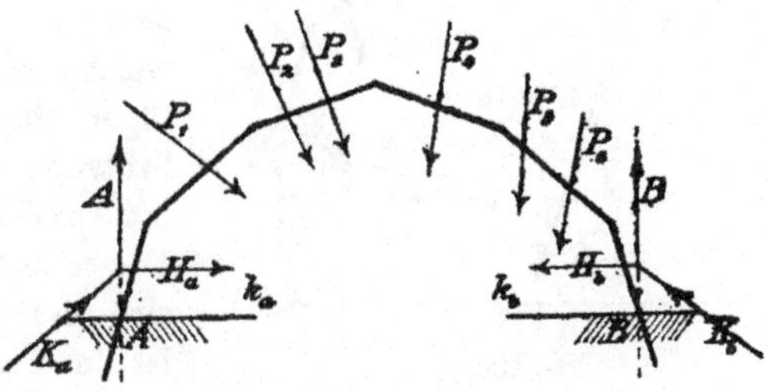

Fig. 114.

$$[1] \quad H_a k_a = M_A.$$

M_A heiſst das Einspannungsmoment bei A. Ebenso zerlegen wir K_b in B und H_b und setzen

$$[2] \quad H_b k_b = M_B.$$

Da zur vollständigen Bestimmung der Stützenwiderstände, nämlich zur Ermittlung der sechs Unbekannten A, B, H_a, H_b, M_A, M_B nur drei Gleichgewichtsbedingungen zur Verfügung stehen, so müssen drei Elastizitätsbedingungen aufgestellt werden. Hierbei wollen wir den Einfluſs der Längskräfte N vernachlässigen*) und (von Temperaturänderungen und

*) Dies ist nur bei gröſseren Pfeilhöhen zulässig.

Stützenverschiebungen absehend) nur die Biegungsarbeit $\int \frac{M^2 ds}{2EJ}$ zu einem Kleinstwerte machen, wo ds die Länge eines Elementes einer Stabachse bedeutet.

Zunächst machen wir den Stabzug auf irgend eine Art statisch bestimmt, beispielsweise durch Anordnung eines auf wagerechter Bahn beweglichen Auflagergelenkes A und eines festen Auflagergelenkes bei B.*) Ist dann R die Mittelkraft sämtlicher Lasten P, und sind r_a und r_b die Hebelarme von R in Bezug auf die Gelenke A und B, so erhält man mit den aus der Fig. 115 ersichtlichen Bezeichnungen die Stützenwiderstände:

$$[3] \quad A_0 = \frac{Rr_b}{l}, \quad B_0 = \frac{Rr_a}{l}, \quad H_e = R\cos\alpha;$$

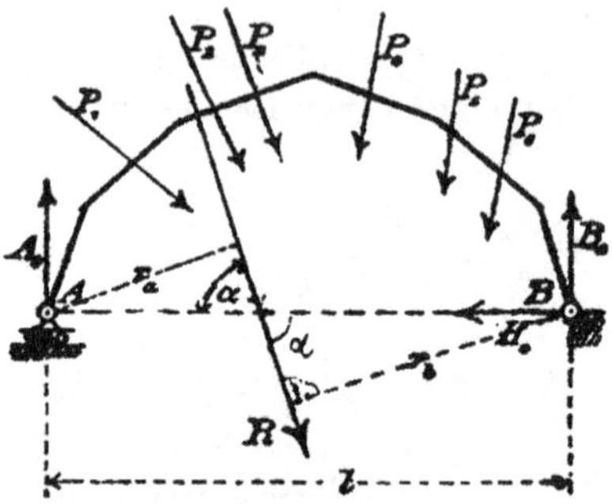

Fig. 115.

sie mögen im Verein mit den Lasten P die Biegungsmomente M_0 erzeugen.

Nun betrachten wir gesondert den Einfluſs der Kräfte, welche bei A und B hinzuzufügen sind, damit die wirkliche Stützung (nämlich Einspannung bei A und B) herbeigeführt werde. Dieses Kräftesystem, welches für sich im Gleichgewicht sein muſs, ist in Fig. 116 angegeben; es besteht aus den entgegengesetzt gleichen wagerechten Widerständen X, den entgegengesetzt gleichen lotrechten Widerständen Y und aus zwei bei A bezw. B angreifenden Kräftepaaren, deren Momente gleich M_A und M_B sind und die wir kurz die Kräftepaare M_A und M_B nennen wollen. Zwischen M_A und M_B besteht die Beziehung (Gleichgewichtsbedingung):

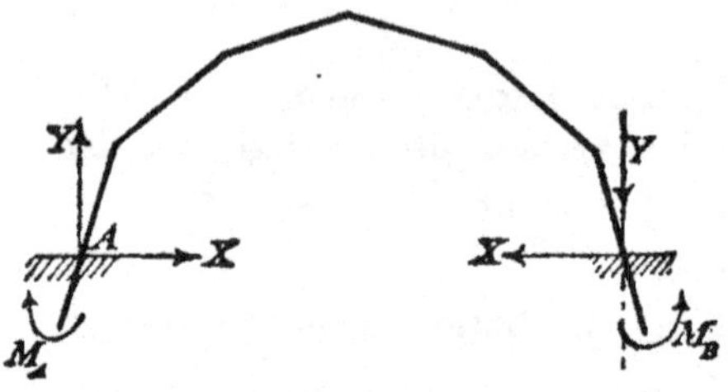

Fig. 116.

$$[4] \quad M_A + Yl - M_B = 0.$$

Hat man X, Y, M_A mit Hilfe der Elastizitätsbedingungen er-

*) Diese Stützung erweist sich für die hier ins Auge gefaſsten Anwendungen als besonders vorteilhaft.

mittelt, so findet man

$$[5]\quad \begin{cases} A = A_0 + Y; & B = B_0 - Y \\ H_a = X; & H_b = H_0 + X \end{cases}$$

und ist dann imstande, die Widerstände K_a und K_b nach Lage und Gröfse zu bestimmen.

Eine wesentliche Vereinfachung der ganzen Rechnung erzielt man nun, wenn man den Angriffspunkt der Kräfte X, Y von A nach O verlegt, Fig. 117, und die Lage von O so bestimmt, dafs jede der drei Elastizitätsgleichungen nur eine statisch nicht bestimmbare Gröfse enthält. Das Kräftepaar M_A ist durch ein anderes Kräftepaar Z zu ersetzen, so zwar, dafs mit den in Fig. 117 angegebenen Koordinaten von O:

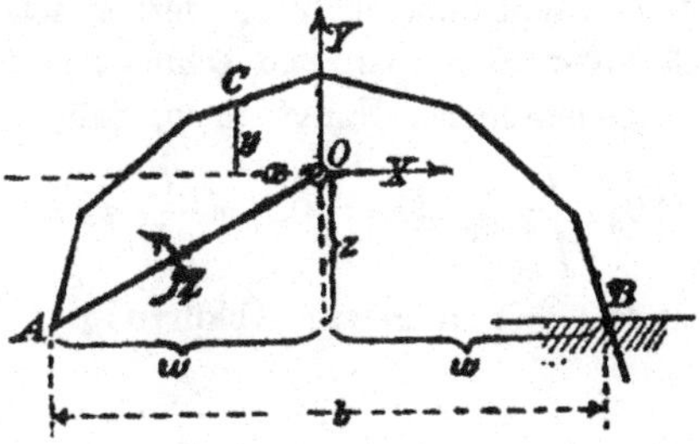

Fig. 117.

$$Xz - Yw - Z = M_A$$

ist.

Wird der Stabzug auf ein rechtwinkliges Achsenkreuz bezogen, dessen Ursprung der Punkt O ist, dessen positive y-Achse die Richtung von $+Y$ und dessen positive x-Achse die entgegengesetzte Richtung von $+X$ hat, so ist der Einflufs von X, Y, Z auf das Moment für irgend einen Querschnitt C

$$M = -Xy - Yx - Z.$$

Dabei ist das Moment der am Teile AC des Stabzuges angreifenden äufseren Kräfte positiv angenommen, wenn es rechts herum (d. h. im Sinne des Uhrzeigers) dreht.*) Im ganzen entsteht

$$[6]\quad M = M_0 - Xy - Yx - Z,$$

und insbesondere an der Stelle A:

$$[7]\quad M_A = + Xz - Yw - Z.$$

X, Y und Z berechnen wir mittels der Bedingungen

$$[8]\quad \int \frac{M}{EJ}\frac{\partial M}{\partial X}ds = 0; \int \frac{M}{EJ}\frac{\partial M}{\partial Y}ds = 0; \int \frac{M}{EJ}\frac{\partial M}{\partial Z}ds = 0;$$

und erhalten wegen

$$\frac{\partial M}{\partial X} = -y, \frac{\partial M}{\partial Y} = -x, \frac{\partial M}{\partial Z} = -1 \text{ die Gleichungen:}$$

*) Das Moment der am Stücke BC angreifenden Kräfte ist dann bekanntlich positiv, wenn es links drehend ist.

$$[9]\quad \begin{cases} \int\left(M_0 - Xy - Yx - Z\right)\dfrac{y\,ds}{EJ} = 0 \\ \int\left(M_0 - Xy - Yx - Z\right)\dfrac{x\,ds}{EJ} = 0 \\ \int\left(M_0 - Xy - Yx - Z\right)\dfrac{ds}{EJ} = 0. \end{cases}$$

Jede dieser Gleichungen multiplizieren wir mit dem beliebig großen, konstanten Trägheitsmomente J_c, ferner setzen wir eine überall gleiche Elastizitätsziffer E voraus, und schließlich wählen wir den bislang willkürlich angenommenen Punkt O so, daß

$$[10]\quad \int y\frac{J_c}{J}\,ds = 0, \int x\frac{J_c}{J}\,ds = 0, \int xy\frac{J_c}{J}\,ds = 0$$

wird. Indem wir dann zur Abkürzung

$$[11]\quad \frac{J_c}{J}\,ds = ds'$$

setzen, erhalten wir die einfachen Formeln

$$[12]\quad \begin{cases} X = \dfrac{\int M_0\,y\,ds'}{T_x}, & \text{wo } T_x = \int y^2 ds' \\ Y = \dfrac{\int M_0\,x\,ds'}{T_y} & \text{„} \quad T_y = \int x^2 ds' \\ Z = \dfrac{\int M_0\,ds'}{G} & \text{„} \quad G = \int ds'. \end{cases}$$

Die Gleichungen [10] lassen sich wie folgt deuten. Schreibt man dem Stabteilchen ds das Gewicht $\frac{J_c}{J}\,ds = ds'$ zu, so bedeuten die beiden ersten Integrale in den Gleichungen [10] die statischen Momente des Stabzuges in Bezug auf die x-Achse und die y-Achse, das dritte Integral aber stellt das Zentrifugalmoment des Stabzuges vor. Damit die Gleichungen [10] erfüllt werden, muß der Punkt O mit dem Schwerpunkte des Stabzuges zusammenfallen; ferner müssen die Achsen x, y Hauptachsen sein. In dem in der Fig. 117 vorausgesetzten Falle eines in Bezug auf die Lotrechte durch die Mitte symmetrischen Stabzuges $\left(w = \frac{1}{2}l\right)$ fällt die y-Achse mit der Symmetrieachse zusammen.

Die Integrale T_x und T_y bedeuten die Trägheitsmomente des Stabzuges in Bezug auf die x-Achse bezw. die y-Achse und G ist das gesamte Gewicht des Stabzuges. Bei Berechnung dieser Integrale ist es stets zulässig, den Stabzug in prismatische Teile zu zerlegen. Man erhält dann für ein solches Stabstück konstanten Querschnitts $G = \frac{J_c}{J} s = s'$ und, bezogen auf irgend eine Achse (A), mit den Bezeichnungen in Fig. 118,

$$[13] \quad T = \frac{J_c}{J} \int_{\eta_1}^{\eta_2} \eta^2 ds = \frac{J_c}{J} \frac{1}{\sin \alpha} \int_{\eta_1}^{\eta_2} \eta^2 d\eta = \frac{J_c}{J} \frac{s}{\eta_2 - \eta_1} \frac{\eta_2^3 - \eta_1^3}{3}$$

$$= \frac{1}{3} s' (\eta_2^2 + \eta_2 \eta_1 + \eta_1^2).$$

Behufs übersichtlicher Darstellung der die Zähler von X, Y, Z bildenden Integrale, zeichnen wir für die einzelnen prismatischen Stabstücke die M_0-Linien, indem wir die Momente M_0 von der Stabachse

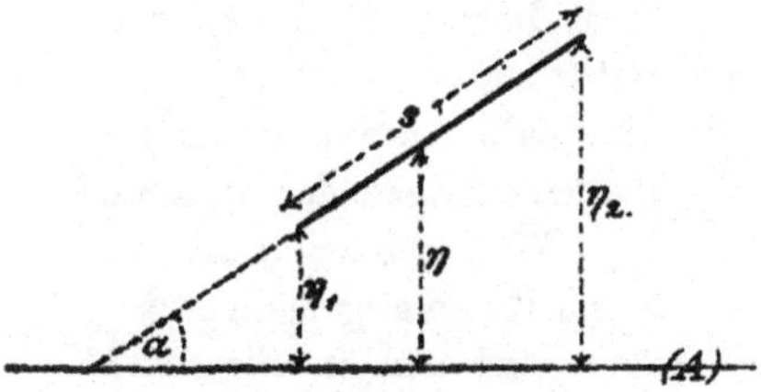

Fig. 118.

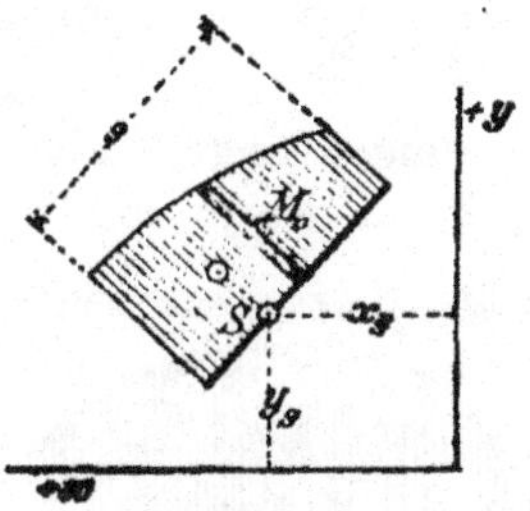

Fig. 119.

aus als Ordinaten auftragen, Fig. 119. Sodann bestimmen wir den Schwerpunkt der zu einem Teile s gehörigen M_0-Fläche, ferner den diesem Schwerpunkte entsprechenden Punkt S der Stabachse, bezeichnen die Koordinaten dieses Punktes mit x_S, y_S, den Inhalt der M_0-Fläche mit $\mathfrak{F}_0$ und erhalten für den Teil s:

$$[14] \quad \begin{cases} \int M_0 y \frac{J_c}{J} ds = \frac{J_c}{J} \mathfrak{F}_0 y_S \\ \int M_0 x \frac{J_c}{J} ds = \frac{J_c}{J} \mathfrak{F}_0 x_S \ldots \end{cases}$$

Diese Werte lassen sich deuten als die auf die Achse x bezw. y bezogenen statischen Momente eines dem Punkte S zugeschriebenen Gewichtes $\frac{J_c}{J} \mathfrak{F}_0$. Bezeichnet man also mit $\mathfrak{S}_x$ und $\mathfrak{S}_y$ die Summe der statischen Momente aller auf die beschriebene Weise gebildeten Gewichte $\frac{J_c}{J} \mathfrak{F}_0$ in Bezug auf die Achsen x und y, so erhält man

$$[15] \quad X = \frac{\mathfrak{S}_x}{T_x}, \quad Y = \frac{\mathfrak{S}_y}{T_y},$$

während

$$[16] \quad Z = \frac{\Sigma \frac{J_c}{J} \mathfrak{F}_0}{G}$$

ist.

Werden einzelne Stäbe über die Verbindungsstellen mit den Nachbarstäben hinaus verlängert, Fig. 120, so sind diese überstehenden Enden bei Berechnung der Trägheitsmomente T und Gewichte G beseitigt zu denken, weil die Momente nur innerhalb der Verbindungsstellen abhängig sind von X, Y, Z. Aus demselben Grunde kommen auch die M_0-Flächen der überstehenden Enden bei Berechnung der Flächeninhalte $\mathfrak{F}_0$ und Ermittlung der Schwerpunkte dieser Flächen nicht in Betracht. Die an den Verlängerungen angreifenden Kräfte sind natürlich von Einfluſs auf X, Y, Z, da sie ja von Einfluſs auf die innerhalb der Verbindungsstellen entstehenden M_0 sind.

Fig. 120.

Wir wenden jetzt die abgeleiteten allgemeinen Gesetze auf den in Fig. 121 dargestellten Sonderfall an. Es handele sich wie in Aufgabe 10 um die Endversteifung einer Balkenbrücke. Der Querschnitt des Querträgers habe das Trägheitsmoment J, der Ständerquerschnitt das Trägheitsmoment J_v. Es sei $J_c = J$ gewählt. Dann ist das Gewicht des Querträgers gleich l, das Gewicht eines Ständers:

$$\frac{J}{J_v} h = h',$$

also im ganzen

$$[17] \quad G = l + 2h'.$$

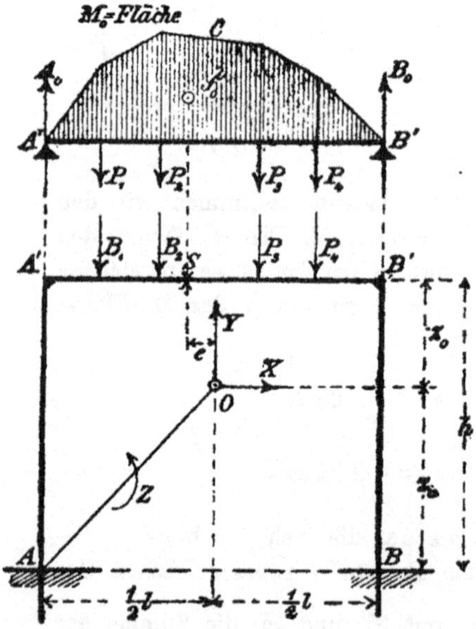

Fig. 121.

Der Abstand z_0 des Schwerpunktes O von der Achse des Querträgers ergibt sich aus der Momentengleichung

$$[18]\quad z_o G = 2h' \cdot \frac{h}{2} = h'h \text{ zu}$$

$$[19]\quad z_o = \frac{h'h}{l + 2h'}.$$

Das Trägheitsmoment des Stabzuges in Bezug auf die Achse des Querträgers ist

$$T = 2 \cdot \frac{1}{3} \frac{J}{J_v} h^3 = \frac{2}{3} h'h^2 = \frac{2}{3} h z_o G, \text{ mithin}$$

$$[20]\quad \begin{cases} T_x = T - G z_o^2 = z_o G \left(\frac{2}{3} h - z_o\right) \text{ oder} \\ T_x = \frac{h h'}{3} (2h - 3z_o), \end{cases}$$

wofür man auch, wegen $h'h = z_o l + 2h' z_o$ schreiben darf:

$$[21]\quad T_x = \frac{h z_o}{3} (2l + h').$$

Das Trägheitsmoment für die y-Achse ist:

$$T_y = \frac{1}{12} l^3 + 2 \frac{J}{J_v} h \left(\frac{l}{2}\right)^2, \text{ d. i.}$$

$$[22]\quad T_y = \frac{l^2}{12} (l + 6h').$$

Auf den Querträger $A'B'$ mögen beliebige lotrechte Lasten P wirken; die Ständer hingegen seien unbelastet. Die M_0-Fläche stimmt dann mit der Momentenfläche eines einfachen Balkens $A'B'$, der an den Enden frei aufliegt, überein; ihr Inhalt sei $\mathfrak{F}_0$, ihr Schwerpunkt habe von der y-Achse den Abstand e. Die statischen Momente $\mathfrak{S}_x$ und $\mathfrak{S}_y$ sind

$$\mathfrak{S}_x = \mathfrak{F}_0 z_o, \quad \mathfrak{S}_y = \mathfrak{F}_0 e$$

und man erhält

$$[23]\quad H = X = \frac{\mathfrak{F}_0 z_o}{T_x} = \frac{3 \mathfrak{F}_0}{h(2l + h')};$$

$$[24]\quad Y = \frac{\mathfrak{F}_0 e}{T_y}; \quad Z = \frac{\mathfrak{F}_0}{G}.$$

Setzt man den wagerechten Stützenwiderstand $H = X$ mit dem Kräftepaare, dessen Moment gleich Z ist, zu einer Resultierenden (deren Größe wieder $= X$ ist) zusammen, so findet man den Angriffspunkt L derselben (vergl. Fig. 122) mit Hilfe der Gleichung

$$X \cdot \overline{LL'} = X z_u - Z,$$

woraus

$$\overline{LL'} = z_u - \frac{T_x}{z_o G} = z_u - \left(\frac{2h}{3} - z_o\right) = \frac{h}{3}.\text{*)}$$

Der Neigungswinkel β der Mittelkraft R aus Y und X ist bestimmt durch

$$\operatorname{tg} \beta = \frac{Y}{X} = \frac{e\,T_x}{z_o T_y} = \frac{e}{v},$$

wo

$$[25] \quad v = \frac{l^2 (l + 6h')}{4h(2l + h')}$$

eine von der Belastung unabhängige Strecke bedeutet. Bestimmt man also in der y-Achse im Abstande v von der Achse des Querträgers einen festen Punkt V und verbindet V mit dem lotrecht unter dem Schwerpunkte der M_0-Fläche gelegenen Punkte S der Querträgerachse durch eine Gerade, so steht die Richtung der Kraft R senkrecht auf dieser Geraden. Hat man hiernach die Richtung von R bestimmt, so findet man die Gröſse von R, indem man H mittels Gleichung [23] berechnet.

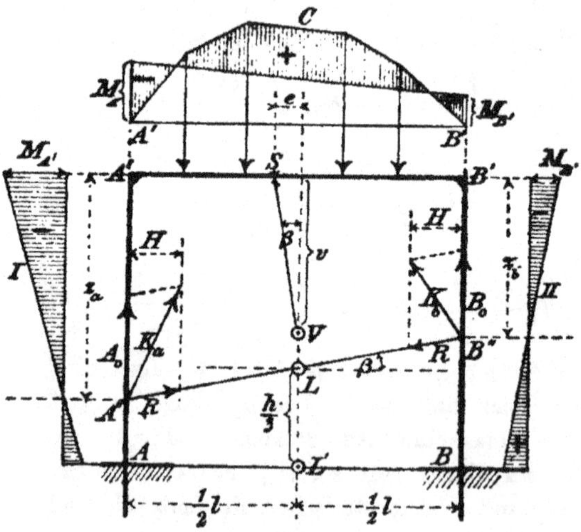

Fig. 122.

Setzt man schlieſslich R mit dem Stützenwiderstande A_0 des einfachen Balkens $A'B'$ zusammen, so erhält man den Stützenwiderstand (Kämpferdruck) K_a und ganz ebenso findet man K_b als Mittelkraft aus R und B_0. Bezeichnet man mit z_a und z_b die Entfernungen der Querträgerachse von den Punkten A'' und B'', in denen die Ständerachsen von den Kräften R geschnitten werden, so sind die Angriffsmomente für die Endquerschnitte A' und B' des Querträgers:

$$[26] \quad M_{A'} = -Hz_a; \quad M_{B'} = -Hz_b,$$

*) Nach Gleichung [20] ist $\frac{T_x}{z_o G} = \frac{2h}{3} - z_o$.

und man erhält die Momentenfläche des Querträgers, indem man von der M_0-Fläche $A'CB'$ ein Trapez in Abzug bringt, dessen Endhöhen gleich $M_{A'}$ bezw. $M_{B'}$ sind. Durch die Momente $M_{A'}$ und $M_{B'}$ sowie durch die Punkte A'', B'' sind auch die Momentenflächen I und II der Ständer bestimmt.

Es möge noch der Einfluſs einer zwischen A' und B' aufgebrachten Einzellast P, deren Abstand von der Mitte gleich ξ sei, für sich verfolgt werden. Die M_0-Fläche ist ein Dreieck von der Höhe $\frac{Pab}{l}$ (Fig. 123), dessen Schwerpunkt im Abstande $e = \frac{1}{3}\xi$ von der Mitte liegt. Bestimmt man also auf der Mittellinie den festen Punkt V' im Abstande $3v$ von $A'B'$ und verbindet man V' mit dem Angriffspunkte C von P durch eine Gerade, so ist $A''B'' \perp V'C$. Die Kämpferdrücke K_a und K_b treffen P in demselben Punkte C'; der lotrechte Abstand n dieses Punktes von der Geraden $A''B''$ ist bestimmt durch die Gleichung*)

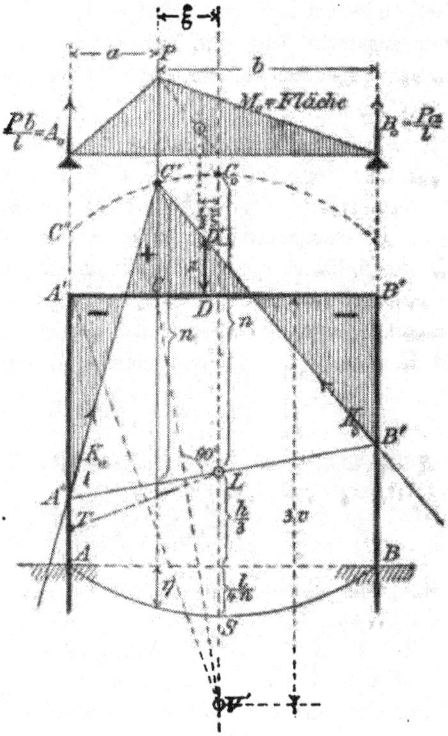

Fig. 123.

$$\frac{n}{a} = \frac{A_0}{H} = \frac{Pb}{lH},$$

woraus

$$[27] \quad n = \frac{Pab}{lH}.$$

Nun ist aber

$$\mathfrak{F}_0 = \frac{Pab}{l} \cdot \frac{l}{2} = \frac{Pab}{2},$$

ferner

$$[28] \quad H = \frac{3\mathfrak{F}_0}{h(2l + h')}, \text{ d. i.}$$

*) Zum Beweise denke man K_a wie in Fig. 122 in A_0 und R zerlegt.

$$[29] \quad H = \frac{3Pab}{2h(2l + h')},$$

und man erhält daher für n den von der Lage der Last unabhängigen, festen Wert

$$[30] \quad n = \frac{2h}{3l}(2l + h').$$

Bewegt sich P von A' nach B', so beschreibt der Punkt C' eine Parabel (die Kämpferdrucklinie), deren Achse mit der Mittellotrechten zusammenfällt und deren Scheitel C_0 von L den Abstand n hat. Der äußerste Parabelpunkt C'' ist bestimmt durch $TL \perp A'V'$ und $\overline{TC''} = n$.

Noch sei hervorgehoben, daß man die in der Fig. 123 schraffierte, von den Geraden $A'B'$, $A''C'$, $C'B''$, $A'A''$, $B'B''$ begrenzte Fläche als Momentenfläche des Balkens $A'B'$ auffassen darf, denn die auf die Achse $A'B'$ bezogenen Ordinaten z des Linienzuges $A''C'B''$ geben mit H multipliziert die Biegungsmomente für den Balken $A'B'$. Dem Querschnitte D entspricht z. B. $M = +Hz$, was leicht einzusehen ist; man braucht nur K_b von B'' nach D' hin zu verschieben und dort in B und H zu zerlegen. Formt man H durch Einführung von n um in

$$[31] \quad H = \frac{Pab}{ln},$$

so erkennt man, daß die Einflußlinie für H eine symmetrische Parabel ASB ist, deren Pfeilhöhe

$$[32] \quad f = \frac{1}{4}\frac{l}{n}$$

ist. Der Last P entspricht $H = P\eta$.

Wirkt auf den über A' und B' hinaus verlängerten Querträger (Fig. 124) links von A' im Abstande a von A' eine Last P, so ist die M_0-Fläche (welche jetzt negativ ist) ein Dreieck von der Höhe Pa. Der zur Strecke l gehörige Teil dieser Fläche hat den Inhalt

$$\mathfrak{F}_0 = -\frac{Pal}{2},$$

es entsteht also

$$[33] \quad H = \frac{-3Pal}{2h(2l + h')} = -\frac{Pa}{n}.$$

Der Abstand des Schwerpunktes der Fläche $\mathfrak{F}_0$ von der Mittellinie beträgt $e = \frac{1}{6}l$, weshalb

$$\operatorname{tg}\beta = \frac{e}{v} = \frac{\frac{1}{6}l}{v} = \frac{\frac{1}{2}l}{3v},$$

und hieraus folgt $A''B'' \perp A'V'$. Für A_0 und B_0 erhält man

$$A_0 = \frac{Pb}{l}, \quad B_0 = -\frac{Pa}{l}.$$

Die Lage des Punktes C'', in welchem der Kämpferdruck K_b die Achse des linken Ständers schneidet, ist durch die Gleichung

$$\overline{A''C''} : l = B_0 : H$$

bestimmt, und zwar folgt hieraus

$$\overline{A''C''} = n.$$

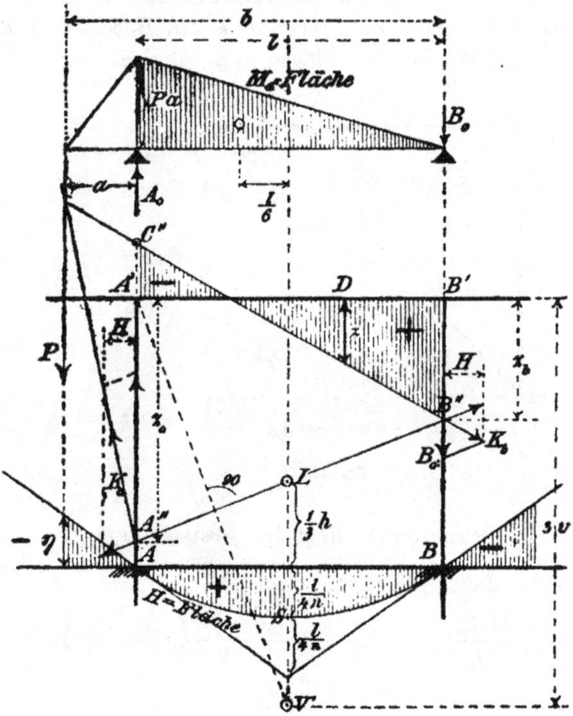

Fig. 124.

Die Fläche zwischen den Geraden $A'B'$ und $C''B''$ darf als Momentenfläche des Balkens $A'B'$ aufgefafst werden. Dem Querschnitt D entspricht $M = + Hz$. Für den Querschnitt B' ist $M = Hz_b$, während man an der Stelle A' entweder $M = -Pa$ oder $M = H(n - z_a)$ erhält, jenachdem man den Schnitt links oder rechts von der Mittellinie des Ständers AA' führt.*) Den Ständerquerschnitten A', B' entsprechen die Momente $M_{A'} = -Hz_a$, $M_{B'} = -Hz_b$.

*) In Wirklichkeit ist dieser schroffe Übergang selbstverständlich nicht vorhanden.

Die Einflufslinie für H infolge von Lasten, die links von A' oder rechts von B' liegen, besteht $\left(\text{wegen } H = -P\frac{a}{n}\right)$ aus den Endtangenten der Parabel ASB.

Greift an der Endversteifung eine wagerechte Kraft P an, Fig. 125,*) so führt man als statisch bestimmtes Hauptsystem zweckmäfsig den bei B fest eingespannten, bei A freien Stabzug ein. Es wird dann nur der Ständer $B'B$ durch Momente $\mathfrak{M}_0$ beansprucht und der linke Kämpferdruck ist die Mittelkraft aus den Widerständen X und Y und dem Kräftepaare Z. Bedeutet k den Hebelarm von P in Bezug auf B, so ist die $\mathfrak{M}_0$-Fläche ein Dreieck vom Inhalte

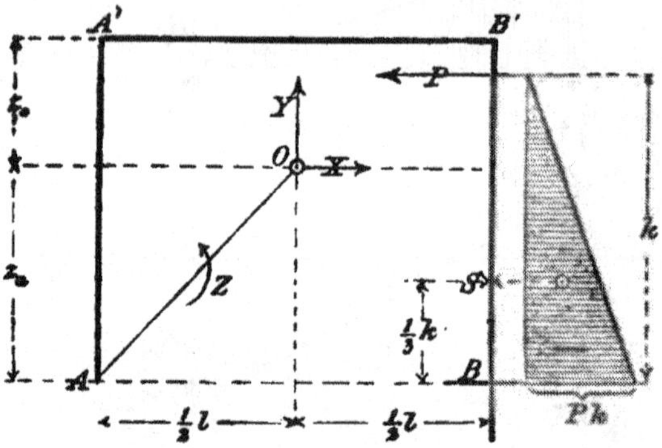

Fig. 125.

$\mathfrak{F}_0 = -Pk\frac{k}{2}$; ihr Schwerpunkt liegt im Abstande $z_u - \frac{k}{3}$ von der x-Achse, und es ist daher

$$\mathfrak{S}_x = -\mathfrak{F}_0 \cdot \frac{J}{J_v}\left(z_u - \frac{k}{3}\right) = +\frac{Pk^2}{2}\left(z_u - \frac{k}{3}\right)\frac{J}{J_v}$$

$$\mathfrak{S}_y = -\mathfrak{F}_0 \frac{J}{J_v}\frac{l}{2} = +\frac{Pk^2 l}{4}\frac{J}{J_v}.$$

Man erhält also:

$$[34] \quad X = \frac{Pk^2\left(z_u - \frac{k}{3}\right)}{2T_x}\frac{J}{J_v}, \quad Y = \frac{Pk^2 l}{4T_y}\frac{J}{J_v}, \quad Z = -\frac{Pk^2}{2G}\frac{J}{J_v}$$

und ist nun im stande, die Angriffsmomente für die Querschnitte A, A', B', B zu berechnen. Es ist

*) Es handelt sich hier um den Einflufs des Winddrucks. Der Windverband liegt in der Regel unterhalb der Achse des Querträgers.

$$[35]\quad\begin{cases} M_A = +Xz_u - Y\dfrac{l}{2} - Z \\ M_{A'} = -Xz_o - Y\dfrac{l}{2} - Z \\ M_{B'} = -Xz_o + Y\dfrac{l}{2} - Z \\ M_B = +Xz_u + Y\dfrac{l}{2} - Z - Pk. \end{cases}$$

Durch diese vier Momente ist die Beanspruchung des Rahmens uf Biegung vollständig bestimmt.

Aufgabe 12. Der in Fig. 126 dargestellte geschlossene Stabzug nit steifen Ecken, an dem sich gegebene Lasten das Gleichgewicht alten mögen, läfst sich nach Fig. 127 auffassen als ein an zwei Enden ' und C' eingespannter Stabzug. Die beiden Einspannungsstellen fallen

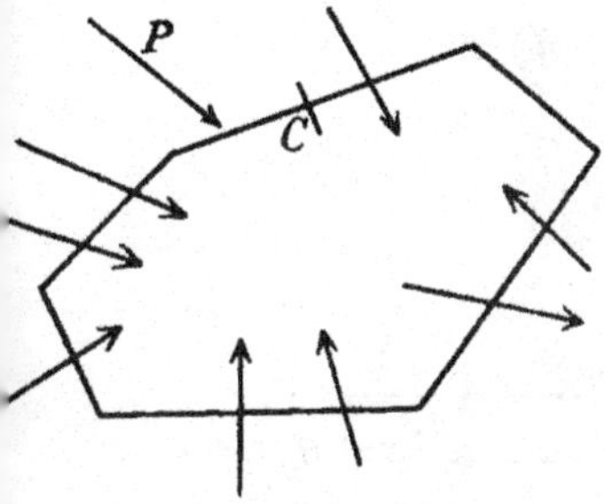

Fig. 126.

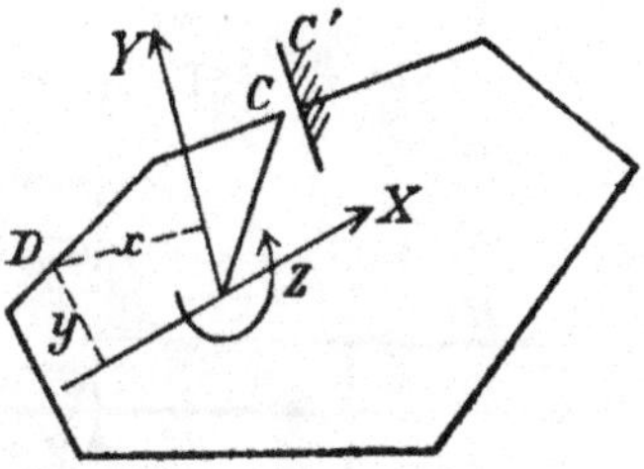

Fig. 127.

usammen. Der Querschnitt C darf beliebig gewählt werden. Ersetzt nan die im Querschnitte C auftretenden Spannungen durch ein Kräfteaar Z und zwei Kräfte X und Y, so läfst sich das Biegungsmoment ür irgend einen Querschnitt D auf die Form bringen

$$M = M_0 - Xy - Yx - Z$$

vo y und x die vom Schwerpunkte (des Querschnitts D auf X und Y die sich nicht rechtwinklig zu kreuzen brauchen) gefällten Lote beleuten und M_0 das Biegungsmoment infolge der am Teil DC des Stabuges angreifenden Lasten P.

Wird das Koordinatensystem (x, y) ebenso wie bei Aufgabe 11 so gewählt, dafs die Gleichungen

$$[1]\quad \int y\frac{J_c}{J}\,ds = 0,\quad \int x\frac{J_c}{J}\,ds = 0,\quad \int \frac{J_c}{J}\,ds = 0$$

rfüllt werden (Seite 122), so gelten für X, Y, Z die auf Seite 124 bgeleiteten Gleichungen:

$$[2] \quad X = \frac{\mathfrak{S}_x}{T_x}, \qquad Y = \frac{\mathfrak{S}_y}{T_y}$$

$$[3] \quad Z = \frac{\Sigma \frac{J_c}{J} \mathfrak{F}_0}{G}.$$

Als Beispiel untersuchen wir den in Fig. 128 dargestellten Rahmen, der bekanntlich bei der Querversteifung eiserner Brücken eine grofse Rolle spielt. Zum Trägheitsmoment J_c wählen wir das Trägheitsmoment J_u des Querschnitts des Querträgers. Die Gewichte von Ständer und Querriegel bezeichnen wir mit

$$\frac{J_u}{J_v} h = h' \quad \text{und} \quad \frac{J_u}{J_o} l = l'.$$

Das Gewicht des ganzen Rahmens ist dann

$$[4] \quad G = l + l' + 2h';$$

seine wagerechte Schwerachse ergibt sich aus der Momentengleichung

$$z_o G = lh + 2h' \frac{h}{2} = h(l + h') \text{ zu}$$

$$[5] \quad z_o = \frac{h(l + h')}{l + l' + 2h'}.$$

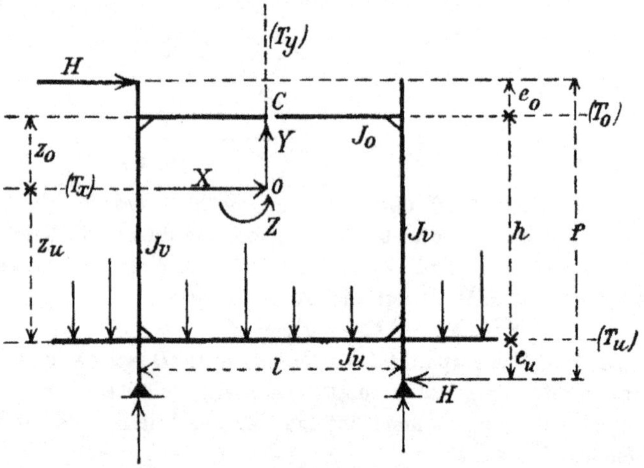

Fig. 128.

Den Schnitt C führen wir durch die Mitte des Querriegels. Die in die Figur eingetragenen X, Y, Z mögen sich auf den links vom Schnitte gelegenen Querschnitt C beziehen. Da die Y-Achse eine Symmetrieachse ist, werden die Bedingungen [1] erfüllt.

Das Trägheitsmoment des Rahmens in Bezug auf die Achse des oberen Querriegels ist

$$T_o = 2\,\frac{h^3}{3}\,\frac{J_u}{J_v} + lh^2 = h^2\left(\frac{2}{3}\,h' + l\right)$$

und für die X-Achse

$$T_x = T_o - G z_o^2 = T_o - h\,(l + h')\,z_o.$$

Setzt man $z_o = h - z_u$, so erhält man

$$[6] \quad T_x = h\left[z_u\,(h' + l) - \frac{1}{3}\,h'h\right].$$

Das Trägheitsmoment für die Y-Achse wird

$$T_y = \frac{1}{12}\,l^3 + \frac{1}{12}\,l^3\,\frac{J_u}{J_o} + 2h\left(\frac{l}{2}\right)^2\frac{J_u}{J_v},$$

$$[7] \quad T_y = \frac{l^2}{12}\,(l + l' + 6h').$$

Wir untersuchen getrennt den Einfluſs der Lasten H und P.

1. **Einfluſs der wagerechten Kräfte H.** Fig. 129. Im Falle $X = 0$, $Y = 0$, $Z = 0$ sind der obere Querriegel und der rechte

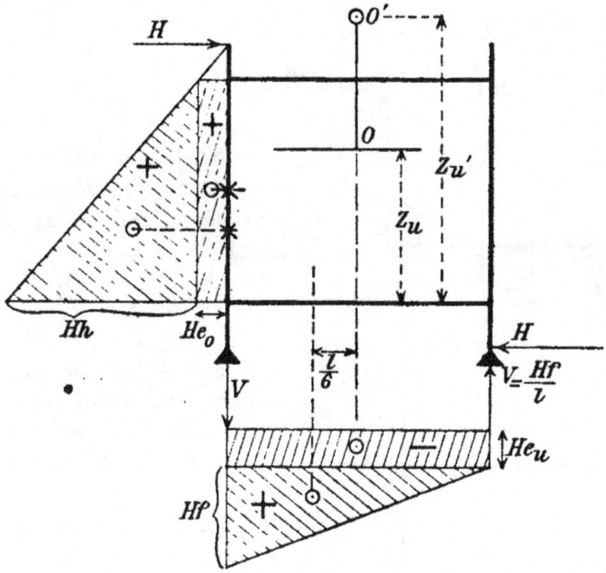

Fig. 129.

Ständer spannungslos. In den Stützpunkten A und B werden zwei gleiche aber entgegengesetzt gerichtete Widerstände $V = \frac{Hf}{l}$ hervorgerufen. Die M_0-Fläche des linken Ständers läſst sich in ein Rechteck und ein Dreieck zerlegen, beide Flächen von positivem Vorzeichen; die M_0-Fläche des Querträgers zerfällt in ein positives Dreieck und ein negatives Rechteck. Man erhält:

$$\Sigma \frac{J_o}{J} \mathfrak{F}_0 = \frac{J_u}{J_v}\left(He_o h + H\frac{h^2}{2}\right) + \frac{Hfl}{2} - He_u l,$$

$$\mathfrak{S}_y = \frac{J_u}{J_v}\left(He_o h + H\frac{h^2}{2}\right)\frac{l}{2} + \frac{Hfl}{2}\cdot\frac{l}{6},$$

$$\mathfrak{S}_x = -\frac{J_u}{J_v}\left[He_o h\left(z_u - \frac{h}{2}\right) + H\frac{h^2}{2}\left(z_u - \frac{h}{3}\right)\right] + \left(\frac{Hfl}{2} - He_u l\right) z_u$$

und findet

$$Z = \frac{H}{2G}\left[h'(2e_o + h) + l(f - 2e_u)\right],$$

$$Y = \frac{Hl}{12\,T_y}\left[3h'(2e_o + h) + fl\right],$$

$$X = -\frac{H}{2\,T_x}\left\{h'\left[2e_o\left(z_u - \frac{h}{2}\right) + h\left(z_u - \frac{h}{3}\right)\right] + z_u l (f - 2e_u)\right\}.$$

Der Ausdruck für X läßt sich umformen in

$$X = -H\left(\frac{1}{2} + \frac{e_o}{h} - \frac{e_o h h' + 6e_u z_u l}{T_x}\right).$$

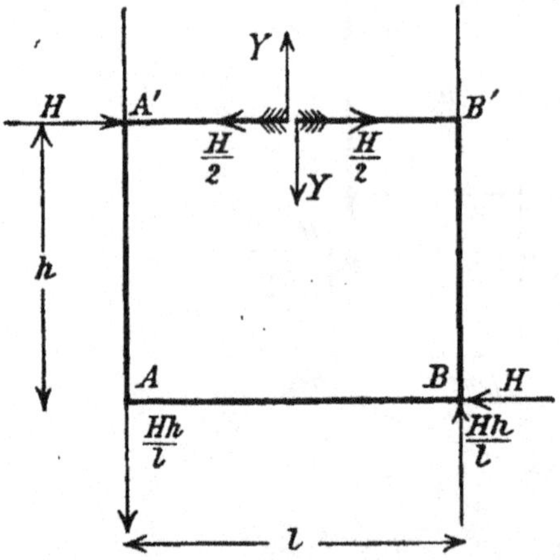

Fig. 130.

Setzt man X mit Z zusammen, so erhält man eine Einzelkraft X im Abstande

$$z_u' = z_u - \frac{Z}{X}$$

von der Achse des Querträgers, und diese Kraft X kann man dann mit Y zu einer Mittelkraft K vereinigen.

Ist $e_o = e_u = 0$ so ergibt sich (Fig. 130)

$$Z = \frac{Hh(l + h')}{2G} = \frac{Hz_o}{2},$$

$$X = -\frac{1}{2}H; \quad z_u' = z_u + z_o = h,$$

$$Y = \frac{Hhl(3h' + l)}{12\,T_y} = H\frac{h}{l}\cdot\frac{3h' + l}{6h' + l + l'}.$$

Die Biegungsmomente für die 4 Ecken sind dann

$$\mathrm{M}_A = \frac{H}{2} h - Y \frac{l}{2}, \quad \mathrm{M}_B = -\mathrm{M}_A,$$

$$\mathrm{M}_{A'} = -Y \frac{l}{2}, \quad \mathrm{M}_{B'} = +Y \frac{l}{2}.$$

Für den Fall $J_o = J_u$, also $l = l'$, erhält man

$$Y = \frac{H}{2} \frac{h}{l}, \quad \mathrm{M}_A = \mathrm{M}_{B'} = -\mathrm{M}_B = -\mathrm{M}_{A'} = \frac{Hh}{4}.$$

2. **Einflufs der senkrechten Lasten *P*.** Fig. 131 a. Am Querträger AB mögen Lasten P angreifen, die zwischen A und B liegen, die Kragarme seien also unbelastet. Die M_0-Fläche stimmt dann mit der Momentenfläche eines einfachen Balkens AB überein, der an den Enden frei aufliegt; ihr Flächeninhalt sei $\mathfrak{F}_0$ und der Abstand ihres Schwerpunktes von der Y-Achse sei e. Dann ergibt sich

$$\mathfrak{S}_y = \mathfrak{F}_0 e, \quad \mathfrak{S}_x = -\mathfrak{F}_0 z_u,$$

$$Z = \frac{\mathfrak{F}_0}{G}, \quad Y = \frac{\mathfrak{F}_0 e}{T_y}, \quad X = -\frac{\mathfrak{F}_0 z_u}{T_x}.$$

Setzt man X und Z zu einer Mittelkraft, deren Gröfse wieder $= X$ ist, zusammen, so findet man deren Angriffspunkt in der Höhe

$$z_u' = z_u - \frac{Z}{X} = z_u + \frac{T_x}{G z_u} = \frac{G z_u^2 + T_x}{G z_u} = \frac{T_u}{\mathfrak{S}_u},$$

wo T_u und $\mathfrak{S}_u$ bezw. das Trägheitsmoment und das statische Moment des Rahmengewichts in Bezug auf die Achse des Querträgers bedeuten. Da nun

$$T_u = l' h^2 + 2 h' \frac{h^2}{3},$$

$$\mathfrak{S}_u = l' h + 2 h' \frac{h}{2}$$

ist, so ergibt sich für z_u' der von der Belastung des Querträgers unabhängige Wert

$$z_u' = \frac{h}{3} \frac{3 l' + 2 h'}{l' + h}.$$

Die wichtigsten Belastungszustände sind nun die folgenden.

Gleichförmige Belastung mit g für die Längeneinheit Fig. 131 b. Die M_0-Linie ist eine Parabel vom Pfeil $\frac{1}{8} g l^2$. Es ist

$$\mathfrak{F}_o = \frac{2}{3}\,\frac{gl^2}{8}\cdot l = \frac{gl^3}{12},$$

mithin

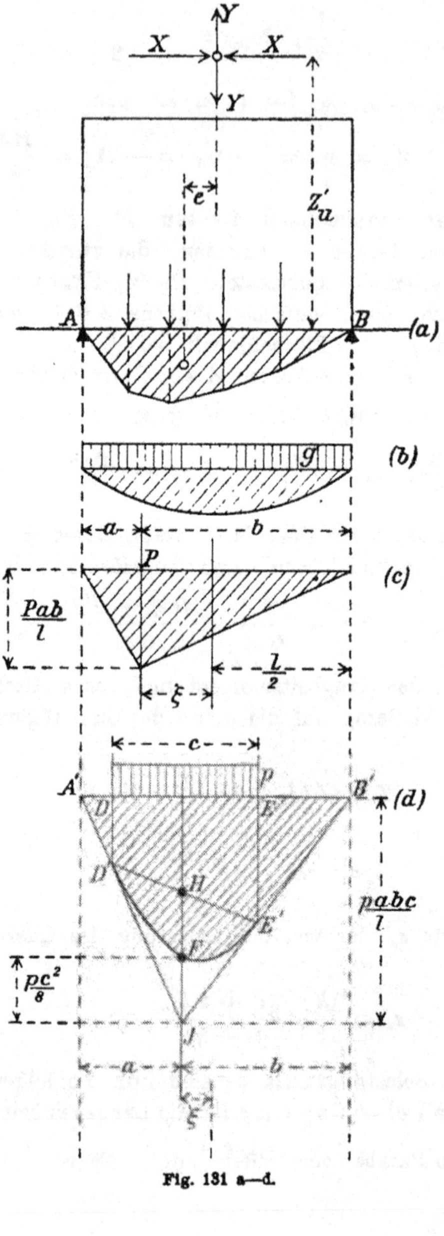

Fig. 131 a—d.

$$X = -\frac{g l^3 z_u}{12\,T_x}, \quad Y = 0.$$

Eine Einzellast P, Fig. 131 c, entspricht als M_0-Fläche im Dreieck von der Höhe $\frac{Pab}{l}$, dessen Schwerpunkt von der y-Achse den Abstand $e = \frac{1}{3}\xi$ hat. Man erhält:

$$X = -\frac{Pab\,z_u}{2\,T_x}, \quad Y = +\frac{Pab\xi}{6\,T_y}.$$

Liegt eine teilweise gleichförmige Belastung, welche p für die Längeneinheit sein möge und die Strecke c (Fig. 131 d) bedecke, vor, so erhält man die M_0-Fläche wie folgt. Man betrachtet pc als eine im Mittelpunkte der Strecke c angreifende Einzellast, ermittelt das zugehörige Momentendreieck $A'JB'$ und berechnet dessen Inhalt: $pc\,\frac{ab}{2}$. Nun bestimmt man senkrecht unter den Endpunkten D und E der belasteten Strecke c die Punkte D' und E' der Geraden $A'J$ und $B'J$ und zeichnet eine Parabel $D'HE'$, welche die Geraden $A'J$ und $B'J$ in D' und E' berührt. Die in Fig. 131 d schraffierte Fläche ist die M_0-Fläche. Es ist $FH = HJ = \frac{pc^2}{8}$. Der Inhalt der von den Geraden $D'J$ und $E'J$ und der Parabel begrenzten Fläche ist $\frac{1}{3}\cdot\frac{pc^2}{8}\cdot c = \frac{pc^3}{24}$. Es ergibt sich also

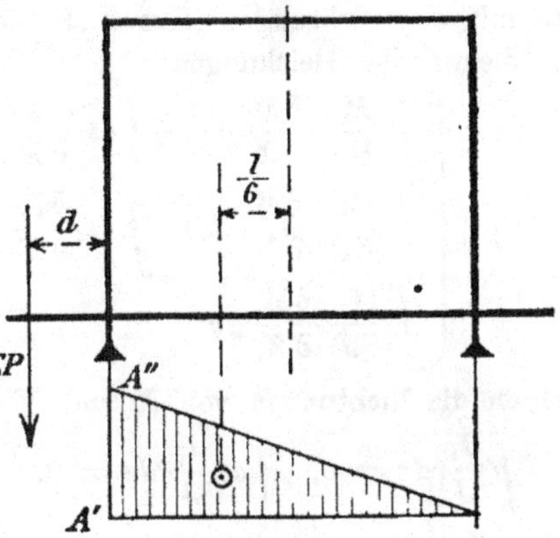

Fig. 132.

$$\mathfrak{F}_0 = \frac{pabc}{2} - \frac{pc^3}{24},$$

$$\mathfrak{S}_y = \frac{pabc}{2}\cdot\frac{\xi}{3} - \frac{pc^3}{24}\cdot\xi,$$

$$Y = \frac{\mathfrak{S}_y}{T_y}, \quad X = -\frac{\mathfrak{F}_0\,z_u}{T_x}.$$

Wird der linke Ausleger durch Lasten P, deren Mittelkraft ΣP sei, belastet, Fig. 132, so ist die M_0-Fläche des Querträgers ein Dreieck von der Höhe $A'A'' = -d\Sigma P$, wo d den Abstand der Mittelkraft von A ist. Man erhält

$$\mathfrak{F}_0 = -\Sigma P \frac{ld}{2}, \quad \mathfrak{S}_y = -\Sigma P \frac{ld}{2} \cdot \frac{l}{6}.$$

Aufgabe 13. Der in Fig. 126 dargestellte geschlossene Stabzug werde ungleichmäfsig um t^0 erwärmt. Infolgedessen werden die Stabquerschnitte durch Längskräfte N und Momente M beansprucht und zwar ist für den Querschnitt an der Stelle xy

$$[1] \quad \mathsf{M} = -Xy - Yx - Z,$$

$$[2] \quad N = +X\cos\alpha + Y\cos\beta,$$

wo α und β die Winkel sind, welche die den Punkt xy enthaltende Stabachse mit den Richtungen X und Y bildet. Zur Berechnung von X, Y, Z dienen die Gleichungen

$$[3] \quad \begin{cases} \int \frac{\mathsf{M}}{EJ}\frac{\partial \mathsf{M}}{\partial X} ds + \int \varepsilon t \frac{\partial N}{\partial X} ds = 0, \\ \int \frac{\mathsf{M}}{EJ}\frac{\partial \mathsf{M}}{\partial Y} ds + \int \varepsilon t \frac{\partial N}{\partial Y} ds = 0, \\ \int \frac{\mathsf{M}}{EJ}\frac{\partial \mathsf{M}}{\partial Z} ds \qquad\qquad = 0.^{*)} \end{cases}$$

Werden die Richtungen von X und Y wieder so gewählt, dafs

$$\int \frac{J_c}{J} ds = 0, \quad \int x \frac{J_c}{J} ds = 0, \quad \int y \frac{J_c}{J} ds = 0,$$

so ergibt sich

$$[4] \quad X = \frac{EJ_c \int \varepsilon t \cos\alpha \, ds}{T_x},$$

$$[5] \quad Y = \frac{EJ_c \int \varepsilon t \cos\beta \, ds}{T_y},$$

$$Z = 0.$$

Schreibt man nun allen Punkten eines und desselben Stabes ein und dieselbe Temperaturänderung zu,**) so gehen die für X und Y gefundenen Ausdrücke über in

---

*) Vergl. Seite 87, Gleichung (51). Die Integrale $\int \frac{N}{EF}\frac{\partial N}{\partial X} ds$ und $\int \frac{N}{EF}\frac{\partial N}{\partial Y} ds$ haben wir, wie in Aufgabe 12, vernachlässigt. Auch haben wir $\Delta t = 0$ angenommen.

**) Längere Stäbe kann man in kürzere Stücke zerlegen und jedem Stück einen besonderen Wert t beilegen. Auf diese Weise läfst sich der Genauigkeitsgrad der Rechnung beliebig steigern.

$$[6] \quad X = -\frac{\varepsilon E J_c \Sigma t s_x}{T_x},$$

$$[7] \quad Y = -\frac{\varepsilon E J_c \Sigma t s_y}{T_y},$$

wo s_x und s_y die Projektionen der Stablängen s auf die Richtungen von X und Y bedeuten.

Beispiel. Es liege der in der Aufgabe 12 untersuchte Rechteck-Rahmen vor, Fig. 133. Der obere Querriegel werde erwärmt um t_o, der untere um t_u, der linke Ständer um t_l, der rechte um t_r. Um den Projektionen s_x und s_y der Stablängen das richtige Vorzeichen zu geben, umfahre man, von der Einspannungsstelle C' ausgehend, den Stabzug und deute dies durch Pfeile an; man erkennt dann, daſs die Projektion s_x des oberen Querriegels $= + l$ ist, die des unteren $= - l$, und die Projektion s_y des linken Ständers $= + h$, des rechten Ständers $= - h$. Man erhält daher

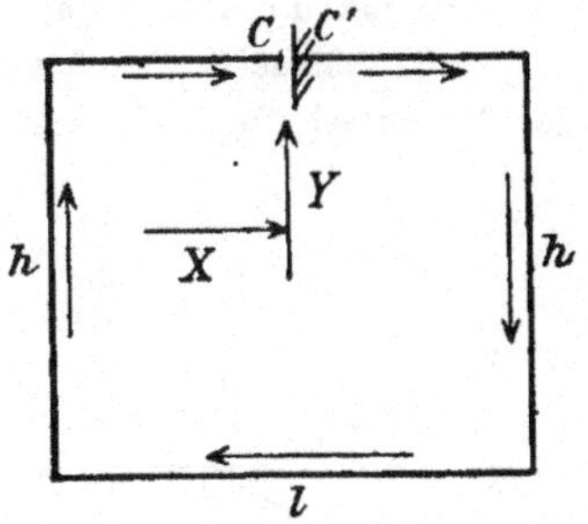

Fig. 133.

$$X = -\frac{\varepsilon E J_c l (t_o - t_u)}{T_x},$$

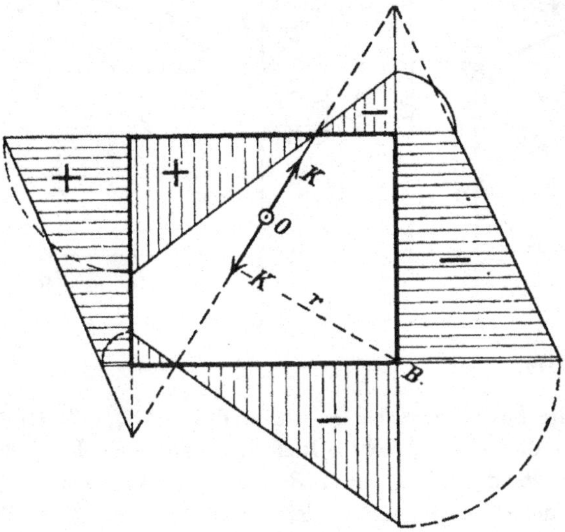

Fig. 134.

$$Y = -\frac{\varepsilon E J_o h (t_i - t_r)}{T_y}.$$

Ist also $t_o > t_u$ und $t_i > t_r$, so entstehen negative Werte X und Y. Ihre Zusammensetzung zu K führt zu der in Fig. 134 dargestellten Angriffsweise des Rahmens. Die durch Schraffierung kenntlich gemachte Momentenfläche ist durch Berechnung eines Eckmomentes, beispielsweise des Momentes $M_B = -Kr$ bestimmt.

Aufgabe 14. Untersuchung der Träger der in Fig. 135 skizzierten eisernen Treppe.

Wir versehen die Podestträger mit den Ordnungsziffern 1, 2, .. r, $(r+1)$, .. und betrachten zunächst die Wange $(r-1)-r$ und zwar unter der Voraussetzung gelenkartiger Endbefestigungen, Fig. 136.

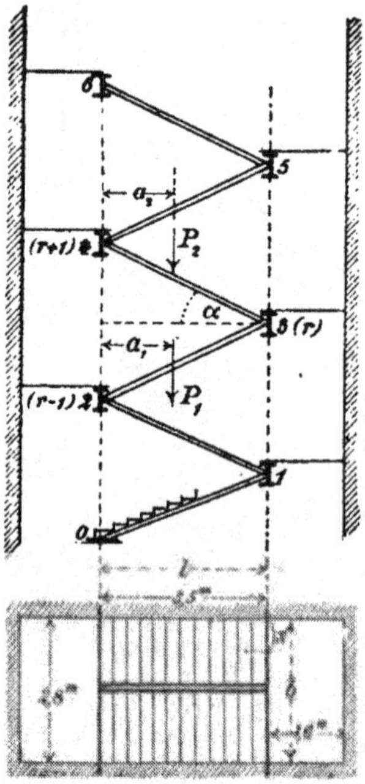

Fig. 135.

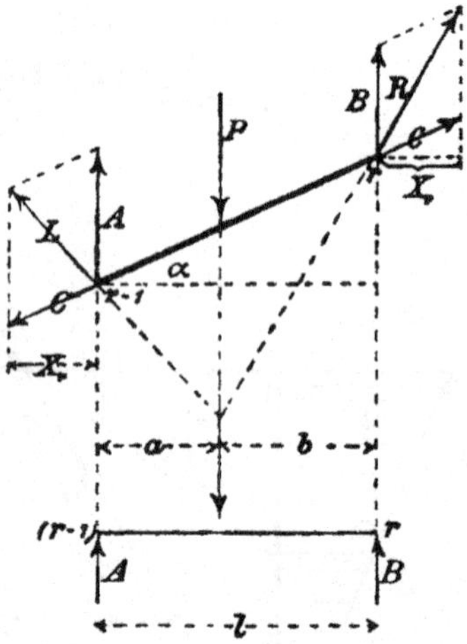

Fig. 136.

Eine lotrechte Last P ruft bei $r-1$ und r schräge Widerstände L und R hervor, die nach lotrechter Richtung und nach der Richtung der Wangenachse in A und C bezw. B und C zerlegt werden. Die Seitenkräfte C sind entgegengesetzt gleich und auf statischem Wege nicht bestimmbar; ihre wagerechte Seitenkraft werde mit X_r bezeichnet.

Für A und B erhält man aus den Momentengleichungen (in Bezug auf r und $r-1$):

$$Al - Pb = 0; \qquad Bl - Pa = 0,$$

die Werte

$$A = \frac{Pb}{l}, \qquad B = \frac{Pa}{l},$$

welche mit den Auflagerdrücken eines einfachen Balkens übereinstimmen, dessen Stützweite gleich der Horizontalprojektion l der Wange ist. Infolgedessen sind auch die Biegungsmomente für den ansteigenden Träger und für den wagerechten Träger $(r-1)-r$ gleich grofs. Bedeutet also q die Belastung für die Längeneinheit der Horizontalprojektion l, so ist das gröfste Moment $M = \frac{1}{8} q l^2$, Fig. 137, und die Beanspruchung der Wange:

$$\sigma = \pm \frac{q l^2}{8\,W} + \frac{X_r \sec \alpha}{F},$$

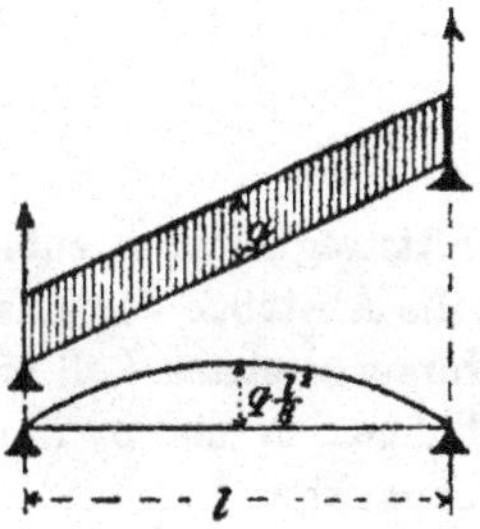

Fig. 137.

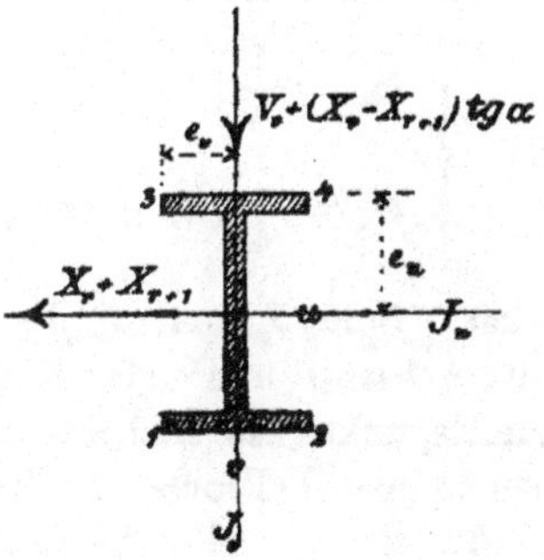

Fig. 138.

wo W das Widerstandsmoment und F den Inhalt des Querschnitts bedeutet. Das zweite Glied ist unwesentlich und darf stets vernachlässigt werden.

Auf den r^{ten} Podestträger werden nun seitens der Wangen die folgenden Kräfte ausgeübt, Fig. 138. In lotrechter Richtung wirkt die Belastung: $V_r + (X_r - X_{r+1})\,\text{tg}\,\alpha$, wo V_r den Einflufs der vorhin mit A und B bezeichneten Kräfte bedeutet, ferner in wagerechter Richtung die Belastung $X_r + X_{r+1}$. Die beiden Lasten P_1 und P_2 in Fig. 135 würden z. B. erzeugen: $V_r = \frac{P_1 a_1}{l} + \frac{P_2 a_2}{l}$. Alle diese Kräfte dürfen in der Mitte des Podestträgers angreifend angenommen werden; sie erzeugen für den nach Fig. 138 auf ein Achsenkreuz u, v bezogenen Querschnitt, im Abstand x von der Stütze (Fig. 135), die Biegungsmomente*)

$$\text{(I)}\quad \begin{cases} M_u = \frac{1}{2}[V_r + (X_r - X_{r+1}) \operatorname{tg} \alpha]\, x, \\ M_v = \frac{1}{2}(X_r + X_{r+1})\, x. \end{cases}$$

Außerdem verursacht die Belastung des Podestes noch ein Moment $M_{u'}$, dessen Größtwert bei $x = \frac{1}{2} b$

$$M_u = \frac{1}{8} q_r b^2$$

ist, wenn q_r die gleichmäßige Belastung für die Einheit der Länge b bedeutet. Die Momente $M_{u'}$, M_v nehmen ebenfalls an der Stelle $x = \frac{1}{2} b$ ihre Größtwerte an, weshalb die Berechnung der Beanspruchung auf Grund von

$$\text{(II)}\quad \begin{cases} M_u = \frac{1}{4}[V_r + (X_r - X_{r+1}) \operatorname{tg} \alpha]\, b + \frac{1}{8} q_r b^2, \\ M_v = \frac{1}{4}(X_r + X_{r+1})\, b \end{cases}$$

zu erfolgen hat. Sind J_u und J_v die Querschnittsträgheitsmomente in Bezug auf die Achsen u und v, ferner e_u und e_v die Abstände der äußersten Querschnittspunkte, so sind (für den hier vorausgesetzten Fall eines symmetrischen Doppel-T-Profils) die Beanspruchungen σ_1 und σ_2 in den in der Fig. 138 mit 1 und 2 bezeichneten Eckpunkten:

$$\text{(III)}\quad \begin{cases} \sigma_1 = + \frac{M_u e_u}{J_u} + \frac{M_v e_v}{J_v} = \frac{e_u}{J_u}\left(M_u + \frac{e_v}{e_u} \frac{J_u}{J_v} M_v\right), \\ \sigma_2 = + \frac{M_u e_u}{J_u} - \frac{M_v e_v}{J_v} = \frac{e_u}{J_u}\left(M_u - \frac{e_v}{e_u} \frac{J_u}{J_v} M_v\right). \end{cases}$$

Für die Eckpunkte 3 und 4 erhält man

$$\sigma_3 = -\sigma_2 \quad \text{und} \quad \sigma_4 = -\sigma_1.$$

Das Moment M_u ist stets positiv, hingegen wird M_v positiv oder negativ ausfallen, je nachdem $X_r + X_{r+1}$ positiv oder negativ ist. Im ersten Falle entstehen die größten Beanspruchungen an den Stellen 1 und 4, im zweiten Falle an den Stellen 2 und 3.

Die Berechnung der statisch nicht bestimmbaren Größen X soll

---

*) Der Podestträger muß als an den Enden frei aufliegender Träger berechnet werden. Die Einmauerung der Enden darf nicht als Einspannung betrachtet werden.

(unter Absehung von Temperaturänderungen) mittels der Bedingungen:

$$\frac{\partial A}{\partial X} = \int \frac{N}{EF} \frac{\partial N}{\partial X} dx + \int \frac{M_u}{EJ_u} \frac{\partial M_u}{\partial X} dx + \int \frac{M_v}{EJ_v} \frac{\partial M_v}{\partial X} dx = 0,$$

deren Anzahl mit der Anzahl der X übereinstimmt, erfolgen. X_r tritt nur in M_u, M_v für den Podestträger $(r-1)$ und r und in N für die beide Träger verbindende Wange auf. Es ist für den $(r-1)$ ten Podestträger:

$$M_u = \frac{x}{2}[V_{r-1} + (X_{r-1} - X_r)\operatorname{tg}\alpha] + \frac{q_{r-1}x(b-x)}{2}; \quad \frac{\partial M_u}{\partial X_r} = -\frac{x}{2}\operatorname{tg}\alpha,$$

$$M_v = \frac{x}{2}(X_{r-1} + X_r), \quad \frac{\partial M_v}{\partial X_r} = +\frac{x}{2},$$

für den r^{ten} Podestträger:

$$M_u = \frac{x}{2}[V_r + (X_r - X_{r+1})\operatorname{tg}\alpha] + \frac{q_r x(b-x)}{2}; \quad \frac{\partial M_u}{\partial X_r} = +\frac{x}{2}\operatorname{tg}\alpha,$$

$$M_v = \frac{x}{2}(X_r + X_{r+1}), \quad \frac{\partial M_v}{\partial X_r} = +\frac{x}{2},$$

für die Wange $(r-1)-r$:

$$N = X_r \sec\alpha, \quad \frac{\partial N}{\partial X_r} = \sec\alpha,$$

weshalb die Gleichung $\frac{\partial A}{\partial X_r} = 0$ lautet:

$$\frac{X_r l \sec^3\alpha^{*)}}{F} - 2\int_0^{\frac{1}{2}b} \frac{x^2}{4}\operatorname{tg}\alpha[V_{r-1} + q_{r-1}(b-x) + (X_{r-1} - X_r)\operatorname{tg}\alpha]\frac{dx}{J_u}$$

$$+ 2\int_0^{\frac{1}{2}b} \frac{x^2}{4}(X_{r-1} + X_r)\frac{dx}{J_v} + 2\int_0^{\frac{1}{2}b} \frac{x^2}{4}\operatorname{tg}\alpha[V_r + q_r(b-x)$$

$$+ (X_r - X_{r+1})\operatorname{tg}\alpha]\frac{dx}{J_u} + 2\int_0^{\frac{1}{2}b} \frac{x^2}{4}(X_r + X_{r+1})\frac{dx}{J_v} = 0,$$

und nach Ausführung der Integration:

$$\frac{X_r l \sec^3\alpha}{F} - \frac{b^3}{48 J_u}[(T_{r-1} - T_r)\operatorname{tg}\alpha + (X_{r-1} - 2X_r + X_{r+1})\operatorname{tg}^2\alpha]$$

$$+ \frac{b^3}{48 J_v}(X_{r-1} + 2X_r + X_{r+1}) = 0,$$

---

*) Für die Wange ist $\int dx = l \sec\alpha$.

wo

$$T_r = V_r + \frac{5}{8} q_r b$$

oder, nach den Größen X geordnet,

$$X_{r-1} \varkappa' + 2 X_r \varkappa + X_{r+1} \varkappa' = N_r,$$

wo

$$\varkappa' = 1 - \frac{J_v}{J_u} \operatorname{tg}^2 \alpha,$$

$$\varkappa = 1 + \frac{J_v}{J_u} \operatorname{tg}^2 \alpha + 24 \frac{J_v l}{F b^3} \sec^3 \alpha,$$

$$N_r = \frac{J_v}{J_u} \operatorname{tg} \alpha (T_{r-1} - T_r).$$

Die Zahlen $\varkappa'$ und $\varkappa$ weichen von 1 so wenig ab, daſs man stets genügend genau setzen darf:

$$X_{r-1} + 2 X_r + X_{r+1} = N_r,$$

und man erhält deshalb für den in Fig. 135 dargestellten Fall einer durch drei Geschosse reichenden Treppe, deren unterste Wange bei 0 ein wagerechtes Gleitlager erhalten möge (weshalb $X_1 = 0$ wird), die fünf Elastizitätsgleichungen:

$$\begin{aligned} 2X_2 + X_3 &= N_2, \\ X_2 + 2X_3 + X_4 &= N_3, \\ X_3 + 2X_4 + X_5 &= N_4, \\ X_4 + 2X_5 + X_6 &= N_5, \\ X_5 + 2X_6 &= N_6. \end{aligned}$$

Die Auflösung ergibt:

$$\begin{aligned} 6X_2 &= 5N_2 - 4N_3 + 3N_4 - 2N_5 + N_6, \\ 6X_3 &= -4N_2 + 8N_3 - 6N_4 + 4N_5 - 2N_6, \\ 6X_4 &= 3N_2 - 6N_3 + 9N_4 - 6N_5 + 3N_6, \\ 6X_5 &= -2N_2 + 4N_3 - 6N_4 + 8N_5 - 4N_6, \\ 6X_6 &= N_2 - 2N_3 + 3N_4 - 4N_5 + 5N_6. \end{aligned}$$

Drückt man die N durch die T aus, so findet man:

$$X_r = \frac{1}{6} \frac{J_v}{J_u} \operatorname{tg} \alpha \, H_r, \text{ wo}$$

$$\begin{aligned} H_2 &= 5T_1 - 9T_2 + 7T_3 - 5T_4 + 3T_5 - T_6, \\ H_3 &= -4T_1 + 12T_2 - 14T_3 + 10T_4 - 6T_5 + 2T_6, \\ H_4 &= 3T_1 - 9T_2 + 15T_3 - 15T_4 + 9T_5 - 3T_6, \\ H_5 &= -2T_1 + 6T_2 - 10T_3 + 14T_4 - 12T_5 + 4T_6, \\ H_6 &= T_1 - 3T_2 + 5T_3 - 7T_4 + 9T_5 - 5T_6, \end{aligned}$$

und erhält nun für σ_1 und σ_2 (vergl. Seite 127) nach leichter Zwischenrechnung die Formel

$$\left.\begin{matrix}\sigma_1\\ \sigma_2\end{matrix}\right\} = \frac{e_u b}{4 J_u}\Big[V_r + H_r\left(\pm \frac{e_v}{e_u} + \frac{J_v}{J_u}\operatorname{tg}\alpha\right)\frac{\operatorname{tg}\alpha}{6}$$

$$+ H_{r+1}\left(\pm \frac{e_v}{e_u} - \frac{J_v}{J_u}\operatorname{tg}\alpha\right)\frac{\operatorname{tg}\alpha}{6} + \frac{1}{2} q_r b\Big],$$

wobei das obere Vorzeichen σ_1 liefert, das untere σ_2.

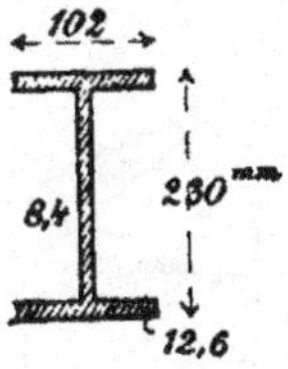

Fig. 139.

Ist beispielsweise $\operatorname{tg}\alpha = 0{,}6$ und erhalten die Podestträger das Normalprofil Nr. 23, Fig. 139, mit

$$e_v = 51 \text{ mm}, \quad e_u = 115 \text{ mm},$$
$$J_v = 191 \text{ cm}^4, \quad J_u = 3657 \text{ cm}^4,$$

so entsteht

$$\sigma_1 = \frac{e_u b}{4 J_u}[V_r + 0{,}05\, H_r + 0{,}04\, H_{r+1} + 0{,}5\, q_r b],$$

$$\sigma_2 = \frac{e_u b}{4 J_u}[V_r - 0{,}04\, H_r - 0{,}05\, H_{r+1} + 0{,}5\, q_r b].$$

Insbesondere ergibt sich für die Beanspruchung σ_1 des Podestträgers 1 (auf deren Berechnung wir uns hier beschränken wollen) wegen $H_r = H_1 = 0$ und $H_{r+1} = H_2$:

$$\text{(IV)} \quad \sigma_1 = \frac{e_u b}{4 J_u}[V' + V''], \text{ wo}$$

$$\text{(V)} \quad V' = 1{,}20\, V_1 - 0{,}36\, V_2 + 0{,}28\, V_3 - 0{,}20\, V_4 + 0{,}12\, V_5 - 0{,}04\, V_6,$$

$$\text{(VI)} \quad V'' = \frac{1}{8} b\,(5 q_1 - 1{,}8\, q_2 + 1{,}4\, q_3 - 1{,}0\, q_4 + 0{,}6\, q_5 - 0{,}2\, q_6).$$

Der erste dieser beiden Ausdrücke, nämlich V', hängt nur von der Belastung der Wangen ab, der zweite von der Belastung der Podeste.

Liegt eine die Wangen entlang wandernde Last $P = 1$ (Fig. 140) zwischen dem zweiten und dritten Podeste im Abstande x von Träger 2, so erzeugt sie $V_2 = 1\,\frac{l-x}{l}$ und $V_3 = 1\,\frac{x}{l}$, während alle übrigen V Null werden. Es entsteht dann

$$V' = -\,0{,}36\,\frac{l-x}{l} + 0{,}28\,\frac{x}{l}.$$

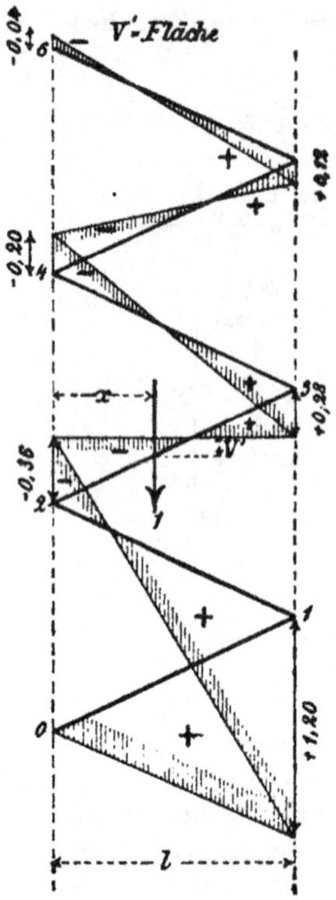

Fig. 140.

das ist eine Funktion ersten Grades von x, woraus folgt, daſs die zur Wange 2—3 gehörige Einfluſslinie für V' eine Gerade ist, die bei $x = 0$ und $x = l$ die Ordinaten — 0,36 und + 0,28 besitzt. Auf diese Weise gelangt man zu der in Fig. 140 dargestellten Einfluſslinien für V'; sie ist durch die Koeffizienten der Gröſsen V in Gleichung (VI) bestimmt. Ihr Flächeninhalt ist

$$\mathfrak{F} = l \left[1,20 - 0,36 + 0.28 - 0,20 + 0,12 - \frac{0,04}{2}\right] = 1,02\, l.$$

Hiervon entfällt auf den positiven Teil der Einfluſsfläche:

$$\mathfrak{F}_{+} = \frac{l}{2}\left[1,20 + \frac{1,20^2}{1,20 + 0,36} + \frac{0,28^2}{0,36 + 0,28} + \frac{0,28^2}{0,28 + 0,20} + \frac{0,12^2}{0.20 + 0.12} + \frac{0,12^2}{0,12 + 0,04}\right] = 1,27\, l,$$

und auf den negativen Teil (absolut genommen)

$$\mathfrak{F}_{-} = 1,27\, l - 1,02\, l = 0,25\, l.$$

Wir zerlegen nun die Belastung der Wange in

die ständige Belastung g für die Einheit der Länge l
und „ bewegliche „ p „ „ „ „ „ l,

setzen $p + g = q$ und belasten, um das gröſste σ_1 zu erzielen, die positiven Beitragsstrecken mit q, die negativen mit g. Wir erhalten dann

$$_{max}V' = q\mathfrak{F}_{+} - g\mathfrak{F}_{-} = (1,27\, q - 0,25\, g)\, l.$$

Sind g' und q' bezw. die ständige und bewegliche Belastung für den Podestträger, so wird V'' ein Gröſstwert mit $q_1 = q_3 = q_5 = q'$ und $q_2 = q_4 = q_6 = g'$, und zwar ergibt sich

$$_{max}V'' = \frac{1}{8}\, b\,(7\, q' - 3\, g'),$$

also schlieſslich:

$$_{max}\sigma_1 = \frac{e_u h}{4 J_u}\left[(1,27\, q - 0,25\, g)\, l + (7\, q' - 3\, g')\,\frac{b}{8}\right].$$

Wird das Eigengewicht der Treppe für das qm Grundfläche zu 200 kg angenommen, die bewegliche Belastung zu 800,*) so ist, mit den in der Fig. 135 angegebenen Abmessungen, für die Wange:

$$g = 200 \cdot \frac{1,4}{2} = 140 \frac{kg}{m}, \quad q = (200 + 800) \frac{1,4}{2} = 700 \frac{kg}{m},$$

und für den Podestträger:

$$g' = 200 \frac{1,6}{2} = 160 \frac{kg}{m},$$

$$q' = (200 + 800) \frac{1,6}{2} = 800 \frac{kg}{m}.$$

Man erhält dann

$$(1,27\, q - 0,25\, g)\, l + (7\, q' - 3\, g') \frac{b}{8} = 4781\, kg$$

und, wegen $\frac{J_u}{e_u} = W_u = 318$,

$$_{max}\sigma_1 = \frac{4781 \cdot 280}{4 \cdot 318} = 1052 \frac{kg}{cm^2}.\,^{**})$$

Nach der gewöhnlichen Berechnung hätte man in der Mitte des Podestträgers die Belastung $V_r = ql$ angenommen und die Kräfte $X = 0$ gesetzt. Dann wäre entstanden

$$\sigma_1 = \frac{e_u b}{4 J_u} [ql + 0,5\, q' b],$$

und hieraus hätte sich $\sigma_1 = 790$ kg/cm² ergeben, d. i. ein um etwa 49 % zu kleiner Wert.

§ 16.

Berechnung der Verschiebungen von Punkten gerader Stäbe und der Drehungswinkel von Tangenten an die Stabachse.

1) Umformung der Gleichungen (37) und (38) im § 12. Um die Verschiebung δ_m eines in der Kräfteebene gelegenen Stabpunktes m nach einer in die Kräfteebene fallenden Richtung mm' zu berechnen, bringe man im Punkte m eine durch m' gehende Last „Eins“ an und

*) Die Treppe diene zur Beförderung schwerer Lasten.

**) Ganz ebenso werden die übrigen Podestträger untersucht. Wir fanden für sie etwas geringere Beanspruchungen.

bestimme die hierdurch hervorgerufenen Auflagerkräfte $\overline{C}$, Biegungsmomente $\overline{M}$ und Längskräfte $\overline{N}$. Sodann erhält man für den Fall, daſs die Gleichung (41) und (42) auf Seite 89 gültig sind:

$$(54)\quad \delta_m = \int \frac{N\overline{N}dx}{EF} + \int \frac{M\overline{M}dx}{EJ} + \int \varepsilon t_0 \overline{N} dx + \int \varepsilon \Delta t \frac{\overline{M}}{h} dx - \overline{L},$$

wobei

$\overline{L}$ = virtuelle Arbeit der Auflagerkräfte $\overline{C}$,
N = Längskraft, $\}$ hervorgerufen durch die wirkliche
M = Biegungsmoment $\}$ Belastung,

während t_0 und Δt die auf Seite 89 erklärte Bedeutung haben.

Die Gleichung (54) ergibt sich aus der Gleichung (37) mit Beachtung der Gleichung (46) und (47).

Ist der Stab (oder die Stabverbindung) statisch unbestimmt, so dürfen bei der Berechnung der $\overline{C}$, $\overline{M}$ und $\overline{N}$ alle statisch nicht bestimmbaren Gröſsen gleich Null gesetzt werden, wobei es freisteht, in welcher Weise der Stab in einen statisch bestimmten Hauptträger verwandelt wird.

Man darf auch schreiben (nach Gleichung 38):

$$(55)\quad \delta_m = \int \frac{N}{EF} \cdot \frac{\partial N}{\partial P_m} dx + \int \frac{M}{EJ} \cdot \frac{\partial M}{\partial P_m} dx + \int \varepsilon t_0 \frac{\partial N}{\partial P_m} dx + \int \varepsilon \frac{\Delta t}{h} \cdot \frac{\partial M}{\partial P_m} dx - \Sigma \frac{\partial C}{\partial P_m} \Delta c,$$

wobei P_m eine in m angreifende, durch m' gehende Last bedeutet, welcher nötigenfalls nach Ausführung der Differentiation der Wert Null beizulegen ist.

2) **Drehung einer Tangente.** Der Winkel τ_m, um welchen sich die im Punkte m an die Stabachse gelegte Tangente bei der Formänderung des Stabes dreht, ist gegeben durch die Gleichung

$$(54a)\quad \tau_m = \int \frac{N\overline{N}dx}{EF} + \int \frac{M\overline{M}dx}{EJ} + \int \varepsilon t_0 \overline{N} dx + \int \varepsilon \Delta t \frac{\overline{M}}{h} dx - \overline{L},$$

wobei N = Längskraft, $\}$ infolge der wirklichen Belastung,
M = Biegungsmoment $\}$
$\overline{N}$ = Längskraft, $\}$ für irgend einen Querschnitt des
$\overline{M}$ = Biegungsmoment $\}$ Hauptträgers,

falls auf letzteren ein im Punkte m angreifendes Kräftepaar wirkt, dessen Moment $\mathfrak{M}_m = 1$ ist (vergl. Seite 85).

$\overline{L}$ bedeutet die virtuelle Arbeit der gleichzeitig mit $\overline{N}$ und $\overline{M}$ entstehenden Auflagerkräfte.

Man darf auch schreiben, entsprechend Gleichung (38a) und mit Hinweis auf Gleichung (55),

(55a) $$\tau_m = \int \frac{N}{EF} \cdot \frac{\partial N}{\partial \mathfrak{M}_m} dx + \int \frac{M}{EJ} \cdot \frac{\partial M}{\partial \mathfrak{M}_m} dx + \int \varepsilon t_0 \frac{\partial N}{\partial \mathfrak{M}_m} dx + \int \varepsilon \frac{\Delta t}{h} \frac{\partial M}{\partial \mathfrak{M}_m} dx,$$

wobei das Moment $\mathfrak{M}_m$ nach Ausführung der Differentiation gleich Null zu setzen ist, wenn das im Punkte m angenommene Kräftepaar in Wirklichkeit nicht vorhanden ist.

3) Handelt es sich um einen Körper, der aus einem Fachwerke und aus einem oder mehreren auf Biegungsfestigkeit beanspruchten, geraden Stäben besteht, so tritt auf der rechten Seite der Gleichung (54) und (54a) noch der Wert hinzu:

$$\Sigma \frac{S\overline{S}s}{EF} + \Sigma \varepsilon t \overline{S} s.$$

auf der rechten Seite der Gleichung (55) der Wert

$$\Sigma \frac{Ss}{EF} \cdot \frac{\partial S}{\partial P_m} + \Sigma \varepsilon t \frac{\partial S}{\partial P_m} s,$$

und auf der rechten Seite der Gleichung (55a) der Wert

$$\Sigma \frac{Ss}{EF} \cdot \frac{\partial S}{\partial \mathfrak{M}_m} + \Sigma \varepsilon t \frac{\partial S}{\partial \mathfrak{M}_m} s.$$

$\overline{S}$ bedeutet die gleichzeitig mit $\overline{N}$ und $\overline{M}$ entstehende Spannkraft eines Fachwerkstabes.

Bei Anwendung der Gleichungen (55) und (55a) dürfen die statisch nicht bestimmbaren Gröſsen X als Konstanten aufgefaſst werden; es genügt, die Integrale und Summen über den statisch bestimmten Hauptträger auszudehnen.

Aufgabe 1. Der in Fig. 141 dargestellte, ursprünglich wagerechte Stab mit einem eingespannten und einem freien Ende sei gleichmäſsig und auſserdem im Punkte A mit P belastet. Gesucht die senkrechte Verschiebung δ des Punktes A. E und J seien konstant; Verschiebungen der Stützpunkte seien ausgeschlossen, hingegen soll eine ungleichmäſsige Erwärmung (nach Fig. 77) berücksichtigt werden.

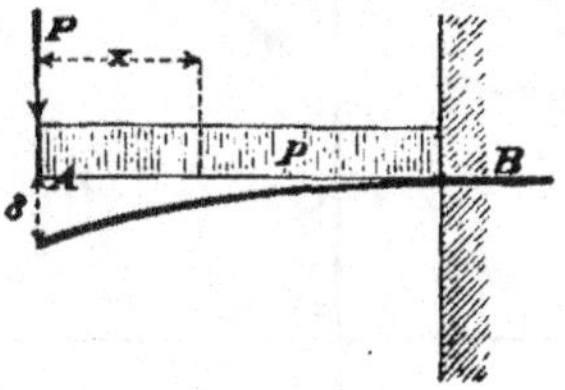

Fig. 141.

Es ergibt sich

$$\delta = \frac{1}{EJ} \int_0^l M \frac{\partial M}{\partial P} dx + \varepsilon \frac{\Delta t}{h} \int_0^l \frac{\partial M}{\partial P} dx, ^{*})$$

*) $\Delta t = t_1 - t_2$, wobei t_1 = Temperaturänderung für den untersten, t_2 desgl. für den obersten Punkt des Querschnittes.

$$M = -Px - \frac{px^2}{2}, \quad \frac{\partial M}{\partial P} = -x,$$

$$\delta = \frac{1}{EJ}\int_0^l \left(Px^2 + \frac{px^3}{2}\right) dx - \varepsilon\,\frac{\Delta t}{h}\int_0^l x\,dx,$$

$$\delta = \frac{l^3}{EJ}\left(\frac{P}{3} + \frac{pl}{8}\right) - \varepsilon\,\Delta t\,\frac{l^2}{2h}.$$

Mit Hilfe dieser Gleichung findet man für einen ungleichmäfsig erwärmten und gleichmäfsig belasteten, bei A frei aufliegenden, bei B wagerecht eingespannten Balken (Fig. 142), dessen linke, ursprünglich in der Wagerechten durch B gelegene Stütze sich um δ gesenkt hat, die Beziehung:

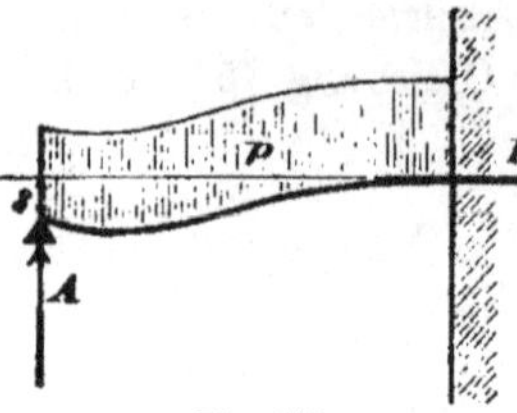

Fig. 142.

$$\delta = \frac{l^3}{EJ}\left(-\frac{A}{3} + \frac{pl}{8}\right) - \varepsilon\,\Delta t\,\frac{l^2}{2h}$$

und hieraus die Auflagerkraft

$$A = \frac{3pl}{8} - \frac{3EJ}{l^3}\left[\delta + \varepsilon\,\Delta t\,\frac{l^2}{2h}\right].$$

Aufgabe 2. Es soll die Senkung δ des Punktes A des in Fig. 143 dargestellten, mit P belasteten, festen Krahnes berechnet werden.

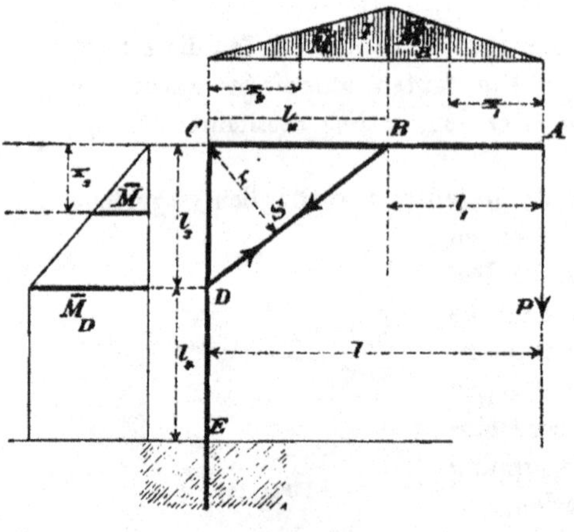

Fig. 143.

Verschiebungen der Stützpunkte und Temperaturänderungen seien ausgeschlossen. Es seien

F und J = Inhalt und Trägheitsmoment des Querschnittes von Stab AC,

F_1 und J_1 = Inhalt und Trägheitsmoment des Querschnittes von Stab CE,

F_2 = Inhalt des Querschnittes, s = Länge von Stab BD,

E, E_1, E_2 bedeuten die entsprechenden Elastizitätsziffern.

Wir wenden Gleichung (54) an und setzen $\overline{L} = 0$, $t_0 = 0$. $\Delta t = 0$. $\overline{M}$ und $\overline{N}$ entsprechen der Last $P = 1$, und es folgt $N = P\overline{N}$, $M = P\overline{M}$, mithin:

$$\text{(I)} \quad \delta = P\left[\int \frac{\overline{N}^2 dx}{EF} + \int \frac{\overline{M}^2 dx}{EJ}\right].$$

In Fig. 143 sind die der Last $P = 1$ entsprechenden Momentenflächen für die Stäbe AC und CE dargestellt; sie sind bestimmt durch

$\overline{M}_B = 1 \cdot l_1 =$ Moment für Querschnitt B und

$\overline{M}_D = 1 \cdot l =$ „ „ die Querschnitte zwischen D und E.

Die Spannkraft $\overline{S}$ im Stabe BD ist

$\overline{S} = -1 \cdot \frac{l}{r}$ (folgt aus der Bedingung $Sr + Pl = 0$),

wobei r das Lot von C auf BD.

Es folgt nun, wenn $\angle CBD = \alpha$ ist,

für Teil l_1: $\overline{M} = 1 \cdot x_1$, $\int \frac{\overline{M}^2 dx}{EJ} = \frac{l_1^3}{3EJ}$, $\overline{N} = 0$;

für Teil l_2: $\overline{M} = 1 \cdot \frac{x_2}{l_2} l_1$, $\int \frac{\overline{M}^2 dx}{EJ} = \frac{l_1^2 l_2}{3EJ}$,

$\overline{N} = -\overline{S} \cos\alpha = +\frac{l}{r} \cos\alpha$, $\int \frac{\overline{N}^2 dx}{EF} = \frac{l^2}{r^2} \cos^2\alpha \frac{l_2}{EF}$;

für Teil l_3: $\overline{M} = 1 \cdot \frac{x_3}{l_3} l$, $\int \frac{\overline{M}^2 dx}{EJ} = \frac{l^2 l_3}{3E_1J_1}$,

$\overline{N} = -\overline{S} \sin\alpha = +\frac{l}{r} \sin\alpha$, $\int \frac{\overline{N}^2 dx}{EF} = \frac{l^2}{r^2} \sin^2\alpha \frac{l_3}{E_1F_1}$;

für Teil l_4: $\overline{M} = 1 \cdot l$, $\int \frac{\overline{M}^2 dx}{EJ} = \frac{l^2 l_4}{E_1J_1}$,

$\overline{N} = -1$, $\int \frac{\overline{N}^2 dx}{EF} = \frac{l_4}{E_1F_1}$;

für Teil $\overline{DB} = s$: $\overline{M} = 0$, $\overline{N} = -\overline{S} = -\frac{l}{r}$,

$$\int \frac{\overline{N}^2 dx}{EF} = \frac{l^2}{r^2} \cdot \frac{s}{E_2F_2}.$$

Addiert man die berechneten Integrale, so erhält man nach Gleichung (I):

$$\delta = P\left[\frac{l^2}{r^2}\left(\frac{l_2}{EF}\cos^2\alpha + \frac{l_3}{E_1F_1}\sin^2\alpha + \frac{s}{E_2F_2}\right) + \frac{l_4}{E_1F_1} + \frac{l_1^2}{3EJ}(l_1 + l_2) + \frac{l^2}{E_1J_1}\left(\frac{l_3}{3} + l_4\right)\right].$$

Aufgabe 3. Um welche Strecke δ senkt sich der Mittelpunkt S des Balkens AB des in Aufgabe 9 (§ 14) behandelten Krangerüstes?

Bezüglich aller Bezeichnungen wird auf § 14 verwiesen; die dort gezeigte Berechnung der statisch nicht bestimmbaren Auflagerkraft X mufs der Ermittelung von δ vorausgehen. Hierauf wird die Stabverbindung statisch bestimmt gemacht, beispielsweise durch das bei D (Fig. 144) angeordnete wagerechte Gleitlager, und der so erhaltene Hauptträger im Punkte S mit der senkrechten Kraft „Eins" belastet. Es entstehen bei D und C senkrechte Gegendrücke $(=\frac{1}{2})$, welche im Verein mit der Last „Eins" Momente $\overline{\mathrm{M}}$ und Längskräfte $\overline{N}$ erzeugen, und es ergibt sich aus diesen — wenn Verschiebungen der Stützpunkte und Temperaturänderungen unberücksichtigt bleiben sollen —

Fig. 144.

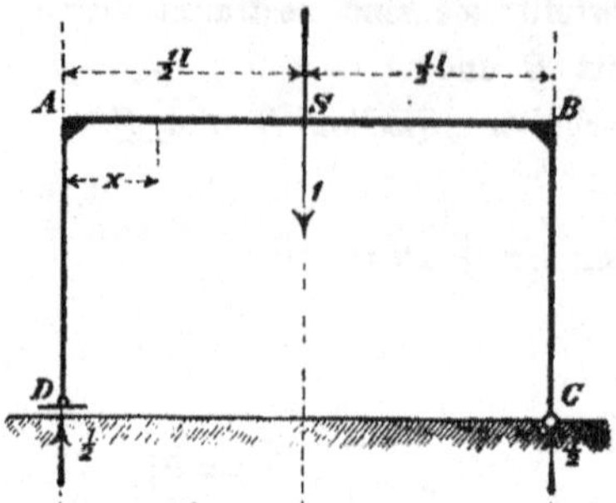

Fig. 145.

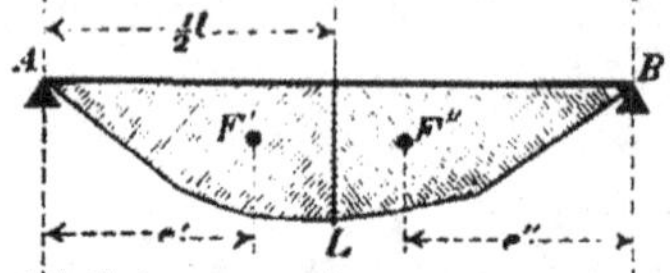

Fig. 146.

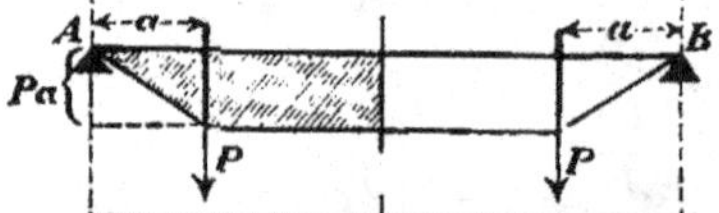

Fig. 147.

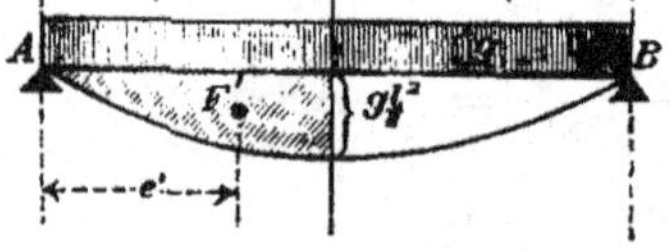

$$\text{(I)}\quad \delta = \int \frac{\mathrm{M}\overline{\mathrm{M}}\,dx}{EJ} + \int \frac{N\overline{N}\,dx}{EF},$$

wobei M = Biegungsmoment und N = Längskraft für die wirkliche, in Fig. 103 dargestellte Belastung.

Für die linke Hälfte des Stabes AB ist $\overline{N} = 0$, $\overline{\mathrm{M}} = \frac{1}{2}x$, $\mathrm{M} = \mathrm{M}_0 - Xh$ und

$$\int_0^{\frac{l}{2}} \frac{\mathrm{M}\overline{\mathrm{M}}\,dx}{EJ} = \frac{1}{EJ}\int_0^{\frac{l}{2}} (\mathrm{M}_0 - Xh)\,\frac{x}{2}\,dx$$

$$= \frac{1}{2EJ}\left(\int_0^{\frac{l}{2}} \mathrm{M}_0 x\,dx - \frac{Xhl^2}{8}\right).$$

M_0 bedeutet die Ordinate der früher erklärten einfachen Momentenfläche ALB (Fig. 104 und Fig. 145), welche durch die Mittel-Senkrechte in 2 Teile zerlegt wird, deren Inhalte $= F'$ und $= F''$, und deren Schwerpunkts-Abstände von den benachbarten Auflagersenkrechten $= e'$ und $= e''$ sind. Da nun $F'e' = \int_0^{\frac{1}{2}l} \mathrm{M}_0 x\,dx$ ist, so ergibt sich für die linke Hälfte des Stabes AB:

$$\int_0^{\frac{1}{2}l} \frac{\mathrm{M}\overline{\mathrm{M}}\,dx}{EJ} = \frac{1}{2EJ}\left(F'e' - \frac{Xhl^2}{8}\right),$$

und für den ganzen Stab:

$$\int \frac{\mathrm{M}\overline{\mathrm{M}}\,dx}{EJ} = \frac{1}{2EJ}\left(F'e' + F''e'' - \frac{Xhl^2}{4}\right).$$

Für den Stab AD ist: $\overline{N} = -\frac{1}{2}$, $\overline{\mathrm{M}} = 0$, $N = -\frac{Rb'}{l}$ (vergl. Seite 113 und Fig. 103) und

$$\int \frac{N\overline{N}dx}{EF} = \frac{Rb'}{2l}\,\frac{h}{E_1 F_1},$$

und dem Stabe BC entspricht: $\overline{N} = -\frac{1}{2}$, $\overline{M} = 0$, $N = -\frac{Ra'}{l}$,

$$\int \frac{N\overline{N}dx}{EF} = \frac{Ra'}{2l}\,\frac{h}{E_1 F_1}.$$

Für beide Stäbe erhält man zusammen:

$$\int \frac{N\overline{N}dx}{EF} = \frac{R}{2l}\,\frac{h}{E_1 F_1}(a' + b') = \frac{Rh}{2E_1 F_1},$$

wobei R = Summe aller auf den Balken AB wirkenden Lasten.

Nach Gleichung (I) ist nun

$$\delta = \frac{Rh}{2E_1 F_1} + \frac{1}{2EJ}\left(F'e' + F''e'' - \frac{Xhl^2}{4}\right).$$

Die einfache Momentenfläche für zwei in Bezug auf die Mittel-Senkrechte gleich gelegene Lasten P ist ein Trapez mit der Höhe Pa (Fig, 146), und für dieses ist

$$F'e' = Pa \cdot \frac{l}{2} \cdot \frac{l}{4} - Pa \cdot \frac{a}{2} \cdot \frac{a}{3} = \frac{Pa\,(3l^2 - 4a^2)}{24} = F''e''.$$

Da nun diesen beiden Lasten die Werte entsprechen:

$$R = 2P \text{ und}$$

$$X = \frac{Pab}{hl\left(1 + \frac{2}{3}\frac{J}{J_1}\frac{E}{E_1}\frac{h}{l} + \frac{J}{Fh^2}\right)}$$ (nach Gleichung (IV) und (V) auf Seite 115), so folgt die durch beide Lasten erzeugte Verschiebung δ:

$$\delta = \frac{Ph}{E_1 F_1} + \frac{1}{2EJ}\left(\frac{Pa\,(3l^2 - 4a^2)}{12} - \frac{Pabl}{4\mu}\right),$$

wobei

$$\mu = 1 + \frac{2}{3}\frac{J}{J_1}\frac{E}{E_1}\frac{h}{l} + \frac{J}{Fh^2} \text{ ist.}$$

Zu dieser Senkung liefern beide Lasten den gleichen Beitrag, so daſs eine Last P nur eine halb so groſse Senkung hervorbringt, nämlich:

$$\text{(II)} \quad \delta = \frac{Ph}{2E_1 F_1} + \frac{Pa}{16EJ}\left(l^2 - \frac{4}{3}a^2 - \frac{l\,(l - a)}{\mu}\right).$$

Die einfache Momentenfläche für eine gleichmäſsige Last ($= g$ für die Längeneinheit) ist eine Parabelfläche (Fig. 147) mit dem Pfeile $\frac{gl^2}{8}$; für diese ist

$$F' = F'' = \frac{2}{3} \cdot \frac{gl^2}{8} \cdot \frac{l}{2} = \frac{gl^3}{24},$$

$$e' = e'' = \frac{5}{8} \cdot \frac{l}{2} = \frac{5l}{16},$$

$$F'e' + F''e'' = 2 \cdot \frac{gl^3}{24} \cdot \frac{5l}{16} = \frac{5gl^4}{192},$$

und weiter erzeugt diese gleichmäfsige Last:

$$R = gl, \; X = \frac{gl^3}{12hl\mu} \text{ (nach Gleichung (VI), Seite 115),}$$

und die Durchbiegung

$$\text{[III]} \quad \delta = \frac{glh}{2E_1F_1} + \frac{1}{2EJ}\left[\frac{5gl^4}{192} - \frac{gl^4}{48\mu}\right]$$

$$= \frac{glh}{2E_1F_1} + \frac{gl^4}{384EJ}\left(5 - \frac{4}{\mu}\right).$$

Aufgabe 4 (Fig. 148). Ein ursprünglich wagerechter, bei *B* fest eingespannter, bei *A* freier Stab ist gleichmäfsig mit *p* für die Längeneinheit belastet und wird aufserdem im Punkte *A* durch eine Einzellast *P* und ein Kräftepaar, dessen Moment $= \mathrm{M}_1$ ist, beansprucht. Gesucht ist der Neigungswinkel τ der in *A* an die elastische Linie gelegten Tangente. Temperaturänderungen und Nachgeben des Widerlagers seien ausgeschlossen. Da $N = 0$ ist, so folgt aus Gleichung (55a):

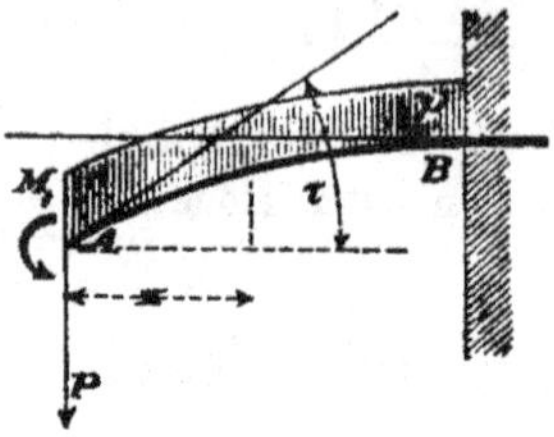

Fig. 148.

$$\tau = \int_0^l \frac{\mathrm{M}}{EJ} \cdot \frac{\partial \mathrm{M}}{\partial \mathrm{M}_1} dx,$$

worein zu setzen:

$$\mathrm{M} = -Px - \frac{px^2}{2} - \mathrm{M}_1,$$

$$\frac{\partial \mathrm{M}}{\partial \mathrm{M}_1} = -1.$$

Es ergibt sich, bei konstantem *EJ*,

$$\tau = \frac{1}{EJ}\int_0^l \left(Px + \frac{px^2}{2} + \mathrm{M}_1\right) dx = \frac{1}{EJ}\left(\frac{Pl^2}{2} + \frac{pl^3}{6} + \mathrm{M}_1 l\right).$$

§ 17.

Aufgaben über krumme Stäbe mit im Verhältnis zu der Querschnittshöhe grofsen Krümmungshalbmessern.

Ist ein einfach gekrümmter Stab symmetrisch in Bezug auf die die Stabachse enthaltende Kräfteebene, so dürfen, bei im Verhältnis zur Querschnittshöhe grofsen Krümmungshalbmessern, die senkrecht zur

Querschnittsebene wirkenden Spannungen mit Hilfe der für den geraden Stab entwickelten Gleichung

$$\sigma = \frac{Mv}{J} + \frac{N}{F}$$

berechnet werden, und ebenso ist es zulässig, bei Bestimmung von statisch nicht bestimmbaren Gröſsen und von Verschiebungen δ und Drehungen τ die Gleichungen (49) bis (53) und (54) bis (55a) anzuwenden. Für alle im Brückenbau und im Hochbau vorkommenden Bogenträger ist diese Vereinfachung der im § 21 abgeleiteten genaueren Theorie statthaft.

Wird das Element der Schwerpunkts-Achse des gekrümmten Stabes mit ds bezeichnet, so ist in den genannten Gleichungen dx durch ds zu ersetzen.

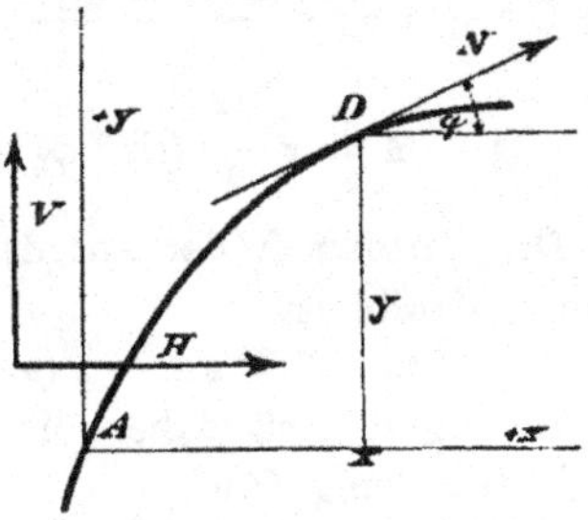

Fig. 149.

In den nachstehenden Aufgaben werden die zu untersuchenden Bögen auf rechtwinklige Koordinaten (x, y) mit wagerechter x-Achse bezogen. Der Neigungswinkel der in irgend einem Punkte D der Bogenachse an diese gelegten Tangente gegen die Wagerechte wird mit φ bezeichnet. Bedeutet dann für das Bogenstück AD links von D (Fig. 149):

V die Mittelkraft aus sämtlichen senkrechten äuſseren Kräften,

H „ „ „ „ wagerechten „ „

und wird V nach **oben** und H nach **rechts** positiv gezählt, so muſs die den Querschnitt bei D beanspruchende Längskraft N der Gleichung genügen

$$N + V\sin\varphi + H\cos\varphi = 0,$$

die man erhält, indem man die Summe sämtlicher auf das Stück AD parallel zu N wirkenden Kräfte gleich Null setzt, und aus der sich

(56) $N = -V\sin\varphi - H\cos\varphi$

ergibt.

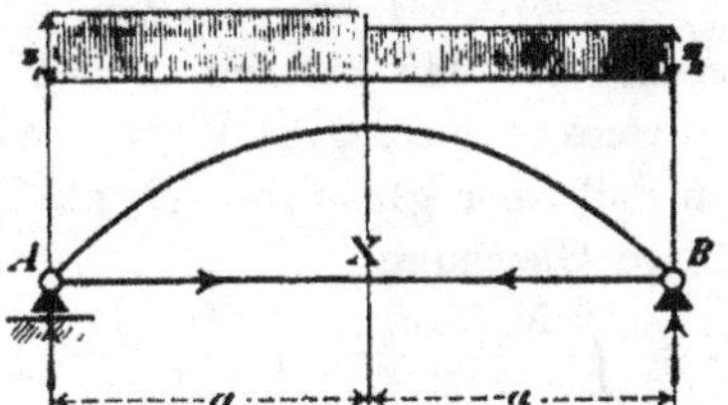

Fig. 150.

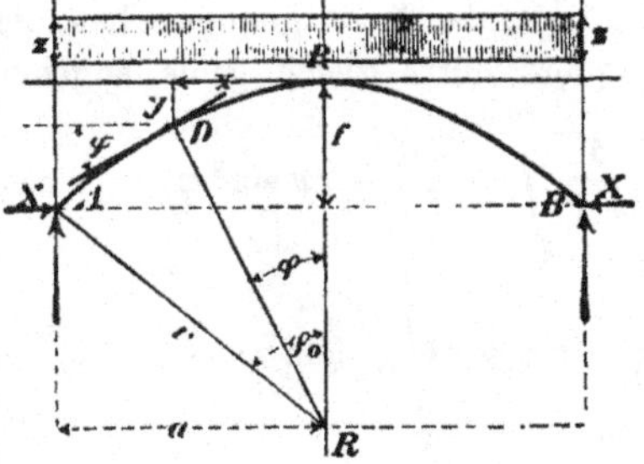

Fig. 151.

Aufgabe 1. Ein kreisförmiger Bogenträger mit Kämpfergelenken, aber ohne Scheitelgelenk, ist in Bezug auf die Mittelsenkrechte symmetrisch und trägt auf der linken und rechten Hälfte gleichmäfsig über die Sehne AB verteilte Lasten z_1 und z_2 für die Längeneinheit. Die Kämpfer sind durch eine Stange verbunden. Bei B ist ein festes, bei A ein wagerechtes (reibungsloses) Gleitlager angeordnet, Fig. 150. Gesucht ist die Spannkraft X in der Stange AB.

Wir nehmen zunächst an, es sei $z_1 = z_2 = z$ und finden mit den aus der Fig. 151 ersichtlichen Bezeichnungen für einen Querschnitt D, im Abstande x vom Scheitel, das Biegungsmoment

$$M = za(a-x) - z(a-x)\frac{a-x}{2} - X(f-y)$$

$$= z\frac{(a^2-x^2)}{2} - X(f-y), \text{ d. i.}$$

$$\text{(I)} \quad M = z\frac{r^2}{2}(\sin^2\varphi_0 - \sin^2\varphi) - Xr(\cos\varphi - \cos\varphi_0).$$

Die Mittelkraft der auf das Stabstück AD wirkenden senkrechten äufseren Kräfte ist

$$V = za - z(a-x) = zx = zr\sin\varphi,$$

und es ergibt sich daher die Längskraft N für den Querschnitt D mittels Gleichung (56):

$$\text{(II)} \quad N = -zr\sin^2\varphi - X\cos\varphi.$$

Fassen wir jetzt X als Auflagerkraft auf und bezeichnen mit Δa die Verlängerung der Sehnen-Hälfte a, so ist die virtuelle Arbeit der auf die linke Stabhälfte wirkenden Auflagerkräfte, bei festliegend angenommenen Linien RR und AB:

$$L' = -X\Delta a,$$

und es ergeben sich für den Zustand $X = 1$ die Werte

$$M' = -r(\cos\varphi - \cos\varphi_0), \quad N' = -\cos\varphi, \quad L' = -\Delta a.$$

Die für den Fall einer gleichmäfsigen Erwärmung des Bogens um t Grad gültige Gleichung

$$L' = \int \frac{N'N\,ds}{EF} + \int \frac{M'M\,ds}{EJ} + \varepsilon t \int N'\,ds,$$

welcher die Unbekannte X zu genügen hat, geht, wenn E, F und J für alle Bogenquerschnitte gleich grofs angenommen werden, über in

$$\text{(III)} \quad \Delta a = \frac{1}{EF}\int_0^{\varphi_0} \cos\varphi(-zr\sin^2\varphi - X\cos\varphi)\,r\,d\varphi$$

$$+ \frac{1}{EJ}\int_0^{\varphi_0} r(\cos\varphi - \cos\varphi_0)\left[\frac{zr^2}{2}(\sin^2\varphi_0 - \sin^2\varphi) - Xr(\cos\varphi - \cos\varphi_0)\right] r\,d\varphi$$

$$+ \varepsilon t \int_0^{\varphi_0} \cos\varphi\,ds;$$

die in derselben vorkommenden Integrale erstrecken sich nur über die linke Hälfte des Trägers. Die Verlängerung Δa der Hälfte der Stange AB, deren Querschnitt $= F_0$ und deren Elastizitätsmodul $= E$ sein möge, ist

$$\Delta a = \frac{Xa}{EF_0},$$

wobei angenommen wird, daſs sich nur der Bogen um t erwärmt, während die Anfangstemperatur der Stange ungeändert bleibt.*) Es geht Gleichung (III) über in

$$\frac{Xa}{EF_0} = -\frac{zr^2}{EF}\int_0^{\varphi_0} \sin^2\varphi \cos\varphi \, d\varphi - \frac{Xr}{EF}\int_0^{\varphi_0} \cos^2\varphi \, d\varphi$$

$$+ \frac{zr^4}{2EJ}\int_0^{\varphi_0} (\sin^2\varphi_0 - \sin^2\varphi)(\cos\varphi - \cos\varphi_0)\, d\varphi$$

$$- \frac{Xr^3}{EJ}\int_0^{\varphi_0} (\cos\varphi - \cos\varphi_0)^2 \, d\varphi + \varepsilon t a.$$

Nun ist:

$$\int_0^{\varphi_0} \sin^2\varphi \cos\varphi \, d\varphi = \frac{1}{3}\sin^3\varphi_0,$$

$$\int_0^{\varphi_0} (\sin^2\varphi_0 - \sin^2\varphi)(\cos\varphi - \cos\varphi_0)\, d\varphi = \frac{2}{3}\sin^3\varphi_0$$

$$+ \frac{1}{2}\varphi_0 \cos\varphi_0 \cos 2\varphi_0 - \frac{1}{2}\sin\varphi_0 \cos^2\varphi_0,$$

$$\int_0^{\varphi_0} (\cos\varphi - \cos\varphi_0)^2 \, d\varphi = \frac{1}{2}\varphi_0 - \frac{3}{2}\cos\varphi_0 \sin\varphi_0 + \varphi_0 \cos^2\varphi_0,$$

und es ergibt sich somit, wegen $a = r\sin\varphi_0$:

$$X = \frac{\mu' z r + 2\varepsilon E \dfrac{J}{r^2} t \sin\varphi_0}{\mu''},$$

wobei

$$\mu' = \tfrac{2}{3}\sin^3\varphi_0 + \tfrac{1}{2}\varphi_0\cos\varphi_0\cos 2\varphi_0 - \tfrac{1}{2}\cos^2\varphi_0\sin\varphi_0 - \tfrac{2}{3}\frac{J}{Fr^2}\sin^3\varphi_0 \text{ und}$$

$$\mu'' = \varphi_0 - 3\cos\varphi_0\sin\varphi_0 + 2\varphi_0\cos^2\varphi_0 + \frac{J}{Fr^2}(\varphi_0 + \sin\varphi_0\cos\varphi_0) + 2\frac{J}{F_0 r^2}\sin\varphi_0.\text{**)}$$

*) Bei gleichmäſsiger Erwärmung von Stange und Bogen ist der unbelastete Träger spannungslos. Es ist zu empfehlen, einen Unterschied der Temperaturen von Bogen und Stange von $t = \pm 10°$ bis $\pm 15°$ Celsius in Rechnung zu stellen.

**) Die von $\frac{J}{r^2}$ abhängigen Glieder der Ausdrücke μ' und μ'' dürfen in der Regel vernachlässigt werden.

Der Einflufs einer Temperaturänderung ist für sich allein

$$X = 2 \varepsilon E \frac{J}{\mu'' r^2} t \sin \varphi_0$$

und der Einflufs der Belastung:

$$X = \frac{\mu'}{\mu''} z r.$$

Zu letzterem Werte liefern die auf beiden Bogenhälften ruhenden Lasten za den gleichen Beitrag: $\frac{1}{2} \frac{\mu'}{\mu''} z r$; wirkt auf die eine Hälfte (wie in Fig. 150) die Last $z_1 a$ und auf die andere die Last $z_2 a$, so entsteht demnach

$$X = \frac{1}{2} \frac{\mu'}{\mu''} r (z_1 + z_2).$$

Handelt es sich um die Berechnung eines Dachbinders, dessen Eigengewicht $= g$, und dessen gesamte Belastung $= q$ für die Längeneinheit der Sehne AB ist, so genügt es, die Werte X, M und N sowie die Spannungen

$$\left.\begin{aligned} \sigma_1 &= + \frac{M e_1}{J} + \frac{N}{F} \\ \sigma_2 &= - \frac{M e_2}{J} + \frac{N}{F} \end{aligned}\right\} \text{ vergl. Gleichung (41) und Fig. 77}$$

für zwei Belastungsfälle zu berechnen.

Man setze einmal

$$z_1 = g \text{ und } z_2 = q$$

und hierauf

$$z_1 = z_2 = q.$$

(Bei beträchtlicher Pfeilhöhe ist noch der Einflufs schräger Winddrücke mit Hilfe einer besonderen Untersuchung, die ähnlich durchzuführen ist, wie die vorstehende, festzustellen.)

Aufgabe 2. Ein in Bezug auf die Senkrechte durch die Mitte symmetrischer Parabelbogen ist an den Enden fest eingespannt und im Scheitel mit einem Gelenke versehen; es sollen die durch eine senkrechte Einzellast P und durch Temperaturänderung hervorgerufenen Stützendrücke K_1 und K_2 ermittelt werden, Fig. 152.

Die 3 Kräfte K_1, K_2 und P müssen sich in einem Punkte C schneiden. Liegt P links vom Scheitelgelenk S, so geht der Auflagerdruck K_2 durch S; er möge im Punkte S in die senkrechte Seitenkraft B und in die wagerechte Seitenkraft H (Horizontalschub) zerlegt werden. Sind B und H gefunden, so ist das aus P, K_1 und K_2 bestehende Kräftedreieck bestimmt und die gestellte Aufgabe gelöst.

B und H sind statisch nicht bestimmbare Gröfsen; sie sollen unter der Voraussetzung berechnet werden, dafs die Stützen starr sind und der Bogen gleichmäfsig erwärmt wird; dann gilt die Gleichung

$$\text{(I)}\quad 0=\int\frac{\mathrm{M}\,ds}{EJ}\cdot\frac{\partial \mathrm{M}}{\partial X}+\int\frac{N\,ds}{EF}\cdot\frac{\partial N}{\partial X}+\varepsilon t\int ds\,\frac{\partial N}{\partial X},$$

in welche erst $X=B$, dann $X=H$ zu setzen ist.

Ist der Scheitel der Ursprung eines rechtwinkligen Koordinatensystems, so ergibt sich für den bei x gelegenen Bogenquerschnitt das Biegungsmoment:

$$\mathrm{M}=Hy+Bx-\mathrm{M}_0,$$

wobei $(-\mathrm{M}_0)$ das Biegungsmoment für den Fall: $H=0$ und $B=0$ bedeutet. Für alle Querschnitte rechts von P ist $\mathrm{M}_0=0$, und für die links von P gelegenen Querschnitte ist M_0 gleich der Ordinate einer Geraden $\overline{C_1 A_2}$, deren Endordinate $\overline{A_1 A_2}=Pa$ ist, während die Spitze C_1 senkrecht unter der Last P liegt.

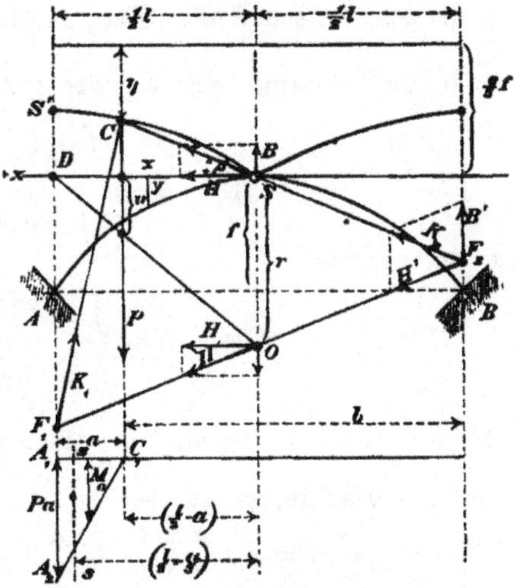

Fig. 152.

Die Längskraft N ist für einen Querschnitt rechts von C (wenn φ den Neigungswinkel der in x, y an die Bogenachse gelegten Tangente gegen die x-Achse bezeichnet)

$$N=B\sin\varphi-H\cos\varphi$$

und für einen Querschnitt links von C

$$N=(B-P)\sin\varphi-H\cos\varphi;$$

beide Male ist $\frac{\partial N}{\partial B}=\sin\varphi$ und $\frac{\partial N}{\partial H}=-\cos\varphi$. Da nun weiter $\frac{\partial \mathrm{M}}{\partial B}=x$ und $\frac{\partial \mathrm{M}}{\partial H}=y$ ist, so folgen aus Gleichung (I) mit $X=B$ und $X=H$ die beiden Bedingungen:

$$0=\int\frac{\mathrm{M}x\,ds}{EJ}+\int\frac{N\,dy}{EF}+\varepsilon t\int dy,$$

$$0=\int\frac{\mathrm{M}y\,ds}{EJ}-\int\frac{N\,dx}{EF}-\varepsilon t\int dx;$$

sie sollen mit Vernachlässigung der von N abhängigen, das Endergebnis nur wenig beeinflussenden Integrale aufgelöst werden; aufserdem soll $\frac{ds}{J}=\frac{dx}{J\cos\varphi}$ gesetzt und $J\cos\varphi=Konst.=J'$ angenommen werden.

Es gehen dann, wegen $\int dy = 0$ und $\int dx = l$, obige Gleichungen über in:

$$0 = \int (Hy + Bx - \mathrm{M}_0)\, x\, dx,$$

$$0 = \int (Hy + Bx - \mathrm{M}_0)\, y\, dx - \varepsilon E J' t l.$$

Da die y-Achse eine Symmetrieachse ist, so folgt $\int y x\, dx = 0$ und $\int x\, dx = 0$, und es ergibt sich aus der ersten Gleichung

$$\text{(II)} \quad B = \frac{\int \mathrm{M}_0\, x\, dx}{\int x^2 dx}$$

und aus der zweiten

$$\text{(III)} \quad H = \frac{\int \mathrm{M}_0\, y\, dx + \varepsilon E J' t l}{\int y^2 dx}.$$

$\int \mathrm{M}_0\, x\, dx$ bedeutet das statische Moment des Dreiecks $C_1 A_1 A_2$ in Bezug auf die y-Achse; es ist also

$$\int \mathrm{M}_0\, x\, dx = Pa\frac{a}{2}\left(\frac{l}{2} - \frac{a}{3}\right) = \frac{Pa^2(3l - 2a)}{12}$$

und

$$\int_{-\frac{1}{2}l}^{+\frac{1}{2}l} x^2 dx = 2\int_0^{\frac{1}{2}l} x^2 dx = \frac{l^3}{12}, \text{ mithin folgt}$$

$$\text{(IV)} \quad B = \frac{Pa^2(3l - 2a)}{l^3}.$$

Diese Gleichung gilt bei beliebiger Form des symmetrischen Bogens; sie liefert den senkrechten Widerstand des rechtsseitigen Auflagers. Zerlegt man K_1 in A (senkrecht) und H (wagerecht), so folgt

$$\text{(V)} \quad A = P - B = \frac{Pb^2(3l - 2b)}{l^3}.\text{*)}$$

Aus Gleichung (III) ergibt sich der durch die Belastung erzeugte Horizontalschub

$$H = \frac{\int \mathrm{M}_0\, y\, dx}{\int y^2 dx}.$$

---

*) Die für die senkrechten Auflagerdrücke A und B abgeleiteten Ausdrücke stimmen mit denen eines wagerechten, an beiden Enden eingespannten, durch eine senkrechte Last P beanspruchten Balkens überein und bleiben auch bei fehlendem Scheitelgelenke S gültig, wie der Verfasser in der Abhandlung: „Elastizitätstheorie

Für den Parabelbogen ist $y = 4\frac{fx^2}{l^2}$, wobei f = Pfeilhöhe, und es folgt

$$\int_{-\frac{1}{2}l}^{+\frac{1}{2}l} y^2 dx = 2\int_0^{\frac{1}{2}l}\left(\frac{4fx^2}{l^2}\right)^2 dx = \frac{f^2 l}{5},$$

$$\int \mathrm{M}_0 y\, dx = \frac{4f}{l^2}\int \mathrm{M}_0 x^2 dx.$$

$\int \mathrm{M}_0 x^2 dx$ bedeutet das Trägheitsmoment des Dreiecks $C_1 A_1 A_2$ in Bezug auf die y-Achse. Der Inhalt dieses Dreiecks ist $\mathfrak{F} = \frac{Pa^2}{2}$, der Abstand seiner senkrechten Schwerlinie ss von der y-Achse: $\mathfrak{e} = \frac{l}{2} - \frac{a}{3}$ und sein Trägheitsmoment in Bezug auf ss: $\mathfrak{J} = Pa\frac{a^3}{36}$; es folgt

$$\int \mathrm{M}_0 x^2 dx = \mathfrak{J} + \mathfrak{F}\mathfrak{e}^2 = \frac{Pa^4}{36} + \frac{Pa^2}{2}\left(\frac{l}{2} - \frac{a}{3}\right)^2$$

$$= \frac{Pa^2(3l^2 - 4al + 2a^2)}{24}$$

und man gelangt zu der Gleichung

$$\text{(VI)} \quad H = \frac{5Pa^2}{6fl^3}(3l^2 - 4al + 2a^2),$$

welche nur anwendbar ist, sobald P links vom Scheitelgelenk liegt. Befindet sich P rechts von S, so ist

$$H = \frac{5Pb^2}{6fl^3}(3l^2 - 4bl + 2b^2).$$

Bewegt sich P von S aus nach dem linken Auflager hin, so beschreibt der Schnittpunkt C der 3 Kräfte P, K_1, K_2 eine Linie SS', welche die Kämpferdrucklinie genannt wird; ihre Ordinate η, bezogen auf eine in der Entfernung $\frac{6}{5}f$ vom Scheitel gelegene wagerechte Gerade, ergibt sich aus der Gleichung

$$\frac{6}{5}f - \eta = \left(\frac{l}{2} - a\right)\operatorname{tg}\beta, \quad \text{wobei } \operatorname{tg}\beta = \frac{B}{H} \text{ ist.}$$

Man findet

$$\text{(VII)} \quad \eta = \frac{3}{5}f\frac{1}{1 - \frac{2a(2l - a)}{3l^2}}$$

der Tonnengewölbe", Zeitschrift für Bauwesen 1881, nachgewiesen hat. Besonders wichtig ist, dafs die Form des (symmetrischen) Bogens gleichgültig ist.

und kann nun Gleichung (VI) umformen in

$$\text{(VIII)} \quad H = \frac{3Pa^2}{2l\eta}.$$

Zur Berechnung der η-Linie diene die folgende Tabelle:

a	η	a	η
0	0,600	0,6	0,909
0,1	0,642	0,7	0,976
0,2	0,687	0,8	1,047
0,3	0,736	0,9	1,121
0,4	0,789	1,0	1,200
0,5	0,847		
$\cdot\frac{l}{2}$	$\cdot f$	$\cdot\frac{l}{2}$	$\cdot f$

Um mit Hilfe der Kämpferdrucklinie die Lagen der einer gegebenen Einzellast P entsprechenden Kämpferdrücke K_1 und K_2 schnell feststellen zu können, beachte man folgendes:

Verbindet man die Punkte F_1 und F_2, in denen die Auflagersenkrechten von den Kämpferdrücken geschnitten werden, durch die „Schlufslinie" $F_1 F_2$, zerlegt K_2 nach senkrechter Richtung und nach der Richtung der Schlufslinie in B' und H', so findet man, indem man die Summe der Momente aller Kräfte, in Bezug auf F_1, gleich Null setzt:

$$B'l - Pa = 0 \text{ und hieraus } B' = \frac{Pa}{l}.$$

Verlegt man die Kraft H' von F_2 nach dem Punkte O, in welchem die Schlufslinie von der Senkrechten durch S geschnitten wird, und zerlegt sie dort in H und in eine senkrechte Seitenkraft, so erhält man das Biegungsmoment in Bezug auf S:

$$M = B'\frac{l}{2} - Hr = 0 \text{ und hieraus}$$

$$r = \frac{B'l}{2H} = \frac{Pa}{2H} = \eta\frac{l}{3a}.$$

Die Gerade OD schneidet nun auf der Last-Senkrechten die Ordinate

$$u = r\frac{a}{\frac{1}{2}l} = \tfrac{2}{3}\eta$$

ab, und es ergibt sich somit folgende einfache Konstruktion der Lagen von K_1 und K_2.

Man bringt P mit der Kämpferdrucklinie in C zum Schnitt, zieht die Gerade CSF_2, setzt die Strecke u ab, zieht die Gerade DO und von F_2 durch O die Gerade $F_2 F_1$; man erhält in $F_1 C$ und $F_2 C$ die Richtungen von K_1 und K_2. Indem man diese Konstruktion für verschiedene Lagen der Last P wiederholt, kann man die von den Kämpferdrücken K_1 umhüllte Linie (Kämpferdruck-Umhüllungslinie) zeichnen, deren hohe Bedeutung für die Theorie der gefährlichsten Belastung bekannt ist.

In gleicher Weise wird verfahren, wenn sich P von S aus nach F_2 hin bewegt.

Der durch eine Temperaturerhöhung um t hervorgerufene, durch das Scheitelgelenk S gehende Horizontalschub H_t ist nach Gleichung (III):

$$H_t = \frac{\varepsilon E J' t l}{\int y^2 dx},$$

woraus, mit $\int y^2 dx = \frac{1}{8} f^2 l$, erhalten wird:

$$H_t = \frac{5 \varepsilon E J' t}{f^2}.$$

Aufgabe 3. Es wird der Einfluß von Verschiebungen der Widerlager auf die Stützenwiderstände B und H des in Aufgabe 2 behandelten Bogenträgers gesucht. Fig. 153.

Mit $EJ' = EJ \cos\varphi = Konst.$ und Vernachlässigung von N bestehen die Gleichungen:

$$L' = \int \frac{M}{EJ} ds \frac{\partial M}{\partial B} = \frac{1}{EJ'} \int M dx \frac{\partial M}{\partial B} \text{ und } L'' = \frac{1}{EJ'} \int M dx \frac{\partial M}{\partial H},$$

wobei L' und L'' die virtuellen Arbeiten der den Zuständen $X' = 1$ bezw. $X'' = 1$ entsprechenden Auflagerkräfte bedeuten, während (da die Belastung jetzt $= 0$ vorausgesetzt ist)

$$M = Hy + Bx, \quad \frac{\partial M}{\partial B} = x \text{ und } \frac{\partial M}{\partial H} = y$$

wird. Man erhält

$$EJ' L' = \int (Hy + Bx)\, x dx, \quad EJ' L'' = \int (Hy + Bx)\, y dx$$

und, wegen $\int yx dx = 0$,

$$B = \frac{EJ' L'}{\int x^2 dx} = \frac{12 EJ' L'}{l^3}$$

und

$$H = \frac{EJ' L''}{\int y^2 dx} = \frac{5 EJ' L''}{f^2 l}.$$

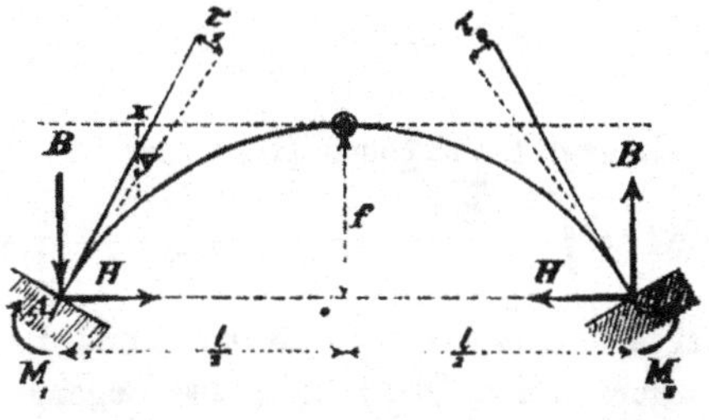

Fig. 153.

Es senke sich nun (bei relativ fest gelegenem Stützpunkte A) der Stützpunkt B um δ, während l in $l + \Delta l$ übergehe, und sich die Auflagertangenten im Sinne der daselbst wirksamen Einspannungsmomente M_1 und M_2 um die Winkel τ_1 und τ_2 drehen. Beachtet man dann, daß die äußeren Kräfte nur im Gleichgewichte sein können, wenn bei A

Auflagerdrücke wirken, die den in B angreifenden gleich und entgegengesetzt sind, so findet man die virtuelle Arbeit der Auflagerkräfte

$$\mathfrak{A} = M_1 \tau_1 + M_2 \tau_2 - H\Delta l - B\delta,$$

und in diesen Ausdruck sind die aus den Gleichgewichtsbedingungen

$$M_1 - Hf - B\frac{l}{2} = 0 \text{ und } M_2 - Hf + B\frac{l}{2} = 0$$

folgenden Werte

$$M_1 = Hf + B\frac{l}{2} \text{ und } M_2 = Hf - B\frac{l}{2}$$

einzuführen, so daſs entsteht:

$$\mathfrak{A} = B\left[\frac{l}{2}(\tau_1 - \tau_2) - \delta\right] + H[f(\tau_1 + \tau_2) - \Delta l].$$

Hieraus folgt für den Zustand $B = 1$ der Wert: $L' = \frac{l}{2}(\tau_1 - \tau_2) - \delta$

und „ „ „ $H = 1$ „ „ $L'' = f(\tau_1 + \tau_2) - \Delta l$,

und es ergibt sich mithin:

$$B = \frac{6EJ'}{l^2}\left(\tau_1 - \tau_2 - 2\frac{\delta}{l}\right),$$

$$H = \frac{5EJ'}{fl}\left(\tau_1 + \tau_2 - \frac{\Delta l}{f}\right).$$

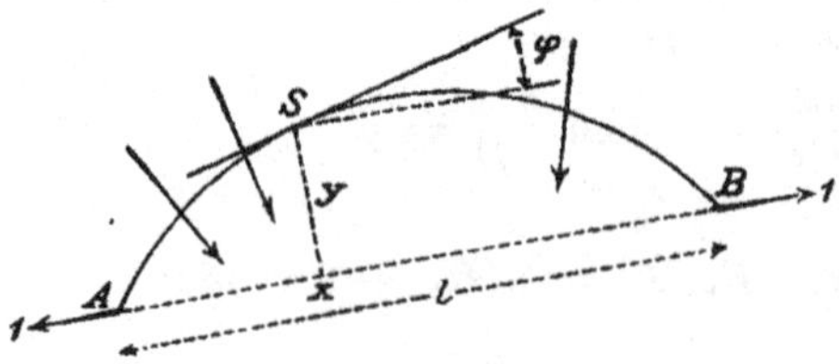

Fig. 154.

Aufgabe 4. Ein krummer Stab ASB ohne Zwischengelenke sei beliebig belastet und ungleichmäſsig erwärmt. Gesucht ist die Änderung Δl der Sehne AB, Fig. 154. Die Temperaturänderung folge innerhalb eines Querschnittes dem in Fig. 77 dargestellten Gesetze.

Es ergibt sich nach Gleichung (54):

$$\Delta l = \int \frac{M\overline{M}ds}{EJ} + \int \frac{N\overline{N}ds}{EF} + \int \varepsilon t_0 \overline{N} ds + \int \varepsilon \frac{\Delta t}{h} \overline{M} ds,$$

wobei $\overline{M}$ und $\overline{N}$ bezw. das Moment und die Längskraft bedeuten, welche für irgend einen Querschnitt des Bogens durch zwei in A und B angreifende, in die Gerade AB fallende, nach auſsen gerichtete Kräfte „Eins" hervorgebracht werden.

Nun ist $\overline{M} = 1 \cdot y$ und $\overline{N} = 1 \cdot \cos\varphi$, unter φ den Neigungswinkel der an die Bogenachse gelegten Tangente gegen die Sehne AB verstanden, und es ergibt sich deshalb

$$(57)\qquad \Delta l = \int \frac{M y\, ds}{EJ} + \int \frac{N dx}{EF} + \int \varepsilon t_0\, dx + \int \varepsilon \Delta t \frac{y}{h}\, ds.$$

Beispielsweise verlängert sich die Sehne AB eines symmetrischen, durch zwei der Scheiteltangente parallele Kräfte P belasteten und gleichmäſsig um t erwärmten Bogens, Fig. 155 (wegen $M = Py$ und $N = P \cos \varphi$) um

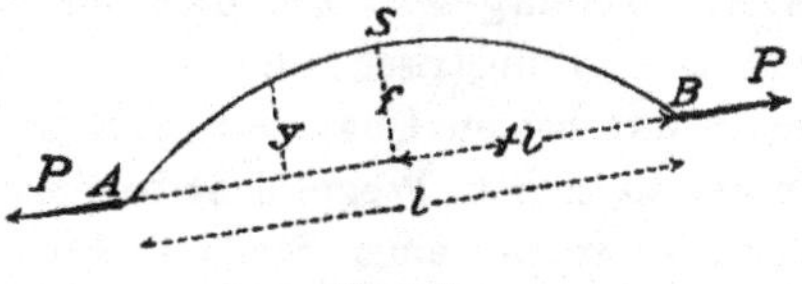

Fig. 155.

$$(58a)\qquad \Delta l = P \int_0^l \frac{y^2 ds}{EJ} + P \int_0^l \frac{dx \cos \varphi}{EF} + \varepsilon t l.$$

Setzt man $J \cos \varphi = J'$ und $F \sec \varphi = F'$ und führt an Stelle der veränderlichen Werte J' und F' konstante Mittelwerte ein, was in allen Fällen der Anwendung zulässig ist, so folgt bei parabolischer Achse (mit $y = \frac{4 f x (l - x)}{l}$):

$$\Delta l = \frac{16 P f^2}{E J' l^4} \int_0^l x^2 (l - x)^2 dx + \frac{P}{EF'} \int_0^l dx + \varepsilon t l, \text{ d. i.}$$

$$(58b)\qquad \Delta l = \frac{8 P f^2 l}{15 E J'} + \frac{P l}{E F'} + \varepsilon t l.$$

Aufgabe 5. Gesucht ist die Änderung Δl der Sehne l eines beliebig belasteten und ungleichmäſsig erwärmten Bogens ASB mit Zwischengelenken, Fig. 156.

Der Winkel ϑ, welchen die zu beiden Seiten eines Gelenkes G an die Bogenachse gelegten Tangenten miteinander bilden, ändert sich im allgemeinen um einen endlichen Wert $\Delta \vartheta$, und hierdurch vergröſsert sich l um $\Delta l = f \Delta \vartheta$, wobei f das Lot von G auf l bedeutet. Wären alle $\Delta \vartheta = 0$, so würde sich der Bogen bezüglich der Änderung Δl genau so verhalten wie ein solcher ohne Zwischengelenke, und es würde die Gleichung (57) gültig sein. Fügt man nun zu dem Ergebnisse dieser Gleichung den von den Änderungen sämtlicher Winkel ϑ herrührenden Wert $\Delta l = \Sigma f \Delta \vartheta$, so erhält man für einen Bogen mit beliebig vielen Zwischengelenken:

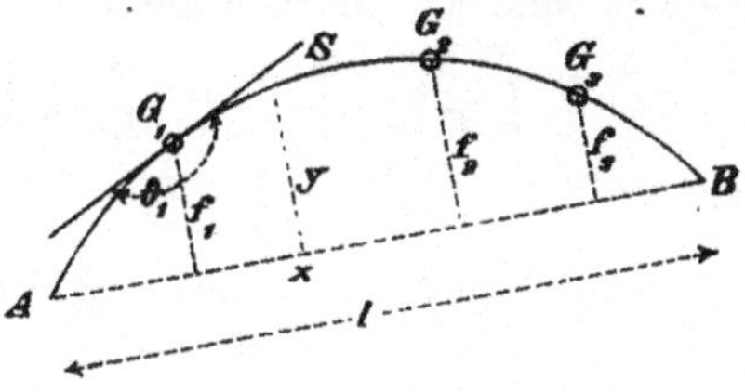

Fig. 156.

$$(59)\qquad \Delta l = \int \frac{M y\, ds}{EJ} + \int \frac{N dx}{EF} + \int \varepsilon t_0\, dx + \int \varepsilon \Delta t \frac{y}{h}\, ds + \Sigma f \Delta \vartheta.$$

Aufgabe 6. Ein dünner Ring werde nach Fig. 157 mit zwei entgegengesetzt gleichen Kräften P belastet. Wie grofs ist die Beanspruchung des Ringes und die gegenseitige Verrückung ∂ der beiden Angriffspunkte A. Vorausgesetzt sei, dafs der Ring in Bezug auf die Achsen AA und BB symmetrisch ist.

Jeder der beiden Querschnitte B wird durch eine Längskraft $\frac{1}{2}P$ und ein auf statischem Wege nicht bestimmbares Moment X beansprucht, Fig. 158; an irgend einer Stelle C entsteht

$$\text{(I)} \quad \ldots\ldots \quad \mathrm{M} = X - \frac{1}{2}Py \text{ und } N = \frac{1}{2}P\cos\varphi.$$

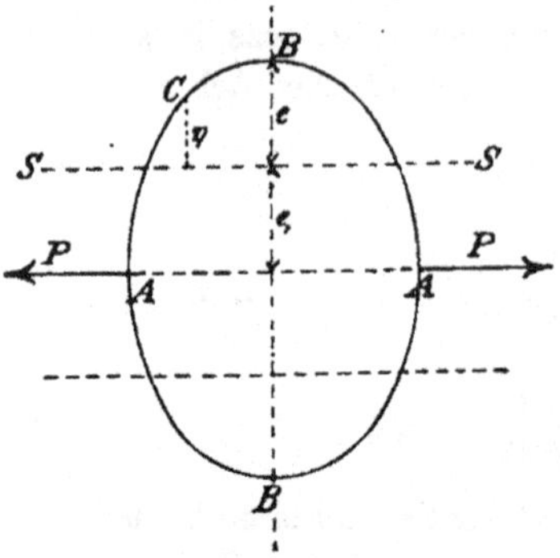

Fig. 157.

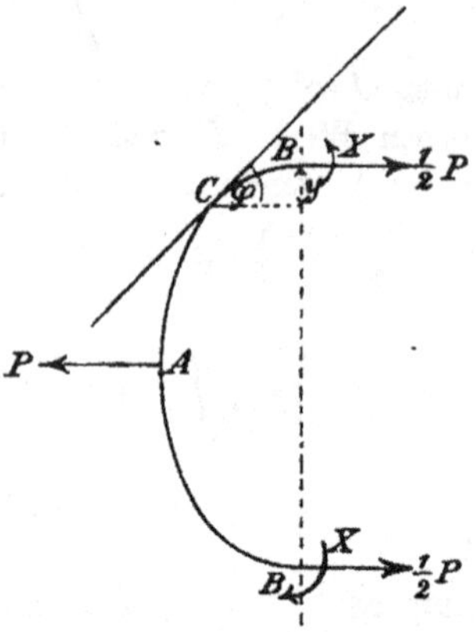

Fig. 158.

Bei Berechnung von X darf die Formänderungsarbeit der Kräfte N vernachlässigt werden. Dann ergibt sich

$$\frac{\partial A}{\partial X} = \int \frac{\mathrm{M}}{EJ}\frac{\partial \mathrm{M}}{\partial X}\,ds = \frac{1}{EJ}\int\left(X - \frac{1}{2}Py\right)ds = 0$$

und hieraus

$$X = \frac{1}{2}P\frac{\int_B^A y\,ds}{\int_B^A ds}.$$

Ist SS die den Kräften P parallele Schwerachse des Bogens BA und e ihr Abstand von B, so wird sehr einfach

$$X = \frac{1}{2}Pe$$

und an der Stelle C

$$\mathrm{M} = \frac{1}{2}P\eta \text{ (Fig. 157).}$$

Das größte Moment (absolut genommen) entsteht bei A, nämlich

$$M = -\frac{1}{2} P e_1.$$

Bei Berechnung der Strecke δ, um welche der Durchmesser AA zunimmt, darf ebenfalls der Einfluß der Kräfte N vernachlässigt werden. Es wird dann

$$\delta = \frac{\partial A}{\partial P} = \frac{4}{EJ}\int_B^A P\left(\frac{\eta}{2}\right)^2 ds = \frac{P}{EJ}\int_B^A \eta^2 ds = \frac{PT}{EJ},$$

wo T das Trägheitsmoment des Bogens BA in Bezug auf die Achse SS bedeutet.

Im allgemeinen findet man die Lage der SS und das Trägheitsmoment T am schnellsten zeichnerisch mit Hilfe von Seilpolygonen. Ist dagegen der Ring kreisförmig, Fig. 159, so ergibt sich $e = r\left(1 - \frac{2}{\pi}\right)$, $e_1 = \frac{2r}{\pi}$. Die Momente bei B und A sind

$$M_B = \frac{Pr}{2}\left(1 - \frac{2}{\pi}\right) = +0{,}182\, Pr; \quad M_A = -\frac{Pr}{\pi} = -0{,}318\, Pr,$$

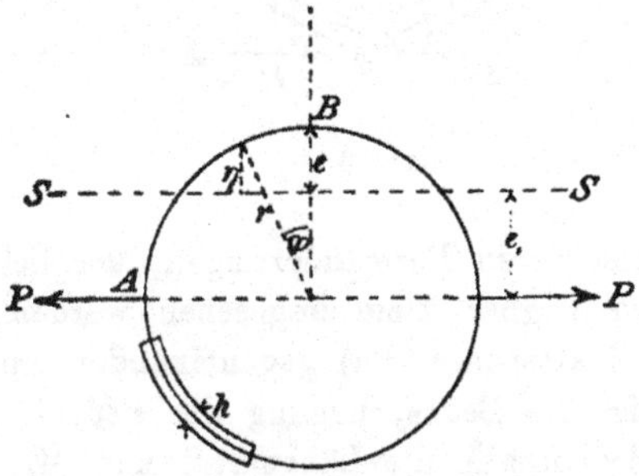

Fig. 159.

und das Trägheitsmoment T wird wegen

$$\eta = r\left(\cos\varphi - \frac{2}{\pi}\right)$$

$$T = r^3 \int_0^{\frac{\pi}{2}} \left(\cos\varphi - \frac{2}{\pi}\right)^2 d\varphi = r^3\left(\frac{\pi}{4} - \frac{2}{\pi}\right).$$

Für die Verrückung δ ergibt sich daher der Wert:

$$\delta = \frac{Pr^3}{EJ}\left(\frac{\pi}{4} - \frac{2}{\pi}\right) = \frac{M_{max} r^2 (\pi^2 - 8)}{4EJ},$$

wo $M_{max} = M_A = \frac{Pr}{\pi}$ (absolut genommen). Ist die Stärke des Ringes $= h$ und liegt der Schwerpunkt des Querschnitts in der Mitte von h, so ist die größte Beanspruchung

$$\sigma = \frac{M_{max} h}{2J},$$

und man erhält die folgende Beziehung zwischen σ und δ:

$$\sigma = E\frac{\delta h}{r^2}\,\frac{2}{\pi^2-8} = 1{,}07\,E\frac{\delta h}{r^2};$$

dieselbe ist wichtig für die Beurteilung ringförmiger Biegungsfedern.

Aufgabe 7. Eine Blattfeder ABA sei nach Fig. 160 zwischen zwei Backen eingespannt, die bei $\mathfrak{G}$ gelenkartig miteinander befestigt

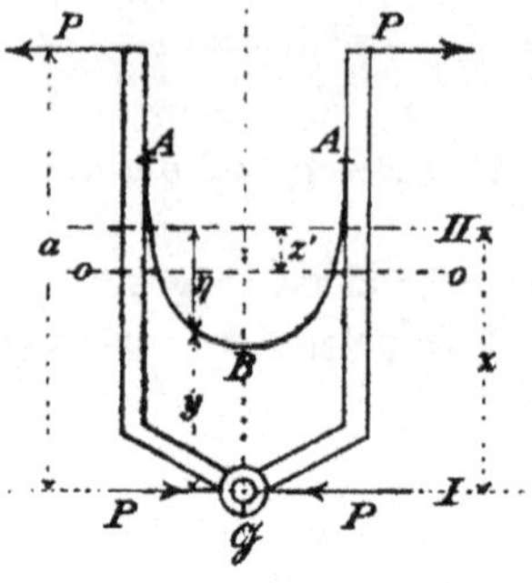

Fig. 160.

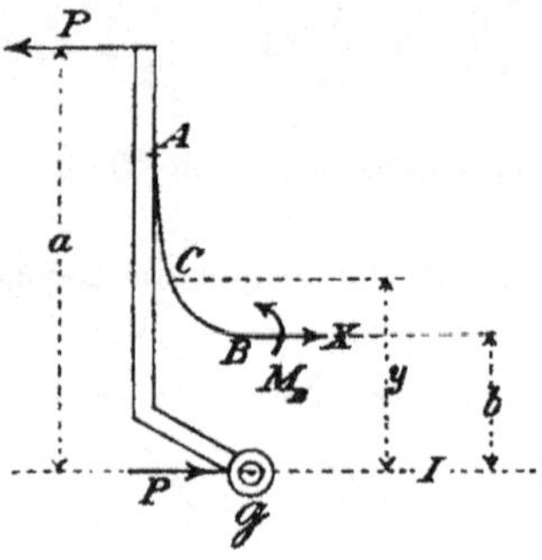

Fig. 161.

sind und deren Formänderungen, verglichen mit denen der Feder, als vernachlässigbar klein angesehen werden dürfen. Die Backen werden durch Kräftepaare (Pa) gegeneinander um den Winkel τ gedreht. Wie grofs ist die Beanspruchung der Feder? BG sei Symmetrieachse.

Bedeutet X die Längskraft und M_B das Biegungsmoment für den Querschnitt B (Fig. 161), so mufs, damit Gleichgewicht bestehe,

$$M_B + Pa = Xb$$

sein, und hieraus folgt

$$M_B = Xb - Pa.$$

An der Stelle C ist

$$M = M_B + X(y-b) = Xy - Pa.$$

Zur Berechnung von X dient (unter Vernachlässigung der Formänderungsarbeit infolge der Kräfte N) die Bedingung

$$\frac{\partial A}{\partial X} = \int \frac{M}{EJ}\,\frac{\partial M}{\partial X}\,ds = \frac{1}{EJ}\int (Xy - Pa)\,y\,ds = 0,$$

und hieraus ergibt sich

$$X = Pa\,\frac{S_I}{T_I},$$

wo

$$\left.\begin{array}{l} T_I = \int y^2 ds \text{ das Trägheitsmoment} \\ S_I = \int y\,ds \text{ das statische Moment} \end{array}\right\} \text{des Bogens } BA,$$

bezogen auf die durch den Gelenkmittelpunkt G und senkrecht zur Symmetrieachse BG gelegte Achse I bedeutet.

Bezieht man nun den Bogen BA auf eine neue Achse II, welche parallel zu I ist und von I den Abstand

$$z = \frac{T_I}{S_I}$$

hat, so erhält man an der Stelle C das Moment

$$\mathrm{M} = Xy - Pa = Pa\frac{y-z}{z} = -\frac{Pa\eta}{z}$$

und findet, absolut genommen,

$$\mathrm{M}_{max} = \frac{Pa}{z}\cdot\eta_{max}.$$

Der Winkel τ, um den sich die beiden Backen gegeneinander drehen, ist (wenn $Pa = \mathfrak{M}$ gesetzt wird)

$$\tau = \frac{\partial A}{\partial \mathfrak{M}} = 2\int_B^A \frac{\mathrm{M}}{EJ}\cdot\frac{\partial \mathrm{M}}{\partial \mathfrak{M}}\,ds = \frac{2Pa}{z^2EJ}\int_B^A \eta^2 ds \cdot = \frac{2PaT_{II}}{z^2EJ},$$

wo T_{II} das Trägheitsmoment des Bogens BA in Bezug auf die Achse II bedeutet. Bezeichnet man nun mit

s die Länge des Bogens BA,

z' den Abstand der Achse II von der Schwerachse 0,

T_0 das Trägheitsmoment des Bogens BA, bezogen auf die Achse 0,

so erhält man

$$T_I = T_0 + s(z-z')^2$$
$$T_{II} = T_0 + sz'^2$$
$$T_{II} - T_I = 2szz' - sz^2.$$

Nun ist aber $T_I = zS_I$, ferner $S_I = s(z-z')$, weshalb

$$T_{II} = szz'$$

und

$$\tau = 2\frac{Pasz'}{zEJ} = 2\frac{\mathrm{M}_{max}sz'}{\eta_{max}EJ}.$$

Ist die Stärke der Feder (deren Querschnitt ein Rechteck sein möge) gleich h, so ist die gröfste an der Stelle A auftretende Beanspruchung:

$$\sigma = \frac{\mathrm{M}_{max}h}{2J},$$

und die gesuchte Beziehung zwischen σ und τ lautet:

$$\sigma = \frac{1}{4}\tau E\frac{h\eta_{max}}{sz'}.$$

Die Ermittlung von z' und η_{max} geschieht im allgemeinen am zweckmäſsigsten durch Zeichnung mit Hilfe zweier Seilpolygone. Man zerlege den Bogen BA in gleiche lange Teilchen, betrachte dieselben als Kräfte, die parallel zur Achse I wirken und verbinde sie durch ein Seilpolygon S_1 (Fig. 162). Der Schnittpunkt der äuſsersten Polygonseiten bestimmt die Achse 0. Nun werden die von den Seileckseiten auf der Achse I abgeschnittenen Strecken als Kräfte aufgefaſst, die in den Mittelpunkten der Bogenteilchen angreifen; dann wird ein zweites Seileck S_2 gezeichnet und dessen letzte Seite mit der ersten Seite zum Schnitt gebracht. Der Schnittpunkt bestimmt die Achse II, denn es ist — mit den aus der Figur ersichtlichen Beziehungen —

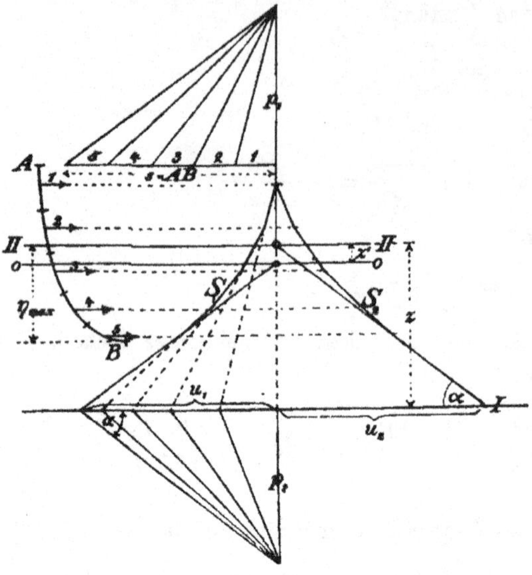

Fig. 162.

$$S_I = u_1 p_1 \qquad T_I = u_2 p_1 p_2$$

$$z = u_2 \operatorname{tg} \alpha = \frac{u_2 p_2}{u_1} = \frac{T_I}{S_I}.$$

Damit sind aber die Strecken z' und η_{max} bestimmt.

In einfacheren Fällen wird man der **Berechnung** von z' und η_{max} den Vorzug geben.

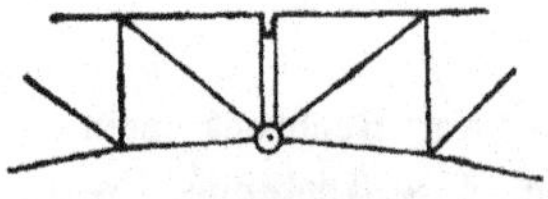
Fig. 163.

Mit Hilfe der vorstehenden Untersuchung ist man z. B. imstande, anzugeben, welche Beanspruchung die in Fig. 163 dargestellte Feder im Scheitel eines Dreigelenkbogens infolge der gegenseitigen Drehung der beiden Bogenhälften erfährt. Vergl. Aufgabe 2 auf Seite 61; der Drehungswinkel wurde dort mit δ bezeichnet und mit Hilfe einer Einfluſslinie ermittelt.

§ 17.

Die Biegungslinie.

Trägt man die nach unten positiv gezählten, senkrechten Verschiebungen δ der Punkte der in einer lotrechten Ebene gedachten Achse ASB eines einfach gekrümmten Stabes von einer Geraden $A'B'$ aus als Ordinaten auf, so erhält man die Biegungslinie $A''S''B''$; die zwischen ihr und der Geraden $A'B'$ gelegene Fläche heiße die Biegungsfläche. Fig. 164.

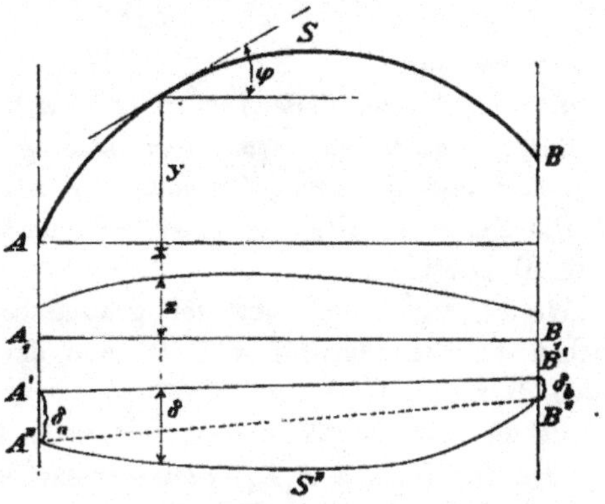

Fig. 164.

1) Bestimmung der Biegungslinie für ein Stabstück AB ohne Zwischengelenke. Die Stabachse möge auf ein rechtwinkliges Koordinatensystem mit nach oben positiver, senkrechter y-Achse bezogen werden; φ bedeute den Neigungswinkel der im Punkte xy an die Stabachse gelegten Tangente gegen die x-Achse. Fig. 164.

Die Änderung Δy von y ergibt sich durch Differentiieren der Gleichung

$$dy = ds \sin\varphi,$$

wobei das Differentialzeichen durch das Zeichen Δ zu ersetzen ist. Man erhält

$$\Delta dy = \Delta ds \sin\varphi + ds \cos\varphi \, \Delta\varphi$$
$$= \frac{\Delta ds}{ds} dy + \Delta\varphi dx,$$

und es folgt, da $\delta = -\Delta y$, also

$$d\delta = -d\Delta y = -\Delta dy\text{*)}$$

ist:

$$-\frac{d\delta}{dx} = \Delta\varphi + \frac{\Delta ds}{ds} \operatorname{tg}\varphi,$$

woraus (durch Differentiieren nach x) die Differentialgleichung der Biegungslinie

$$(60) \qquad -\frac{d^2\delta}{dx^2} = \frac{\Delta d\varphi}{dx} + \frac{d\left(\frac{\Delta ds}{ds}\operatorname{tg}\varphi\right)}{dx}$$

---

*) Nach einem bekannten Satze der Variationsrechnung dürfen die Zeichen d und Δ vertauscht werden.

gefunden wird. Mit der Bezeichnung

$$(61)\qquad z = \frac{\Delta d\varphi}{dx} + \frac{d\left(\frac{\Delta ds}{ds}\cdot \operatorname{tg}\varphi\right)}{dx}$$

wird

$$-\frac{d^2\delta}{dx^2} = z,$$

und hieraus folgt,

dafs die Biegungslinie $A''S''B''$ als ein Seilpolygon aufgefafst werden darf, welches mit dem Horizontalzuge (Polabstande) 1 zu einer Belastungslinie, deren Ordinate $= z$ ist, gezeichnet wird.)*

Die Belastungsrichtung z ist nach unten (also im Sinne der positiven δ) positiv.

Weiter ergibt sich aus der graphischen Statik, dafs die Fläche zwischen der Biegungslinie $A''S''B''$ und der Geraden $A''B''$ angesehen werden darf

als die Momentenfläche eines einfachen, d. h. an den Enden frei aufliegenden Balkens A_1B_1, dessen Belastungslinie die Ordinate z hat.

Sind die senkrechten Verschiebungen δ_a und δ_b der Endpunkte A und B des betrachteten Bogenstückes gleich Null, so stimmt die Biegungslinie mit der Momentenkurve des einfachen Balkens A_1B_1 überein.

Handelt es sich nun (ebenso wie im § 16) um Stäbe, deren Krümmungsradien im Vergleiche zur Stabdicke sehr grofs sind, und auf deren Spannungen und Formänderungen die im § 13 entwickelten Grundgleichungen angewendet werden dürfen, so ist in Gleichung (61) einzuführen:

$$\frac{\Delta ds}{ds} = \frac{N}{EF} + \varepsilon t_0 \text{ (nach Gleichung (43), Seite 90)}$$

und, da die Änderung $\Delta d\varphi$ des (von zwei unendlich nahen Tangenten eingeschlossenen) Winkels $d\varphi$ mit dem im § 13 mit $d\tau$ bezeichneten Winkel übereinstimmt, um welchen sich ein Stabquerschnitt gegen seinen Nachbarquerschnitt dreht,

$$\Delta d\varphi = \left(\frac{M}{EJ} + \varepsilon\frac{\Delta t}{h}\right) ds \text{ (nach Gleichung (44), Seite 90)}$$

also

$$\frac{\Delta d\varphi}{dx} = \left(\frac{M}{EJ} + \varepsilon\frac{\Delta t}{h}\right) \sec\varphi.$$

Es ergibt sich mithin:

*) Die Differentialgleichung einer Seillinie mit dem Horizontalzuge H und der Belastungsordinate z ist, bezogen auf rechtwinklige Koordinaten (yx):

$$\pm H\frac{d^2y}{dx^2} = z.$$

$$(62) \quad z = \left(\frac{\mathrm{M}}{EJ} + \varepsilon \frac{\Delta t}{h}\right) \sec \varphi + \frac{d\left[\left(\frac{N}{EF} + \varepsilon t_0\right) \operatorname{tg} \varphi\right]}{dx},$$

und es läfst sich jetzt die Biegungslinie $A''S''B''$ für jeden Belastungszustand ermitteln. Bedingung ist nur, dafs zwischen den Endpunkten A und B des betrachteten Stabstückes kein Gelenk liegt, da der Winkel, welchen die zu beiden Seiten eines Gelenkes an die Bogenachse gelegten Tangenten miteinander bilden, sich im allgemeinen um einen endlichen Wert ändern wird.

Hervorzuheben ist noch, dafs zur Bestimmung der Verschiebungen δ aufser der Linie $A''S''B''$ die Werte δ für 2 Punkte der Stabachse ASB gegeben sein müssen, damit die Lage der Geraden $A'B'$ festgelegt werden kann.

2) Einführung von Einzellasten an Stelle der z-Linie. Die Stabachse sei durch Punkte, welche Knotenpunkte heifsen sollen, in Stücke zerlegt, deren wagerechte Projektionen $\lambda_1, \lambda_2, \lambda_3 \ldots \lambda_m \ldots\ldots$ sind. Zwischen zwei Knotenpunkten werde der Querschnitt des Bogens konstant angenommen und sowohl die Momentenkurve als auch die Bogenachse durch eine gerade Linie ersetzt. Es bezeichne (Fig. 165):

M_m das Biegungsmoment für den m^{ten} Knotenpunkt,
J_m das Trägheitsmoment } für den Querschnitt des Bogenstückes
F_m den Inhalt } $(m-1)m$,
s_m die Länge der die Punkte $(m-1)$ und m verbindenden Sehne,
φ_m den Neigungswinkel dieser Sehne gegen die Wagerechte,
δ_m die Senkung des Knotenpunktes m (auch D u r c h b i e g u n g bei m genannt),
y_m die Ordinate von m,
N_m den Mittelwert der Längskraft für das Bogenstück $(m-1)m$,
J_c ein beliebiges, konstantes Querschnitts-Trägheitsmoment,
λ_c eine beliebige, konstante Feldweite,

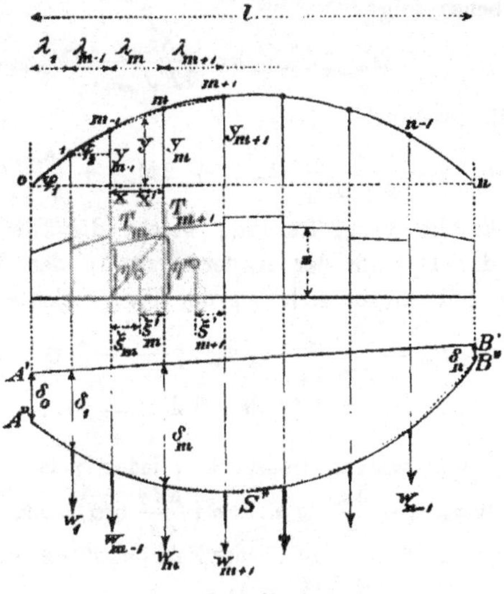

Fig. 165.

und es sei gesetzt $\quad J_m \cos \varphi_m = J'_m.$

Der von den Biegungsmomenten abhängige Teil der Belastungslinie, um dessen Einfluſs auf die Durchbiegungen es sich zunächst handeln möge, besteht aus geraden Linien, und es ist somit die Belastungsfläche für irgend eine Strecke λ_m ein Trapez, dessen Inhalt mit T_m bezeichnet werden soll. Dieses Trapez ist bestimmt durch die Ordinaten

$$\eta' = \frac{M_{m-1}}{EJ'_m} \text{ und } \eta'' = \frac{M_m}{EJ'_m}.$$

Wird nun das der Biegungslinie einbeschriebene Polygon, dessen Ecken senkrecht unter den Knotenpunkten liegen, gesucht, so darf (nach einem hier als bekannt vorausgesetzten Satze aus der Theorie der Biegungsmomente, als welche ja die Durchbiegungen δ aufgefaſst werden dürfen) die Belastungsfläche durch eine Schar von Einzellasten ersetzt werden, welche in die Senkrechten durch die Knotenpunkte fallen. Die durch m gehende Einzellast ist hierbei

$$w_m = \frac{T_m \xi_m}{\lambda_m} + \frac{T_{m+1} \xi'_{m+1}}{\lambda_{m+1}},$$

wenn ξ_m und ξ'_{m+1} die Abstände der Schwerpunkte der Trapeze T_m und T_{m+1} von den Senkrechten durch $m-1$ und $m+1$ bedeuten. Das statische Moment des Trapezes (welches man sich in zwei Dreiecke zerlegt denke) ist

$$T_m \xi_m = \eta' \frac{\lambda_m}{2} \frac{\lambda_m}{3} + \eta'' \frac{\lambda_m}{2} \frac{2\lambda_m}{3} = \frac{\lambda_m^2}{6EJ'_m}(M_{m-1} + 2M_m),$$

und ebenso folgt

$$T_{m+1} \xi'_{m+1} = \frac{\lambda_{m+1}^2}{6EJ'_{m+1}}(M_{m+1} + 2M_m),$$

weshalb entsteht:

$$w_m = \frac{1}{6E}\left[\frac{\lambda_m}{J'_m}(M_{m-1} + 2M_m) + \frac{\lambda_{m+1}}{J'_{m+1}}(M_{m+1} + 2M_m)\right].$$

Für die Vergröſserung, welche die Einzellast w erfahren muſs, wenn der Einfluſs der Änderungen Δs der Strecken s berücksichtigt werden soll, ergibt sich aus der Fachwerkstheorie der Wert

$$w_m = \frac{\Delta s_{m+1}}{s_{m+1}} \operatorname{tg} \varphi_{m+1} - \frac{\Delta s_m}{s_m} \operatorname{tg} \varphi_m \text{ [nach § 4]*)},$$

und es folgt, wenn (für den Fall $t = 0$):

---

*) Geht man zur Grenze über, indem man λ durch dx ersetzt, so wird $\frac{\Delta s_{m+1}}{s_{m+1}} \operatorname{tg} \varphi_{m+1} - \frac{\Delta s_m}{s_m} \operatorname{tg} \varphi_m = d\left(\frac{\Delta ds}{ds} \operatorname{tg}\varphi\right)$, und es folgt, wenn die Einzellast w_m durch das Element $z\,dx$ einer Belastungsfläche ersetzt wird, genau wie früher die Ordinate $z = \dfrac{d\left(\frac{\Delta ds}{ds} \operatorname{tg}\varphi\right)}{dx}$.

$$\frac{\Delta s_m}{s_m} = \frac{N_m}{EF_m} \text{ und } \frac{\Delta s_{m+1}}{s_{m+1}} = \frac{N_{m+1}}{EF_{m+1}}$$

eingeführt wird, im ganzen

$$w_m = \frac{\lambda_c}{EJ_c}\left[\omega_m - \left(\frac{N_m}{F_m}\operatorname{tg}\varphi_m - \frac{N_{m+1}}{F_{m+1}}\operatorname{tg}\varphi_{m+1}\right)\frac{J_c}{\lambda_c}\right],$$

wobei zur Abkürzung gesetzt wurde:

$$(63)\quad \omega_m = \frac{1}{6}\left[\frac{J_c}{J'_m}\frac{\lambda_m}{\lambda_c}(\mathrm{M}_{m-1} + 2\mathrm{M}_m) + \frac{J_c}{J'_{m+1}}\frac{\lambda_{m+1}}{\lambda_c}(\mathrm{M}_{m+1} + 2\mathrm{M}_m)\right].$$

Zeichnet man zu den Gewichten w mit dem Polabstande „Eins" ein Seilpolygon $A''S''B''$ und trägt die Schlufslinie $A'B'$ ein, wozu 2 Verschiebungen δ gegeben sein müssen (meistens die Werte $\delta_0 = 0$ und $\delta_n = 0$), so erhält man die Durchbiegungen δ. Noch besser ist es, die Einzellasten w mittels der Gleichung

$$(64)\quad w_m = \omega_m - \left(\frac{N_m}{F_m}\operatorname{tg}\varphi_m - \frac{N_{m+1}}{F_{m+1}}\operatorname{tg}\varphi_{m+1}\right)\frac{J_c}{\lambda_c}$$

zu berechnen; man mufs dann die Polentfernung „Eins" durch die Entfernung $\mathfrak{H} = \frac{EJ_c}{\lambda_c}$ ersetzen. Wählt man hierfür $\mathfrak{H} = \frac{EJ_c}{\gamma\lambda_c}$, wobei γ eine beliebige runde Zahl ist, so sind die Ordinaten des Seilpolygons gleich den mit γ multiplizierten Durchbiegungen.*)

Wenn der Einflufs einer Temperaturänderung berücksichtigt werden soll, so mufs

$$\frac{\mathrm{M}}{EJ'} + \varepsilon\frac{\Delta t}{h'} \text{ an die Stelle von } \frac{\mathrm{M}}{EJ'} \text{ treten}$$

$$\text{und } \frac{N}{EF} + \varepsilon t_0 \quad \text{„ „ „ „} \quad \frac{N}{EF} \text{ [nach Gleichung (62)].}$$

Hierbei ist $h' = h\cos\varphi$ die vertikale Projektion der Querschnittshöhe h.

Macht man die Annahme, dafs t_0 und Δt für sämtliche Bogenquerschnitte gleich grofs sind und bezeichnet den Wert von h' für das m^{te} Feld mit h'_m, so findet man leicht, dafs die durch die Gleichung (64) gegebene Einzellast w_m beim Eintreten einer Temperaturänderung um

$$(65)\quad w'_m = \frac{\varepsilon EJ_c}{\lambda_c}\left[\frac{\Delta t}{2}\left(\frac{\lambda_m}{h'_m} + \frac{\lambda_{m+1}}{h'_{m+1}}\right) - t_0(\operatorname{tg}\varphi_m - \operatorname{tg}\varphi_{m+1})\right]$$

vergröfsert werden mufs. Ist die Bogenachse eine in Bezug auf die Senkrechte durch die Mitte symmetrische Parabel mit dem Pfeile f, so ist

$$(66)\quad \operatorname{tg}\varphi_m - \operatorname{tg}\varphi_{m+1} = \frac{4f}{l^2}(\lambda_m + \lambda_{m+1}),$$

---

*) Bezüglich der Einheiten ist zu betonen, dafs sowohl die Werte ω und w als auch die Polentfernung $\mathfrak{H}$ Momente vorstellen.

und es folgt dann bei konstantem λ und h' für alle Knotenpunkte der gleiche Wert

$$(67) \quad w'_m = \varepsilon E J_c \left(\frac{\Delta t}{h'} - 8 t_0 \frac{f}{l^2}\right);$$

derselbe ist auch bei flachen Kreisbögen brauchbar.

3) Bestimmung des Integrales: $\int y \frac{M ds}{EJ}$ mit Hilfe der Werte ω. Zuweilen soll gleichzeitig mit den Verschiebungen δ eines Bogenträgers die Änderung Δl der Stützweite l bestimmt werden. Wird hierzu die auf Seite 150 abgeleitete Gleichung (57) benutzt, so handelt es sich u. a. um die Berechnung des Integrales

$$\int_0^l y \frac{M ds}{EJ} = \int_0^l y \frac{M dx}{EJ'},$$

und es möge daher an dieser Stelle gezeigt werden, wie sich dieses Integral durch die bereits bei der Berechnung der δ gebrachten Werte ω ausdrücken läſst.

Für das Feld λ_m ergibt sich mit den aus Fig. 165 zu ersehenden Bezeichnungen:

$$y = y_{m-1} \frac{x'}{\lambda_m} + y_m \frac{x}{\lambda_m} \quad \text{und}$$

$$\int_0^{\lambda_m} y \frac{M dx}{EJ'} = \frac{y_{m-1}}{\lambda_m} \int_0^{\lambda_m} x' \frac{M}{EJ'} dx + \frac{y_m}{\lambda_m} \int_0^{\lambda_m} x \frac{M}{EJ'} dx$$

$$= \frac{y_{m-1}}{\lambda_m} T_m \xi'_m + \frac{y_m}{\lambda_m} T_m \xi_m;$$

denn es sind $\int_0^{\lambda_m} x' \frac{M}{EJ'} dx$ und $\int_0^{\lambda_m} x \frac{M}{EJ'} dx$ die statischen Momente des Belastungstrapezes T_m in Bezug auf die Senkrechten durch die Knotenpunkte m und $m-1$. Es folgt deshalb für den ganzen Bogen (mit $y_0 = 0$ und $y_n = 0$):

$$\int_0^l y \frac{M dx}{EJ'} = y_1 \frac{T_1 \xi_1}{\lambda_1} + y_1 \frac{T_2 \xi'_2}{\lambda_2} + y_2 \frac{T_2 \xi_2}{\lambda_2} + y_2 \frac{T_3 \xi'_3}{\lambda_3} + \cdots$$

$$+ y_{n-1} \frac{T_{n-1} \xi_{n-1}}{\lambda_{n-1}} + y_{n-1} \frac{T_n \xi'_n}{\lambda_n},$$

und hierfür kann, mit Beachtung der Entwicklungen auf Seite 175, geschrieben werden

$$(68) \quad \int_0^l y \frac{M dx}{EJ'} = \frac{\lambda_c}{EJ_c} \sum_{m=1}^{m=n-1} y_m \omega_m.$$

Faſst man die Werte ω als Kräfte auf, welche in den Knotenpunkten 0, 1, . . . m . . . angreifend, parallel zu $\overline{on}$ sind und zeichnet mit dem Polabstande $\mathfrak{H}$ ein Seilpolygon, dessen äuſserste Seiten auf der Geraden $\overline{on}$ die Strecke e abschneiden, Fig. 166, so ergibt sich

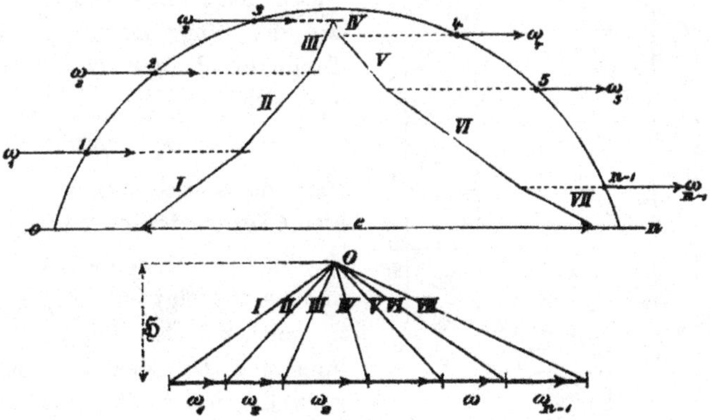

Fig. 166 u. Fig. 167.

$$\Sigma y\omega = \mathfrak{H}e$$

und es folgt, wenn $\mathfrak{H} = \frac{EJ_c}{\lambda_c\gamma}$ gewählt wird, wobei γ eine beliebige Zahl bedeutet,

$$\int_0^l y\frac{\mathrm{M}dx}{EJ'} = \frac{e}{\gamma}.$$

$\frac{e}{\gamma}$ stellt eine Linie vor, nämlich die von den Biegungsmomenten herrührende Verlängerung Δl der Stützweite l.

Wendet man die unter 2) und 3) mitgeteilten Verfahren auf die Berechnung der Formänderungen von Bogenbrücken an, so genügt es in der Regel, die Punkte, in denen die senkrechten, zwischen die Fahrbahn und den Bogen eingeschalteten Stäbe die Bogenachse schneiden, als Knotenpunkte in dem vorhin erklärten Sinne anzunehmen. Fig. 168. In der Regel ist die Feldweite λ konstant, und es wird dann $\lambda_c = \lambda$ gesetzt.

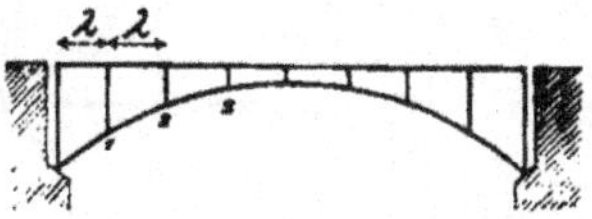

Fig. 168.

4) Biegungslinie für einen Stab mit Zwischengelenken. Liegt im Punkte G der Stabachse (Fig. 169) ein Gelenk, so wird sich der Winkel $\mathfrak{I}$, welchen die beiden in G an die angrenzenden Zweige der Stabachse gelegten Tangenten I und II miteinander bilden, infolge der

Formänderung des Stabes um den sehr kleinen aber endlichen Wert $\Delta\vartheta$ ändern. Es müssen dann die in dem senkrecht unter G gelegenen Punkte G'' an die entsprechenden Zweige $A''G''$ und $G''B''$ der Biegungslinie gelegten Tangenten I' und II' miteinander den Winkel $\Delta\vartheta$ einschließen. Bedeuten α_1 und α_2 die Neigungswinkel der Tangenten I' und II', so ergibt sich

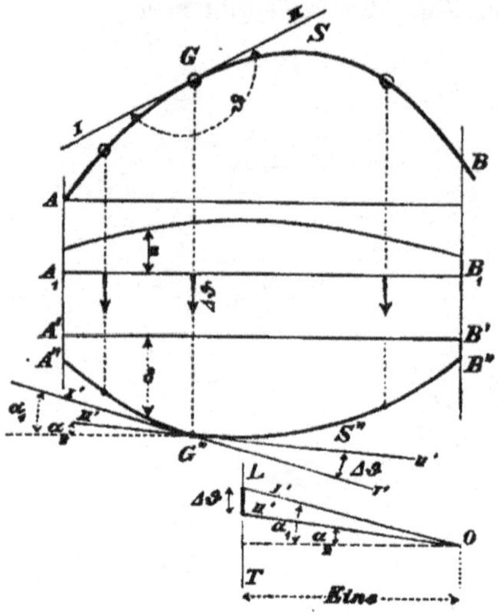

Fig. 169.

$$\alpha_1 - \alpha_2 = \Delta\vartheta$$

oder, da es sich hier um sehr kleine Formänderungen handelt,

$$\operatorname{tg}\alpha_1 - \operatorname{tg}\alpha_2 = \Delta\vartheta$$

und hieraus folgt (vgl. Fig. 169, in welcher O den Pol der Seillinie und LT den Kräftezug vorstellt), *dafs bei der Aufzeichnung der Seillinie $A''S''B''$ aufser der stetigen Belastung (z) noch unter jedem Gelenke eine Einzellast $\Delta\vartheta$ anzunehmen ist.*

Beispiel. Biegungslinie eines Bogens mit 3 Gelenken. Die Kämpfer A und B seien in senkrechter Richtung unverschieblich, die Stützweite l gehe infolge Nachgebens der Widerlager über in $l + \Delta l$. Die gesuchte Biegungslinie stimmt mit der Momentenkurve eines einfachen Balkens A_1B_1 überein, auf welchen eine stetige Belastung mit der durch die Gleichung (62) gegebenen Ordinate z und eine Einzellast $\Delta\vartheta$ wirkt. Zuerst möge $\Delta\vartheta = 0$ angenommen werden; es entsteht dann eine Biegungslinie, die am besten mit Hilfe des unter 2) gegebenen Verfahrens bestimmt wird und deren Ordinate $= \delta'$

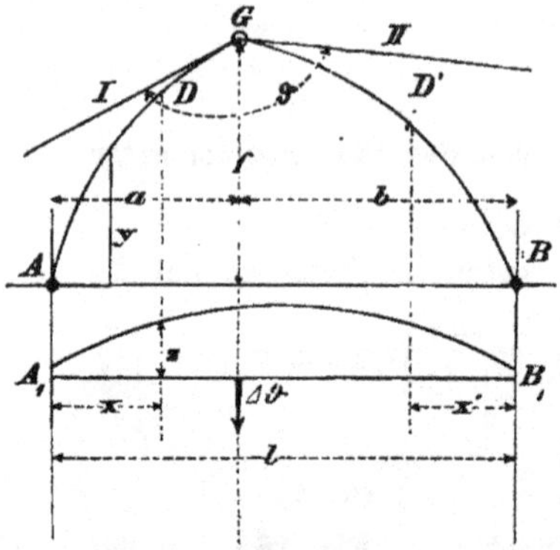

Fig. 170.

sein möge. Infolge von $\Delta\vartheta$ wird der Wert δ für einen Punkt D, links vom Scheitel, um $\frac{\Delta\vartheta b}{l} x$ vergröfsert und für einen Punkt D', rechts vom Scheitel, um $\frac{\Delta \mathfrak{T} a}{l} x'$,*) weshalb sich ergibt:

$$\delta = \delta' + \Delta \mathfrak{T} \frac{b x}{l}, \text{ bezw. } \delta = \delta' + \Delta \mathfrak{T} \frac{a x'}{l}.$$

Hat man nun mittels der auf Seite 165 entwickelten Gleichung

$$\Delta l = \int_0^l \frac{M y d s}{E J} + \int_0^l \frac{N d x}{E F} + \int_0^l \varepsilon t_0 d x + \int_0^l \varepsilon \Delta t \frac{y}{h} d s + f \Delta \mathfrak{T}$$

den Wert $\Delta \mathfrak{T}$ berechnet, wobei mit Bezugnahme auf Seite 177 $\int_0^l \frac{M y d s}{E J}$ $= \frac{e}{\gamma}$ gesetzt werden darf, so vermag man die Verschiebung δ eines jeden Punktes der Stabachse festzustellen.

5) Nicht immer ist es bei Bögen mit Zwischengelenken nötig, die Änderungen $\Delta \mathfrak{T}$ zu berechnen. Ein Beispiel hierfür bietet die Lösung der folgenden (der Aufgabe 2 auf Seite 47 gegenüber zu stellenden)

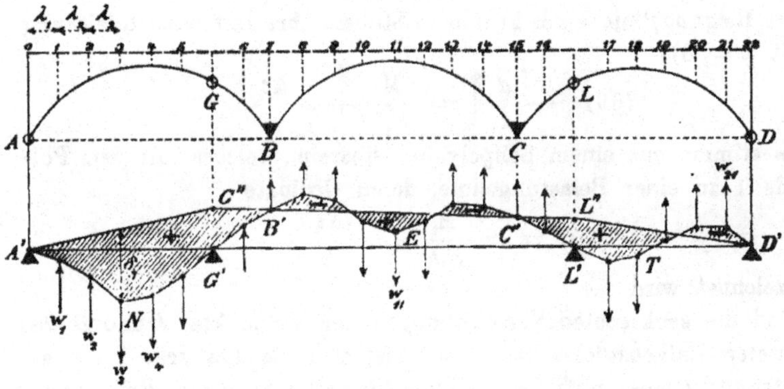

Fig. 171.

Aufgabe: Gesucht wird die Biegungsfläche eines über 3 Öffnungen gespannten kontinuierlichen Bogens mit 4 Gelenken *A*, *D*, *G* und *L* (Fig. 171).)**

---

*) Die auf $A_1 B_1$ wirkende Einzellast $\Delta \mathfrak{T}$ erzeugt die Auflagerwiderstände $\frac{\Delta \mathfrak{T} b}{l}$ (bei A_1) und $\frac{\Delta \mathfrak{T} a}{l}$ (bei B_1) und die Biegungsmomente $\frac{\Delta \mathfrak{T} b}{l} x$ (bei x) und $\frac{\Delta \mathfrak{T} a}{l} x'$ (bei x').

**) Bei *B* und *C* sind keine Gelenke angeordnet, die einzelnen Bögen sind vielmehr über den Auflagern fest miteinander verbunden. Ein besonderer Fall dieses Bogenträgers ist der bekannte Gerbersche Balken.

Die senkrechten Verschiebungen der Stützpunkte A, B, C, D seien $= 0$. Es soll, wie unter 2), mit Einzellasten w an Stelle der Belastung z gerechnet werden.

Man zeichne mit der Polentfernung $\mathfrak{H} = \frac{EJ_c}{\lambda}$:

das Momentenpolygon $A'NG'$ für den einfachen Balken $A'G'$ mit den Lasten w_1 bis w_5,

das Momentenpolygon $G'EL'$ für den einfachen Balken $G'L'$ mit den Lasten w_6 bis w_{16} und

das Momentenpolygon $L'TD'$ für den einfachen Balken $L'D'$ mit den Lasten w_{17} bis w_{21},*)

bringe die Auflagersenkrechten durch B und C mit dem Momentenpolygone $G'EL'$ in B' und C' zum Schnitt, lege durch B' und C' eine Gerade, welche die Senkrechten durch die Gelenke in G'' und L'' schneidet und verbinde A' mit G'' und D' mit L'' durch Geraden. Die zwischen den Momentenpolygonen und dem Linienzuge $A'G''L''D'$ gelegene Fläche ist die gesuchte Biegungsfläche.

6) Die elastische Linie des geraden Balkens ist ein besonderer Fall der Biegungslinie eines krummen Stabes; ihre Differentialgleichung ist (mit $\varphi = 0$)

$$(69) \qquad -\frac{d^2\delta}{dx^2} = \frac{M}{EJ} + \varepsilon\frac{\Delta t}{h},$$

und sie stimmt mit einem Seilpolygone überein, welches mit dem Polabstande 1 zu einer Belastungslinie, deren Ordinate

$$(70) \qquad z = \frac{M}{EJ} + \varepsilon\frac{\Delta t}{h}$$

ist, gezeichnet wird.

Sind die senkrechten Verschiebungen der Endpunkte A und B des betrachteten Balkenstückes $= 0$, so läfst sich die elastische Linie als Momentenkurve eines einfachen Balkens AB auffassen, dessen Belastungshöhe an der Stelle x gleich z ist.

Bei konstantem EJ empfiehlt es sich,

$$(71) \qquad z = M + \varepsilon EJ\frac{\Delta t}{h}$$

zu setzen. Bedeutet dann (M) die Ordinate der durch diese Belastungslinie bedingten Momentenkurve (welche auch die zweite Momentenkurve des Balkens AB heifst), so ist

$$(72) \qquad \delta = \frac{(M)}{EJ}.$$

*) In Fig. 171 wurden die nach Gleichung (64) zu berechnenden Werte w_2 bis w_8, w_{10} bis w_{12} und w_{17} und w_{18} positiv (d. h. abwärts gerichtet), die übrigen w hingegen negativ angenommen.

Beispiel. Auf einen Balken mit konstantem EJ, Fig. 172, der an den Enden frei aufliegt, wirken zwei Einzellasten P. Es sollen die Durchbiegungen δ an den Stellen x und x_1 berechnet werden. Temperaturänderungen Δt seien ausgeschlossen.

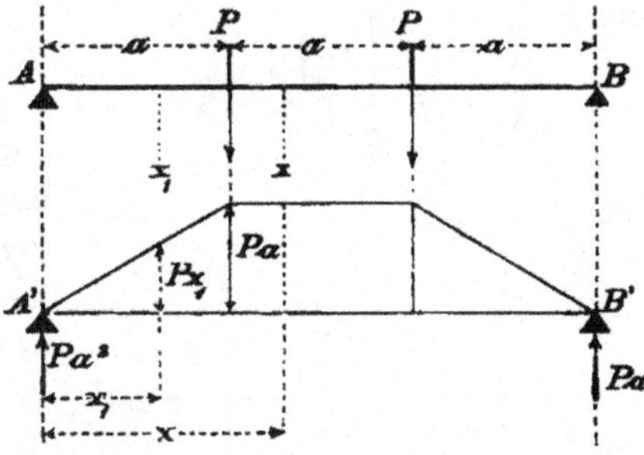

Fig. 172.

Die Momentenfläche ist ein Trapez, dessen Höhe $= Pa$ und dessen Inhalt $= 2Pa^2$ ist; sie wird als Belastungsfläche des einfachen Balkens $A'B'$ aufgefaßt und ruft an dessen Auflagern die Gegendrücke Pa^2 hervor. Das zweite Moment für den Querschnitt bei x ist deshalb

$$(M) = Pa^2x - \frac{Pa^2}{2}\left(x - \frac{2a}{3}\right) - Pa(x-a)\frac{x-a}{2}$$

$$= \frac{Pa(9ax - 3x^2 - a^2)}{6}$$

und die gesuchte Durchbiegung:

$$\delta = \frac{Pa(9ax - 3x^2 - a^2)}{6EJ}.$$

An Stelle x_1 findet man das zweite Moment

$$(M) = Pa^2x_1 - Px_1\frac{x_1}{2}\cdot\frac{x_1}{3} = \frac{Px_1(6a^2 - x_1^2)}{6}$$

und die Durchbiegung $\delta = \dfrac{Px_1(6a^2 - x_1^2)}{6EJ}$.

§ 18.

Der Maxwellsche Satz.

Der im § 9 für das Fachwerk bewiesene, an die Voraussetzungen $L = 0$, $\Delta t = 0$ gebundene Maxwellsche Satz gilt auch für alle den Annahmen des § 12 entsprechenden, auf Biegungsfestigkeit beanspruchten stabförmigen Körper, was ohne weiteres einleuchtet, wenn die auf Seite 60 für die Wege δ_{mn} und δ_{nm} aufgestellten Gleichungen durch die Beziehungen

$$\delta_{mn} = \int \sigma_m \left(\frac{\Delta ds_v}{ds}\right)_n dV = \int \frac{\sigma_m \sigma_n dV}{EF} \quad \text{und}$$

$$\delta_{nm} = \int \sigma_n \left(\frac{\Delta ds_v}{ds}\right)_m dV = \int \frac{\sigma_n \sigma_m dV}{EF}$$

ersetzt werden.

Aufgabe 1. Gesucht ist die Einflufslinie für die Senkung δ eines Punktes D der Achse eines Bogenträgers ASB (Fig. 173).

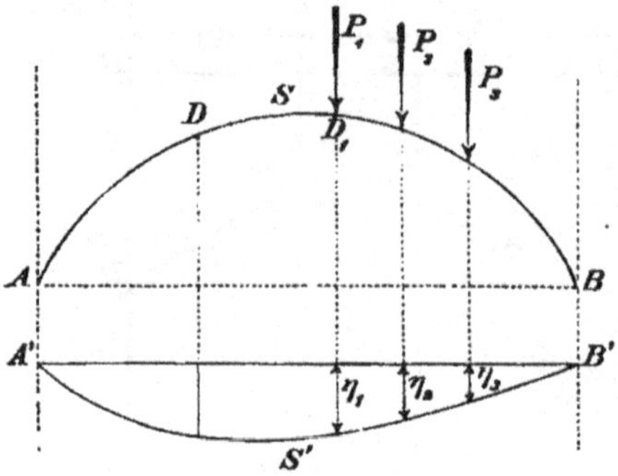

Fig. 173.

Wir denken den gewichtslosen Träger nur mit einer in D angreifenden senkrechten Kraft „Eins" belastet, berechnen die hierdurch hervorgerufenen Auflagerkräfte, Momente M und Längskräfte N und zeichnen nach der im § 17 gegebenen Anleitung die Biegungslinie $A'S'B'$. Ist nun die unter D_1 gemessene Ordinate dieser Linie $= \eta_1$, so verschiebt die in D gedachte Last „Eins" den Punkt D_1 in senkrechtem Sinne um η_1 nach unten, und es wird mithin (nach Satz 1) eine in D_1 angreifende Last „Eins" den Punkt D ebenfalls um η_1 senken. Hieraus folgt, dafs die Biegungslinie $A'S'B'$ die gesuchte Einflufslinie für die Senkung δ des Punktes D ist. Beispielsweise senken die Lasten P_1, P_2, P_3 den Punkt D um

$$\delta = P_1 \eta_1 + P_2 \eta_2 + P_3 \eta_3.$$

Die Einflufslinie $A'S'B'$ für die Senkung δ des Punktes D der Achse eines Balkens AB mit veränderlichem Querschnitte (Fig. 174) stimmt mit der Momentenkurve eines einfachen Balkens $A'B'$ überein, dessen Belastungsordinate

$$z = \frac{\mathrm{M}'}{EJ}$$

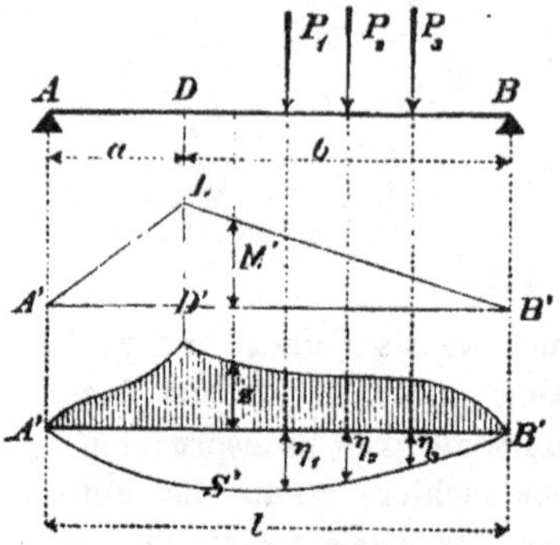

Fig. 174.

ist, wobei M′ das Biegungsmoment bedeutet, welches für irgend einen Balkenquerschnitt durch eine in D angreifende Last „Eins" erzeugt wird. Die Momentenfläche für diesen Belastungsfall ist ein Dreieck $A'LB'$ von der Höhe $\overline{LD'} = 1 \cdot \frac{ab}{l}$.

Für die Anwendung ist, bei konstantem E, zu empfehlen, die Belastungshöhe $z = \frac{\mathrm{M}'}{EJ}$ durch

$$z = \mathrm{M}' \frac{J_c}{J}$$

zu ersetzen, unter J_c ein beliebiges aber konstantes Querschnitts-Trägheitsmoment verstanden. Die Momentenkurve $A'S'B'$ ist dann nicht mehr die Einflufslinie für die Verschiebung δ, sondern für den Wert $EJ_c\delta$, und man erhält für die Belastung in Fig. 173

$$\delta = \frac{1}{EJ_c}(P_1\eta_1 + P_2\eta_2 + P_3\eta_3).$$

Aufgabe 2. Gesucht ist die Einflufslinie für den Gegendruck X der Mittelstütze eines geraden kontinuierlichen Balkens mit veränderlichem Querschnitte und mit 3 gleich hohen Stützpunkten. Fig. 175.

Beseitigung der Mittelstütze führt zu dem statisch bestimmten Balken AB. Für diesen wird, unter der Voraussetzung, dafs bei C eine senkrechte, abwärts gerichtete Last „Eins" angreift, die Momentenfläche $A'DB'$ gezeichnet (Dreieck mit der Höhe $\overline{C'D} = 1 \cdot \frac{l_1 l_2}{l}$) und hierauf wird eine Linie $A'D'B'$ aufgetragen, deren Gleichung

$$z = M\frac{J_c}{J}$$

lautet, wobei J das wirkliche, veränderlich angenommene und J_c ein beliebiges aber konstantes Querschnitts-Trägheitsmoment bedeuten. Fafst man diese Linie $A'D'B'$ als Belastungslinie eines einfachen Balkens $A'B'$ auf und zeichnet die zugehörige Momentenkurve $A'SB'$, so ist diese (nach Aufgabe 1) die Einflufslinie für die mit EJ_c multiplizierte Senkung des Punktes C. Wirken also auf den Balken AB (aufser den in A und B hervorgerufenen Auflagerkräften) die beiden Kräfte P und X, und mifst man unter P die Ordinate η und unter X die Ordinate c, so ergibt sich die Senkung δ des Punktes C:

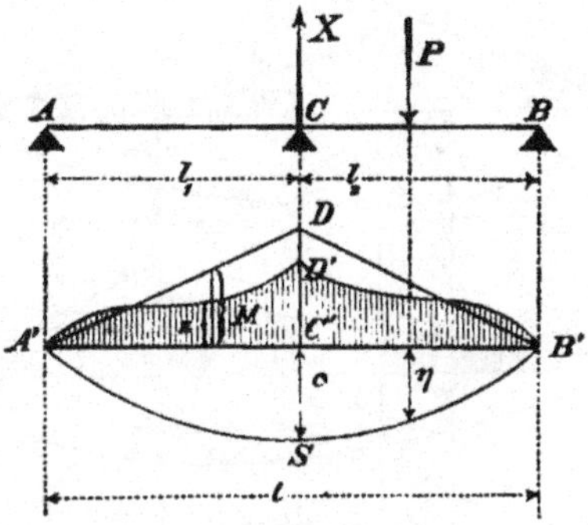

Fig. 175.

$$\delta = \frac{1}{EJ_c}(P\eta - Xc),$$

und es folgt aus der Bedingung $\delta = 0$ der Wert

$$X = P\frac{\eta}{c}.$$

Es ist mithin die Linie $A'SB'$ die gesuchte Einflufslinie für den Gegendruck X, und $\frac{1}{c}$ ist der Multiplikator für diese Linie.

Da es bei der Bestimmung von X nur auf das gegenseitige Verhältnis von η und c ankommt, so darf die Höhe des Dreiecks $A'DB'$

beliebig groſs gewählt werden, und weiter darf die Linie $A'SB'$ ein mit beliebigem Polabstande gezeichnetes Seilpolygon sein.

Aufgabe 3. Gesucht sind die Einfluſslinien für die Gegendrücke X' und X'' der Mittelstützen eines wagerechten kontinuierlichen Balkens mit veränderlichem Querschnitte und mit 4 gleich hohen Stützpunkten.

Werden die beiden Mittelstützen beseitigt, so entsteht ein einfacher Balken AD; die Punkte B und C desselben mögen sich um δ' und δ'' senken. Die Einfluſslinie für den Wert $EJ_c\delta'$ (wobei J_c ein beliebiges Querschnitts-Trägheitsmoment bedeutet) stimmt mit der Momentenkurve $A'ND'$ eines einfachen Balkens $A'D'$ überein, dessen Belastungslinie $A'L'D'$ man erhält, wenn man den Balken AD im Punkte B mit der senkrechten Kraft „Eins" belastet, die dieser Belastung entsprechende Momentenfläche $A'LD'$ (Dreieck mit der Höhe $LB' = 1\,\frac{l_1 r_1}{l}$) zeichnet und hierauf die Momente

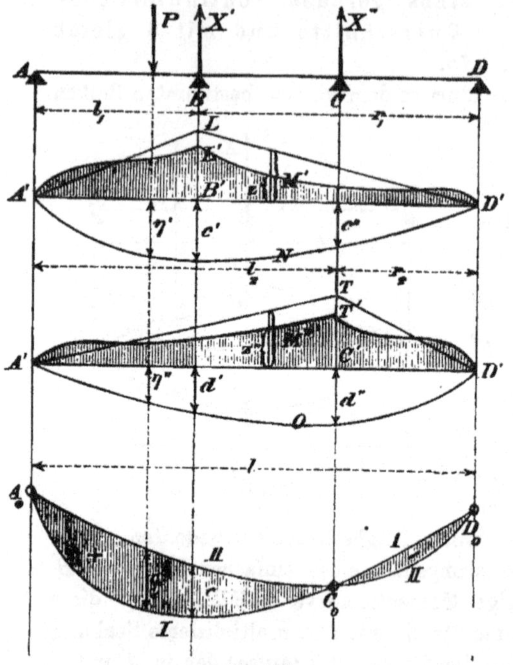

Fig. 176.

M' mit $\frac{J_c}{J}$ multipliziert; man erhält die Belastungsordinaten $z' = M'\,\frac{J_c}{J}$.

In gleicher Weise wird die Einfluſslinie $A'OD'$ für den Wert $EJ_c\delta''$ gefunden; es wird nach Auftragen des Dreiecks $A'TD'$, dessen Höhe $\overline{TC'} = 1\,\frac{l_2 r_2}{l}$ ist, die Belastungslinie $A'T'D'$ mit der Gleichung $z'' = M''\,\frac{J_c}{J}$ ermittelt und die zugehörige Momentenkurve $A'OD'$ gezeichnet.

Wirken nun auf den Balken AD (auſser den bei A und D hervorgerufenen Auflagerkräften) die drei senkrechten Kräfte P, X' und X'', so ergeben sich, mit den aus der Fig. 176 ersichtlichen Bezeichnungen, bei B und C die Durchbiegungen

$$\delta' = \frac{1}{EJ_c}(P\eta' - X'c' - X''c'') \text{ und}$$

$$\delta'' = \frac{1}{EJ_c}(P\eta'' - X'd' - X''d''),$$

und es folgen aus den Bedingungen $\delta' = 0$ und $\delta'' = 0$ die beiden Gleichungen

$$X'c' + X''c'' = P\eta'$$
$$X'd' + X''d'' = P\eta'',$$

aus denen sich die folgende Konstruktion der Einflufsfläche für X' ableiten läfst.*)

Man zeichne zu der Belastungslinie $A'L'D'$ mit beliebig gewähltem Polabstande ein Seilpolygon (I), welches die Senkrechten durch die Stützpunkte A, C, D in A_0, C_0, D_0 schneiden möge und hierauf zu der Belastungslinie $A'T'D'$ ein durch die 3 Punkte A_0, C_0 und D_0 gehendes Seilpolygon (II). Die Fläche zwischen den Seilpolygonen (I) und (II) ist die Einflufsfläche für X'. Mifst man unter P und X' bezw. die Ordinaten η und c, so ist

$$X' = P\frac{\eta}{c}.$$

Die Höhen der Dreiecke $A'LD'$ und $A'TD'$, deren Ordinaten M' und M'' mit $\frac{J_c}{J}$ multipliziert die Belastungsordinaten z' und z'' liefern, dürfen, da es bei der Berechnung von X' nur auf das gegenseitige Verhältnis von η und c ankommt, beliebig grofs gewählt werden.

Ganz ebenso wird die Einflufsfläche für X'' gefunden.

Aufgabe 4. Gesucht ist der Horizontalschub X eines Bogenträgers mit 2 (an den Kämpfern gelegenen) Gelenken. Fig. 177. Es handele sich um den Einflufs einer über den Träger wandernden Last P, einer gleichmäfsigen Erwärmung und eines Nachgebens der Widerlager.

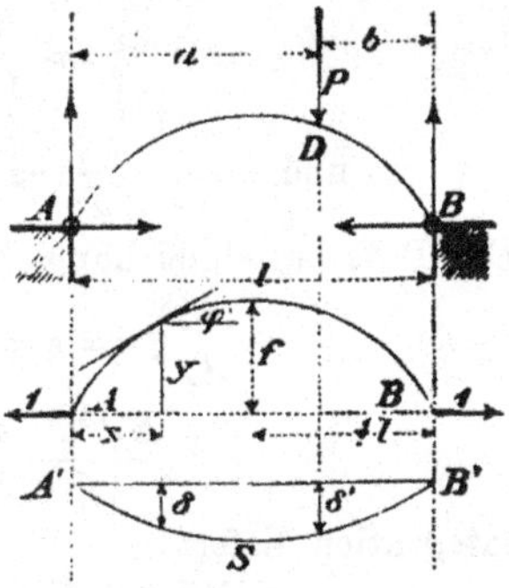

Fig. 177.

Zuerst wird angenommen, dafs auf den Bogen nur zwei in A und B angreifende, nach aufsen gerichtete, wagerechte Kräfte „Eins" wirken (Zustand $X = -1$). Die Sehnenlänge l vergröfsert sich hierbei nach Gleichung 58a, Seite 165, um

$$\xi = \int_0^l \frac{y^2 ds}{EJ} + \int_0^l \frac{\cos\varphi\, dx}{EF},$$

*) Vergl. Seite 64.

und es entsteht eine Biegungslinie $A'SB'$, welche als die Momentenkurve eines einfachen Balkens $A'B'$ aufgefaſst werden darf, dessen Belastungsordinate, nach Gleichung (62) und mit Vernachlässigung von N, stets genügend genau: $z = \frac{y \sec \varphi}{EJ}$ gesetzt werden darf; denn es ist $M = y \cdot 1$.

Mit Hilfe des Maxwellschen Satzes lassen sich jetzt folgende Schlüsse ziehen, wobei δ' die unter der Last P gemessene Ordinate der Biegungslinie $A'SB'$ und D den Angriffspunkt von P bezeichnen möge.

1) Die in A und B wirksamen wagerechten Kräfte 1 verschieben den Punkt D um δ' nach abwärts, mithin wird eine in D angreifende Last „Eins" eine Vergröſserung der Stützweite l um δ' hervorbringen, und eine in D angreifende Last P wird $\Delta l = P\delta'$ erzeugen.
2) Der Horizontalschub X verursacht für sich allein $\Delta l = -X\xi$.
3) Eine gleichmäſsige Änderung der Anfangstemperatur um t bedingt $\Delta l = \varepsilon t l$.
4) Soll sich bei gleichzeitigem Wirken von P und X sowie der Temperaturänderung die Stützweite l um einen vorgeschriebenen Wert Δl ändern, so besteht die Bedingung

$$\Delta l = P\delta' - X\xi + \varepsilon t l,$$

und aus dieser ergibt sich der für einen beliebig geformten Bogen gültige Wert

$$\text{(I)} \quad X = \frac{P\delta' + \varepsilon t l - \Delta l}{\xi}.$$

Für einen flachen Parabelbogen mit konstanten Werten $EJ \cos \varphi$ und $F \sec \varphi$ ist, wenn $J \cos \varphi = J'$ und $F \sec \varphi = F'$ gesetzt wird, nach Gleichung (58b), Seite 165,

$$\xi = \frac{8f^2 l}{15EJ'} + \frac{l}{EF'}$$

$$\text{und } z = \frac{y}{EJ} \sec \varphi = \frac{1}{EJ'} \cdot \frac{4fx(l-x)}{l^2}.$$

Die Differentialgleichung der Biegungslinie $A'SB'$ lautet

$$\frac{d^2\delta}{dx^2} = z = \frac{4fx(l-x)}{EJ'l^2}, \text{ d. h.}$$

$$\frac{EJ'l^2}{4f} \frac{d^2\delta}{dx^2} = x^2 - lx;$$

ihre Integration liefert

$$\frac{EJ'l^2}{4f} \frac{d\delta}{dx} = \frac{x^3}{3} - \frac{lx^2}{2} + C_1,$$

$$\frac{EJ'l^2}{4f} \delta = \frac{x^4}{12} - \frac{lx^3}{6} + C_1 x + C_2.$$

Aus den Bedingungen:

$$x = 0 \text{ mufs liefern } \delta = 0,$$
$$x = l \quad \text{„} \quad \text{„} \quad \delta = 0$$

ergeben sich die Integrationskonstanten

$$C_1 = \frac{l^3}{12} \text{ und } C_2 = 0,$$

und es folgt die Gleichung

$$(75) \quad \delta = \frac{f(xl^3 - 2lx^3 + x^4)}{3EJ'l^2},$$

so dafs unter der bei a gelegenen Last P die Ordinate

$$(76) \quad \delta' = \frac{f(al^3 - 2la^3 + a^4)}{3EJ'l^2}$$

erhalten wird. Die für X abgeleitete Gleichung (I) geht über in:

$$X = \frac{5P(al^3 - 2la^3 + a^4)}{8f_1 l^3} + \frac{15EJ'}{8ff_1 l}(\varepsilon tl - \Delta l),$$

wobei

$$f_1 = f\left(1 + \frac{15}{8}\frac{J'}{F'f^2}\right).$$

Das von P abhängige erste Glied von X bestimmt die Einflufslinie für X; diese Linie weicht so wenig von einer Parabel ab, dafs es stets zulässig ist, sie durch eine Parabel zu ersetzen, so zwar, dafs beide Linien mit der Abscissenachse $A'B'$ (Fig. 177) gleichgrofse Flächen einschliefsen. Die Pfeilhöhe Z dieser Parabel bestimmt sich aus der Gleichung

$$\frac{Z2l}{3} = \frac{5P}{8f_1 l^3}\int_0^l (al^3 - 2la^3 + a^4);$$

man erhält

$$Z = \frac{3Pl}{16f_1}$$

und schliefslich den Einflufs von P auf X:

$$(77) \quad X = \frac{3Pab}{4f_1 l}.\text{*)}$$

Aufgabe 5. Ein ursprünglich wagerechter Stab konstanten Querschnitts liegt bei A frei auf und ist bei B unter dem Winkel τ_1 eingespannt. Es soll das durch eine senkrechte Einzellast P hervorgerufene Einspannungsmoment M_1 bestimmt werden. Fig. 178.

---

*) Eine andere Ableitung der Formel $X = \frac{3Pab}{4fl}$ findet sich bei Müller-Breslau, Theorie und Berechnung der eisernen Bogenbrücken, Berlin 1880, Seite 31.

Wir betrachten zunächst den bei A und B frei aufliegenden, nur durch ein in B angreifendes Kräftepaar, dessen Moment $= 1$ ist, belasteten Stab (Zustand $M_1 = 1$) und berechnen die bei a entstehende Durchbiegung δ, sowie den Neigungswinkel τ der in B an die elastische Linie gelegten Tangente. Die Momentenfläche ist ein Dreieck ALB von der Höhe $\overline{LB} = 1$; faßt man sie als Belastungsfläche eines einfachen Balkens AB auf, so entstehen die Stützendrücke $(A) = \frac{1 \cdot l}{6}$ und $(B) = \frac{1 \cdot l}{3}$ und, an der

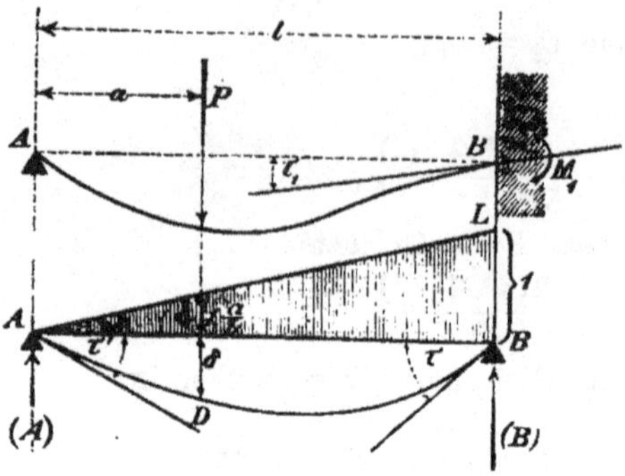

Fig. 178.

Stelle a, das zweite Moment (vergl. Seite 180):

$$(M) = \frac{l}{6} a - 1 \cdot \frac{a}{l} \cdot \frac{a}{2} \cdot \frac{a}{3} = \frac{a(l^2 - a^2)}{6l};$$

es ist mithin $$\delta = \frac{(M)}{EJ} = \frac{a(l^2 - a^2)}{6EJl}.$$

Weiter ergibt sich

$$\tau = \frac{(B)}{EJ} = \frac{l}{3EJ}.^{*)}$$

Der vierte der vorhin bewiesenen Sätze gestattet jetzt folgende Schlüsse:

Ein bei B angreifendes, links drehendes Kräftepaar „Eins" senkt den Punkt D um δ, folglich verursacht eine in D wirksame Last „Eins" bei B eine Links-Drehung δ, und eine Last P erzeugt die Drehung $P\delta$.

Da nun das Moment M_1 für sich allein die Drehung $M_1\tau$ bewirkt, so entsteht im ganzen die Drehung

$$\tau_1 = P\delta + M_1\tau,$$

und es folgt hieraus, bei vorgeschriebenem τ_1, das gesuchte Einspannungsmoment: $$M_1 = -P\frac{\delta}{\tau} + \frac{\tau_1}{\tau}, \text{ d. i.}$$

$$M_1 = -\frac{Pa(l^2 - a^2)}{2l^2} + \frac{3EJ\tau_1}{l}.$$

*) Da $EJ\delta$ als Biegungsmoment aufgefaßt werden darf, so läßt sich $EJ\tau = EJ\frac{d\delta}{dx}$ als Querkraft (Vertikalkraft) deuten. Es folgt dann (Fig. 178): $EJ\tau = (B)$ und ebenso $EJ\tau' = (A)$.

§ 19.

Allgemeine Untersuchung des Einflusses einer Einzellast auf die statisch nicht bestimmbaren Größen X.

Wir betrachten ein Stabwerk, auf welches nur eine Last P wirkt, und suchen die statisch nicht bestimmbaren Größen $X' X'' \ldots$ für eine beliebige Lage dieser Last unter der Annahme zu ermitteln, daß bezüglich der auf Biegungsfestigkeit in Anspruch genommenen Stäbe die Voraussetzungen des § 12 zutreffen.

Die Gleichungen:

$$L' = \int \frac{\sigma' \sigma\, dV}{E} + \int \varepsilon t \sigma' dV,$$

$$L'' = \int \frac{\sigma'' \sigma\, dV}{E} + \int \varepsilon t \sigma'' dV,$$

$$\ldots\ldots\ldots\ldots,$$

welche auf Seite 80 für den Fall abgeleitet wurden, daß die Spannungen σ in der Form $\sigma = \sigma_0 + \sigma' X' + \sigma'' X'' + \ldots\ldots$ darstellbar sind, lassen sich, wenn der die Unbekannten X enthaltende Teil von σ mit σ_x bezeichnet und

$$\sigma = \sigma_0 + \sigma_x$$

gesetzt wird, schreiben:

$$(78)\quad \begin{cases} L' = \int \frac{\sigma' \sigma_0\, dV}{E} + \int \frac{\sigma' \sigma_x\, dV}{E} + \int \varepsilon t \sigma' dV, \\ L'' = \int \frac{\sigma'' \sigma_0\, dV}{E} + \int \frac{\sigma'' \sigma_x\, dV}{E} + \int \varepsilon t \sigma'' dV, \\ \ldots\ldots\ldots\ldots\ldots\ldots \end{cases}$$

Die von den Spannungen σ_0 abhängigen Integrale erstrecken sich über den statisch bestimmten Hauptträger, in welchen das betrachtete Stabwerk im Falle des Verschwindens sämtlicher Unbekannten X übergeht; sie lassen sich in folgender Weise deuten:

Bezeichnet, für irgend einen Spannungszustand des Hauptträgers, δ die unter der Annahme unverrückbarer oder über reibungslose Lager gleitender Stützpunkte und für den Fall $t = 0$ bestimmte Verschiebung des Angriffspunktes von P, so besteht, da P die Spannungen σ_0 hervorbringt, zwischen δ und den Formänderungen $\Delta ds_v = \frac{\sigma}{E}\, ds_v$ die Beziehung (Arbeitsgleichung)

$$P\delta = \int \sigma_0 \frac{\Delta ds_v}{ds_v}\, dV = \int \frac{\sigma_0 \sigma\, dV}{E},$$

und es ergibt sich insbesondere für die dem Zustande $X' = 1$ entsprechende Verschiebung δ' die Gleichung

$$(79)\quad \begin{cases} P\delta' = \int \frac{\sigma_0 \sigma' d V}{E}, \\ \text{und ebenso folgt} \\ P\delta'' = \int \frac{\sigma_0 \sigma'' d V}{E}, \quad P\delta''' = \int \frac{\sigma_0 \sigma''' d V}{E}, \text{ u. s. w.,} \end{cases}$$

wobei δ'', δ''', ... die bezw. durch die Spannungen σ'', σ''', ... (entsprechend den Zuständen $X'' = 1$, $X''' = 1$, ...) hervorgebrachten Verschiebungen des Angriffspunktes von P bedeuten.

Die Bedingungsgleichungen (78) gehen jetzt über in:

$$(80)\quad \begin{cases} L' = P\delta' + \int \frac{\sigma' \sigma_x d V}{E} + \int \varepsilon t \sigma' d V, \\ L'' = P\delta'' + \int \frac{\sigma'' \sigma_x d V}{E} + \int \varepsilon t \sigma'' d V, \\ \ldots\ldots\ldots\ldots\ldots\ldots, \end{cases}$$

sie mögen für den Fall weiter umgeformt werden, daſs für die auf Biegungsfestigkeit beanspruchten Stäbe die Spannungen σ nach Gleichung (40) (§ 13) berechnet werden dürfen, und die Temperaturänderung innerhalb eines Querschnittes dem in Fig. 77 dargestellten Gesetze folgt. Es ergibt sich dann (vergl. die im § 14 unter 1 durchgeführten Integrationen):*)

$$\int \frac{\sigma' \sigma_x d V}{E} = \int \frac{N' N_x ds}{EF} + \int \frac{\mathrm{M}' \mathrm{M}_x ds}{EJ} \quad \text{und}$$

$$\int \varepsilon t \sigma' d V = \int \varepsilon t_0 N' ds + \int \varepsilon \frac{\Delta t}{h} \mathrm{M}' ds;$$

dabei wird angenommen, daſs die Längskraft N und das Biegungsmoment M durch die Gleichungen

$$N = N_0 + N' X' + N'' X'' + \ldots. \text{ und}$$
$$\mathrm{M} = \mathrm{M}_0 + \mathrm{M}' X' + \mathrm{M}' X'' + \ldots.$$

gegeben sind und für die von X abhängigen Teile von N und M die Abkürzungen

$$N_x = N' X' + N'' X'' + \ldots$$
$$\mathrm{M}_x = \mathrm{M}' X' + \mathrm{M}'' X'' + \ldots.$$

eingeführt werden.

Für die Fachwerkstäbe ist, wenn die Temperaturänderung in allen Punkten eines Stabes den gleichen Wert t annimmt,

$$\int \frac{\sigma' \sigma_x d V}{E} + \int \varepsilon t \sigma' d V = \Sigma \frac{S' S_x s}{LF} + \Sigma \varepsilon t S' s,$$

wobei die Spannkraft S in der Form

$$S = S_0 + S' X' + S'' X'' + \ldots..$$

dargestellt sein muſs und

*) Wir schreiben jetzt ds an Stelle von dx.

$$S_x = S'X' + S''X'' + \ldots\ldots$$

den von den Unbekannten X abhängigen Teil der Spannkraft S angibt.

Die Gleichungen (80) gehen jetzt über in

$$(81)\quad \begin{cases} L' = P\delta' + \int \frac{M'M_x ds}{EJ} + \int \frac{N'N_x ds}{EF} + \int \varepsilon \frac{\Delta t}{h} M' ds \\ \qquad + \int \varepsilon t_0 N' ds + \Sigma \frac{S'S_x s}{EF} + \Sigma \varepsilon t S' s, \\ L'' = P\delta'' + \int \frac{M''M_x ds}{EJ} + \int \frac{N''N_x ds}{EF} + \int \varepsilon \frac{\Delta t}{h} M'' ds \\ \qquad + \int \varepsilon t_0 N'' ds + \Sigma \frac{S''S_x s}{EF} + \Sigma \varepsilon t S'' s \\ \ldots\ldots\ldots\ldots\ldots\ldots\ldots\ldots, \end{cases}$$

sie ermöglichen u. a. die Berechnung der Einflufslinien für die Gröfsen X', X'', ... ebener Stabwerke auf die Ermittlung von Biegungslinien für stets sehr einfache Belastungsfälle zurückzuführen, da alle in den Gleichungen (81) stehenden Integrale von der Lage der Last P unabhängig sind und nur einmal berechnet zu werden brauchen.

Ist das Stabwerk nur einfach statisch unbestimmt, d. h. tritt nur eine Unbekannte X auf, so folgt

$$N = N_0 + N'X,\quad M = M_0 + M'X,\quad S = S_0 + S'X \text{ also}$$
$$N_x = N'X,\quad M_x = M'X,\quad S_x = S'X$$

und es ergibt sich dann aus der ersten der Gleichungen (81) der Wert

$$(82)\quad X = -\frac{L' - P\delta' - \int \varepsilon t_0 N' ds - \int \varepsilon \Delta t \frac{M' ds}{h} - \Sigma S' \varepsilon t s}{\int \frac{N'^2 ds}{EF} + \int \frac{M'^2 ds}{EJ} + \Sigma \frac{S'^2 s}{EF}}.$$

Aufgabe 1. Gesucht ist die Einflufslinie für den Horizontalschub X eines kontinuierlichen Bogenträgers mit 3 Öffnungen. Fig. 179. Die einzelnen Bögen sind bei B und C starr miteinander verbunden; bei A und D, G und L sind Gelenke angeordnet. Über den Mittelpfeilern liegen wagerechte Gleitlager, weshalb die Gegendrücke B und C der Mittelstützen senkrecht wirken. Die Veränderlichkeit des Bogenquerschnittes soll berücksichtigt werden; sodann ist anzunehmen, dafs der Bogen gleichmäfsig um t erwärmt wird, und, infolge eines Nachgebens der Widerlager, l in $l + \Delta l$ übergeht, während sich die Mittelstützen um die sehr kleinen Strecken δ_1 und δ_2 senken.

Der Bogenträger ist einfach statisch unbestimmt; er geht im Falle $X = 0$ in einen Gerberschen Balken über, für den sich die Biegungsmomente M_0 und Längskräfte N_0 leicht berechnen lassen.

Um die Unbekannte X mittels der aus der Gleichung (82) folgenden Formel

$$\text{(I)}\quad X = \frac{L' - P\delta' - \varepsilon t \int N' ds}{\int \frac{N'^2 ds}{EF} + \int \frac{M'^2 ds}{EJ}}\;{}^{*)}$$

bestimmen zu können, mufs man zunächst den Zustand $X = 1$, welchem die Momente M′ und Längskräfte N' entsprechen, untersuchen. Dieser

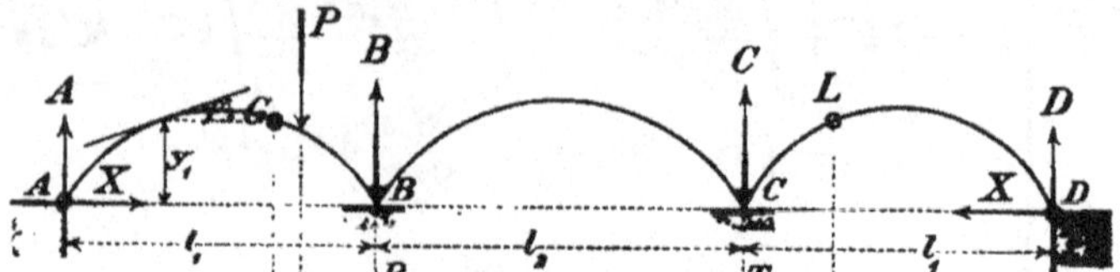

Fig. 179.

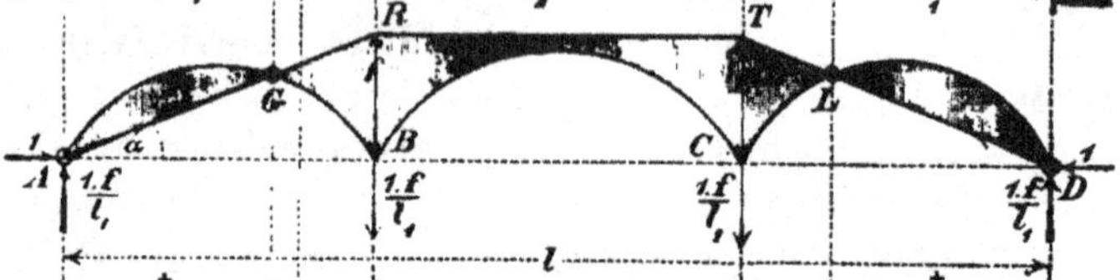

Fig. 180.

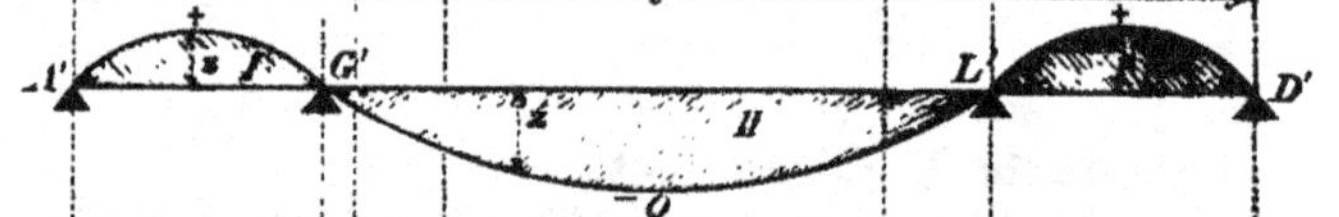

Fig. 181.

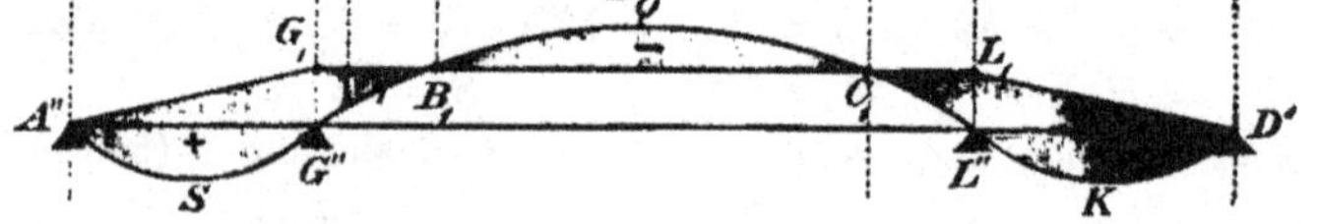

Fig. 182.

Zustand ist in Fig. 180 dargestellt. Aufser dem Horizontalschube „Eins" wirken noch senkrechte Auflagerkräfte $1 \cdot \frac{f}{l_1}$, denn es müssen, damit sich die Bogenstücke AG und LD nicht um die Gelenke G und L drehen, die Kämpferdrücke durch diese Gelenke gehen. Der Linienzug $ARTD$ ist (mit der Ausdrucksweise der graphischen Statik) das dem Zustande $X = 1$ entsprechende Mittelkraftspolygon, und es ergibt sich für irgend einen Querschnitt des Bogenträgers das Biegungsmoment

$$M' = 1 \cdot y,$$

wobei y den senkrechten Abstand des Querschnitts-Schwerpunktes vom Mittelkraftspolygone bezeichnet. Die in Fig. 180 schraffierte Fläche ist somit die dem Zustande $X = 1$ entsprechende Momentenfläche; der mittlere Teil derselben ist positiv.

---

*) Da Fachwerkstäbe nicht vorkommen, so fallen die Glieder Σ in Gleichung (82) fort; ferner ist, wegen der hier vorausgesetzten gleichmäfsigen Erwärmung $\Delta t = 0$ und $t_0 = t$ zu setzen.

Ist φ der Neigungswinkel der Tangente an die Stabachse gegen die Wagerechte, so ist die Längskraft für den Querschnitt durch den Berührungspunkt:

1) innerhalb einer Aufsenöffnung: $N' = -1 \cdot \cos\varphi - 1 \cdot \frac{f}{l_1} \sin\varphi$,

2) „ der Mittelöffnung: $N' = -1 \cdot \cos\varphi$.

Da nun das über eine Aufsenöffnung ausgedehnte Integral $\int ds \sin\varphi = \int dy_1 = 0$ ist, weil B und A, desgl. C und D gleich hoch liegen, so folgt

$$\int N' ds = -\int \cos\varphi\, ds = -(l_1 + l_2 + l_1) = -l.$$

Die virtuelle Arbeit L' der Auflagerkräfte ist, für den Zustand $X = 1$ und bei den hier vorgeschriebenen Bewegungen der Stützpunkte:

$$L' = -1 \cdot \Delta l + 1 \cdot \frac{f}{l_1} \delta_1 + 1 \cdot \frac{f}{l_1} \delta_2$$

und es entsteht, wenn Zähler und Nenner des Wertes für X [Gleichung (I)] mit EJ_c multipliziert werden (unter J_c ein beliebiges, konstantes Querschnitts-Trägheitsmoment verstanden) und die Bezeichnung

$$J \cos\varphi = J'$$

eingeführt wird:

$$X = \frac{-PEJ_c\delta' + EJ_c\left(\frac{f}{l_1}(\delta_1 + \delta_2) - \Delta l + \varepsilon t l\right)}{\mathfrak{N}},$$

wobei

$$\mathfrak{N} = J_c \int \frac{N'^2 ds}{F} + \int M'^2 \frac{J_c}{J'} dx = J_c \int \frac{N'^2 ds}{F} + \int y^2 \frac{J_c}{J'} dx.$$

Das erste Glied von $\mathfrak{N}$ ist gegen das zweite stets geringfügig, und es genügt, dasselbe angenähert zu berechnen. Man setze für alle drei Öffnungen: $N' = -1 \cdot \cos\varphi$ und nehme für $F \sec\varphi$ einen konstanten Mittelwert F_c an; es entsteht dann

$$J_c \int \frac{N'^2 ds}{F} = J_c \int \frac{dx}{F \cos\varphi} = \frac{J_c}{F_c} l \text{ und}$$

$$\mathfrak{N} = \frac{J_c}{F_c} l + \int y^2 \frac{J_c}{J'} dx.\text{*)}$$

Nach Berechnung von $\mathfrak{N}$ braucht man, um X bestimmen zu können, nur noch δ' anzugeben.

Es bedeutet δ' die unter der Last P gemessene Ordinate der für

*) Wenn der Querschnitt nicht sehr stark veränderlich ist, ist es auch zulässig, für J' (wenigstens innerhalb der einzelnen Öffnungen) einen konstanten Mittelwert zu setzen.

den Zustand $X = 1$ gezeichneten Biegungslinie, deren Differentialgleichung

$$-\frac{d^2\delta'}{dx^2} = \frac{\mathrm{M}'}{EJ}\sec\varphi + \frac{d\left(\frac{N'}{EF}\operatorname{tg}\varphi\right)}{dx}$$

unter Vernachlässigung des ganz unwesentlichen Gliedes $\frac{d\left(\frac{N'}{EF}\operatorname{tg}\varphi\right)}{dx}$ in

$$-\frac{d^2\delta'}{dx^2} = \frac{\mathrm{M}'}{EJ'}$$

vereinfacht werden darf. Es folgt dann, wenn an Stelle der Linie mit der Ordinate δ' diejenige mit der Ordinate $EJ_c\delta' = \eta$ gesucht wird,

$$-\frac{d^2\eta}{dx^2} = \mathrm{M}'\frac{J_c}{J'} = y\frac{J_c}{J'},$$

und es ergibt sich nun im Anschlusse an die Entwicklungen des § 17 (wobei namentlich auf die Aufgabe unter 5 zu achten ist) die folgende Darstellung der η-Linie.

Man bestimmt die Belastungslinie $z = y\frac{J_c}{J'}$, wobei es sich empfiehlt (damit die Gleichung $-EJ_c\delta' = \eta$ bestehe), das Vorzeichen der y umzukehren und die y zwischen G und L negativ anzunehmen. Hierauf faſst man die in Fig. 181 mit I bezeichneten Flächen als Belastungsflächen einfacher Balken $A'G'$ und $L'D'$ auf, die mit II bezeichnete als Belastungsfläche eines einfachen Balkens $G'L'$ und zeichnet die zugehörigen Momentenkurven $A''SG''$, $G''QL''$ und $L''KD''$. Nachdem hierauf die Senkrechten durch die Stützpunkte B und C mit der Momentenkurve $G''QL''$ in B_1 und C_1 zum Schnitte gebracht worden sind, wird der Linienzug $A''G_1L_1D''$ eingetragen, dessen Eckpunkte G_1 und L_1 senkrecht unter den Gelenken liegen. Miſst man nun unter der Last P den senkrechten Abstand der Momentenkurve von dem Linienzuge $A''G_1L_1D''$, so besteht zwischen η und δ' die Beziehung

$$-EJ_c\delta' = \eta,$$

und es ergibt sich der durch die Last P hervorgebrachte Horizontalschub

$$X = \frac{P\eta}{\mathfrak{N}}.$$

Sind die Momentenkurven $A''SG''$, $G''QL''$, $L''KD''$ Seilpolygone, und ist der Polabstand $= \mathfrak{N}$, so folgt

$$X = P\eta.$$

Es ist dann die Fläche zwischen den Seilpolygonen und dem Linienzuge $A''G_1L_1D''$ die Einfluſsfläche für X. Lasten zwischen B und C erzeugen ein negatives X.

Besonders empfehlenswert für den vorliegenden Fall ist die auf Seite 173 gelehrte Einführung von Einzellasten an Stelle der Belastungsflächen I und II.

Vergl. auch Fig. 171. Wegen $M' = 1 \cdot y$ erhält man, wenn der Einfluſs der Längskräfte N auf die Werte η vernachlässigt wird, nach Gleichung (64) und (68) die im Knotenpunkte m anzunehmende Einzellast

$$w_m = \omega_m = \frac{1}{6}\left[\frac{J_c}{J'_m}\,\frac{\lambda_m}{\lambda_c}\,(y_{m-1} + 2y_m) + \frac{J_c}{J'_{m+1}}\,\frac{\lambda_{m+1}}{\lambda_c}\,(y_{m+1} + 2y_m)\right],$$

wobei λ_c eine beliebige konstante Feldweite vorstellt. Zeichnet man zu diesen Lasten w (welche zwischen G und L nach aufwärts, hingegen links von G und rechts von L nach abwärts wirkend anzunehmen sind) die einfachen Momentenkurven $A''SG''$, $G''QL''$ und $L''KD''$ (Fig. 182), trägt den Linienzug $A''G_1L_1D''$ ein und miſst unter P die Ordinate η, so besteht die Beziehung $-\frac{EJ_c}{\lambda_c}\delta' = \eta$ und es folgt $X = \frac{P\eta\lambda_c}{\mathfrak{N}}$.

Nun ist

$$\int\frac{y^2\,dx}{EJ'} = \int y\,\frac{M'\,dx}{EJ'} = \frac{\lambda_c}{EJ_c}\,\Sigma y_m\omega_m = \frac{\lambda_c}{EJ_c}\,\Sigma y_m w_m \quad \text{[nach Gleichung (68)]}$$

und

$$\int y^2\,\frac{J_c}{J'}\,dx = \lambda_c \Sigma y_m w_m,$$

mithin

$$\frac{\mathfrak{N}}{\lambda_c} = \frac{J_c l}{F_c \lambda_c} + \Sigma y_m w_m,$$

und man erhält, wenn a eine beliebig lange Strecke bedeutet,

$$X = \frac{P}{\mathfrak{H}}\,\frac{\eta}{a}, \text{ wobei } \mathfrak{H} = \frac{J_c l}{F_c \lambda_c a} + \frac{\Sigma y_m w_m}{a}.$$

Sind die Linien $A''SG''$, $G''QL''$, $L''KD''$ Seilpolygone, welche zu den Lasten w mit der Polentfernung $\mathfrak{H}$ gezeichnet wurden, so ist

$$X = P\frac{\eta}{a}$$

und, wenn die Lasteinheit P durch eine Strecke von der Länge a dargestellt wird (Kräftemaſsstab):

$$X = \eta.$$

Zu beachten ist, daſs sowohl die Polentfernung $\mathfrak{H}$ als auch die Lasten w „Strecken" vorstellen, welche in beliebigem (vom Längenmaſsstabe der Zeichnung unabhängigen) Maſsstabe aufgetragen werden dürfen. Meistens ist λ konstant; man wählt dann $\lambda_c =$ wirkliche Feldweite und erhält $\frac{\lambda_m}{\lambda_c} = \frac{\lambda_{m+1}}{\lambda_c} = 1$. Ist auſserdem die Annahme: $J' = Konst.$ zulässig, so wählt man J_c gleich dem Mittelwerte von J' und hat dann sehr einfach

$$w_m = \frac{1}{6}(y_{m-1} + 4y_m + y_{m+1}).$$

Bei kleiner Feldweite ist genügend genau $w_m = y_m$.

Aufgabe 2. Eine auf Pendelpfeilern ruhende Kette sei durch senkrechte Stäbe mit einem Bogen verbunden, welcher an den Kämpfern Gelenke besitzt. Auf den Bogen wirke eine Last P. Es soll der Horizontalzug X' der Kette und der Horizontalschub X'' des Bogens unter der Voraussetzung berechnet werden, daſs sich die Stützpunkte um beobachtete kleine Strecken verschieben und eine gleichmäſsige Erhöhung der Anfangstemperatur um t stattfindet. Fig. 183.

Zunächst müssen die Spannkräfte in den Fachwerkstäben, sowie die den Bogen beanspruchenden Biegungsmomente M und Längskräfte N durch die Last P und die Unbekannten X' und X'' ausgedrückt werden.

a) Die Fachwerkstäbe. Es ergibt sich für irgend ein Glied der Kette, wenn α den Neigungswinkel desselben gegen die Wagerechte bedeutet:

$$\text{(I)} \quad S = X' \sec \alpha$$

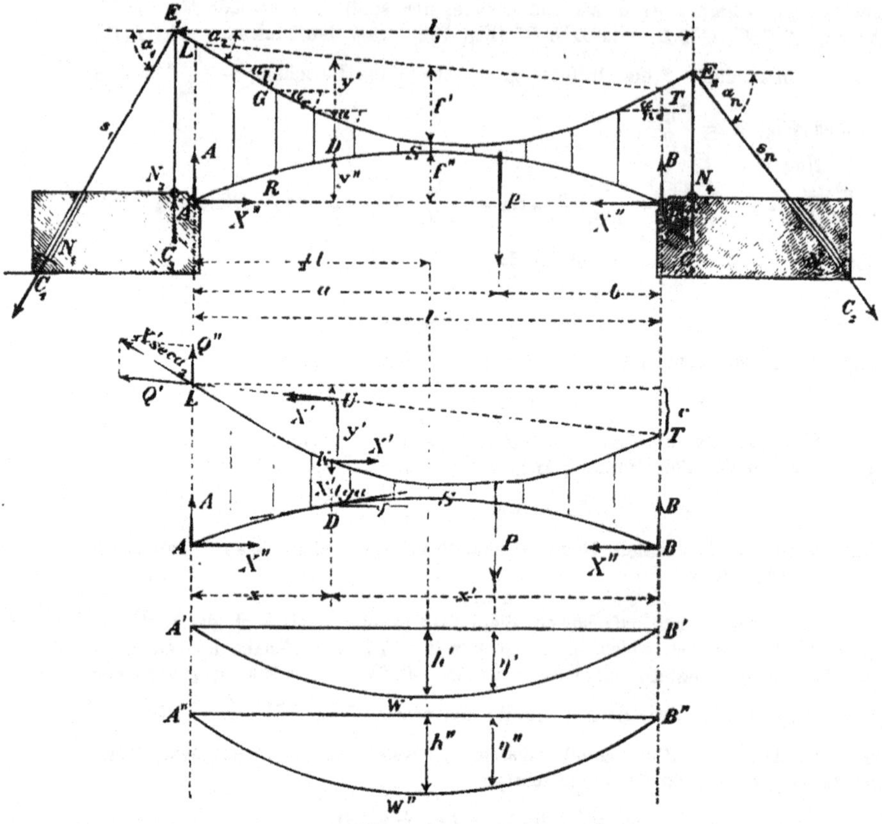

Fig. 183.

und für irgend eine Hängestange GR, wenn α_l und α_r die links und rechts von GR gelegenen Winkel α bedeuten;

$$\text{(II)} \quad S = X' (\operatorname{tg} \alpha_l - \operatorname{tg} \alpha_r).$$

Für den linken Pendelpfeiler ist

$$\text{(III)} \quad S = - X' (\operatorname{tg} \alpha_1 + \operatorname{tg} \alpha_2)$$

und für den rechten:

$$\text{(IIIa)} \quad S = - X' (\operatorname{tg} \alpha_{n-1} + \operatorname{tg} \alpha_n).$$

b) Der Bogen. Die senkrechten Auflagerdrücke bei A und B

seien $= A$ bezw. $= B$; sie mögen die Kette in L und T schneiden. Die Gerade LT heiße die Schlußlinie, und es sei an der Stelle x der senkrechte Abstand der Kette von der Schlußlinie $= y'$ und die Ordinate des Bogen $= y''$. Bei L denken wir die Kette durchgeschnitten, zerlegen die Spannkraft $X' \sec \alpha_2$ des geschnittenen Kettengliedes in die Seitenkräfte Q' (in der Richtung der Schlußlinie) und Q'' (senkrecht) und schreiben die Momentengleichung für den Punkt T an; sie lautet

$$\text{(IV)} \quad (A + Q'')\, l - Pb = 0,$$

und liefert $A + Q'' = \dfrac{Pb}{l}$. Nun führen wir an der Stelle x einen senkrechten Schnitt, welcher Bogen, Kette und Schlußlinie in D, K und U trifft, verlegen Q' von L nach U, zerlegen sowohl Q' als auch die Spannkraft S des vom Schnitte DU getroffenen Kettengliedes in eine senkrechte und eine wagerechte Seitenkraft (welche letztere $= X'$ ist) und finden, wenn $x < a$ ist, das Biegungsmoment für den Bogenquerschnitt bei D:

$$\mathrm{M} = (A + Q'')\, x - X'y' - X''y'', \text{ d. i.}$$

$$\mathrm{M} = \frac{Pb}{l}\, x - X'y' - X''y'',$$

während im Falle $x > a$

$$\mathrm{M} = \frac{Pa}{l}\, x' - X'y' - X''y'$$

erhalten wird, weshalb allgemein gesetzt werden darf

$$\text{(V)} \quad \mathrm{M} = \mathrm{M}_0 - X'y' - X''y'',$$

wobei $\mathrm{M}_0 =$ Biegungsmoment für einen bei A und B frei aufliegenden, mit P belasteten Balken ASB.

Die Momentengleichung (IV) für den Punkt T läßt sich auch nach der (in Fig. 183 nicht angegebenen) Zerlegung von $X' \sec \alpha_2$ in X' (wagerecht) und $X' \operatorname{tg} \alpha_2$ (senkrecht) in der Form schreiben:

$$(A + X' \operatorname{tg} \alpha_2)\, l - X'c - Pb = 0;$$

sie liefert dann den senkrechten Gegendruck des Bogenwiderlagers

$$\text{(VI)} \quad A = \frac{Pb}{l} - X'\left(\operatorname{tg} \alpha_2 - \frac{c}{l}\right),$$

und ebenso läßt sich ableiten

$$\text{(VII)} \quad B = \frac{Pa}{l} - X'\left(\operatorname{tg} \alpha_{n-1} + \frac{c}{l}\right),$$

wobei α_{n-1} der spitze Neigungswinkel des vom Schnitte BT getroffenen Kettengliedes ist.

Die Summe der auf das Bogenstück AD wirkenden senkrechten Kräfte ist nun für $x < a$:

$$V = A + X' \operatorname{tg} \alpha_2 - X' \operatorname{tg} \alpha = \frac{Pb}{l} - X'\left(\operatorname{tg} \alpha - \frac{c}{l}\right)$$

und für $x > a$

$$V = (A - P) + X' \operatorname{tg} \alpha_2 - X' \operatorname{tg} \alpha = -\frac{Pa}{l} - X'\left(\operatorname{tg} \alpha - \frac{c}{l}\right),$$

weshalb man setzen darf

$$\text{(VIII)} \quad V = V_0 - X'\left(\operatorname{tg} \alpha - \frac{c}{l}\right),$$

unter V_0 die Querkraft (Vertikalkraft) für den Querschnitt x eines einfachen Balkens AB verstanden.

Da die Summe der auf das Bogenstück AD wirkenden wagerechten Kräfte $= X''$ ist, so ergibt sich nach Gleichung (56) für den Bogenquerschnitt bei D die Längskraft

$$\text{(IX)} \quad N = -V_0 \sin \varphi + X'\left(\operatorname{tg} \alpha - \frac{c}{l}\right) \sin \varphi - X'' \cos \varphi.$$

φ bedeutet den Neigungswinkel der in D an die Bogenachse gelegten Tangente gegen die Wagerechte.

Durch die abgeleiteten Gleichungen ist die Berechnung der Inanspruchnahme unseres Stabwerks auf diejenige von X' und X'' zurückgeführt.

c) Bestimmung von X' und X''. Es sollen die Gleichungen (81) benutzt werden; dieselben gehen, wegen $\Delta t = 0$, $t_0 = t$ und $S'' = 0$,*) nach Multiplikation mit EJ_c**) und mit der Bezeichnung $J \cos \varphi = J'$ über in:

$$EJ_c L' = PEJ_c \delta' + \int M' M_x \frac{J_c}{J'} dx + J_c \int \frac{N' N_x ds}{F} + \varepsilon EJ_c t \int N' ds$$
$$+ J_c \Sigma \frac{S' S_x s}{F} + \varepsilon E t J_c \Sigma S' s$$

$$EJ_c L'' = PEJ_c \delta'' + \int M'' M_x \frac{J_c}{J'} dx + J_c \int \frac{N'' N_x}{F} ds + \varepsilon EJ_c t \int N'' ds,$$

und hierein ist zu setzen für den Bogen:

$$M_x = -X' y' - X'' y''; \quad N_x = +X'\left(\operatorname{tg} \alpha - \frac{c}{l}\right) \sin \varphi - X'' \cos \varphi$$

$$M' = -y'; \quad N' = \left(\operatorname{tg} \alpha - \frac{c}{l}\right) \sin \varphi \quad (\text{Zustand } X' = 1)$$

$$M'' = -y''; \quad N'' = -\cos \varphi; \quad (\text{Zustand } X'' = 1)$$

und für sämtliche Fachwerkstäbe:

$$S_x = S' X',$$

wobei S' bezw. den Koeffizienten von X' in den Gleichungen (I) bis (III) bedeutet.

---

*) In den für die Spannkräfte S gefundenen Ausdrücken ist die Unbekannte X'' nicht enthalten.

**) J_c bedeutet, wie früher, ein beliebiges, konstantes Trägheitsmoment.

Mit der stets zulässigen Vernachlässigung des fast einflußlosen Wertes N' sowie des ersten Gliedes des Ausdruckes für N_x ergeben sich zur Berechnung von X' und X'' die Gleichungen:

$$
\text{(X)}\begin{cases}
EJ_cL' = PEJ_c\delta' + X'\int y'^2 \frac{J_c}{J'}\,dx + X''\int y'y''\frac{J_c}{J'}\,dx + J_cX'\Sigma\frac{S'^2 s}{F} \\
\qquad + \varepsilon EtJ_c\Sigma S's, \\
EJ_cL'' = PEJ_c\delta'' + X'\int y'y''\frac{J_c}{J'}\,dx + X''\int y''^2\frac{J_c}{J'}\,dx + \frac{J_cX''}{F_c}l \\
\qquad - \varepsilon EtJ_cl.^{*)}
\end{cases}
$$

Die Summen Σ erstrecken sich über Kette, Hängestangen und Pendelpfeiler und die Integrale über den ganzen Bogen.

Um die virtuellen Arbeiten L' und L'' der Auflagerkräfte zu berechnen, nehmen wir die Wagerechte durch die Punkte A und B relativ festliegend an und bezeichnen die Verschiebungen der Stützpunkte N_1 und N_2 im Sinne von N_1E_1 bezw. N_2E_2 mit ξ_1 und ξ_2, die Senkungen der Punkte N_3 und N_4 mit ξ_3 und ξ_4 und die Vergrößerungen der Stützweite l mit Δl. Es ist dann die von den Stützendrücken

$$X'',\; C_1 = X'\sec\alpha_1,\; C_2 = X'\sec\alpha_n,$$
$$C_3 = X'(\operatorname{tg}\alpha_1 + \operatorname{tg}\alpha_2),\; C_4 = X'(\operatorname{tg}\alpha_{n-1} + \operatorname{tg}\alpha_n)$$

geleistete virtuelle Arbeit:

$$\mathfrak{A} = -X''\Delta l - X'\sec\alpha_1\cdot\xi_1 - X'\sec\alpha_n\cdot\xi_2 - X'(\operatorname{tg}\alpha_1 + \operatorname{tg}\alpha_2)\,\xi_3$$
$$- X'(\operatorname{tg}\alpha_{n-1} + \operatorname{tg}\alpha_n)\,\xi_4$$

und es folgt für den Zustand $X' = 1$:

$$\text{(XI)}\quad L' = -\xi_1\sec\alpha_1 - \xi_2\sec\alpha_n - \xi_3(\operatorname{tg}\alpha_1 + \operatorname{tg}\alpha_2)$$
$$- \xi_4(\operatorname{tg}\alpha_{n-1} + \operatorname{tg}\alpha_n)$$

und für den Zustand $X'' = 1$

$$\text{(XII)}\quad L'' = -\Delta l.$$

δ' und δ'' sind die unter der Last P gemessenen Ordinaten der für die Zustände $X' = 1$ und $X'' = 1$ zu zeichnenden Biegungslinien eines bei A und B frei aufliegenden Balkens ASB (des Hauptträgers unseres Stabwerks); sie können mit Hilfe ihrer Differentialgleichungen:

$$
\text{(XIII)}\begin{cases}
-\dfrac{d^2\delta'}{dx^2} = \dfrac{M'}{EJ'} + \dfrac{d\left(\dfrac{N'}{EF}\operatorname{tg}\varphi\right)}{dx}, \\[2ex]
-\dfrac{d^2\delta''}{dx^2} = \dfrac{M''}{EJ'} + \dfrac{d\left(\dfrac{N''}{EF}\operatorname{tg}\varphi\right)}{dx}
\end{cases}
$$

---

*) Es bedeutet, wie in Aufgabe 1, F_c den konstanten Mittelwert aus den veränderlichen Werten $F\sec\varphi$, wobei F = Querschnitt des Bogens an der Stelle x.

berechnet oder nach der im § 17 gegebenen Anleitung auf graphischem Wege gefunden werden, während sich die in den Gleichungen (X) vorkommenden Integrale u. a. mittels der Simpsonschen Formel ermitteln lassen.*)

Formeln für die durch einen Parabelbogen versteifte parabolische Kette. Sind f' und f'' die Werte von y' und y'' bei $x = \frac{1}{2} l$, so ist

$$y' = \frac{4 f' x (l - x)}{l^2} \text{ und } y'' = \frac{4 f'' x (l - x)}{l^2}$$

und es folgt, wenn $J' = J \cos \varphi$ durch einen konstanten Mittelwert J_c ersetzt wird,

$$\text{(XIV)} \quad \begin{cases} \int y'^2 \frac{J_c}{J'} dx = \frac{16 f'^2}{l^4} \int_0^l x^2 (l - x)^2 dx = \frac{8 f'^2 l}{15} \\ \int y''^2 \frac{J_c}{J'} dx = \frac{8 f''^2 l}{15} \text{ und } \int y' y'' \frac{J_c}{J'} dx = \frac{8 f' f'' l}{15}. \end{cases}$$

Die Gleichungen (XIII) gehen, mit Vernachlässigung der unwesentlichen, von N' und N'' abhängigen Glieder, über in

$$-E J_c \frac{d^2 \delta'}{dx^2} = \mathrm{M}' = -y' = -\frac{4 f' x (l - x)}{l^2} \text{ und}$$

$$-E J_c \frac{d^2 \delta''}{dx^2} = -\frac{4 f'' x (l - x)}{l^2},$$

und es ergeben sich nach Gleichung (76) Seite 187 bei $x = a$ die Ordinaten

$$\delta' = -\frac{f' (a l^3 - 2 l a^3 + a^4)}{3 E J_c l^2} \text{ und } \delta'' = -\frac{f'' (a l^3 - 2 l a^3 + a^4)}{3 E J_c l^2},$$

wofür nach Seite 187 stets gesetzt werden darf (Gleichung 77):

$$\text{(XV)} \quad \delta' = -\frac{2 f' a b}{5 E J_c} \text{ und } \delta'' = -\frac{2 f'' a b}{5 E J_c}.$$

Bei Berechnung der Summen $\Sigma \frac{S'^2 s}{F}$ und $\Sigma S' s$ ist es stets zulässig, nur die Spannkräfte S' der Kette zu berücksichtigen; dieselben sind für die unter $\alpha_1, \alpha_2 \ldots\ldots \alpha_n$ geneigten Stäbe bezw.

$$1 \cdot \sec \alpha_1, \ 1 \cdot \sec \alpha_2, \ \ldots\ldots, \ 1 \cdot \sec \alpha_n,$$

so dafs sich, wenn der Querschnitt der Kette dem Gesetze

$$F = F_s \sec \alpha$$

folgt, wobei F_s = Querschnitt der Kette im Scheitel,

$$\Sigma \frac{S'^2 s}{F} = \Sigma \frac{S' s}{F_s} = \frac{1}{F_s} \sum_1^n s \sec \alpha$$

---

*) In den Gleichungen (XIII) dürfen die von N' und N'' abhängigen Glieder stets vernachlässigt werden.

ergibt, und hierfür darf bei Annahme einer von L bis T stetig gekrümmten Kette und wenn y den Abstand des bei x gelegenen Kettenpunktes von der Wagerechten durch L bezeichnet, gesetzt werden

$$\sum_1^n s \sec\alpha = s_1 \sec\alpha_1 + \int_0^l ds \sec\alpha + s_n \sec\alpha_n$$
$$= s_1 \sec\alpha_1 + s_n \sec\alpha_n + \int_0^l dx\left[1 + \left(\frac{dy}{dx}\right)^2\right].\text{*)}$$

Bedeutet c den Höhenunterschied der Punkte L und T, so ist $y = y' + c\frac{x}{l} = \frac{4f'x(l-x)}{l^2} + c\frac{x}{l}$, und es folgt somit (nach Ausführung der Integration):

$$\text{(XVI)}\quad F_s \Sigma \frac{S'^2 s}{F} = \Sigma S's = \sum_1^n s \sec\alpha$$
$$= s_1 \sec\alpha_1 + s_n \sec\alpha_n + l\left(1 + \frac{16}{3}\frac{f'^2}{l^2} + \frac{c^2}{l^2}\right).$$

Werden die Werte aus (XIV), (XV), (XVI) in (X) eingeführt und letztere Gleichungen nach X' und X'' aufgelöst, so ergeben sich mit den Bezeichnungen:

$$\text{(XVII)}\quad \begin{cases} \mu = 1 + \frac{15}{8}\frac{J_c}{F_s f'^2}\frac{s_0}{l};\quad \nu = 1 + \frac{15}{8}\cdot\frac{J_c}{F_c f''^2}; \\ s_0 = s_1 \sec\alpha_1 + s_n \sec\alpha_n + l\left(1 + \frac{16}{3}\frac{f'^2}{l^2} + \frac{c^2}{l^2}\right) \end{cases}$$

folgende Ausdrücke für X' und X'':

Die Last P erzeugt:

$$\text{(XVIII)}\quad X' = \frac{3Pab}{4f'l}\frac{\nu - 1}{\mu\nu - 1} \text{ und } X'' = \frac{3Pab}{4f''l}\frac{\mu - 1}{\mu\nu - 1},$$

die gleichmäßige Erwärmung verursacht:

$$\text{(XIX)}\quad \begin{cases} X' = -\frac{15}{8}\frac{\varepsilon E t J_c}{f'l(\mu\nu - 1)}\left(\frac{s_0\nu}{f'} + \frac{l}{f''}\right) \\ X'' = +\frac{15}{8}\frac{\varepsilon E t J_c}{f''l(\mu\nu - 1)}\left(\frac{s_0}{f'} + \frac{l}{f''}\mu\right) \end{cases}$$

und eine Verschiebung der Stützpunkte bringt hervor

$$\text{(XX)}\quad X' = \frac{15}{8}\frac{EJ_c}{f'^2 l}\frac{L'\nu - L''\frac{f'}{f''}}{\mu\nu - 1} \text{ und } X'' = \frac{15}{8}\frac{EJ_c}{f''^2 l}\frac{L''\mu - L'\frac{f''}{f'}}{\mu\nu - 1}.$$

wobei L' und L'' durch die Gleichungen (XI) und (XII) gegeben sind.

---

*) Es ist hierbei die Dehnung der Stücke $E_1 L$ und TE_2 der Kette vernachläfsigt worden.

Trägt man die Parabeln $A'W'B'$ und $A''W''B''$ auf, deren Pfeilhöhen bezw.

$$h' = \frac{3l}{16f'} \frac{\nu - 1}{\mu\nu - 1} \text{ und } h'' = \frac{3l}{16f''} \frac{\nu - 1}{\mu\nu - 1}$$

sind und bezeichnet die unter der Last P gemessenen Ordinaten dieser Parabeln mit η' und η'', so findet man, dafs

$$X' = P\eta' \text{ und } X'' = P\eta''$$

gesetzt werden darf. Die Parabeln $AW'B$ und $AW''B$ sind demnach die gesuchten Einflufslinien für X' und X''.

Horizontalzug der durch einen Balken versteiften parabolischen Kette. Ordnet man bei A, Fig. 183, ein wagerechtes Gleitlager (das aber auch negative Stützenwiderstände aufzunehmen imstande sein mufs) an, so ist $X'' = 0$. Der Horizontalzug X' der Kette mufs der Gleichung genügen [vergl. (X)]:

$$\text{(XXI)} \quad EJ_c L' = PEJ_c \delta' + X' \int y'^2 \frac{J_c}{J} dx + J_c X' \Sigma \frac{S'^2 s}{F} + \varepsilon E t J_c \Sigma S' s,$$

und aus dieser folgt mit den durch die Gleichungen (XIV), (XV) und (XVIII) gegebenen Werten:

$$X' = \frac{3Pab}{4\omega f' l} - \frac{15}{8} \frac{\varepsilon E t J_c s_0}{\omega f'^2 l} + \frac{15 L' E J_c}{8 \omega f'^2 l},$$

wobei

$$\omega = 1 + \frac{15}{8} \cdot \frac{J_c}{F_s f'^2} \frac{s_0}{l}$$

ist, während L' durch die Gleichung (XI) bestimmt ist.

Den durch die Last P hervorgerufenen Horizontalzug kann man auch setzen:

$$X' = P\eta',$$

wenn η' die unter P gemessene Ordinate einer Parabel $A'W'B'$ bedeutet, deren Pfeil $h' = \frac{3l}{16\omega f'}$ ist.

Kette mit Versteifungsbalken, deren Horizontalzug vom Versteifungsbalken aufgenommen wird. In Figur 184 ist eine Kettenbrücke mit drei Öffnungen dargestellt worden. Die gelenkartig miteinander verbundenen Balken C_1A, AB und BC_2 besitzen nur ein einziges festes Auflager; die übrigen Auflager bewegen sich auf wagerechten Bahnen. Bei C_1 und C_2 sind die Rückhaltketten mit den äufseren Balken befestigt — eine zuerst von dem verstorbenen österreichischen Ingenieur Langer vorgeschlagene Anordnung, durch welche die mit gewissen Übelständen verbundene Einführung der Rückhaltketten in das Widerlagermauerwerk vermieden wird.

Lasten, welche auf die äufseren Balken C_1A, BC_2 wirken, erzeugen $X' = 0$. Bei Berechnung der infolge Belastung des mittleren Balkens hervorgerufenen Horizontalzuges ist zu beachten, dafs der Balken AB nicht nur durch die Momente

$$M = M_0 - X'y,$$

ondern auch durch die für alle Querschnitte gleiche Längskraft $N = -X'$ eansprucht wird. Für die Balken C_1A und BC_2 ist bei ausschliefs- icher Belastung der Mittelöffnung $M = 0$ und $N = -X'$. In der

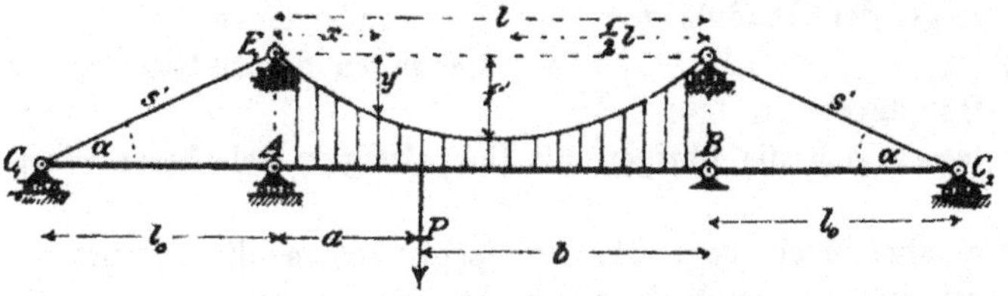

Fig. 184.

leichung (XXI) sind hiernach die auf die Kette sich beziehenden Summen $\Sigma \frac{S'^2 s}{F}$ und $\Sigma S's$ zu vermehren um die über die drei Balken F (deren Querschnitte F_0, F, F_0 seien) sich erstreckenden Summen:

$$\int \frac{N'^2 dx}{F} = 1 \frac{l_0}{F_0} + 1 \frac{l}{F} + 1 \frac{l_0}{F_0} \text{ und}$$

$$\int N' ds = l_0 + l + l_0.$$

Man gelangt dann zu der Formel

$$X' = \frac{3Pab}{4\omega' f' l} - \frac{15}{8} \frac{\varepsilon E t J_c (s_0 + 2l_0 + l)}{\omega f'^2 l} + \frac{15 L' E J_c}{8 \omega f'^2 l},$$

wo

$$\omega = 1 + \frac{15}{8} \cdot \frac{J_c}{f'^2 l} \left(\frac{s_0}{F_c} + \frac{2l^0}{F_0} + \frac{l}{F} \right).$$

ist.

§ 21.
Fortsetzung.

Zu einer besonders übersichtlichen Ermittlung der statisch nicht bestimmbaren Gröfsen, die jetzt mit X_a, X_b, X_c, ... bezeichnet werden sollen, gelangt man in der Weise, dafs man die X zunächst zu den auf das statisch bestimmte Hauptsystem wirkenden Lasten rechnet und die Wege δ_a, δ_b, δ_c, ... der Belastungen X_a, X_b, X_c, ... (nach Seite 60) auf die Form bringt:

$$(83) \begin{cases} \delta_a = \Sigma P_m \delta_{am} - X_a \delta_{aa} - X_b \delta_{ab} - X_c \delta_{ac} - \ldots + \delta_{at} + \delta_{aw} \\ \delta_b = \Sigma P_m \delta_{bm} - X_a \delta_{ba} - X_b \delta_{bb} - X_c \delta_{bc} - \ldots + \delta_{bt} + \delta_{bw} \\ \delta_c = \Sigma P_m \delta_{cm} - X_a \delta_{ca} - X_b \delta_{cb} - X_c \delta_{cc} - \ldots + \delta_{ct} + \delta_{cw} \\ \ldots\ldots\ldots\ldots\ldots\ldots\ldots\ldots\ldots \end{cases}$$

Hierbei bezeichnet:

δ_{am} den Einfluſs der Ursache $P_m = 1$ auf den Weg δ_a
δ_{aa} „ „ „ „ $X_a = -1$ „ „ „ δ_a
δ_{ab} „ „ „ „ $X_b = -1$ „ „ „ δ_a
. . . .
δ_{at} desgl. den Einfluſs von Temperaturänderungen
δ_{aw} „ „ „ „ Verschiebungen der Stützunkte des Hauptsystems,

und ebenso lassen sich die übrigen mit Doppelzeigern behafteten Werte δ deuten.

Da nun aber nach dem Maxwellschen Satze die Buchstaben eines Doppelzeigers miteinander vertauschbar sind, so ist

$$\delta_{am} = \delta_{ma},\ \delta_{bm} = \delta_{mb},\ .\ .\ .\ .\ .$$

und es sind mithin die Beiwerte der Belastungen P_m durch die den Ursachen $X_a = -1$, $X_b = -1$, . . . entsprechenden Verschiebungszustände völlig bestimmt. Schreibt man die Arbeitsgleichung für den Belastungszustand $X_a = -1$ an und legt man hierbei jedem Teilchen ds_v die Änderung $\Delta ds_v = 0$ bei, so erhält man

$$-1 \cdot \delta_{aw} + L_a = 0;\ -1 \cdot \delta_{bw} + L_b = 0;\ .\ .\ .\ .\ .$$

unter L_a, L_b, . . . die virtuellen Arbeiten der Auflagerkräfte für den Zustand $X_a = -1$, bezw. $X_b = -1$, . . . verstanden.

Es gehen also die Gleichungen (83) über in

$$(84)\quad \begin{cases} \delta_a - \delta_{at} - L_a = \Sigma P_m \delta_{ma} - X_a \delta_{aa} - X_b \delta_{ab} - X_c \delta_{ac} - \dots \\ \delta_b - \delta_{bt} - L_b = \Sigma P_m \delta_{mb} - X_a \delta_{ba} - X_b \delta_{bb} - X_c \delta_{bc} - \dots \\ \delta_c - \delta_{ct} - L_c = \Sigma P_m \delta_{mc} - X_a \delta_{ca} - X_b \delta_{cb} - X_c \delta_{cc} - \dots \\ \dots\dots\dots\dots\dots\dots\dots\dots\dots\dots, \end{cases}$$

sie führen zu den Unbekannten X, nachdem die Wege δ_a, δ_b, δ_c, . . . bestimmten Bedingungen unterworfen worden sind. Ist beispielsweise a der Angriffspunkt eines Auflagerwiderstandes X_a, und ist das fragliche Widerlager starr, so ist $\delta_a = 0$ zu setzen. Bedeutet X_b die Spannkraft in einem überzähligen Fachwerkstabe, so muſs für δ_b die Längenänderung dieses Stabes eingeführt und positiv oder negativ angenommen werden, je nachdem der Stab gedehnt oder verkürzt wird.

Bevor wir zur Durchführung eines Beispiels übergehen, bemerken wir folgendes:

Sollen die Gleichungen (84) auf die Berechnung von statisch nicht bestimmbaren Auflagerkräften eines auf Biegung beanspruchten Stabes angewendet werden, so wird bei der Ermittelung der δ_{ma}, δ_{mb}, . . . die Gleichung der Biegungslinie stets in

$$-\frac{d^2\delta}{dx^2} = \frac{M}{EJ'}$$

vereinfacht werden dürfen, wobei $J' = J \cos \varphi$ ist. Sobald die Annahme

$$EJ' = Const.$$

erlaubt ist, was in der Regel der Fall sein wird, setze man bei der Ermittelung der Biegungslinien (δ', δ'', δ''' ....) den Wert $EJ' = 1$, integriere also (auf analytischem oder graphischem Wege) Gleichungen von der Form

$$-\frac{d^2\delta}{dx^2} = M.$$

Man muſs dann die in den Bedingungen (84) auf der linken Seite stehenden Werte $L_m - st\delta_{m..}$, mit EJ' multiplizieren, desgl. den von Längskräften N abhängigen Teil der Verschiebungen $\delta_{m..n}$, während der von den Biegungsmomenten abhängige Teil der $\delta_{m..n}$ ebenfalls unter der Voraussetzung $EJ' = 1$ berechnet wird.

Es ist oft zweckmäſsig, nur die Verschiebungen δ_{ma}, δ_{mb}, ... mit Hilfe von Biegungslinien zu ermitteln, hingegen die Koeffizienten der Gröſsen X, d. s. die Verschiebungen δ_{aa}, δ_{ab}, δ_{ac}, ... mittels der Formel

$$(85) \quad \delta_{pq} = \int \frac{N_p N_q ds}{EF} + \int \frac{M_p M_q ds}{EJ} + \Sigma \frac{S_p S_q s}{EF}$$

zu berechnen, wo p und q zwei beliebige Zeiger sind. Will man auch einzelne oder alle Summen $\Sigma P_m \delta_{ma}$, $\Sigma P_m \delta_{mb}$, ..., so setze man

$$\Sigma P_m \delta_{ma} = \delta_{oa}$$
$$\Sigma P_m \delta_{mb} = \delta_{ob}$$
....

und wende auf δ_{oa}, δ_{ob}, ... die Gleichung (85) an.

Aufgabe. Gesucht sind die Stützenwiderstände eines durch eine senkrechte Kraft P belasteten Bogenträgers mit 8 Öffnungen. Bei A und B sind Kämpfergelenke angeordnet; über den Mittelpfeilern sind die einzelnen Bögen fest miteinander verbunden und durch wagerechte Gleitlager unterstützt. EJ' sei konstant.

Es bedeuten A und B die senkrechten Seitenkräfte der Kämpferdrücke, X_1 den Horizontalschub, X_2 und X_3 die senkrechten Gegendrücke der Mittelstützen. Im Falle $X_1 = 0$, $X_2 = 0$, $X_3 = 0$ liegt ein an den Enden frei aufliegender Balken AB vor, und es nehmen dann A und B die Werte

$$A_0 = \frac{Pb}{l}, \quad B_0 = \frac{Pa}{l}$$

an. Wirken auf diesen (den Hauptträger unseres Stabwerks vorstellenden) einfachen Balken AB nur die wagerechten Kräfte $X_1 = -1$, so ist das Biegungsmoment für irgend einen Querschnitt: $M' = 1 \cdot y'$. Die Fläche zwischen der Bogenachse und der Geraden AB ist die Momentenfläche für den Zustand $X_1 = -1$; sie sei kurz „Fläche I" genannt.

Die „Momentenfläche II“ für den Zustand $X_2 = -1$ ist ein Dreieck $A_2S_2B_2$ mit der Höhe $\overline{G_2S_2} = 1 \cdot \frac{l_2 r_2}{l}$, und die „Momentenfläche III“ für den Zustand $X_3 = -1$ ein Dreieck $A_3S_3B_3$ mit der Höhe $\overline{G_3S_3} = 1 \cdot \frac{l_3 r_3}{l}$. Die Biegungsmomente M″ und M‴ für den beliebigen Querschnitt D sind

$$M'' = 1 \cdot y'' \text{ und } M''' = 1 \cdot y''',$$

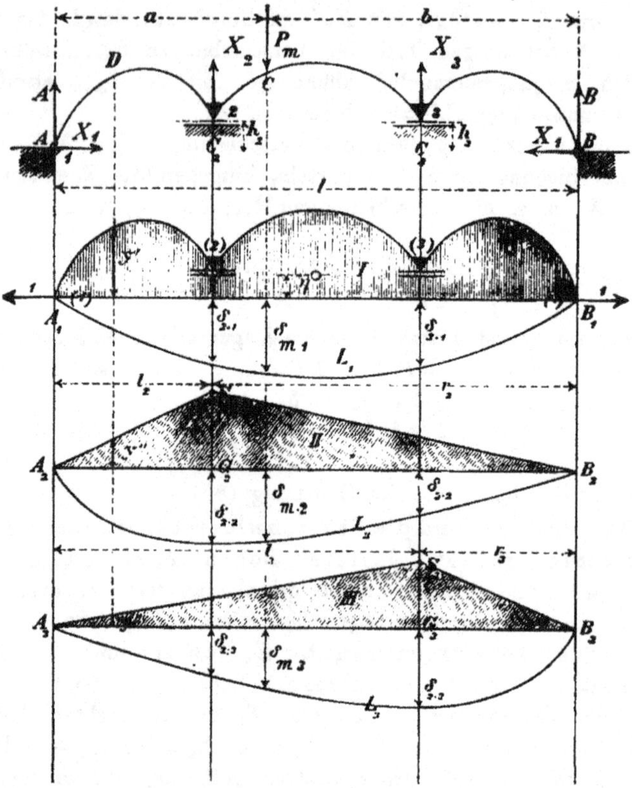

Fig. 185.

und das gesamte Biegungsmoment für D wird

$$M = M_0 - X_1 y' - X_2 y'' - X_3 y''',$$

wobei (für den Hauptträger):

$$M_0 = \frac{Pb}{l} x, \text{ sobald } x < a$$

und

$$M_0 = \frac{Pa}{l} x', \text{ sobald } x' < b.$$

Faſst man die Fläche I als Belastungsfläche eines einfachen Balkens $A_1 B_1$ auf und zeichnet die zugehörige Momentenkurve $A_1 L_1 B_1$, so erhält man in dieser die dem Zustande $X_1 = -1$ und der Voraussetzung $EJ' = 1$ entsprechende Biegungslinie, ihre unter dem Angriffspunkte C von P_m und unter den Stützpunkten C_2 und C_3 gemessenen Ordinaten

$$\delta_{m1},\ \delta_{2\cdot 1},\ \delta_{3\cdot 1}$$

sind gleich den senkrechten Verschiebungen (Senkungen) der Punkte C, C_2 und C_3 für den Zustand $X_1 = -1$.

Ebenso bedeuten, wenn $A_2 L_2 B_2$ und $A_3 L_3 B_3$ die den Belastungsflächen II und III entsprechenden Momentenkurven der einfachen Balken $A_2 B_2$ und $A_3 B_3$ sind, die Ordinaten

$$\delta_{m2},\ \delta_{2\cdot 2},\ \delta_{3\cdot 2}$$
$$\delta_{m3},\ \delta_{2\cdot 3},\ \delta_{3\cdot 3}$$

die senkrechten Verschiebungen, welche die Punkte C, C_2, C_3 bei Eintreten der Zustände $X_2 = -1$ bezw. $X_3 = -1$ erfahren.

Da die Verschiebungen δ_{m1}, δ_{m2}, δ_{m3} unter der Voraussetzung $EJ' = 1$ abgeleitet worden sind, und da ferner die Widerlager des statisch bestimmten Hauptsystems AB als starr angesehen wurden, so geben die Gleichungen (85) für den vorliegenden Fall über in

$$X_1 \delta_{1\cdot 1} + X_2 \delta_{1\cdot 2} + X_3 \delta_{1\cdot 3} = P_m \delta_{m\cdot 1} + (\delta_{1t} - \delta_1)\, EJ'$$
$$X_1 \delta_{2\cdot 1} + X_2 \delta_{2\cdot 2} + X_3 \delta_{2\cdot 3} = P_m \delta_{m\cdot 2} + (\delta_{2t} - \delta_2)\, EJ'$$
$$X_1 \delta_{3\cdot 1} + X_2 \delta_{3\cdot 2} + X_3 \delta_{3\cdot 3} = P_m \delta_{m\cdot 3} + (\delta_{3t} - \delta_3)\, EJ'.$$

Die auf den linken Seiten stehenden Verschiebungen δ sind (da $\delta_{1\cdot 2} = \delta_{2\cdot 1}$ und $\delta_{1\cdot 3} = \delta_{3\cdot 1}$ ist) bereits bekannt bis auf $\delta_{1\cdot 1}$; letztere bedeutet die mit EJ' multiplizierte Verlängerung der Sehne l im Belastungsfalle $X_1 = -1$; dieselbe ist, nach Gleichung (58a) genügend genau

$$\delta_{1\cdot 1} = \int y'^2 dx + \frac{J'}{F'}\, l,$$

wobei F' den Mittelwert von $F \sec\varphi$ und F den Inhalt des Bogenquerschnitts bedeutet,*) während

$$\int y'^2 dx = 2 \int y'\, dx\, \frac{y'}{2} = 2\, F_I \cdot \eta$$

gesetzt werden darf, unter F_I den Inhalt der Belastungsfläche I und unter η den Abstand des Schwerpunktes dieser Fläche von der Geraden $A_1 B_1$ verstanden.

δ_{1t}, δ_{2t}, δ_{3t} sind die im entgegengesetzten Sinne von X_1, X_2, X_3 positiv angenommenen Verschiebungen der Stützpunkte infolge einer Temperaturänderung. Wird eine gleichmäſsige Erwärmung um t

---

*) Bei flachen Bögen ist genügend genau F' = dem Mittelwerte von F.

vorausgesetzt, so bleibt der Bogen seiner früheren Gestalt ähnlich; es geht über:

$$l \text{ in } l + \varepsilon t l, \quad h_2 \text{ in } h_2 + \varepsilon t h_2, \quad h_3 \text{ in } h_3 + \varepsilon t h_3,$$

und es ergibt sich

$$\delta_{1 \cdot t} = \varepsilon t l, \quad \delta_{2 \cdot t} = -\varepsilon t h_2, \quad \delta_{3 \cdot t} = -\varepsilon t h_3.$$

Ändert sich infolge von Verschiebungen der Widerlager:

$$l \text{ in } l + \Delta l, \quad h_2 \text{ in } h_2 - \Delta h_2, \quad h_3 \text{ in } h_3 - \Delta h_3,$$

so ist

$$\delta_1 = \Delta l, \quad \delta_2 = -\Delta h_2, \quad \delta_3 = -\Delta h_3.$$

Nunmehr sind die sämtlichen Konstanten der Gleichungen (I) bestimmt, und es lassen sich die Werte X_1, X_2, X_3 berechnen.

Wir geben die Auflösung für den Fall eines in Bezug auf die Mittelsenkrechte symmetrischen Trägers, setzen:

$$\delta_{2 \cdot 1} = \delta_{3 \cdot 1} = c_1,$$
$$\delta_{2 \cdot 2} = \delta_{3 \cdot 3} = c_2,$$
$$\delta_{3 \cdot 2} = \delta_{2 \cdot 3} = c_3,$$

führen für $\delta_{1 \cdot 1}$ die Bezeichnung c ein und erhalten mit den Abkürzungen:

$$\alpha' = \frac{1}{c - 2\dfrac{c_1^2}{c_2 + c_3}}, \quad \alpha'' = \frac{c_2}{c_2^2 - c_3^2}, \quad \alpha''' = \frac{c_3}{c_2^2 - c_3^2}$$

die Auflagerkräfte:

$$X_1 = \alpha' P_m \left[\delta_{m1} - (\delta_{m2} + \delta_{m3}) \frac{c_1}{c_2 + c_3}\right] + \alpha' \varepsilon E J' t \left[l + (h_2 + h_3) \frac{c_1}{c_2 + c_3}\right]$$
$$- \alpha' E J' \left[\Delta l - (\Delta h_2 + \Delta h_3) \frac{c_1}{c_2 + c_3}\right],$$

$$X_2 = P_m (\alpha'' \delta_{m2} - \alpha''' \delta_{m3}) - \varepsilon E J' t \frac{h_2}{c_2 + c_3}$$
$$+ E J' (\alpha'' \Delta h_2 + \alpha''' \Delta h_3) - X' \frac{c_1}{c_2 + c_3},$$

$$X_3 = P_m (\alpha'' \delta_{m3} - \alpha''' \delta_{m2}) - \varepsilon E J' t \frac{h_2}{c_2 + c_3}$$
$$+ E J' (\alpha'' \Delta h_3 + \alpha''' \Delta h_2) - X' \frac{c_1}{c_2 + c_3}.$$

Wird das eine der beiden festen Auflager A und B durch ein wagerechtes Gleitlager ersetzt, so ist $X_1 = 0$; es entsteht ein kontinuierlicher Balken, dessen Mittelstützen die Gegendrücke

$$X_2 = P_m (\alpha'' \delta_{m2} - \alpha''' \delta_{m3}) - \varepsilon E J' t (\alpha'' h_2 - \alpha''' h_3)$$
$$+ E J' (\alpha'' \Delta h_2 + \alpha''' \Delta h_3),$$
$$X_3 = P_m (\alpha'' \delta_{m3} - \alpha''' \delta_{m2}) - \varepsilon E J' t (\alpha'' h_3 - \alpha''' h_2)$$
$$+ E J' (\alpha'' \Delta h_3 + \alpha''' \Delta h_2)$$

ausüben.

Wird bei Lösung der vorstehenden Aufgabe eine Berücksichtigung er Veränderlichkeit des Querschnittes verlangt, so hat man nur nötig, ie Belastungsordinaten y', y'', y''' der einfachen Balken A_1B_1, A_2B_2, $_3B_3$ durch die Ordinaten $y'\frac{J_c}{J'}$, $y''\frac{J_c}{J'}$, $y'''\frac{J_c}{J'}$ zu ersetzen, wobei J_c in beliebiges konstantes Querschnittsträgheitsmoment bedeutet. In den leichungen (I) mufs dann J_c an die Stelle von J' treten, und schliefs-ch ist

$$\delta_{1\cdot 1} = \int y^2 \frac{J_c}{J'} dx + \frac{J_c}{F'} l$$

u setzen.*)

§ 21.

Schärfere Untersuchung einfach gekrümmter Stäbe.

1) Grundgleichungen für die Spannungen und Formänderungen. s wird, wie bei der bisherigen Untersuchung eines krummen Stabes ngenommen, dafs dieser in Bezug auf die durch seine Mittellinie ge-egte Ebene symmetrisch ist, dafs alle äufseren Kräfte in jener Ebene egen, und nur die senkrecht zum Querschnitte wirkenden Spannungen berücksichtigt zu werden brauchen. Hingegen wird die Voraussetzung on im Verhältnifs zu den Krümmungshalbmessern verschwindenden uerschnittsabmessungen aufgegeben.

Indem der Querschnitt auf zwei durch seinen Schwerpunkt gehende oordinaten-Achsen (u und v) bezogen wird, deren eine (die u-Achse) enkrecht zur Stabebene ist, wird angenommen, afs in allen von der u-Achse gleichweit ab-elegenen Querschnittsteilchen gleich grofse pannungen σ und Temperaturänderungen t ntstehen, und die Berechnung der σ an die oraussetzung geknüpft, dafs die vor der iegung ebenen Querschnitte auch nach der iegung Ebenen bleiben.**)

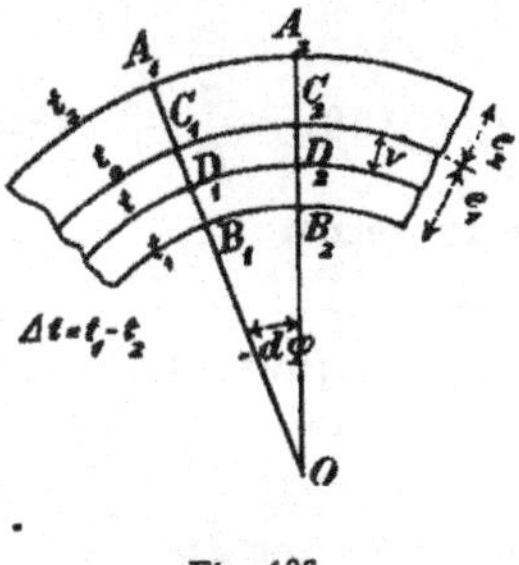

Fig. 186.

Sind in Fig. 186: A_1B_1 und A_2B_2 zwei nendlich nahe Querschnitte, $C_1C_2 = ds$ das lement der Stabachse, $C_1D_1 = C_2D_2 = +v$, $D_1D_2 = ds_v$ und $\angle A_1OA_2 = (-d\varphi)$, wobei φ den Winkel bedeutet,

*) Weiteres über kontinuierliche Bogenträger enthält eine Abhandlung des erfassers im „Wochenblatte für Architekten und Ingenieure, 1884".

**) Man kann hierfür auch die Annahme machen, dafs zwei unendlich nahe uerschnitte infolge der Biegung gleich gekrümmt werden und die Stabachse nter gleichen Winkeln schneiden.

den die im Punkte C_1 an die Stabachse gelegte Tangente mit der x-Achse eines rechtwinkligen Koordinatensystems (Fig. 164) bildet, so ist vor Eintreten einer Verbiegung des Stabes, wenn r den Krümmungshalbmesser der Stabachse bezeichnet.

$$C_1 C_2 = ds = -r\,d\varphi;\; D_1 D_2 = ds_v = -(r-v)\,d\varphi = ds + v\,d\varphi$$

und nach einer kleinen Verbiegung

$$C_1 C_2 = ds + \Delta ds,\; \angle A_1 O A_2 = -(d\varphi + \Delta d\varphi),$$
$$D_1 D_2 = ds_v + \Delta ds_v = ds + \Delta ds + (v + \Delta v)(d\varphi + \Delta d\varphi),$$

woraus, mit Vernachlässigung der sehr kleinen Gröſse $\Delta v \Delta d\varphi$ und mit Beachtung von $ds = ds_v - v\,d\varphi$:

$$(86)\quad \Delta ds_v = \Delta ds + \Delta v\,d\varphi + v\,\Delta d\varphi,$$

während andererseits entsteht

infolge der Spannung σ: $\Delta ds_v = \frac{\sigma}{E}\,ds_v$,

„ „ Temperaturänderung t: $\Delta ds_v = \varepsilon t\,ds_v$

und beim Zusammenwirken von σ und t:

$$(87)\quad \Delta ds_v = \left(\frac{\sigma}{E} + \varepsilon t\right) ds_v,$$

so daſs sich ergibt:

$$\frac{\sigma}{E} + \varepsilon t = \frac{\Delta ds + \Delta v\,d\varphi + v\,\Delta d\varphi}{ds + v\,d\varphi}.$$

Dividiert man Zähler und Nenner der rechten Seite dieser Gleichung durch $\frac{ds}{r} = -d\varphi$, so erhält man

$$(88)\quad \frac{\sigma}{E} + \varepsilon t = \frac{\frac{\Delta ds}{ds}\,r - \Delta v - \frac{\Delta d\varphi}{d\varphi}\,v}{r - v},$$

worein zu setzen

$$(89)\quad \Delta v = \int_0^v \Delta dv = \int_0^v \left(\varepsilon t - \frac{\sigma}{mE}\right) dv,$$

unter $\frac{1}{m}$ den Koeffizienten der Querdrehung verstanden; derselbe ist für Schweiſseisen und Fluſseisen $= \frac{1}{4}$ bis $\frac{1}{3}$.

Differentiiert man (88), um das Integral Δv zu beseitigen, so gelangt man zu einer Differentialgleichung erster Ordnung zwischen den 3 Veränderlichen σ, v, t und ist dann imstande, σ als Funktion von v darzustellen, sobald t als Funktion von v gegeben ist. Die beiden in σ noch enthaltenen Unbekannten $\frac{\Delta ds}{ds}$ und $\frac{\Delta d\varphi}{d\varphi}$ können schliefslich mit Hilfe der Gleichgewichtsbedingungen

$$N = \int \sigma dF, \quad M = \int \sigma v dF$$

berechnet werden, unter N die Längskraft und unter M das Biegungsmoment für den fraglichen Querschnitt verstanden.

Wir wollen zunächst (vorbehaltlich einer späteren genaueren Untersuchung) den von σ abhängigen Teil von Δv vernachlässigen und $\Delta dv = \varepsilon t dv$ setzen; sodann wollen wir, ebenso wie beim geraden Stabe, nur solche Temperaturzustände in Betracht ziehen, welche keinen unmittelbaren Einfluſs auf die Spannungen σ haben.

Beim geraden Stabe wurde gezeigt, daſs mit den äuſseren Kräften (P und C) auch die Spannungen σ verschwinden, sobald t eine Funktion ersten Grades der Querschnittskoordinaten u und v ist; es können dann durch Temperaturänderungen zwar beachtenswerte Formänderungen, aber nur im Falle statischer Unbestimmtheit Spannungen hervorgerufen werden, sobald nämlich infolge jener Temperaturänderungen äuſsere Kräfte entstehen.

Es fragt sich nun:

> Welchem Gesetze $t = F(v)$ muſs die Temperaturänderung innerhalb des Querschnittes eines krummen Stabes folgen, damit auch für diesen mit den äuſseren Kräften die Spannungen verschwinden.

Wir gehen von der Gleichung

$$\Delta ds_v = \Delta ds + \Delta v d\varphi + v \Delta d\varphi$$

aus, bezeichnen mit

t die Temperaturänderung an beliebiger Stelle v,
t_0 „ „ für $v = 0$,
t_1 „ „ „ $v = +e_1$,
t_2 „ „ „ $v = -e_2$,

setzen, da auf den Stab keine äuſseren Kräfte wirken sollen und $\sigma = 0$ sein soll,

$$\Delta ds_v = \varepsilon t ds_v = -\varepsilon t (r - v) d\varphi$$
$$\Delta ds = \varepsilon t_0 ds = -\varepsilon t_0 r d\varphi$$

und erhalten die Bedingung

$$-\varepsilon t (r - v) = -\varepsilon t_0 r + \Delta v + v \frac{\Delta d\varphi}{d\varphi}.$$

Wird diese Gleichung differentiiert, so entsteht, mit $\Delta dv = \varepsilon t dv$:

$$(90) \qquad -\varepsilon (r - v) dt = \frac{\Delta d\varphi}{d\varphi} dv,$$

14*

und hieraus folgt:

$$t = -\frac{1}{\varepsilon}\frac{\Delta d\varphi}{d\varphi}\int\frac{dv}{r-v} = \frac{1}{\varepsilon}\frac{\Delta d\varphi}{d\varphi}\, ln\,(r-v) + C.$$

Da nun für $v = 0$: $t = t_0$ ist, so ergibt sich

$$C = t_0 - \frac{1}{\varepsilon}\frac{\Delta d\varphi}{d\varphi}\, ln r \text{ und}$$

$$t = t_0 + \frac{1}{\varepsilon}\frac{\Delta d\varphi}{d\varphi}\, ln\left(1 - \frac{v}{r}\right).$$

Setzt man erst $v = -e_2$ und $t = t_2$, hierauf $v = +e_1$ und $t = t_1$, so findet man

$$t_2 = t_0 + \frac{1}{\varepsilon}\frac{\Delta d\varphi}{d\varphi}\, ln\left(1 + \frac{e_2}{r}\right),$$

$$t_1 = t_0 + \frac{1}{\varepsilon}\frac{\Delta d\varphi}{d\varphi}\, ln\left(1 - \frac{e_1}{r}\right) \text{ und}$$

$$t_2 - t_1 = \frac{1}{\varepsilon}\frac{\Delta d\varphi}{d\varphi}\, ln\left(\frac{1 + \frac{e_2}{r}}{1 - \frac{e_1}{r}}\right),$$

woraus sich mit der schon früher benutzten Bezeichnung $t_1 - t_2 = \Delta t$ ergibt:

$$\frac{\Delta d\varphi}{d\varphi} = -\frac{\varepsilon \Delta t}{ln\left(\frac{r + e_2}{r - e_1}\right)}$$

und hierfür darf, mit $e_1 + e_2 = h$, stets genügend genau gesetzt werden:

$$\frac{\Delta d\varphi}{d\varphi} = -\varepsilon \Delta t \frac{r}{h},$$

so dafs schliefslich folgt

$$(91) \quad t = t_0 - \Delta t \frac{r}{h}\, ln\left(1 - \frac{v}{r}\right).$$

Im Falle $r = \infty$ entsteht, wegen $ln\left(1 - \frac{v}{r}\right) = -\frac{v}{r}$,

$$(92) \quad t = t_0 + \Delta t \frac{v}{h},$$

d. i. die früher vorausgesetzte Funktion.

In der Regel werden die Ergebnisse von (91) und (92) nur wenig voneinander abweichen.

Indem wir in der Folge annehmen, dafs sich t nach dem durch die Gleichung (91) dargestellten Gesetze ändert, setzen wir:

$$(93) \quad \Delta ds = \varepsilon t_0 ds \text{ und (angenähert):}$$

$$(94)\qquad \Delta d\varphi = -\varepsilon\Delta t\,\frac{r}{h}\,d\varphi = +\,\varepsilon\Delta t\,\frac{ds}{h}.^{*)}$$

Um nun die durch äufsere Kräfte erzeugten σ, Δds und $\Delta d\varphi$ zu ermitteln, setzen wir, indem wir $t = 0$ und mithin auch $\Delta v = 0$ annehmen,

$$\frac{\sigma}{E} = \frac{\frac{\Delta ds}{ds}\,r - \frac{\Delta d\varphi}{d\varphi}\,v}{r - v} = \frac{\Delta ds}{ds} - \left(\frac{\Delta d\varphi}{d\varphi} - \frac{\Delta ds}{ds}\right)\frac{v}{r - v},$$

führen diesen Wert in die Gleichgewichtsbedingungen ein und erhalten die Beziehungen

$$\frac{N}{E} = \frac{\Delta ds}{ds}\int dF - \left(\frac{\Delta d\varphi}{d\varphi} - \frac{\Delta ds}{ds}\right)\int\frac{v\,dF}{r - v},$$

$$\frac{M}{E} = \frac{\Delta ds}{ds}\int v\,dF - \left(\frac{\Delta d\varphi}{d\varphi} - \frac{\Delta ds}{ds}\right)\int\frac{v^2\,dF}{r - v}.$$

Aus diesen ergeben sich, wenn

$$(95)\qquad \int v^2\,\frac{r}{r - v}\,dF = Z$$

gesetzt wird, mit Hilfe der Integralwerte:

$$\int dF = F,\ \int v\,dF = 0,\ \int\frac{v\,dF}{r - v} = \int\left(\frac{v}{r} + \frac{v^2}{r^2}\,\frac{r}{r - v}\right)dF = \frac{Z}{r^2}$$

die Ausdrücke:

$$\frac{\Delta d\varphi}{d\varphi} - \frac{\Delta ds}{ds} = -\,\frac{Mr}{EZ};\quad \frac{\Delta ds}{ds} = \frac{N}{EF} - \frac{M}{EFr}$$

und es folgt mithin

$$(96)\qquad \sigma = \frac{\mathfrak{N}}{F} + \frac{Mv}{Z}\,\frac{r}{r - v}$$

$$\frac{\Delta ds}{ds} = \frac{\mathfrak{N}}{EF}$$

$$\frac{\Delta d\varphi}{d\varphi} = \frac{\mathfrak{N}}{EF} - \frac{Mr}{EZ},\ \text{wobei}$$

$$\mathfrak{N} = N - \frac{M}{r}.$$

Fügt man zu Δds und $\Delta d\varphi$ die vorhin gefundenen, unmittelbar von t_0 und Δt abhängigen Werte, so erhält man für den vorhin erklärten Temperaturzustand:

---

*) Bei der Berechnung ungleichmäfsig erwärmter Bogenträger ist die Näherungsformel schon deshalb am Platze, weil das Gesetz, welchem t folgt, sich nie scharf angeben läfst.

$$(97)\quad \Delta ds = \frac{\mathfrak{N} ds}{EF} + \varepsilon t_0 ds,$$

$$(98)\quad \Delta d\varphi = -\frac{\mathfrak{N} ds}{EFr} + \frac{M ds}{EZ} + \varepsilon \Delta t \frac{ds}{h}.$$

Im Falle $r = \infty$ ist

$$\frac{r}{r-v} = 1,\ Z = \int v^2 dF = J,\ \mathfrak{N} = N,\ \sigma = \frac{N}{F} + \frac{Mv}{J}$$

$$\Delta ds = \frac{N ds}{EF} + \varepsilon t_0 ds,\ \Delta d\varphi = \frac{M ds}{EJ} + \varepsilon \Delta t \frac{ds}{h},$$

es entstehen die früher für den geraden Stab abgeleiteten Gleichungen, welche auch dann noch anwendbar sind, wenn zwar r einen endlichen, aber, verglichen mit dem gröfsten v, sehr grofsen Wert besitzt.

2) Reihenentwickelung von Z. Setzt man

$$\frac{r}{r-v} = 1 + \frac{v}{r} + \frac{v^2}{r^2} + \frac{v^3}{r^3} + \ldots\ldots,$$

so erhält man

$$Z = J + \frac{1}{r}\int v^3 dF + \frac{1}{r^2}\int v^4 dF + \frac{1}{r^3}\int v^5 dF + \ldots.$$

und für den Fall eines bezüglich der u-Achse symmetrischen Querschnittes:

$$Z = J + \frac{1}{r^2}\int v^4 dF + \frac{1}{r^4}\int v^6 dF + \ldots\ldots$$

Für das Rechteck von der Breite b und der Höhe h ergibt sich mit $dF = b dv$ und $J = \frac{bh^3}{12}$:

$$\int v^4 dF = 2b \int_0^{\frac{1}{2}h} v^4 dv = \frac{bh^5}{5 \cdot 2^4} = \frac{3}{5}\frac{Jh^2}{2^2}$$

$$\int v^6 dF = 2b \int_0^{\frac{1}{2}h} v^6 dv = \frac{bh^7}{7 \cdot 2^6} = \frac{3Jh^4}{7 \cdot 2^4} \text{ u. s. w.}$$

$$(99)\quad Z = J\left[1 + \frac{3}{5}\left(\frac{h}{2r}\right)^2 + \frac{3}{7}\left(\frac{h}{2r}\right)^4 + \frac{3}{9}\left(\frac{h}{2r}\right)^6 + \ldots\right].$$

Im Falle $r = 5h$ wird z. B. $Z = 1{,}006 J$, und es leuchtet ein, dafs bei der Berechnung der im Brückenbau und Hochbau vorkommenden Bogenträger stets $Z = J$ gesetzt werden darf.

Für einen Kreisquerschnitt vom Halbmesser e ergibt sich in ähnlicher Weise

$$(100)\quad Z = J\left[1 + \frac{3}{6}\left(\frac{e}{r}\right)^2 + \frac{3}{6}\cdot\frac{5}{8}\left(\frac{e}{r}\right)^4 + \frac{3}{6}\cdot\frac{5}{8}\cdot\frac{7}{10}\left(\frac{e}{r}\right)^6 + \ldots\right].$$

3) Arbeitsbedingungen. Berechnung statisch nicht bestimmbarer Gröfsen. Für die Folge sollen nur solche auf ein festes Koordinatensystem bezogene Verrückungen δ und Δc der Angriffspunkte der äufseren Kräfte P und C in Betracht gezogen werden, welche durch Änderungen der die Gestalt der Stabachse bestimmenden Werte ds und $d\varphi$ bedingt sind. Man hat sich also entweder sämtliche äufseren Kräfte in Punkten der Stabachse angreifend zu denken (wie dies in der Regel geschieht), oder man mufs eine starre Verbindung ihrer Angriffspunkte mit der Stabachse voraussetzen.

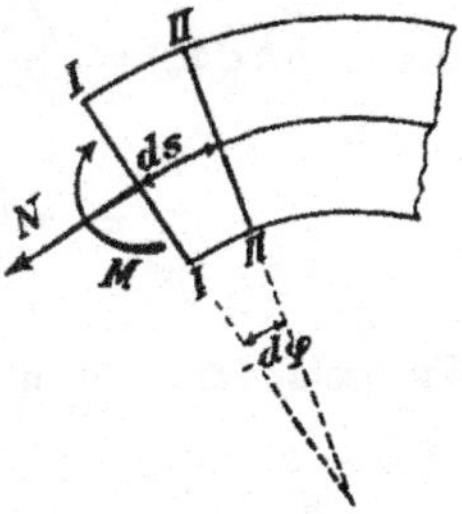

Fig. 187.

Um zu einem sehr übersichtlichen Ausdrucke für die virtuelle Formänderungs-Arbeit zu gelangen, denken wir uns durch zwei unendlich nahe Querschnitte I und II (Fig. 187) ein plattenförmiges Stabstück abgegrenzt und ersetzen die Spannungen σ eines jeden Querschnittes durch die im Querschnittsschwerpunkte angreifende Längskraft $N = \int \sigma dF$ und ein Kräftepaar mit dem Momente $M = \int \sigma v dF$. Letzteres ist für den Querschnitt I rechts drehend. Verschiebt sich nun, bei relativ festliegendem Querschnitte II, der Querschnitt I im Sinne von N um Δds, so leistet N die virtuelle Arbeit $N\Delta ds$, während bei einer Drehung des Querschnittes um den Winkel $\Delta(-d\varphi)$ das Kräftepaar die Arbeit $-\mathrm{M}\Delta(-d\varphi)$ verrichtet, wobei das erste Minuszeichen nötig ist, weil $\Delta(-d\varphi)$ die Vergröfserung des ursprünglich von den beiden Querschnitten gebildeten Winkels $(-d\varphi)$ vorstellt, mithin der Sinn der Querschnittsdrehung demjenigen des Kräftepaares entgegengesetzt ist. Die virtuelle Formänderungs-Arbeit ist für die betrachtete Platte

$$dA_v = N\Delta ds + \mathrm{M}\Delta d\varphi$$

und für den ganzen Stab:

$$A_v = \int N\Delta ds + \int \mathrm{M}\Delta d\varphi.$$

Die Arbeitsgleichung, welche ausdrückt, dafs die von den äufseren Kräften P und C geleistete virtuelle Arbeit gleich der virtuellen Formänderungs-Arbeit ist, lautet

$$(101)\quad \Sigma P\delta + \Sigma C\Delta c = \int N\Delta ds + \int \mathrm{M}\Delta d\varphi;$$

sie gilt für beliebige mögliche, verschwindend kleine Verschiebungen und möge zunächst mit der im § 12 entwickelten Arbeitsbedingung verglichen werden. Dazu führen wir ein:

$$N = \int \sigma dF \text{ und } M = \int \sigma v dF,$$

erhalten

$$\Sigma P\delta + \Sigma C\Delta c = \int\int \sigma dF(\Delta ds + v\Delta d\varphi)$$

und setzen, indem wir die durch irgend einen, mittels des Zeigers a gekennzeichneten Belastungszustand sowie durch Temperaturänderungen hervorgerufenen Verschiebungen δ_a, Δc_a, Δds_a, $\Delta d\varphi_a$ einführen, nach den Gleichungen (86) und (87):

$$dF(\Delta ds_a + v\Delta d\varphi_a) = \frac{dV}{ds_v}[\Delta ds_{v \cdot a} + \Delta v d\varphi] = dV\left[\frac{\Delta ds_{v \cdot a}}{ds_v} + \frac{\Delta v}{r - v}\right]$$

$$= dV\left[\frac{\sigma_a}{E} + \varepsilon t + \frac{1}{r - v}\int_0^v \varepsilon t dv\right].$$

Wir gelangen, mit der abkürzenden Bezeichnung

$$\varepsilon' = \varepsilon + \frac{\int_0^v \varepsilon t dv}{(r - v)t}$$

zu der, irgend einem nur gedachten Belastungszustande, welcher von dem die Verschiebungen erzeugenden (a) durch den Zeiger b unterschieden werde, entsprechenden Arbeitsgleichung:

$$(102) \quad \Sigma P_b\delta_a + \Sigma C_b\Delta c_a = \int \sigma_b\left(\frac{\sigma_a}{E} + \varepsilon' t\right) dV;$$

diese hat die gleiche Form, wie die aus (28) und (31) auf Seite 78 und 80 für den geraden Stab sich ergebende und als Annäherungsgleichung für Bögen mit grofsen Krümmungshalbmessern bislang benutzte Beziehung

$$(103) \quad \Sigma P_b\delta_a + \Sigma C_b\Delta c_a = \int \sigma_b\left(\frac{\sigma_a}{E} + \varepsilon t\right) dV,$$

und es geht tatsächlich (102) in (103) über, sobald $r = \infty$ also $\varepsilon' = \varepsilon$ gesetzt wird, womit dann gleichzeitig σ den durch die Gleichung (40) gegebenen Wert annimmt.*)

Aus der übereinstimmenden Form der Gleichung (102) und (103) folgt überdies, dafs die früher für den Fall eines beliebig veränderlichen εt

---

*) Man gelangt auch zur Gleichung (102) durch die Erwägung, dafs die Kräfte $S = \sigma dF$ (Fig. 66) eine in die Halbierungslinie des Winkels $(-d\varphi)$ fallende Mittelkraft $S\frac{ds_v}{r - v}$ besitzen, dafs sie also die virtuelle Formänderungsarbeit

$$dA_v = \sigma dF\left(\Delta ds_v + \frac{ds_v}{r - v}\cdot\Delta v\right) = \sigma dV\left(\frac{\Delta ds_v}{ds_v} + \frac{\Delta v}{r - v}\right)$$

verrichten.

und für beliebige σ gegebenen Ableitungen, namentlich die zu dem Maxwellschen Satze führenden Gleichungen (73), (74), sowie die Gleichungen (80), (84), (85) auch unter den in diesem Paragraphen gemachten Voraussetzungen gültig sind.

Die weiteren Entwicklungen knüpfen wir an die Gleichung (101); die Anwendung derselben auf die Belastungszustände $X' = 1$, $X'' — 1$, ... führt, wenn diesen Zuständen bezw. die Längskräfte $N' N''$, ... und Biegungsmomente M', M'', ... entsprechen, zu den die Berechnung der statisch nicht bestimmbaren Gröſsen X ermöglichenden Beziehungen:

$$(104)\quad \begin{cases} L' = \int \Delta ds\, N' + \int \Delta d\varphi\, \mathrm{M}' \\ L'' = \int \Delta ds\, N'' + \int \Delta d\varphi\, \mathrm{M}'' \\ \dots\dots\dots\dots\dots, \end{cases}$$

wobei L', L'', ... die von den Auflagerkräften bei Eintreten jener Belastungszustände geleisteten virtuellen Arbeiten bedeuten.

Die Gleichungen (104) lassen sich auch durch die Bedingung

$$(105)\quad L = \int \Delta ds \frac{\partial N}{\partial X} + \int \Delta d\varphi \frac{\partial \mathrm{M}}{\partial X}$$

ersetzen, unter X irgend eine statisch nicht bestimmbare Gröſse und unter L die virtuelle Arbeit der Auflagerkräfte für den Zustand $X = 1$ verstanden.

Drückt man Δds und $\Delta d\varphi$ mittels der eine ungleichmäſsige Erwärmung berücksichtigenden, hingegen an die Voraussetzung $\frac{1}{m} = 0$ gebundenen Gleichungen (97) und (98) aus, so gehen die Beziehungen (104) über in

$$(106)\quad \begin{cases} L' = \int \frac{\mathfrak{N}\mathfrak{N}' ds}{EF} + \int \frac{\mathrm{M}\mathrm{M}' ds}{EZ} + \int \varepsilon t_0 N' ds + \int \varepsilon \frac{\Delta t}{h} \mathrm{M}' ds \\ L'' = \int \frac{\mathfrak{N}\mathfrak{N}'' ds}{EF} + \int \frac{\mathrm{M}\mathrm{M}'' ds}{EZ} + \int \varepsilon t_0 N'' ds + \int \varepsilon \frac{\Delta t}{h} \mathrm{M}'' ds \\ \dots\dots\dots\dots\dots\dots\dots\dots\dots\dots, \end{cases}$$

wobei

$$\mathfrak{N} = N - \frac{\mathrm{M}}{r},\ \mathfrak{N}' = N' = \frac{\mathrm{M}'}{r},\ \mathfrak{N}'' = N'' - \frac{\mathrm{M}''}{r},\ \dots\dots$$

ist, und Gleichung (105) lautet:

$$(107)\quad L = \int \frac{\mathfrak{N}}{EF} \frac{\partial \mathfrak{N}}{\partial X} ds + \int \frac{\mathrm{M}}{EZ} \frac{\partial \mathrm{M}}{\partial X} ds + \int \varepsilon t_0 \frac{\partial N}{\partial X} ds + \int \frac{\varepsilon \Delta t}{h} \frac{\partial \mathrm{M}}{\partial X} ds;$$

sie läſst sich, mit der Bezeichnung

$$(108)\quad A_i = \int \frac{\mathfrak{N}^2 ds}{2EF} + \int \frac{\mathrm{M}^2 ds}{2EZ} + \int \varepsilon t_0 N ds + \int \varepsilon \frac{\Delta t}{h} \mathrm{M} ds$$

auch schreiben:

$$(109)\quad L = \frac{\partial A_i}{\partial X},$$

und im Falle $L = 0$:

$$A_i = minimum,$$

wobei A_i bei angenommenen Lasten und Temperaturänderungen als Funktion der zunächst unabhängig veränderlich gedachten X aufzufassen ist.

Beispiel. Ein Bogenträger mit Kämpfergelenken, dessen Mittellinie AB ein Kreisbogen ist, wird in der Mitte durch eine senkrechte Kraft P belastet. Es soll der Horizontalschub X mit Hilfe der Gleichung (107) unter der Voraussetzung bestimmt werden, dafs l in $l + \Delta l$ übergeht und der Bogen gleichmäfsig um t erwärmt wird.

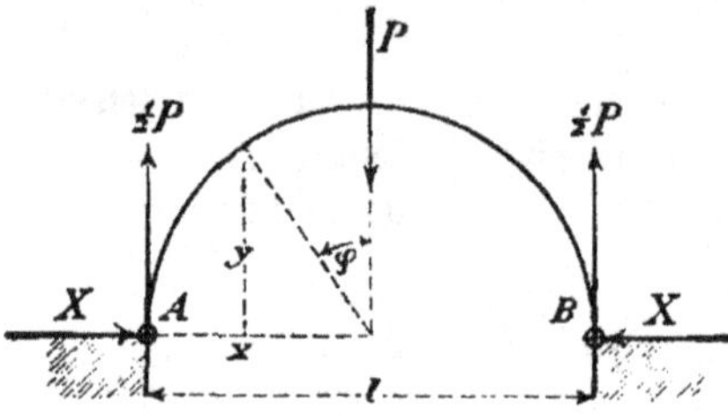

Fig. 188.

Für den Bogenquerschnitt bei $x < \frac{1}{2}l$ ist (wenn φ_0 den Wert von φ bei $x = 0$ bedeutet)

$$N = -\frac{P}{2} \sin\varphi - X\cos\varphi,$$

$$\mathrm{M} = \frac{P}{2}x - Xy = \frac{Pr}{2}(\sin\varphi_0 - \sin\varphi) - Xr(\cos\varphi - \cos\varphi_0),$$

$$\mathfrak{N} = N - \frac{\mathrm{M}}{r} = -\frac{P}{2}\sin\varphi_0 - X\cos\varphi_0,$$

$$\frac{\partial N}{\partial X} = -\cos\varphi,\quad \frac{\partial \mathrm{M}}{\partial X} = -r(\cos\varphi - \cos\varphi_0),\quad \frac{\partial \mathfrak{N}}{\partial X} = -\cos\varphi_0,$$

während die virtuelle Arbeit der Auflagerkräfte für den Fall $X = 1$:

$$L = -1 \cdot \Delta l$$

wird. Mit $ds = -r d\varphi$, $t_0 = t$ und $\Delta t = 0$ folgt deshalb bei konstantem E, F und Z, wenn $\int \varepsilon t_0 \frac{\partial N}{\partial X} ds = -\varepsilon t l$ gesetzt wird:

$$\varepsilon t l - \Delta l = -\left(\frac{P}{2}\sin\varphi_0 + X\cos\varphi_0\right)\cos\varphi_0 \frac{r}{EF}\, 2\int_{\varphi_0}^{0} d\varphi$$

$$+ \frac{Pr^3}{2EZ} \cdot 2\int_{\varphi_0}^{0} (\sin\varphi_0 - \sin\varphi)(\cos\varphi - \cos\varphi_0)\, d\varphi$$

$$-\frac{Xr^3}{EZ}\cdot 2\int\limits_{\varphi_0}^{0}(\cos\varphi-\cos\varphi_0)^2\,d\varphi$$

$$=\left(\frac{P}{2}\sin\varphi_0+X\cos\varphi_0\right)\cos\varphi_0\,\frac{r}{EF}\,2\varphi_0$$

$$-\frac{Pr^3}{EZ}\left(\frac{3}{2}\sin^2\varphi_0-\varphi_0\sin\varphi_0\cos\varphi_0+\cos\varphi_0-1\right)$$

$$+\frac{Xr^3}{EZ}(2\varphi_0\cos^2\varphi_0+\varphi_0-3\sin\varphi_0\cos\varphi_0),$$

und hieraus ergibt sich

$$X=\frac{P\left[\frac{3}{2}\sin^2\varphi_0+\cos\varphi_0-1-\varphi_0\cos\varphi_0\sin\varphi_0\left(1+\frac{Z}{Fr^2}\right)\right]+\frac{EZ}{r^3}(\varepsilon t l-\Delta l)}{\varphi_0-3\sin\varphi_0\cos\varphi_0+2\varphi_0\cos^2\varphi_0\left(1+\frac{Z}{Fr^2}\right)}.$$

4) Verschiebungen und Drehungen. Die Verschiebung δ des Angriffspunktes einer Last P (die auch $=0$ sein kann) im Sinne von P ist

$$(111)\qquad \delta=\int\Delta ds\,\overline{N}+\int\Delta d\varphi\,\overline{\mathrm{M}}-\overline{L},$$

wobei $\overline{N}=$ Längskraft,
$\overline{\mathrm{M}}=$ Biegungsmoment,
$\overline{L}=$ virtuelle Arbeit der Auflagerkräfte

für den Fall, daſs $P=1$ wird und sämtliche statisch nicht bestimmbaren Gröſsen X verschwinden, während Δds und $\Delta d\varphi$ demjenigen Belastungszustande entsprechen müssen, welcher die Verschiebung δ hervorbringt. Man darf auch setzen

$$(112)\qquad \delta=\int\Delta ds\,\frac{\partial N}{\partial P}+\int\Delta d\varphi\,\frac{\partial \mathrm{M}}{\partial P}-\Sigma\frac{\partial C}{\partial P}\Delta c.$$

Die Einführung der für Δds und $\Delta d\varphi$ durch die Gleichungen (97) und (98) gegebenen Werte liefert die den Gleichungen (54) und (55) gegenüber zu stellenden Beziehungen

$$(113)\qquad \delta_m=\int\frac{\mathfrak{N}\overline{\mathfrak{N}}ds}{EF}+\int\frac{\mathrm{M}\overline{\mathrm{M}}ds}{EZ}+\int\varepsilon t_0\overline{N}ds+\int\varepsilon\frac{\Delta t}{h}\overline{\mathrm{M}}ds-\overline{L},$$

$$(114)\qquad \delta_m=\int\frac{\mathfrak{N}}{EF}\frac{\partial\mathfrak{N}}{\partial P_m}ds+\int\frac{\mathrm{M}}{EZ}\frac{\partial\mathrm{M}}{\partial P_m}ds+\int\varepsilon t_0\frac{\partial N}{\partial P_m}ds$$
$$+\int\varepsilon\frac{\Delta t}{h}\frac{\partial\mathrm{M}}{\partial P_m}ds-\Sigma\frac{\partial C}{\partial P_m}\Delta c,$$

wobei
$$\overline{\mathfrak{N}}=\overline{N}-\frac{\overline{\mathrm{M}}}{r}$$

ist. In derselben Weise ergibt sich für die Änderung $\Delta\varphi$ des Neigungswinkels φ irgend einer an die Stabachse gelegten Tangente die Gleichung

$$(115) \quad \Delta\varphi = \int \frac{\mathfrak{N}\overline{\mathfrak{N}}ds}{EF} + \int \frac{\mathrm{M}\overline{\mathrm{M}}ds}{EZ} + \int \varepsilon t_0 \overline{N} ds + \int \frac{\varepsilon \Delta t}{h} \overline{\mathrm{M}} ds - \overline{L},$$

in welcher $\overline{N}$ und $\overline{\mathrm{M}}$ bezw. die Längskraft und das Biegungsmoment für den Fall bedeuten, dafs an der als starre, mit dem betrachteten Stabe fest verbundene Linie aufzufassenden Tangente und im Sinne der gesuchten Drehung ein Kräftepaar angreift, dessen Moment gleich „Eins" ist, während die Gröfsen X verschwinden. $\overline{L}$ stellt die virtuelle Arbeit der Auflagerkräfte für diesen Belastungszustand dar. An Stelle von Gleichung (115) darf auch gesetzt werden:

$$(116) \quad \Delta\varphi = \int \frac{\mathfrak{N}}{EF} \frac{\partial \mathfrak{N}}{\partial \mathfrak{M}} ds + \int \frac{\mathrm{M}}{EZ} \frac{\partial \mathrm{M}}{\partial \mathfrak{M}} ds + \int \varepsilon t_0 \frac{\partial N}{\partial \mathfrak{M}} ds$$
$$+ \int \varepsilon \frac{\Delta t}{h} \frac{\partial \mathrm{M}}{\partial \mathfrak{M}} ds - \Sigma \frac{\partial C}{\partial \mathfrak{M}} \Delta c,$$

wenn $\mathfrak{M}$ das beliebig grofse Moment eines an der Tangente angreifenden Kräftepaares vorstellt. Vergl. Seite 84.

Beispiel. Es soll die Verlängerung Δl der Sehne $\overline{AB} = l$ eines ungleichmäfsig erwärmten krummen Stabes ohne Zwischengelenke bestimmt werden. Fig. 154.

Man erhält

$$(117) \quad \Delta l = \int \frac{\mathfrak{N}\overline{\mathfrak{N}}ds}{EF} + \int \frac{\mathrm{M}\overline{\mathrm{M}}ds}{EZ} + \int \varepsilon t_0 \overline{N} ds + \int \varepsilon \frac{\Delta t}{h} \overline{\mathrm{M}} ds,$$

wobei N und M der wirklichen Belastung entsprechen, während $\overline{N}$ und $\overline{\mathrm{M}}$ bezw. die Längskraft und das Biegungsmoment bedeuten, welche für irgend einen Querschnitt des Bogens durch zwei in die Gerade AB fallende, im Sinne der gesuchten Verschiebung Δl wirkende Kräfte „Eins" hervorgebracht werden.

Es ist $\overline{N} = 1 \cdot \cos\varphi$, $\overline{\mathrm{M}} = 1 \cdot y$ und

$$\overline{\mathfrak{N}} = \overline{N} - \frac{\mathrm{M}}{r} = \cos\varphi - \frac{y}{r},$$

mithin ergibt sich, bei konstantem ε, t_0, Δt:

$$(118) \quad \Delta l = \int \left(N - \frac{\mathrm{M}}{r}\right)\left(\cos\varphi - \frac{y}{r}\right)\frac{ds}{EF} + \int \frac{\mathrm{M}y\,ds}{EZ} + \varepsilon t_0 l = \int \varepsilon \Delta t \frac{y\,ds}{h}.$$

Beispielsweise ist für einen Halbkreisbogen, welcher die in Fig. 177 dargestellte Belastung durch zwei Kräfte Q erfährt:

$$N = Q\cos\varphi,\ \mathrm{M} = Qy,\ y = r\cos\varphi,\ N - \frac{\mathrm{M}}{r} = 0$$

und, wegen $ds = -r\,d\varphi$, bei konstantem E, Z, h:

$$\Delta l = -\frac{Qr^3}{EZ}\int_{+\frac{1}{2}\pi}^{-\frac{1}{2}\pi}\cos^2\varphi\,d\varphi + \varepsilon t_0 l - \frac{\varepsilon\Delta t r^2}{h}\int_{+\frac{1}{2}\pi}^{-\frac{1}{2}\pi}\cos\varphi\,d\varphi$$

$$= 2\left[\frac{Qr^3}{EZ}\int_0^{\frac{1}{2}\pi}\cos^2\varphi\,d\varphi + \frac{\varepsilon\Delta t r^2}{h}\int_0^{\frac{1}{2}\pi}\cos\varphi\,d\varphi\right] + \varepsilon t_0 2r,$$

$$(119)\quad \Delta l = \frac{Qr^3\pi}{2EZ} + 2r\varepsilon\left(t_0 + \Delta t\frac{r}{h}\right).$$

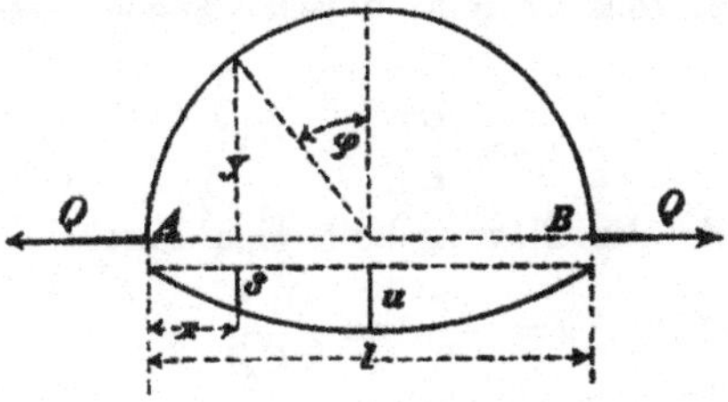

Fig. 189.

5) Die Biegungslinie. Setzt man in die im § 17 für die Biegungslinie eines einfach gekrümmten Stabes entwickelte Gleichung:

$$-\frac{d^2\delta}{dx^2} = \frac{\Delta d\varphi}{dx} + \frac{d\left(\frac{\Delta ds}{dx}\operatorname{tg}\varphi\right)}{dx},$$

die durch die Gleichungen (97) und (98) für $\Delta d\varphi$ und Δds gegebenen Werte ein, so erhält man (mit $dx = ds\cos\varphi = -r\,d\varphi\cos\varphi$):

$$(120)\quad -\frac{d^2\delta}{dx^2} = \left(\frac{M}{EZ} + \frac{\varepsilon\Delta t}{h} - \frac{\mathfrak{N}}{EFr}\right)\sec\varphi + \frac{d\left[\left(\frac{\mathfrak{N}}{EF} + \varepsilon t_0\right)\frac{ds}{dx}\operatorname{tg}\varphi\right]}{dx},$$

und es lassen sich jetzt, ebenso wie im § 17, die Verschiebungen δ mittels eines Seilpolygons darstellen, dessen Belastungsordinate

$$(121)\quad z = \left(\frac{M}{EZ} + \frac{\varepsilon\Delta t}{h} - \frac{\mathfrak{N}}{EFr}\right)\sec\varphi + \frac{d\left[\left(\frac{\mathfrak{N}}{EF} + \varepsilon t_0\right)\frac{ds}{dx}\operatorname{tg}\varphi\right]}{dx}$$

ist. Sind Zwischengelenke vorhanden, so ist nach Seite 165 zu verfahren.

Für manche Fälle ist es vorteilhaft, Gleichung (120) umzuformen in

$$(122)\quad -\frac{d^2\delta}{dx^2} = \left(\frac{M}{EZ} + \frac{\varepsilon\Delta t}{h}\right)\frac{ds}{dx} + \frac{\mathfrak{N}}{EF}\frac{d^2y}{dx^2}\left[1 + \left(\frac{dx}{ds}\right)^2\right]$$

$$+ \frac{d\left(\frac{\mathfrak{N}}{EF}\right)}{dx}\frac{dy}{dx} + \varepsilon t_0\frac{d^2y}{dx^2};$$

hierbei ist t_0 für sämtliche Punkte der Stabachse gleich grofs angenommen.

Beispiel 1. Gesucht ist die Biegungslinie eines Halbkreisbogens, welcher nach Fig. 189 durch zwei Kräfte Q belastet wird. Es sei $t = 0$.

Für den Stabquerschnitt bei x ist

$$N = Q\cos\varphi,\ \mathrm{M} = Qr\cos\varphi,\ \mathfrak{N} = N - \frac{\mathrm{M}}{r} = 0,$$

mithin

$$-\frac{d^2\delta}{dx^2} = \frac{Qr}{EZ}.$$

Nach § 17 stimmt die gesuchte Biegungslinie mit der Momentenkurve eines einfachen Balkens überein, dessen Längeneinheit die konstante Belastung

$$z = \frac{Qr}{EZ}$$

trägt, und es ist mithin die Biegungslinie eine Parabel, deren Pfeil

$$(123)\quad u = \frac{zr^2}{2} = \frac{Qr^3}{2EZ}$$

ist, und deren Gleichung

$$(124)\quad \delta = \frac{ux(2r - x)}{r^2} = \frac{Qrx(2r - x)}{2EZ}$$

lautet.

Beispiel 2. Gesucht sei für einen Bogenträger mit halbkreisförmiger Mittellinie der durch eine Einzellast P, eine gleichmäfsige Erwärmung um t und eine Vergröfserung der Stützweite l um Δl erzeugte Horizontalschub X. Der Querschnitt sei konstant, und an den Kämpfern mögen Gelenke liegen. Fig. 190.

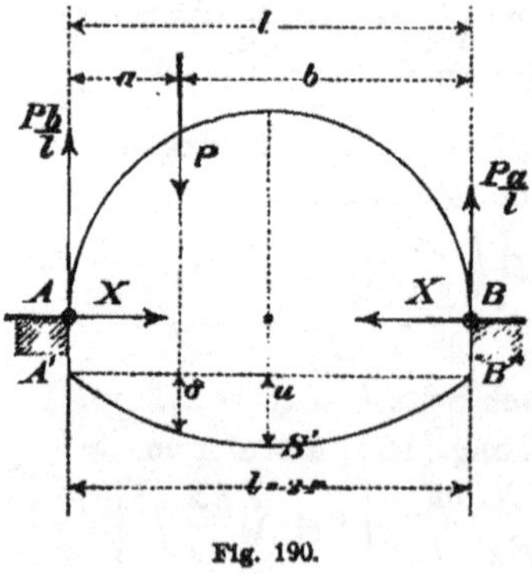

Fig. 190.

Nachdem für den in Fig. 189 dargestellten Belastungsfall (mit $Q = 1$) die Biegungslinie $A'S'B'$ und die Verlängerung

$$\xi = \frac{\pi r^3}{2EZ}\ \text{[nach Gleichung (119)]}$$

der Sehne AB ermittelt worden sind, wird, genau wie auf Seite 186, mit Hilfe des Maxwellschen Satzes der Wert gefolgert:

$$X = \frac{P\delta + \varepsilon tl - \Delta l}{\xi},$$

wobei δ die unter der Last P gemessene Ordinate der Linie $A'S'B'$ bedeutet.

Wegen

$$\delta = \frac{ra(2r - a)}{2EZ} \text{ [nach Gleichung (124)]}$$

ergibt sich

$$X = \frac{Pa(2r - a)}{\pi r^2} + \frac{2EZ}{\pi r^3}(2\varepsilon t r - \Delta l).$$

Bei ungleichmäfsiger Erwärmung tritt nach Gleichung (119) an die Stelle von $2\varepsilon t r$ der Wert $2\varepsilon r\left(t_0 + \Delta t \frac{r}{h}\right)$.

Ist beispielsweise $r = 12h$ und $\Delta t = \frac{t_0}{4}$, so folgt $t_0 + \Delta t \frac{r}{h} = 4t_0$, und der durch die ungleichmäfsige Erwärmung erzeugte Horizontalschub ergibt sich viermal so grofs wie der im Falle $t = Konst.$ entstehende. Man ersieht hieraus, welch grofsen Einflufs eine ungleichmäfsige Erwärmung oder Abkühlung haben kann.

6) Berücksichtigung der Änderung der Querschnittsabmessungen bei Berechnung der σ, Δds und $\Delta d\varphi$. Die Differentiation der aus Gleichung (86) folgenden Beziehung

$$\frac{\sigma}{E}(r - v) = \frac{\Delta ds}{ds} r - \frac{\Delta d\varphi}{d\varphi} v - \Delta v - \varepsilon t (r - v)$$

liefert, wenn zunächst der Zustand $t = 0$ vorausgesetzt wird,

$$\frac{d\sigma}{dv} \frac{r - v}{E} - \frac{\sigma}{E} = -\frac{\Delta d\varphi}{d\varphi} - \frac{\Delta dv}{dv},$$

worein zu setzen

$$\frac{\Delta dv}{dv} = -\frac{\sigma}{mE}.$$

Es entsteht mit der Abkürzung $\frac{m+1}{m} = \mu$:

$$\frac{d\sigma}{dv} - \mu \frac{\sigma}{r - v} + \frac{\Delta d\varphi}{d\varphi} \frac{E}{r - v} = 0$$

und hieraus durch Integration*)

$$\sigma = \frac{C}{(r - v)^\mu} + \frac{1}{\mu} \frac{\Delta d\varphi}{d\varphi} E,$$

wobei C die Integrationskonstante bedeutet. Für $v = 0$ soll sein: $\frac{\sigma}{E} = \frac{\Delta ds}{ds}$, und es folgt daher

---

*) Einer Differentialgleichung $\frac{dy}{dx} - yF(x) + F_1(x) = 0$ entspricht das Integral:

$$y = \left(e^{\int F(x)dx}\right)\left(C - \int F_1(x) e^{-\int F(x)dx} dx\right).$$

$$E\frac{\Delta ds}{ds} = \frac{C}{r^{\mu}} + \frac{1}{\mu}\frac{\Delta d\varphi}{d\varphi}E, \text{ mithin}$$

$$C = E\left(\frac{\Delta ds}{ds} - \frac{1}{\mu}\frac{\Delta d\varphi}{d\varphi}\right) r^{\mu} \text{ und schließlich}$$

$$\frac{\sigma}{E} = \alpha + \beta\frac{1}{\left(1-\frac{v}{r}\right)^{\mu}},$$

wobei

$$\alpha = \frac{m}{m+1}\frac{\Delta d\varphi}{d\varphi} \text{ und } \beta = \frac{\Delta ds}{ds} - \alpha.$$

Die beiden Gleichgewichtsbedingungen

$$N = \int \sigma dF \text{ und } M = \int \sigma v dF$$

gehen über in

$$\frac{N}{E} = \alpha F + \beta\int\frac{dF}{\left(1-\frac{v}{r}\right)^{\mu}}; \quad \frac{M}{E} = \beta\int\frac{v\,dF}{\left(1-\frac{v}{r}\right)^{\mu}}$$

und liefern, mit den Bezeichnungen:

$$K_1 = \int\frac{dF}{\left(1-\frac{v}{r}\right)^{\mu}}; \quad K_2 = \int\frac{\frac{v}{r}dF}{\left(1-\frac{v}{r}\right)^{\mu}} = K_1 - \int\frac{dF}{\left(1-\frac{v}{r}\right)^{\mu-1}}$$

die Werte

$$\beta = \frac{M}{EK_2 r}, \quad \alpha = \frac{N}{EF} - \frac{M}{EFr}\frac{K_1}{K_2},$$

weshalb sich für die Spannung σ der Ausdruck ergibt

$$(125) \quad \sigma = \frac{N}{F} + \frac{M}{rK_2}\left(\frac{1}{\sqrt[m]{\left(1-\frac{v}{r}\right)^{m+1}}} - \frac{K_1}{F}\right);$$

derselbe bleibt bei Eintreten einer ungleichmäßigen Erwärmung ungeändert, sobald t dem durch die Gleichung (91) gegebenen Gesetze folgt.

Bestimmt man noch $\frac{\Delta d\varphi}{d\varphi} = \frac{m+1}{m}\alpha$ und $\frac{\Delta ds}{ds} = \alpha + \beta$ und fügt zu diesen Werten die für jene ungleichmäßige Erwärmung auf Seite 212 und 213 nachgewiesenen Beiträge $\frac{\Delta ds}{ds} = \varepsilon t_0$ und $\frac{\Delta d\varphi}{d\varphi} = -\varepsilon\Delta t\frac{r}{h}$, so gelangt man zu

$$(126)\quad \begin{cases} \dfrac{\Delta ds}{ds} = \dfrac{N}{EF} + \dfrac{M}{EFr} \dfrac{K_1 - F}{K_2} + \varepsilon t_0 \\[2ex] \dfrac{\Delta d\varphi}{d\varphi} = \dfrac{m+1}{m} \left(\dfrac{N}{EF} - \dfrac{M}{EFr} \dfrac{K_1}{K_2} \right) - \varepsilon \Delta t \dfrac{r}{h}. \end{cases}$$

Für ein **Rechteck** von der Breite b und der Höhe h ergibt sich beispielsweise, wegen $dF = b\,dv$:

$$K_1 = F \frac{r}{h} \omega_1; \quad K_2 = F \frac{r}{h} (\omega_1 - \omega_2), \text{ wobei}$$

$$\omega_1 = m \left[\frac{1}{\sqrt[m]{1 - \dfrac{h}{2r}}} - \frac{1}{\sqrt[m]{1 - \dfrac{h}{2r}}} \right];$$

$$\omega_2 = \frac{m}{m-1} \left[\sqrt[m]{\left(1 + \frac{h}{2r}\right)^{m-1}} - \sqrt[m]{\left(1 - \frac{h}{2r}\right)^{m-1}} \right].$$

Ist $r = 5h$ und $m = 3$, so erhält man $\omega_1 = 0{,}201042$, $\omega_2 = 0{,}200148$,

$$\frac{K_1}{F} = 5\omega_1 = 1{,}005210, \quad rK_2 = 25Fh(\omega_1 - \omega_2) = 0{,}02235\,bh^2,$$

$$\sigma = \frac{N}{bh} + \frac{M}{0{,}02235\,bh^2} \left[\frac{1}{\sqrt[3]{\left(1 - \dfrac{v}{r}\right)^4}} - 1{,}005240 \right]$$

und für $v = +\frac{1}{2}h$ bezw. $v = -\frac{1}{2}h$:

$$\sigma_1 = \frac{N}{bh} + 6{,}514 \frac{M}{bh^2}, \quad \sigma_2 = \frac{N}{bh} - 5{,}119 \frac{M}{bh^2}.$$

Die Anwendung der Gleichung (96) hätte mit $Z = 1{,}006\,J$ geliefert:

$$\sigma_1 = \frac{N}{bh} + 6{,}427 \frac{M}{bh^2}, \quad \sigma_2 = \frac{N}{bh} - 5{,}623 \frac{M}{bh^2}$$

und die für den geraden Stab abgeleitete Gleichung (40):

$$\sigma_1 = \frac{N}{bh} + 6 \frac{M}{bh^2}, \quad \sigma_2 = \frac{N}{bh} - 6 \frac{M}{bh^2}.$$

Abschnitt III.

§ 22.

Drehungsfestigkeit.

1) Spannungen. Wird ein gerader Stab durch Kräftepaare beansprucht, deren Ebenen die Stabachse rechtwinklig schneiden, so besitzen nur die in den Querschnitten hervorgerufenen und in der Folge mit τ bezeichneten Schubspannungen einen wesentlichen Einfluſs auf die Formänderung. Auf jeden Querschnitt wirkt ein Moment M_d, welches das Drehungs- oder Torsions-Moment genannt wird und gleich der algebraischen Summe der Momente der zwischen jenem Querschnitte und dem Stabende angreifenden Kräftepaare ist.

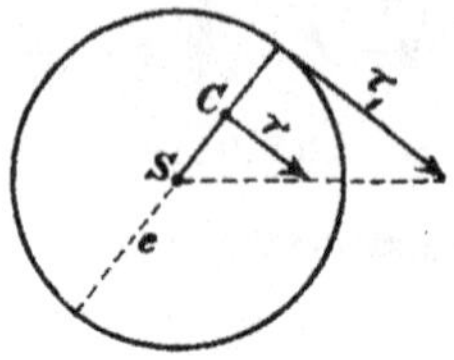

Fig. 191.

Ist der Querschnitt ein Kreis vom Radius e, auf welchen Fall die folgenden Untersuchungen beschränkt bleiben mögen, so ist die in irgend einem Punkte C (Fig. 191) auftretende Schubspannung τ rechtwinklig zu der von C nach dem Kreismittelpunkte S gezogenen Geraden, deren Länge $\overline{SC} = \rho$ sei, und es verhält sich, wenn τ_1 den Wert von τ für $\rho = e$ bedeutet,

$$\tau : \tau_1 = \rho : e.$$

Das Gleichgewicht zwischen den inneren und äuſseren Kräften verlangt:

$$M_d = \int \rho \tau d F = \frac{\tau_1}{e} \int \rho^2 d F,$$

wobei das Integral über den ganzen Querschnitt auszudehnen ist, und es ergibt sich, wenn

$$(127) \quad \int \rho^2 d F = J_p$$

gesetzt wird,

$$(128) \quad \tau_1 = \frac{M_d e}{J_p} \text{ und } \tau = \frac{M_d \rho}{J_p}.$$

2) Drehungswinkel. Der von irgend einem auf der Stabachse angenommenen Ausgangspunkte A um s entfernte Querschnitt D wird sich gegen den bei $s + ds$ gelegenen Querschnitt D_1 um einen Winkel $d\vartheta$ drehen, und hierbei wird sich der Angriffspunkt C der Schubspannung τ gegen den gleich gelegenen Punkt C_1 des Querschnittes D_1 um $\rho d\vartheta$ verschieben. Ist C' die neue Lage von C und setzt man

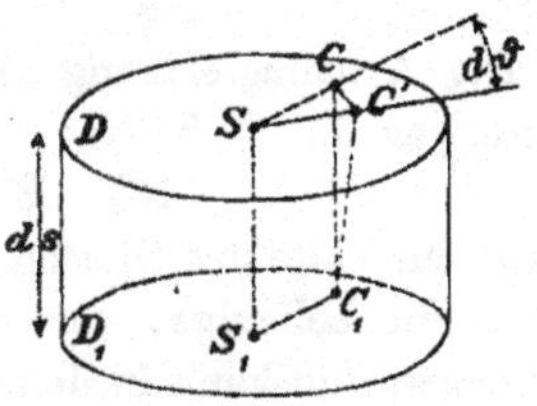

Fig. 192.

$$\angle C'C_1C = \gamma,$$

so folgt $\overline{C'C} = \gamma ds$, und es ist mithin $\rho d\vartheta = \gamma ds$, woraus sich

$$d\vartheta = \gamma \frac{ds}{\rho}$$

ergibt. Man nennt γ die Gleitung im Punkte C; sie ist der Spannung τ proportional und durch

$$(129) \quad \gamma = \frac{\tau}{G}$$

gegeben, wobei G den Gleitmodul (Schub-Elastizitätsmodul) bedeutet.

Der Ausdruck für $d\vartheta$ geht nun über in

$$(130) \quad d\vartheta = \frac{\tau ds}{G\rho} = \frac{M_d ds}{GJ_p},$$

und die Drehung des Querschnittes D gegen einen um s von ihm entfernten Querschnitt wird

$$(131) \quad \vartheta = \int_0^s \frac{M_d ds}{GJ_p}.\text{*)}$$

Zwischen den beiden Elastizitätsmoduln E und G besteht die Beziehung

$$(132) \quad G = \frac{mE}{2(m+1)},$$

wenn $\frac{1}{m}$ den Koeffizienten der Querdehnung bedeutet. Für Metalle ist $m = 3$ bis 4.

3) Die Arbeitsgleichung. Da man alle in einem Querschnitte wirksamen Schubkräfte zu einem Kräftepaare vereinigen kann, dessen Moment den absoluten Wert M_d hat, so ist die virtuelle Arbeit dieser Schubkräfte bei einer Drehung des Querschnittes um einen beliebigen Winkel $d\vartheta$ (wenn der um ds entfernte Nachbarquerschnitt relativ fest liegt:

*) Ist der Stabquerschnitt kein Kreis, so tritt nach Saint-Venant (Comptes rendus 1879, Band 88, Seite 144) an die Stelle von J_p der Wert $\frac{F^4}{\varkappa J_p}$, wobei, genügend genau, $\varkappa = 40$ gesetzt werden darf.

$$dA_v = \mathrm{M}_d d\vartheta,$$

und es ergibt sich die virtuelle Formänderungs-Arbeit des ganzen Stabes

$$A_v = \int \mathrm{M}_d d\vartheta.$$

Die Arbeitsgleichung lautet mit den auf Seite 22 erklärten Bezeichnungen P, C, δ, Δc:

$$(133) \quad \Sigma P\delta + \Sigma C\Delta c = \int \mathrm{M}_d d\vartheta;$$

sie gilt im Falle des Gleichgewichtes zwischen den äußeren und inneren Kräften für beliebige, verschwindend kleine, zusammengehörige Formänderungen und kann in derselben Weise wie die entsprechenden Arbeitsgleichungen der Abschnitte I. und II. benutzt werden, um statisch nicht bestimmbare Größen X und Verschiebungen δ zu ermitteln. Die teilweise Differentiation von Gleichung (133) nach einer Größe X oder einer Last P führt zu den Beziehungen

$$(134) \quad L = \int \frac{\partial \mathrm{M}_d}{\partial X} d\vartheta = \int \frac{\mathrm{M}_d}{GJ_p} \frac{\partial \mathrm{M}_d}{\partial X} ds \text{ und}$$

$$(135) \quad \delta_m = \int \frac{\partial \mathrm{M}_d}{\partial P_m} d\vartheta - \Sigma \frac{\partial C}{\partial P_m} \Delta c = \int \frac{\mathrm{M}_d}{GJ_p} \frac{\partial \mathrm{M}_d}{\partial P_m} ds - \Sigma \frac{\partial C}{\partial P_m} \Delta c,$$

wobei die Lasten P und die Größen X als unabhängige Veränderliche aufzufassen sind. L bedeutet, wie früher, die virtuelle Arbeit der Auflagerkräfte für den Zustand $X = 1$.

4) Zusammensetzung von Drehungs- und Biegungs-Festigkeit. Die Gleichungen (134) und (135) eignen sich besonders für die Beurteilung des Einflusses der Drehungsmomente in Fällen gleichzeitiger Beanspruchung auf Drehungs- und Biegungs-Festigkeit, namentlich für die Untersuchung von Stäben kreisförmigen Querschnitts, die bei beliebiger Gestalt der Mittellinie durch irgendwelche Kräfte belastet werden.

Ist die Mittellinie des Stabes eine Kurve doppelter Krümmung, so beziehe man den Querschnitt auf rechtwinklige Koordinatenachsen (u, v) und lasse die v-Achse mit dem Krümmungsradius (d. h. also mit der Hauptnormale) zusammenfallen; die u-Achse steht dann senkrecht zur Schmiegungsebene und deckt sich mit der Binormale. Nun denke man den Stab durch den fraglichen Querschnitt in zwei Teile zerlegt, ersetze die Mittelkraft R der auf den einen der beiden Teile wirkenden äußeren Kräfte durch die aufeinander senkrechten Seitenkräfte:

N (Längskraft) senkrecht zur Querschnittsebene,
Q_u (Querkraft) parallel der u-Achse,
Q_v „ „ „ v-Achse

und bestimme die von der Kraft R ausgeübten Momente:

M_d, in Bezug auf eine zum Querschnitte senkrechte Achse,
M_u, „ „ „ die u-Achse,
M_v, „ „ „ „ v-Achse.

Infolge von N und M_u entsteht nach § 21. Gleichung (96) in irgend einem Querschnittspunkte (u, v) die Spannung

$$\sigma = \frac{\mathfrak{N}}{F} + \frac{M_u v}{Z} \frac{r}{r - v},$$

wobei

$$\mathfrak{N} = N - \frac{M_u}{r},$$

$$Z = J\left[1 + \frac{3}{6}\left(\frac{e}{r}\right)^2 + \frac{3}{6}\cdot\frac{5}{8}\left(\frac{e}{r}\right)^4 + \frac{3}{6}\cdot\frac{5}{8}\cdot\frac{7}{10}\left(\frac{e}{r}\right)^6 + \ldots\right],$$

$J = \frac{\pi e^4}{4}$, $F = \pi e^2$, e = Halbmesser des Kreisquerschnittes,

r = Krümmungshalbmesser der Mittellinie,

während die durch das Moment M_v erzeugte Spannung σ mittels der für den geraden Stab entwickelten Formel

$$\sigma = \frac{M_v u}{J}$$

zu berechnen ist, da die Schmiegungsebene drei aufeinander folgende Punkte der Mittellinie enthält.

Zu der gesamten Längsspannung

$$(136) \quad \sigma = \frac{\mathfrak{N}}{F} + \frac{M_u v}{Z} \frac{r}{r - v} + \frac{M_v u}{J}$$

tritt noch eine Schubspannung, welche mit der hier als zulässig angenommenen Vernachlässigung der von Q_u und Q_v abhängigen Beiträge gleich

$$(137) \quad \tau = \frac{M_d \rho}{J_p} = \frac{M_d \rho}{2J}$$

ist, und es ergibt sich hiermit die Inanspruchnahme an der Stelle (uv):

$$(138) \quad k = \frac{m - 1}{2m}\sigma + \frac{m + 1}{2m}\sqrt{\sigma^2 + 4\tau^2}.$$

Hinsichtlich der Vorzeichen der von den äußeren Kräften abhängigen Werte gilt folgendes:

> Das Moment M_u ist positiv, sobald es den Krümmungshalbmesser r der Stab-Mittellinie zu vergrößern sucht; der Krümmungsmittelpunkt muß hierbei auf dem positiven Teile der v-Achse liegen, vergl. § 21.
>
> Das Moment M_v ist positiv, sobald es bestrebt ist, auf der Seite der positiven u-Achse Zugspannungen hervorzubringen.
>
> Die Längskraft N ist positiv, sobald sie den Stab an der betrachteten Stelle zu zerreißen trachtet.

Das Vorzeichen von M_d ist gleichgültig, da in k die Schubspannung τ nur im Quadrat vorkommt.

Statisch nicht bestimmbare Größen X lassen sich (für den in der Folge vorausgesetzten Zustand $t = 0$) mit Hilfe der aus (53), (107) und (134) sich ergebenden Arbeitsbedingung

$$(139) \quad L = \int \frac{\mathfrak{N}}{EF} \frac{\partial \mathfrak{N}}{\partial X} ds + \int \frac{\mathrm{M}_u}{EZ} \frac{\partial \mathrm{M}_u}{\partial X} ds + \int \frac{\mathrm{M}_v}{EJ} \frac{\partial \mathrm{M}_v}{\partial X} ds + \int \frac{\mathrm{M}_d}{GJ_p} \frac{\partial \mathrm{M}_d}{\partial X} ds$$

ermitteln, und zur Berechnung von Verschiebungen δ kann die Gleichung

$$(140) \quad \delta_m = \int \frac{\mathfrak{N}}{EF} \frac{\partial \mathfrak{N}}{\partial P_m} ds + \int \frac{\mathrm{M}_u}{EZ} \frac{\partial \mathrm{M}_u}{\partial P_m} ds + \int \frac{\mathrm{M}_v}{EJ} \frac{\partial \mathrm{M}_v}{\partial P_m} ds + \int \frac{\mathrm{M}_d}{GJ_p} \frac{\partial \mathrm{M}_d}{\partial P_m} ds - \Sigma \frac{\partial C}{\partial P_m} \Delta c$$

benutzt werden.

Aufgabe 1. Ein Ring von konstantem Querschnitte und kreisförmiger Mittellinie (Fig. 193) wird bei A durchgeschnitten und unmittelbar zu beiden Seiten der Schnittstelle von zwei entgegengesetzt gleichen, zur Stabebene rechtwinkligen Kräften P ergriffen. Es soll angegeben werden, um wieviel sich der Ring, dessen Querschnitt ein Kreis vom Halbmesser e ist, bei A öffnet, und wie groß seine Beanspruchung ist.

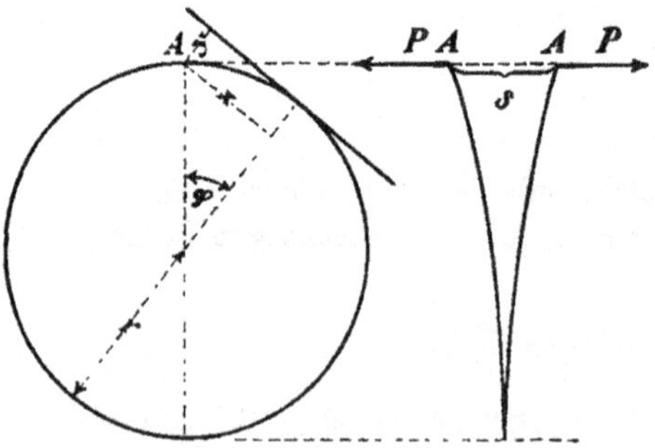

Fig. 193.

Bedeuten y und x die von A auf eine beliebige Tangente und den durch ihren Berührungspunkt gehenden Halbmesser gefällten Lote, so entsteht in Bezug auf die in die Stabebene fallende v-Achse jenes Querschnittes das Biegungsmoment

$$\mathrm{M}_v = Px.$$

Das Drehungsmoment ist

$$\mathrm{M}_d = Py$$

und die gesuchte Öffnungsweite:

$$\delta = 2 \int_0^\pi \frac{\mathrm{M}_v}{EJ} \frac{\partial \mathrm{M}_v}{\partial P} ds + 2 \int_0^\pi \frac{\mathrm{M}_d}{GJ_p} \frac{\partial \mathrm{M}_d}{\partial P} ds.$$

Mit Rücksicht auf

$$\frac{\partial M_v}{\partial P} = x, \quad \frac{\partial M_d}{\partial P} = y \text{ und } \frac{EJ}{GJ_p} = \frac{m+1}{m}$$

folgt:

$$\delta = \frac{2P}{EJ}\left(\int_0^\pi x^2 ds + \frac{m+1}{m}\int_0^\pi y^2 ds\right)$$

$$= \frac{2Pr^3}{EJ}\left(\int_0^\pi \sin^2\varphi d\varphi + \frac{m+1}{m}\int_0^\pi (1-\cos\varphi)^2 d\varphi\right)$$

$$= \frac{\pi Pr^3}{EJ}\left(1 + 3\frac{m+1}{m}\right),$$

und beispielsweise für $m = 3$, mit $J = \frac{\pi e^4}{4}$:

$$\delta = \frac{20 Pr^3}{Ee^4}.$$

Die Inanspruchnahme des Ringes ist nach (138) mit $m = 3$:

$$k = \frac{1}{3}\sigma + \frac{2}{3}\sqrt{\sigma^2 + 4\tau^2},$$

worein zu setzen:

$$\sigma = M_v \frac{e}{J} = \frac{4 Pr \sin\varphi}{\pi e^3}, \quad 2\tau = \frac{M_d e}{J} = \frac{4 Pr (1-\cos\varphi)}{\pi e^3}.$$

Es folgt $k = \frac{4 Pr}{3\pi e^3}\left(\sin\varphi + 2\sqrt{\sin^2\varphi + (1-\cos\varphi)^2}\right)$

$$= \frac{4 Pr}{3\pi e^3}\left(\sin\varphi + 4\sin\frac{\varphi}{2}\right).$$

Dieser Wert wird am größten für $\varphi = 137°4'$ und zwar ergibt sich hiermit

$$k_{max} = 1{,}869 \frac{Pr}{e^3}.\text{*)}$$

Aufgabe 2. Ein Stab *ASA* (Fig. 194) mit halbkreisförmiger, in einer wagerechten Ebene gedachten Mittellinie und konstantem Querschnitte ist an beiden Enden fest eingespannt und mit einer Kraft $2P$ belastet, welche in der zur Stabebene senkrechten Symmetrieebene liegt, mit der Stabebene den Winkel α einschließt und auf der im Halbierungspunkte S des Kreisbogens zur Stabebene errichteten Senkrechten die Strecke $SB = c$ abschneidet. Es soll die Inanspruchnahme des Stabes, dessen Querschnitt ein Kreis vom Radius e ist, ermittelt werden.

Wir denken den Stab bei S aufgeschnitten, nehmen an jeder Stabhälfte die Kraft P an und ersetzen die in der Schnittfläche bei S wirkenden

*) Vergl. Grashof, Theorie der Elektrizität und Festigkeit. Berlin 1878, Seite 296.

inneren Kräfte durch ihre Mittelkraft H. Wegen der Symmetrie des Belastungszustandes ist H parallel der in S an die Stabachse gelegten

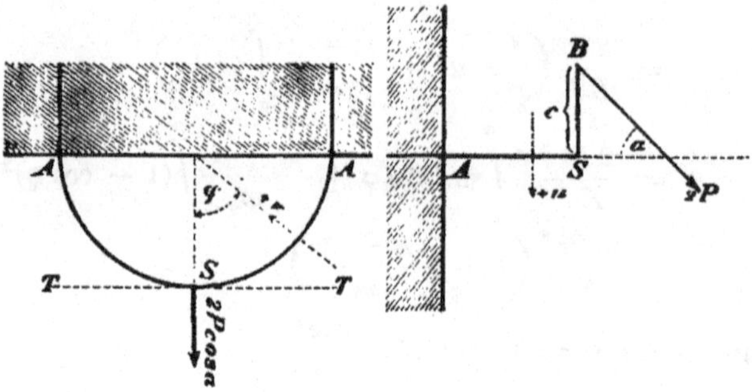

Fig. 194.

Tangente TT; sie habe von der Stabebene den Abstand b, während die Entfernung ihrer Projektion auf die Stabebene vom Punkte S gleich a sein möge, und es werde gesetzt

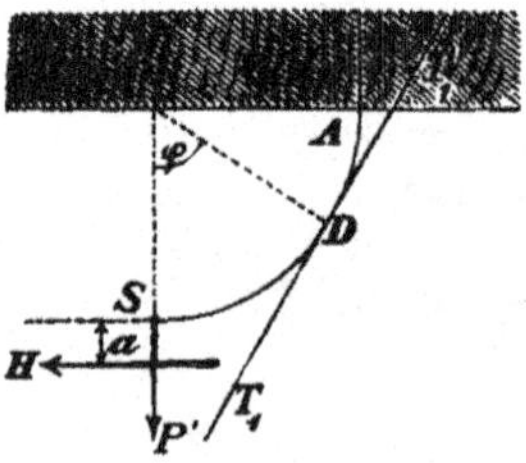

Fig. 195.

$$Ha = M_1\,; \quad Hb = M_2.$$

Nach Zerlegung von P in $P' = P\cos\alpha$ und $P'' = P\sin\alpha$ ergibt sich für einen beliebigen Querschnitt D (vergl. Fig. 195, in welcher die auf eine Stabhälfte wirkenden Kräfte auf die Stabebene projiziert sind):

die Längskraft $N = H\cos\varphi + P'\sin\varphi$,

das um die zur Stabebene senkrechte u-Achse drehende Biegungsmoment

$$M_u = P'r\sin\varphi - H(r + a - r\cos\varphi)$$
$$= P'r\sin\varphi - Hr(1 - \cos\varphi) - M_1,$$

das um die in die Stabebene fallende v-Achse drehende Biegungsmoment (nach Zerlegung von H in $H\cos\varphi$ und $H\sin\varphi$)

$$M_v = -P''r\sin\varphi - P'\sin\varphi\cdot c - H\cos\varphi\cdot b$$
$$= -(P''r + P'c)\sin\varphi - M_2\cos\varphi$$

und das um die in D an die Stabachse gelegte Tangente T_1T_1 drehende Torsionsmoment

$$M_z = P''r(1 - \cos\varphi) - P'c\cos\varphi + M_2\sin\varphi.$$

Sind nun H, M_1, M_2 bekannt, so vermag man für jeden Punkt u, v des Querschnittes die Spannungen σ und τ, sowie die Inanspruchnahme k mit Hilfe der Gleichungen (136) bis (138) anzugeben, worauf der stets einem Umfangspunkte entsprechende Wert k_{max} berechnet werden kann.

Die statisch nicht bestimmbaren Gröfsen H, M_1, M_2 lassen sich mittels der Bedingung

$$0 = \frac{1}{EF}\int \mathfrak{N}\,\frac{\partial \mathfrak{N}}{\partial X}\,ds + \frac{1}{EZ}\int M_u\,\frac{\partial M_u}{\partial X}\,ds + \frac{1}{EJ}\int M_v\,\frac{\partial M_v}{\partial X}\,ds$$
$$+ \frac{1}{GJ_p}\int M_d\,\frac{\partial M_d}{\partial X}\,ds,$$

in welcher $\mathfrak{N} = N - \frac{M_u}{r} = H + \frac{M_1}{r}$ ist, berechnen; man hat nur nötig, für X der Reihe nach H, M_1 und M_2 zu setzen, um drei Gleichungen mit drei Unbekannten zu erhalten.

Zunächst sollen die in jenen drei Gleichungen vorkommenden, zwischen den Grenzen 0 und $\frac{1}{2}\pi$ zu nehmenden Integrale gesondert berechnet werden. Es ist, mit $ds = r\,d\varphi$:

$$\frac{\partial \mathfrak{N}}{\partial H} = 1, \int_0^{\frac{1}{2}\pi} \mathfrak{N}\,\frac{\partial \mathfrak{N}}{\partial H}\,ds = \left(H + \frac{M_1}{r}\right)\frac{r\pi}{2},$$

$$\frac{\partial \mathfrak{N}}{\partial M_1} = \frac{1}{r}, \int_0^{\frac{1}{2}\pi} \mathfrak{N}\,\frac{\partial \mathfrak{N}}{\partial M_1}\,ds = \left(H + \frac{M_1}{r}\right)\frac{\pi}{2},$$

$$\frac{\partial M_u}{\partial H} = -r\,(1 - \cos\varphi),$$

$$\int_0^{\frac{1}{2}\pi} M_u\,\frac{\partial M_u}{\partial H}\,ds = -\int_0^{\frac{1}{2}\pi}[P' r \sin\varphi - Hr\,(1 - \cos\varphi) - M_1]\,r^2\,(1 - \cos\varphi)\,d\varphi$$
$$= -r^3\left[\frac{P'}{2} - H\left(\frac{3\pi}{4} - 2\right) - \frac{M_1}{r}\left(\frac{\pi}{2} - 1\right)\right],$$

$$\frac{\partial M_u}{\partial M_1} = -1, \int_0^{\frac{1}{2}\pi} M_u\,\frac{\partial M_u}{\partial M_1}\,ds = -\int_0^{\frac{1}{2}\pi}[P' r \sin\varphi - Hr\,(1 - \cos\varphi) - M_1]\,r\,d\varphi$$
$$= -r^2\left[P' - H\left(\frac{\pi}{2} - 1\right) - \frac{M_1}{r}\,\frac{\pi}{2}\right],$$

$$\frac{\partial M_v}{\partial M_2} = -\cos\varphi, \int_0^{\frac{1}{2}\pi} M_v\,\frac{\partial M_v}{\partial M_2}\,ds = +\int_0^{\frac{1}{2}\pi}[(P'c + P''r)\sin\varphi + M_2\cos\varphi]\,r\cos\varphi\,d\varphi$$
$$= \frac{r}{2}\left(P'c + P''r + M_2\,\frac{\pi}{2}\right),$$

$$\frac{\partial M_d}{\partial M_2} = \sin\varphi, \int_0^{\frac{1}{2}\pi} M_d\,\frac{\partial M_d}{\partial M_2}\,ds = \int_0^{\frac{1}{2}\pi}[P''r\,(1 - \cos\varphi) - P'c\cos\varphi + M_2\sin\varphi]\,r\sin\varphi\,d\varphi$$
$$= \frac{r}{2}\left(P''r - P'c + M_2\,\frac{\pi}{2}\right),$$

und es lautet daher die obige Arbeitsgleichung

für $X = H$:

$$\frac{1}{EF}\left(H + \frac{M_1}{r}\right)\frac{\pi r}{2} - \frac{r^3}{EZ}\left[\frac{P'}{2} - H\left(\frac{3\pi}{4} - 2\right) - \frac{M_1}{r}\left(\frac{\pi}{2} - 1\right)\right] = 0,$$

für $X = M_1$:

$$\frac{1}{EF}\left(H + \frac{M_1}{r}\right)\frac{\pi}{2} - \frac{r^2}{EZ}\left[P' - H\left(\frac{\pi}{2} - 1\right) - \frac{M_1}{r}\frac{\pi}{2}\right] = 0,$$

für $X = M_2$:

$$\frac{r}{2EJ}\left(P'c + P''r + M_2\frac{\pi}{2}\right) + \frac{r}{2GJ_p}\left(P''r - P'c + M_2\frac{\pi}{2}\right) = 0.$$

Setzt man zur Abkürzung

$$1 + \frac{Z}{Fr^2} = \varkappa$$

und beachtet, daſs $\frac{EJ}{GJ_p} = \frac{m+1}{m}$ ist, so ergeben sich aus den drei Bedingungen die Werte:

$$H = 2P\cos\alpha\,\frac{4 - \varkappa\pi}{\varkappa\pi^2 - 8},$$

$$M_1 = 2Pr\cos\alpha\,\frac{(\varkappa + 1)\pi - 6}{\varkappa\pi^2 - 8},$$

$$M_2 = \frac{2}{\pi}\left[\frac{Pc\cos\alpha}{2m+1} - Pr\sin\alpha\right].$$

Die gestellte Aufgabe ist hiermit gelöst.

Ist die Last $2P$ parallel zur Stabebene, d. h. ist $\alpha = 0$, so ergibt sich

$$H = 2P\frac{4 - \varkappa\pi}{\varkappa\pi^2 - 8},\quad M_1 = 2Pr\frac{(\varkappa+1)\pi - 6}{\varkappa\pi^2 - 8},\quad M_2 = \frac{2}{\pi}\cdot\frac{Pc}{2m+1}.$$

H und M_1 sind unabhängig von c; beide Werte hätten mit Hilfe der im § 21 für den einfach gekrümmten Stab gegebenen Gesetze entwickelt werden können.

Ist die Last $2P$ senkrecht zur Stabebene ($\alpha = 90$), so ergibt sich

$$H = 0,\ M_1 = 0,\ M_2 = -\frac{2Pr}{\pi}.$$

Für eine beliebige, jedoch in Bezug auf den Halbierungspunkt S des Bogens ASA symmetrische Belastung erhält man

$$\mathfrak{N} = F(P) + H + \frac{M_1}{r};\ M_w = F_1(P) - Hr(1 - \cos\varphi) - M_1;$$

$$M_v = F_2(P) - M_2\cos\varphi;\ M_d = F_3(P) + M_2\sin\varphi,$$

wobei $F(P)$, $F_1(P)$, $F_2(P)$, $F_3(P)$ gegebene Funktionen der Lasten sind. Die nach H, M_1 und M_2 gebildeten teilweisen Differentialquotienten der Gröſsen $\mathfrak{N}$, M_w, M_v, M_d behalten die oben angegebenen Werte, und es ergeben sich daher, wenn der Reihe nach $X = H$, $X = M_1$, $X = M_2$ gesetzt wird, die Bedingungen:

$$\text{(I)}\quad 0 = \int\frac{\mathfrak{N}}{EF}\,d\varphi - r\int\frac{M_w}{EZ}(1 - \cos\varphi)\,d\varphi$$

$$\text{(II)}\quad 0=\int\frac{\mathfrak{N}}{EF}\,\frac{d\varphi}{r}-\int\frac{\mathrm{M}_u}{EZ}\,d\varphi$$

$$\text{(III)}\quad 0=\int\frac{\mathrm{M}_v}{EJ}\cos\varphi\,d\varphi-\int\frac{\mathrm{M}_d}{GJ_p}\sin\varphi\,d\varphi,$$

in denen alle Integrale zwischen den Grenzen 0 und $\frac{1}{2}\pi$ zu nehmen sind.

Für den Fall, dafs alle Lasten, die teils senkrecht zur Stabebene, teils in dieser Ebene wirken mögen, in Punkten der Stabachse angreifen und der Querschnitt des Stabes, desgl. E und G konstant sind, läfst sich Gleichung III noch wie folgt vereinfachen.

An einem Stabstücke ds wirken, um die Tangente T_1T_1 drehend, die Momente $\mathrm{M}_v d\varphi$ (gewonnen durch Zusammensetzung der auf die Endquerschnitte des Stabstückes wirkenden Momente M_v und $\mathrm{M}_v+d\mathrm{M}_v$) und $d\mathrm{M}_d$ (Unterschied zwischen den auf jene Endquerschnitte wirkenden Drehungsmomenten), und es erfordert das Gleichgewicht das Bestehen der Beziehung:

$$\mathrm{M}_v d\varphi+d\mathrm{M}_d=0.$$

Verbindet man diese Gleichung mit der durch teilweise Integration gefolgerten:

$$\int_0^{\frac{1}{2}\pi}\mathrm{M}_d\sin\varphi\,d\varphi=-\Big|_0^{\frac{1}{2}\pi}\mathrm{M}_d\cos\varphi+\int_0^{\frac{1}{2}\pi}\cos\varphi\,d\mathrm{M}_d$$

und beachtet, dafs $\varphi=0$ und $\varphi=\frac{1}{2}\pi$ bezw. liefern: $\mathrm{M}_d=0$ (wegen der Symmetrie des Belastungszustandes) und $\cos\varphi=0$, so erhält man

$$\int_0^{\frac{1}{2}\pi}\mathrm{M}_d\sin\varphi\,d\varphi=-\int_0^{\frac{1}{2}\pi}\mathrm{M}_v\cos\varphi\,d\varphi,$$

und es geht deshalb (bei konstantem E, J, G, J_p) Gleichung (III) über in

$$\text{(III a)}\quad\int_0^{\frac{1}{2}\pi}\mathrm{M}_v\cos\varphi\,d\varphi=0;$$

sie gilt für Stäbe mit beliebig geformtem, jedoch in Bezug auf die v-Achse symmetrischem und konstantem Querschnitte.

§ 24.

Gesetze für beliebige isotrope, feste Körper.

1) Arbeitsbedingungen. Im Inneren eines festen Körpers, dessen äufsere und innere Kräfte miteinander im Gleichgewichte sein mögen, sei ein Parallelepipedum abgegrenzt, dessen Kanten den Achsen eines rechtwinkligen Koordinatensystems parallel sind und die anfänglichen Längen dx, dy, dz haben.

Die Spannung in der zur x-Achse senkrechten, den Punkt (x, y, z) enthaltenden Seitenfläche $dydz$ sei in die Seitenspannungen

σ_x, parallel der x-Achse und positiv, wenn im Sinne von $(-x)$ wirkend,
τ_{xy}, „ „ y-Achse „ „ „ „ „ „ $(-y)$ „ ,
τ_{xz}, „ „ z-Achse „ „ „ „ „ „ $(-z)$ „ ,

zerlegt, und in gleicher Weise mögen die Spannungen in den dem Punkte O anliegenden Seitenflächen $dz\,dx$ und $dx\,dy$ durch ihre Seitenspannungen

$$\sigma_y, \quad \tau_{yz}, \quad \tau_{yx},$$
$$\sigma_z, \quad \tau_{zx}, \quad \tau_{zy}$$

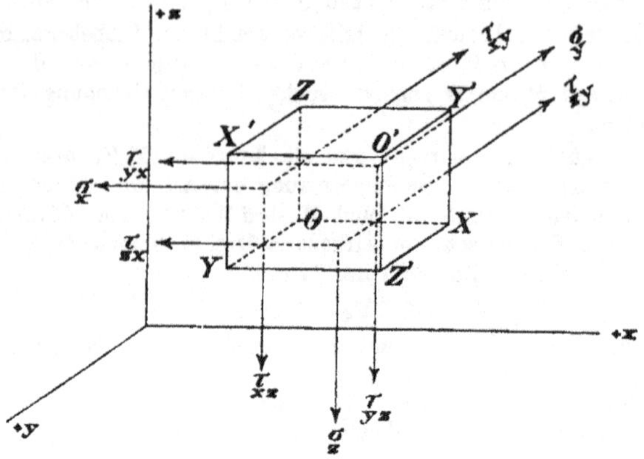

Fig. 196.

gegeben werden. Die σ sind Zug- oder Druckspannungen, die τ Schubspannungen.

Wird die Momentensumme aller auf das Parallelepipedum $dx\,dy\,dz$ wirkenden Kräfte in Bezug auf die der y-Achse parallele Schwerachse des Körperteilchens gleich Null gesetzt und hierbei davon abgesehen, daſs sich die Spannungen in gegenüberliegenden Seitenflächen um Differentiale unterscheiden, weil die Berücksichtigung dieser Unterschiede zu unendlich kleinen Gröſsen der vierten Ordnung führen würde, welche gegen die der dritten Ordnung verschwinden, so erhält man (mit Hinweis auf Fig. 197, in der die Projektion des Parallelepipedums auf die (zx)-Ebene dargestellt ist) die Gleichung:

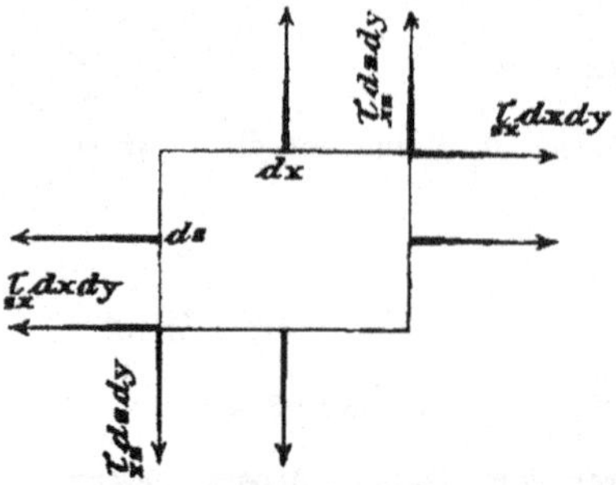

Fig. 197.

$$(\tau_{zx}\,dx\,dy)\,yz = (\tau_{xz}\,dy\,dz)\,dx,$$

und hieraus und aus ähnlichen Momentengleichungen für die der x-Achse und z-Achse parallelen Schwerachsen des Körperteilchens folgt

$$\tau_{xz} = \tau_{zx}, \quad \tau_{zy} = \tau_{yz}, \quad \tau_{xy} = \tau_{yx},$$

weshalb die kürzere Bezeichnung eingeführt werden soll:

$$\tau_x = \tau_{yz} = \tau_{zy}; \quad \tau_y = \tau_{zx} = \tau_{xz}; \quad \tau_z = \tau_{xy} = \tau_{yx},$$

wobei zu merken ist, dafs

$$\tau_x \perp dx,\ \tau_y \perp dy,\ \tau_z \perp dz.$$

Ändern sich die anfänglichen Längen dx, dy, dz um Strecken Δdx, Δdy, Δdz, so leisten die von den Spannungen σ herrührenden Kräfte $\sigma_x dydz$, $\sigma_y dzdx$, $\sigma_z dxdy$ die virtuelle Arbeit

$$dA_v = \sigma_x dydz\Delta dx + \sigma_y dzdx\Delta dy + \sigma_z dxdy\Delta dz$$
$$= \left(\sigma_x \frac{\Delta dx}{dx} + \sigma_y \frac{\Delta dy}{dy} + \sigma_z \frac{\Delta dz}{dz}\right) dxdydz$$

und hierfür kann, wenn die in der Folge **Dehnungen** genannten Verlängerungs-Verhältnisse mit

$$\varepsilon_x = \frac{\Delta dx}{dx},\ \varepsilon_y = \frac{\Delta dy}{dy},\ \varepsilon_z = \frac{\Delta dz}{dz}$$

bezeichnet werden und der Inhalt des Körperteilchens $dxdydz = dV$ gesetzt wird, geschrieben werden

$$dA_v = (\sigma_x\varepsilon_x + \sigma_y\varepsilon_y + \sigma_z\varepsilon_z)\, dV.$$

Gleichzeitig mit den Dehnungen entstehen Winkeländerungen, und es sei, mit Bezugnahme auf Fig. 192:

γ_x die Änderung des Winkels YOZ,
γ_y „ „ „ „ ZOX,
γ_z „ „ „ „ XOY.

Man nennt γ_x, γ_y, γ_z die **Gleitungen** im Punkte xyz; sie seien positiv oder negativ, je nachdem sie Verkleinerungen oder Vergröfserungen der Winkel YOZ, ZOX, XOY vorstellen.

Infolge der Änderung des Winkels YOZ um γ_x verschiebt sich die Fläche YO' im Sinne OZ gegen die Fläche OY' um $\gamma_x dy$, wobei die in YO' und senkrecht zu dx wirksame Schubkraft $\tau_x dxdz$ die virtuelle Arbeit $\tau_x dxdz\gamma_x dy$ leistet, oder es verschiebt sich die Fläche ZO' im Sinne OY gegen die Fläche OZ' um die Strecke $\gamma_x dz$, bei welcher Bewegung die in ZO' und senkrecht zu dx wirkende Schubkraft $\tau_x dxdy$ die Arbeit $\tau_x dxdy\gamma_x dz$ verrichtet. In beiden Fällen entsteht die virtuelle Formänderungs-Arbeit:

$$dA_v = \tau_x\gamma_x dxdydz = \tau_x\gamma_x dV,$$

und ebenso ergeben sich die den Winkeländerungen γ_y und γ_z entsprechenden virtuellen Arbeiten

$$\tau_y\gamma_y dV \text{ und } \tau_z\gamma_z dV,$$

so dafs die gesamte virtuelle Formänderungs-Arbeit der an den Seitenflächen des Parallelepipedums angreifenden Kräfte gleich

$$(\sigma_x\varepsilon_x + \sigma_y\varepsilon_y + \sigma_z\varepsilon_z + \tau_x\gamma_x + \tau_y\gamma_y + \tau_z\gamma_z)\, dV$$

wird und diejenige sämtlicher inneren Kräfte des Körpers:

$$(141)\quad A_v = \int(\sigma_x\varepsilon_x + \sigma_y\varepsilon_y + \sigma_z\varepsilon_z + \tau_x\gamma_x + \tau_y\gamma_y + \tau_z\gamma_z)\, dV.$$

Setzt man nun A_v gleich der von den äufseren Kräften geleisteten virtuellen Arbeit, so erhält man die Gleichung

(142) $\Sigma P\delta + \Sigma C\Delta c = \int(\sigma_x\varepsilon_x + \sigma_y\varepsilon_y + \sigma_z\varepsilon_z + \tau_x\gamma_x + \tau_y\gamma_y + \tau_z\gamma_z)dV$;
sie gilt für beliebige durch einander bedingte äufsere und innere Verschiebungen δ, Δc, ε_x, ε_y, ε_z, γ_x, γ_y, γ_z, wenn diese nur klein genug sind, um als verschwindende Gröfsen aufgefafst werden zu dürfen. Zu den äufseren Kräften gehören aufser den in Punkten der Oberfläche angreifenden Kräften, die auf die Massenteilchen wirkenden (z. B. die Erdanziehung, Ergänzungskräfte der relativen Bewegung) und, wenn Teile des Körpers aufeinander reiben, die an den Berührungsstellen wirksamen Reibungswiderstände.

Nehmen wir nun an, es sei geglückt, die nach bestimmten Richtungen wirkenden Seitenkräfte C der Stützenwiderstände, sowie die Spannungen σ und τ in der Form

$$\begin{aligned}
C &= C_0 + C'X' + C''X'' + C'''X''' + \ldots\\
\sigma_x &= \sigma_{x0} + \sigma_x'X' + \sigma_x''X'' + \sigma_x'''X''' + \ldots\\
\sigma_y &= \sigma_{y0} + \sigma_y'X' + \sigma_y''X'' + \sigma_y'''X''' + \ldots\\
\sigma_z &= \sigma_{z0} + \sigma_z'X' + \sigma_z''X'' + \sigma_z'''X''' + \ldots\\
\tau_x &= \tau_{x0} + \tau_x'X' + \tau_x''X'' + \tau_x'''X''' + \ldots\\
\tau_y &= \tau_{y0} + \tau_y'X' + \tau_y''X'' + \tau_y'''X''' + \ldots\\
\tau_z &= \tau_{z0} + \tau_z'X' + \tau_z''X'' + \tau_z'''X''' + \ldots
\end{aligned}$$

als geradlinige Funktionen der gegebenen Lasten P und gewisser, statisch nicht bestimmbarer Gröfsen X herzustellen, wobei nur die mit dem Zeiger 0 behafteten Werte von P abhängen sollen, und wenden die obige Arbeitsgleichung der Reihe nach auf die früher erklärten Zustände $X' = 1$, $X'' = 1, \ldots$ an, so ergeben sich, da die Kräfte C' mit den Spannungen σ' und τ', die C'' mit den σ'' und τ'' im Gleichgewichte sind, die bei gegebenen Δc, ε_x, ε_y, ε_z, γ_x, γ_y, γ_z zur Berechnung der X ausreichenden Bedingungen

$$(143)\quad \begin{cases}
\Sigma C'\Delta c = \int(\sigma_x'\varepsilon_x + \sigma_y'\varepsilon_y + \sigma_z'\varepsilon_z + \tau_x'\gamma_x + \tau_y'\gamma_y + \tau_z'\gamma_z)\,dV\\
\Sigma C''\Delta c = \int(\sigma_x''\varepsilon_x + \sigma_y''\varepsilon_y + \sigma_z''\varepsilon_z + \tau_x''\gamma_x + \tau_y''\gamma_y + \tau_z''\gamma_z)\,dV\\
\ldots\ldots\ldots\ldots\ldots\ldots\ldots\ldots\ldots\ldots\ldots\ldots\ldots\ldots\ldots;
\end{cases}$$

dieselben lassen sich auch durch die eine Gleichung:

$$(144)\quad L = \int\left(\varepsilon_x\frac{\partial\sigma_x}{\partial X} + \varepsilon_y\frac{\partial\sigma_y}{\partial X} + \varepsilon_z\frac{\partial\sigma_z}{\partial X} + \gamma_x\frac{\partial\tau_x}{\partial X} + \gamma_y\frac{\partial\tau_y}{\partial X} + \gamma_z\frac{\partial\tau_z}{\partial X}\right)dV$$

ersetzen, in welcher X irgend eine statisch nicht bestimmbare Gröfse und L die virtuelle Arbeit der Auflagerkräfte für den Zustand $X = 1$ bedeutet, während die Differentialquotienten $\frac{\partial\sigma}{\partial X}$ und $\frac{\partial\tau}{\partial X}$ die Spannungen σ und τ für jenen Zustand vorstellen.

Die Verschiebung δ_m des Angriffspunktes m einer Last P_m wird

$$(145)\quad \delta_m = \int(\bar{\sigma}_x\varepsilon_x + \bar{\sigma}_y\varepsilon_y + \bar{\sigma}_z\varepsilon_z + \bar{\tau}_x\gamma_x + \bar{\tau}_y\gamma_y + \bar{\tau}_z\gamma_z)\,dV - \Sigma\bar{C}\Delta c,$$

wobei $\bar{\sigma}$, $\bar{\tau}$ und $\bar{C}$ diejenigen Spannungen und Auflagerkräfte sind, welche mit einer Last $P_m = 1$ im Gleichgewichte sind. Man darf hierfür auch setzen

$$(146) \quad \delta_m = \int\left(\varepsilon_x \frac{\partial \sigma_x}{\partial P_m} + \varepsilon_y \frac{\partial \sigma_y}{\partial P_m} + \varepsilon_z \frac{\partial \sigma_z}{\partial P_m} + \gamma_x \frac{\partial \tau_x}{\partial P_m} + \gamma_y \frac{\partial \tau_x}{\partial P_m} + \gamma_z \frac{\partial \tau_z}{\partial P_m}\right) dV - \Sigma \frac{\partial C}{\partial P_m} \Delta c,$$

welche Gleichung durch teilweise Differentiation der Arbeitsgleichung nach der Last P_m, bei als Konstanten betrachteten willkürlichen Formänderungen, δ, Δc, ε_x, ε_y, ε_z, γ_x, γ_y, γ_z gewonnen wird.

2) **Einführung der durch Spannungen und Temperaturänderungen verursachten Dehnungen und Gleitungen.** Wir wenden jetzt die Gleichungen (143) bis (146) auf die wirklichen Dehnungen und Gleitungen an und beschränken uns hierbei auf den isotropen (d. h. in allen Punkten gleich beschaffenen) festen Körper mit spannungslosem Anfangszustande.

Die Seite dx des betrachteten Parallelepipedums erleidet, wenn die Spannung σ_x allein wirkt, die Dehnung $\frac{\Delta dx}{dx} = \frac{\sigma_x}{E}$, während eine Änderung der Anfangs-Temperatur um t erzeugt: $\frac{\Delta dx}{dx} = \varepsilon t$ und infolge von σ_y und σ_z entsteht: $\frac{\Delta dx}{dx} = -\frac{\sigma_y + \sigma_z}{mE}$, wobei $\frac{1}{m}$ den Koeffizienten der Querdehnung ($= \frac{1}{4}$ bis $\frac{1}{3}$ für Schweifs- und Flufseisen) bedeutet. Beim Zusammenwirken aller Ursachen ergibt sich die Dehnung

$$(147) \quad \begin{cases} \varepsilon_x = \frac{\sigma_x}{E} - \frac{\sigma_y + \sigma_z}{mE} + \varepsilon t \text{ und ebenso} \\ \varepsilon_y = \frac{\sigma_y}{E} - \frac{\sigma_z + \sigma_x}{mE} + \varepsilon t, \\ \varepsilon_z = \frac{\sigma_z}{E} - \frac{\sigma_x + \sigma_y}{mE} + \varepsilon t, \end{cases}$$

während die nur von den Schubspannungen abhängigen Gleitungen

$$(148) \quad \gamma_x = \frac{\tau_x}{G}, \quad \gamma_y = \frac{\tau_y}{G}, \quad \gamma_z = \frac{\tau_z}{G}$$

sind, wobei

$$G = \frac{mE}{2(m+1)}$$

den Schub-Elastizitätsmodul bedeutet.

Die Gleichungen (144) und (146) gehen nach Einsetzen der vorstehenden Werte der Dehnungen und Gleitungen über in

$$(149) \quad L = \frac{\partial A_i}{\partial X} \text{ und}$$

$$(150)\quad \delta_m = \frac{\partial A_t}{\partial P_m} - \Sigma \frac{\partial C}{\partial P_m} \Delta c, \text{ wobei}$$

$$(151)\quad A_t = \frac{1}{2}\int\left[\sigma_x^2 + \sigma_y^2 + \sigma_z^2 - \frac{2}{m}(\sigma_y\sigma_z + \sigma_z\sigma_x + \sigma_x\sigma_y)\right]\frac{dV}{E}$$

$$+ \frac{1}{2}\int(\tau_x^2 + \tau_y^2 + \tau_z^2)\frac{dV}{G} + \int(\sigma_x + \sigma_y + \sigma_z)\,\varepsilon t\,dV.$$

Im Falle $t = 0$ ergeben sich die Gesetze:

$$(152)\quad L = \frac{\partial A}{\partial X} \text{ und}$$

$$(153)\quad \delta_m = \frac{\partial A}{\partial P_m} - \Sigma \frac{\partial C}{\partial P_m} \Delta c, \text{ wobei}$$

$$(154)\quad A = \frac{1}{2}\int\left[\sigma_x^2 + \sigma_y^2 + \sigma_z^2 - \frac{2}{m}(\sigma_y\sigma_z + \sigma_z\sigma_x + \sigma_x\sigma_y)\right]\frac{dV}{E}$$

$$+ \frac{1}{2}\int(\tau_x^2 + \tau_y^2 + \tau_z^2)\frac{dV}{G}.$$

A bedeutet die **wirkliche Formänderungsarbeit**, wie aus der folgenden Entwickelung hervorgeht.

Die Arbeit, welche die an den Körperteilchen wirkenden Kräfte leisten, während die im Entstehen begriffenen Dehnungen und Gleitungen um die Werte $d\varepsilon_x$, $d\varepsilon_y$, $d\varepsilon_z$, $d\gamma_x$, $d\gamma_y$, $d\gamma_z$ zunehmen, ist nach den Entwickelungen unter 1):

$$(\sigma_x d\varepsilon_x + \sigma_y d\varepsilon_y + \sigma_z d\varepsilon_z + \tau_x d\gamma_x + \tau_y d\gamma_y + \tau_z d\gamma_z)\,dV,$$

worein zu setzen

$$d\varepsilon_x = \frac{1}{E}\left[d\sigma_x - \frac{1}{m}d\sigma_y - \frac{1}{m}d\sigma_z\right],$$

$$d\varepsilon_y = \frac{1}{E}\left[d\sigma_y - \frac{1}{m}d\sigma_z - \frac{1}{m}d\sigma_x\right],$$

$$d\varepsilon_z = \frac{1}{E}\left[d\sigma_z - \frac{1}{m}d\sigma_x - \frac{1}{m}d\sigma_y\right], \text{ also}$$

$$\sigma_x d\varepsilon_x + \sigma_y d\varepsilon_y + \sigma_z d\varepsilon_z = \frac{1}{E}\Big[\sigma_x d\sigma_x + \sigma_y d\sigma_y + \sigma_z d\sigma_z$$

$$- \frac{1}{m} d(\sigma_y\sigma_z + \sigma_z\sigma_x + \sigma_x\sigma_y)\Big]$$

$$\text{und } d\gamma_x = \frac{1}{G}d\tau_x,\quad d\gamma_y = \frac{1}{G}d\tau_y,\quad d\gamma_z = \frac{1}{G}d\tau_z.$$

Integriert man diesen Ausdruck bei von 0 aus wachsenden Spannungen, so erhält man für das Körperteilchen die gesamte Formänderungsarbeit

$$dA = \frac{1}{E}\left[\frac{\sigma_x^2}{2} + \frac{\sigma_y^2}{2} + \frac{\sigma_z^2}{2} - \frac{1}{m}(\sigma_y\sigma_z + \sigma_z\sigma_x + \sigma_x\sigma_y)\right]dV$$
$$+ \frac{1}{G}\left[\frac{\tau_x^2}{2} + \frac{\tau_y^2}{2} + \frac{\tau_z^2}{2}\right]dV,$$

und hieraus folgt dann für den ganzen Körper der durch die Gleichung (154) gegebene Arbeitswert A.*)

Im Falle $t = 0$ und $L = 0$ entstehen aus (152) und (153) die Castiglianoschen Sätze:

1) *Die statisch nicht bestimmbaren Gröfsen X machen die Formänderungsarbeit A, welche als Funktion der zuerst unabhängig veränderlich angenommenen Werte X darzustellen ist, zu einem Minimum.*

2) *Die Verschiebung des Angriffspunktes m einer Last P_m im Sinne von P_m ist gleich der nach P_m gebildeten teilweisen Abgeleiteten der Formänderungsarbeit A.*

Bei der Ausführung der durch die Gleichungen (150) und (153) vorgeschriebenen Differentiationen dürfen sämtliche Gröfsen X als Konstanten aufgefafst werden. Man gehe gewissermassen von dem allgemeineren Falle willkürlicher Werte X aus, wende also die Gleichung (150) und (153) (wie in den Abschnitten I und II) auf den statisch bestimmten Hauptträger an. Die Auffassung der X als Funktionen der Lasten P führt, wenn die Bedingungsgleichungen (143) berücksichtigt werden, zu denselben Ergebnissen; der (übrigens überflüssige) Beweis hierfür kann ähnlich geführt werden wie beim Fachwerke. Vergl. Seite 75.

3) **Der Maxwellsche Satz.** Wir nehmen an, dafs die dem spannungslosen Anfangszustande entsprechende Temperatur ungeändert bleibt ($t = 0$) und die Auflagerwiderstände bei eintretenden elastischen Verschiebungen keine Arbeit leisten ($\Delta c = 0$). Den von beliebigen Belastungen P_m ergriffenen Körper denken wir durch drei einander rechtwinklig schneidende Flächenscharen in unendlich kleine Teilchen zerlegt, in deren Seitenflächen nur Normalspannungen auftreten, welche dann Hauptspannungen heifsen und mit σ_1', σ_2', σ_3' bezeichnet werden sollen. Die entsprechenden Dehnungen sind, wegen $t = 0$

$$(155)\quad \begin{cases} \varepsilon_1' = \left[\sigma_1' - \frac{1}{m}(\sigma_2' + \sigma_3')\right]\frac{1}{E} \\ \varepsilon_2' = \left[\sigma_2' - \frac{1}{m}(\sigma_3' + \sigma_1')\right]\frac{1}{E} \\ \varepsilon_3' = \left[\sigma_3' - \frac{1}{m}(\sigma_1' + \sigma_2')\right]\frac{1}{E}; \end{cases}$$

die Gleitungen sind $= 0$.

*) Führt man in Gleichung (142) die wirklichen Werte von ε_x, ε_y, ε_z, γ_x, γ_y,

Jetzt ersetzen wir die Belastungen P_m durch andere Belastungen P_n, behalten aber die vorhin angenommene Zerlegung des Körpers bei. Es treten dann Normalspannungen σ_1'', σ_2'', σ_3'' auf und erzeugen Dehnungen:

$$(156)\quad \begin{cases} \varepsilon_1'' = \left[\sigma_1'' - \frac{1}{m}(\sigma_2'' + \sigma_3'')\right]\frac{1}{E} \\ \varepsilon_2'' = \left[\sigma_2'' - \frac{1}{m}(\sigma_3'' + \sigma_1'')\right]\frac{1}{E} \\ \varepsilon_3'' = \left[\sigma_3'' - \frac{1}{m}(\sigma_1'' + \sigma_2'')\right]\frac{1}{E}. \end{cases}$$

Aufserdem werden durch die P_n Schubspannungen τ'' und Gleitungen γ'' hervorgerufen.

Bezeichnen wir nun mit (δ_{mn}) den Weg irgend einer Belastung P_m für den Fall, dafs auf den Körper nur die Belastungen P_n wirken,**) und mit (δ_{nm}) den Weg irgend einer Belastung P_n infolge ausschliefslicher Wirkung der P_m, und schreiben wir die Arbeitsgleichung zuerst an,

für den Belastungszustand (P_m) und den hiervon unabhängigen, den Belastungen P_n entsprechenden Verschiebungszustand,

sodann

für den Belastungszustand (P_n) und den hiervon unabhängigen, den Belastungen P_m entsprechenden Verschiebungszustand,

so erhalten wir, da die Stützenwiderstände der Voraussetzung gemäfs keine Arbeit verrichten, die Gleichungen:

$$\Sigma P_m(\delta_{mn}) = \int(\sigma_1'\varepsilon_1'' + \sigma_2'\varepsilon_2'' + \sigma_3'\varepsilon_3'')\,dV$$
$$\Sigma P_n(\delta_{nm}) = \int(\sigma_1''\varepsilon_1' + \sigma_2''\varepsilon_2' + \sigma_3''\varepsilon_3')\,dV,$$

bei deren Aufstellung zu beachten ist, dafs den Gleitungen γ'' die Schubspannungen $\tau' = 0$ gegenüberstehen und den Schubspannungen τ'' die Gleitungen $\gamma' = 0$.

Mit Hilfe der Gleichungen (155) und (156) läfst sich nun leicht nachweisen, dafs

$$\sigma_1'\varepsilon_1'' + \sigma_2'\varepsilon_2'' + \sigma_3'\varepsilon_3'' = \sigma_1''\varepsilon_1' + \sigma_2''\varepsilon_2' + \sigma_3''\varepsilon_3'$$

ist und deshalb auch

$$\Sigma P_m(\delta_{mn}) = \Sigma P_n(\delta_{nm}).^{***})$$

γ_v ein, so erhält man für den Zustand $t = 0$: $\Sigma P\delta + \Sigma C\Delta c = A_v = 2A$. Bezeichnet man also mit Q irgend eine äufsere Kraft und mit r die Verschiebung ihres Angriffspunktes im Sinne von Q, so besteht die Beziehung:

$$\tfrac{1}{2}\Sigma Qr = A,$$

welche das Clapeyronsche Gesetz heifst.

**) Wirkt nur eine Belastung P_n und hat diese die Gröfse eins, so geht (δ_{mn}) über in δ_{mn}. Vergl. Seite 60.

***) In dieser allgemeinen Form wurde der Satz zuerst von Betti bewiesen.

Hieraus folgt aber, als besonderer Fall

$$\delta_{mn} = \delta_{nm}.$$

§ 24.

Schubfestigkeit.

Im Anschluſs an die Entwicklungen des § 23 soll der Einfluſs der durch die Querkräfte Q (vgl. Seite 85) hervorgerufenen Schubspannungen τ auf die Formänderungen und statisch nicht bestimmbaren Gröſsen von auf Biegungsfestigkeit beanspruchten geraden Stäben untersucht werden.

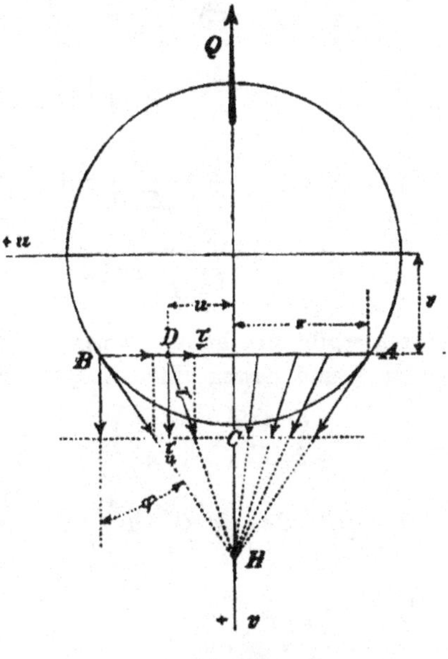

Fig. 198.

1) Formänderungsarbeit der Schubkräfte. Ist die Kräfteebene eine Symmetrieebene des Stabes (welcher Fall hier ausschlieſslich betrachtet werden möge), so wird durch die Querkraft Q in irgend einem Punkte D des Querschnitts eine Schubspannung τ hervorgerufen, welche die v-Achse in einem Punkte H schneidet, dessen Lage erhalten wird, indem man durch D die der u-Achse parallele Sehne AB zieht und in B eine Tangente BH an den Querschnittsumfang legt. Fig. 198. Von den beiden Seitenspannungen τ_v und τ_u, in welche sich τ zerlegen läſst und die senkrecht zur v-Achse und senkrecht zur u-Achse sind, folgt τ_u bekanntlich dem Gesetze:

$$\tau_u = \frac{QS}{2zJ},$$

wenn $2z$ die Länge der Sehne AB,

S das auf die u-Achse bezogene statische Moment des einen der beiden durch die Sehne AB begrenzten Querschnittsteile (z. B. des Teiles ACB) und

J das Trägheitsmoment des ganzen Querschnitts in Bezug auf die u-Achse

bedeuten. Es ist somit τ_u unabhängig von u und gleich groſs für alle auf der Sehne AB gelegenen Querschnittspunkte, und es folgt, wenn φ den Winkel bezeichnet, welchen die Tangente BH mit der v-Achse einschließt, für den Punkt B: $\tau_v = \tau_u \operatorname{tg} \varphi$ und für den Punkt D:

$$\tau_v = \tau_u \operatorname{tg} \varphi \cdot \frac{u}{z}.$$

Der von den Schubspannungen abhängige Teil der Formänderungs-Arbeit ist, bei innerhalb des Querschnitts konstantem G und wenn das Element der Stabachse $= dx$ gesetzt wird,

$$A = \frac{1}{2}\int (\tau_u^2 + \tau_v^2)\frac{dV}{G} = \frac{1}{2}\int \frac{dx}{G}\iint (\tau_u^2 + \tau_v^2)\, du\, dv$$

$$= \frac{1}{2}\int \frac{dx}{G}\iint \tau_u^2 \left(1 + \operatorname{tg}^2 \varphi \frac{u^2}{z^2}\right) du\, dv$$

$$= \frac{1}{2}\int \frac{dx}{G}\int \tau_u^2 dv \int_{-z}^{+z}\left(1 + \operatorname{tg}^2 \varphi \frac{u^2}{z^2}\right) du, \text{ d. i.}$$

$$(157) \quad A = \int \frac{dx}{G}\int \tau_u^2 \left(1 + \frac{1}{3}\operatorname{tg}^2 \varphi\right) z\, dv.$$

Hiernach ergibt sich beispielsweise für den Rechteckquerschnitt, dessen Breite b und dessen Höhe $h = 2e$ sein möge, wegen

$$\tau_u = \frac{3}{2}\frac{Q}{F}\left(1 - \frac{v^2}{e^2}\right),\ z = \frac{1}{2}b \text{ und } \varphi = 0:$$

$$A = \int \frac{dx}{G}\,\frac{9}{4}\,\frac{Q^2}{F^2}\,\frac{b}{2}\int_{-e}^{+e}\left(1 - \frac{v^2}{e^2}\right)^2 dv,$$

und, da $\int_{-e}^{+e}\left(1 - \frac{v^2}{e^2}\right)^2 dv = \frac{16}{15}e = \frac{8F}{15b}$ ist,

$$(158) \quad A = \frac{3}{5}\int \frac{Q^2 dx}{GF}.$$

Für den Kreisquerschnitt vom Radius e ist

$$\tau_u = \frac{4}{3}\frac{Q}{F}\cos^2 \varphi,\ z = e\cos \varphi,\ v = e\sin \varphi,$$

$$A = \int \frac{dx}{G}\,\frac{16}{9}\,\frac{Q^2}{F^2}\,e^2 \int_{-\frac{\pi}{2}}^{+\frac{\pi}{2}} \cos^4 \varphi \left(1 + \frac{1}{3}\operatorname{tg}^2 \varphi\right)\cos^2 \varphi\, d\varphi$$

und wegen

$$\int_{-\frac{\pi}{2}}^{+\frac{\pi}{2}} \cos^4\varphi\left(1+\frac{1}{3}\,\mathrm{tg}^2\varphi\right)\cos^2\varphi\,d\varphi = \frac{2}{3}\int_0^{\frac{\pi}{2}} (2\cos^6\varphi + \cos^4\varphi)\,d\varphi$$

$$= \frac{2}{3}\cdot\frac{8}{3}\int_0^{\frac{\pi}{2}} \cos^4\varphi\,d\varphi = \frac{2}{3}\cdot\frac{8}{3}\cdot\frac{3}{4}\cdot\frac{\pi}{4} = \frac{\pi}{3}$$

$$(159)\qquad A = \frac{16}{27}\int\frac{Q^2\,dx}{GF}.$$

Allgemein darf gesetzt werden:

$$A = \beta\int\frac{Q^2\,dx}{2\,GF},$$

wobei β eine von der Gestalt des Querschnittes abhängige Zahl bedeutet. Für das Rechteck ist $\beta = \frac{6}{5}$ und für den Kreis: $\beta = \frac{32}{27}$.

2) Arbeitsgleichung zur Berechnung statisch nicht bestimmbarer Gröfsen. Ermittelung von Verschiebungen δ. Die auf Seite 93 mit Hilfe des Satzes

$$(160)\qquad L = \frac{\partial A_i}{\partial X}$$

abgeleitete Bedingung

$$L = \int\frac{N}{EF}\,\frac{\partial N}{\partial X}\,dx + \int\frac{M}{EJ}\,\frac{\partial M}{\partial X}\,dx + \int\varepsilon t_0\,\frac{\partial N}{\partial X}\,dx + \int\varepsilon\,\frac{\Delta t}{h}\,\frac{\partial M}{\partial X}\,dx$$

geht, wenn der Einflufs der durch die Querkräfte Q erzeugten Schubspannungen berücksichtigt werden soll, über in

$$(161)\qquad L = \beta\int\frac{Q}{GF}\,\frac{\partial Q}{\partial X}\,dx + \int\frac{N}{EF}\,\frac{\partial N}{\partial X}\,dx + \int\frac{M}{EJ}\,\frac{\partial M}{\partial X}\,dx + \int\varepsilon t_0\,\frac{\partial N}{\partial X}\,dx + \int\varepsilon\,\frac{\Delta t}{h}\,\frac{\partial M}{\partial X}\,dx.$$

An Stelle der zur Berechnung von Verschiebungen abgeleiteten Gleichung (55) tritt die Beziehung

$$(162)\qquad \delta_m = \beta\int\frac{Q}{GF}\,\frac{\partial Q}{\partial P_m}\,dx + \int\frac{N}{EF}\,\frac{\partial N}{\partial P_m}\,dx + \int\frac{M}{EJ}\,\frac{\partial M}{\partial P_m}\,dx + \int\varepsilon t_0\,\frac{\partial N}{\partial P_m}\,dx + \int\varepsilon\,\frac{\Delta t}{h}\,\frac{\partial M}{\partial P_m}\,dx - \Sigma\,\frac{\partial C}{\partial P_m}\,dx.$$

Aufgabe. Ein wagerechter Balken ist gleichmäfsig mit p für die Längeneinheit belastet, bei B wagerecht eingespannt, bei A frei aufliegend. Gesucht ist der senkrechte Stützenwiderstand X bei A. Fig. 79. Die

Stützen seien starr ($L = 0$), und eine Erhöhung der Anfangstemperatur habe nicht stattgefunden ($t = 0$).

Wegen $N = 0$ ergibt sich die Bedingung

$$0 = \beta \int_0^l \frac{Q}{GF} \frac{\partial Q}{\partial X} dx + \int_0^l \frac{M}{EJ} \frac{\partial M}{\partial X} dx,$$

worein zu setzen:

$$Q = X - px, \quad M = Xx - \frac{px^2}{2}$$

$$\frac{\partial Q}{\partial X} = 1, \frac{\partial M}{\partial X} = x,$$

so dafs, bei konstantem G, F, E, J entsteht:

$$0 = \beta \frac{J}{F} \frac{E}{G} \int_0^l (X - px)\, dx + \int_0^l \left(Xx^2 - \frac{px^3}{2}\right) dx = 0,$$

$$0 = \beta \frac{J}{F} \frac{E}{G} l \left(X - \frac{pl}{2}\right) + \frac{l^3}{3} \left(X - \frac{3pl}{8}\right) = 0,$$

woraus, wegen $\frac{E}{G} = \frac{2(m+1)}{m}$:

$$X = \frac{3pl}{8} \frac{1 + 8 \frac{J}{Fl^2} \frac{m+1}{m} \beta}{1 + 6 \frac{J}{Fl^2} \frac{m+1}{m} \beta}.$$

Ist der Balkenquerschnitt ein Rechteck (b, h), so ist $\beta = \frac{6}{5}$ und $\frac{J}{F} = \frac{h^2}{12}$, weshalb sich mit $m = 3$ ergibt:

$$X = \frac{3pl}{8} \frac{1 + \frac{16}{15} \frac{h^2}{l^2}}{1 + \frac{4}{5} \frac{h^2}{l^2}}.$$

$\frac{h}{l} = \frac{1}{5}$ liefert z. B. $X = 1{,}01 \cdot \frac{3pl}{8}$, während die Vernachlässigung der Querkraft Q zu $X = \frac{3pl}{8}$ geführt hätte.

IV. Abschnitt.

Das räumliche Fachwerk.

§ 25.

Allgemeine Untersuchung des statisch bestimmten räumlichen Fachwerks.

1) Bedeuten A, B, C die rechtwinkligen Seitenkräfte der in einem Knotenpunkte m eines räumlichen Fachwerks angreifenden äufseren Kraft, ferner S_1, S_2, S_3, ... S_p die Spannkräfte in den von m ausgehenden Stäben, s_1, s_2, s_3, ... s_p die Längen dieser Stäbe, und sind a_r, b_r, c_r die rechtwinkligen Projektionen der Stablänge s_r auf die Richtungen A, B, C, so lauten die drei Bedingungen für das Gleichgewicht der in m angreifenden Kräfte:

$$(1) \quad \begin{cases} \Sigma S_r \dfrac{a_r}{s_r} + A = 0 \\ \Sigma S_r \dfrac{b_r}{s_r} + B = 0 \\ \Sigma S_r \dfrac{c_r}{s_r} + C = 0 \quad (r = 1, 2, 3, \ldots p) \end{cases}$$

oder, wenn man zur Abkürzung

$$(2) \quad \frac{S_r}{s_r} = \varkappa_r$$

setzt,

$$(3) \quad \begin{cases} \Sigma \varkappa_r a_r + A = 0 \\ \Sigma \varkappa_r b_r + B = 0 \\ \Sigma \varkappa_r c_r + C = 0. \end{cases}$$

Ist die Anzahl der Knotenpunkte gleich k, so stehen $3k$ Gleichgewichtsbedingungen zur Berechnung der unbekannten Spannkräfte und Stützenwiderstände zur Verfügung.

Wird ein Stützpunkt reibungslos in einer Fläche geführt, so fällt die Richtung des Stützendruckes mit der Normalen zur Fläche zusammen; es tritt nur die Gröfse des Widerstandes als Unbekannte auf.

An dem in einer Linie geführten Stützpunkt greift in der zur Linie normalen Ebene ein Widerstand an, dessen Bestimmung die Angabe zweier Seitenkräfte erfordert.

Der Widerstand eines festen Stützpunktes wird durch drei Seitenkräfte bestimmt.

Ist also

r die Anzahl der Stäbe,
n' die Anzahl der in einer Fläche geführten Stützpunkte,
n'' die Anzahl der in einer Linie geführten Stützpunkte,
n''' die Anzahl der festen Stützpunkte,

so ist die Anzahl der zu berechnenden Unbekannten gleich

$$r + n' + 2n'' + 3n'''.$$

Das Fachwerk ist ein statisch bestimmtes, sobald die Bedingung

$$r + n' + 2n'' + 3n''' = 3k$$

erfüllt wird, und die Nennerdeterminante der linearen Gleichgewichtsbedingungen $\gtrless 0$ ist.

In den folgenden allgemeinen Untersuchungen ersetzen wir (nach Seite 2, Absatz 3) die Stützenwiderstände durch Auflagerstäbe. Ein Flächenlager erfordert einen Auflagerstab, ein Linienlager zwei, ein fester Stützpunkt drei Auflagerstäbe. Wir sprechen also fortan nur von gegebenen Lasten und unbekannten Stabkräften.

2) Besitzt ein Fachwerk mindestens einen Knotenpunkt, von dem nur drei Stäbe ausgehen, und ist es so gebaut, daſs an jedem folgenden Knotenpunkte höchstens drei Stäbe hinzutreten, so lassen sich die unbekannten Stabkräfte leicht durch wiederholte Auflösung von drei Gleichungen mit drei Unbekannten berechnen. Ein derartiges Stabgebilde wollen wir ein Fachwerk der einfachsten Art nennen; als Beispiel diene die in Fig. 199 im Grundriſs dargestellte Kuppel.

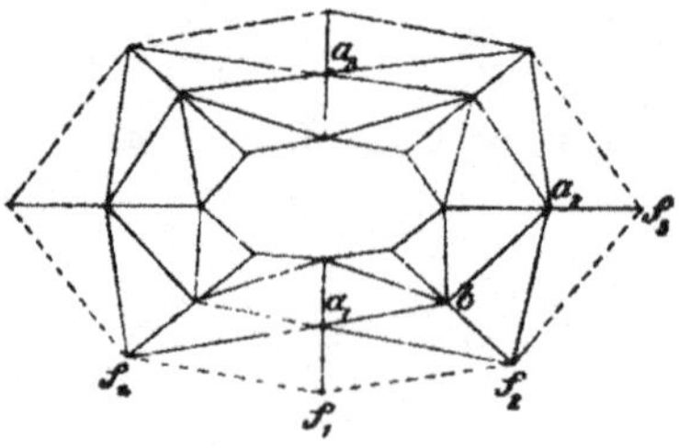

Fig. 199.

Es seien $f_1, f_2, f_3, \ldots f_n$ feste Stützpunkte und $a_1, a_2, a_3, \ldots$ Knotenpunkte, welche mit den Punkten f durch je drei Stäbe, deren Achsen nicht in derselben Ebene liegen dürfen, verbunden sind, z. B. a_1 mit f_n, f_1 und f_2, Punkt a_2 mit f_2, f_3, f_4. An drei beliebige Knotenpunkte dieses unbeweglichen Stabgebildes seien drei neue Stäbe angeschlossen, die in einem neuen Knotenpunkte b zusammenhängen, und dieses Verfahren: Festlegung eines Knotenpunktes mit Hilfe von drei nicht in ein und derselben Ebene liegenden Stäben sei beliebig oft wiederholt.

3) Allgemeine Berechnungsweise der Spannkräfte S. Die Ermittlung der Stabkräfte jedes anders gebauten räumlichen Fachwerks kann mit Hilfe des im § 1 auf Seite 3 und 4 angegebenen allgemeinen Verfahrens durchgeführt werden. Man verwandle das Fachwerk durch Beseitigung von Stäben und Hinzufügung von ebensoviel Ersatzstäben in ein solches der einfachsten Art, bringe die Spannkräfte Z_a, Z_b, Z_c .... Z_n der beseitigten Stäbe an dem neuen Fachwerk als Lasten an, stelle die Spannkräfte S der Stäbe des neuen Fachwerks in der Form

$$S = \mathfrak{S}_0 + \mathfrak{S}_a Z_a + \mathfrak{S}_b Z_b + \mathfrak{S}_c Z_c + \ldots\ldots + \mathfrak{S}_n Z_n$$

dar und setze schliefslich die Spannkräfte in den Ersatzstäben gleich Null. Man erhält dann ein System von n linearen Gleichungen zur Berechnung der n Kräfte Z. Das Fachwerk ist statisch bestimmt, sobald die Nennerdeterminante jener n Gleichungen $\gtrless 0$ ist.

Liegt z. B. das in Fig. 200 im Grundrifs dargestellte Fachwerk vor, so führe man die Spannkräfte in vier Stäben des obersten Ringes als Z-Kräfte ein und füge die in der Abbildung durch gestrichelte Linien angedeuteten Ersatzstäbe 38, 41, 44, 47 hinzu, welche die Punkte a mit aufserhalb des Fachwerks angenommenen festen Punkten f' verbinden. Die Richtungen dieser Stäbe sind nur an die Bedingungen gebunden, dafs Stab 41 nicht in die Ebene af_2f_3 fallen darf, Stab 44 nicht in die Ebene af_1f_2 u. s. w. Die Stabkräfte S werden in der durch die Ziffern 1 bis 48 angegebenen Reihenfolge durch die Kräfte Z und Lasten P ausgedrückt, und schliefslich werden die Spannkräfte S_{38}, S_{41}, S_{44}, S_{47} gleich Null gesetzt.

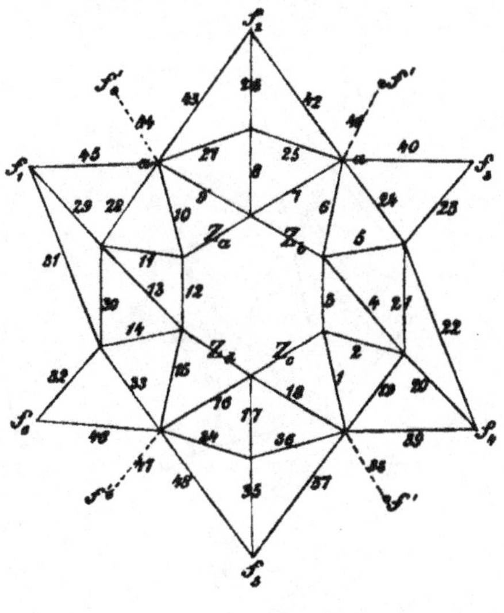

Fig. 200.

Auf diesem Wege läfst sich jedes räumliche Fachwerk berechnen. Die Richtungen der Ersatzstäbe wähle man so, dafs die rechnerische oder zeichnerische Ermittlung ihrer Spannkräfte möglichst einfach ausfällt. Wir verweisen im übrigen auf die entsprechende Untersuchung des ebenen Fachwerks auf Seite 4 bis 8, insbesondere auf den zu den Figuren 3 und 4 gehörigen Text. Der ganze Unterschied besteht darin, dafs man beim ebenen Fachwerk an jedem Knotenpunkte zwei, beim räumlichen Fachwerk dagegen drei unbekannte Stabkräfte berechnen kann.

Als zweites Beispiel betrachten wir die in Fig. 201 im Grundriß dargestellte Netzwerkkuppel. Die wagerechten Ringe seien regelmäßige Polygone, ihre Seiten bilden mit den Verbindungsstäben ab gleichschenklige Dreiecke. Zur Berechnung der oberen Zone genügt die Einführung eines Z-Stabes. Der Ersatzstab 21 verbinde a_7 mit einem außerhalb des Fachwerks liegenden festen Punkte; seine Richtung sei mit der des beseitigten Stabes zusammenfallend angenommen (in Fig. 201 wurde Stab 21 der Deutlichkeit wegen aus dieser Lage Z gedreht). Die Spannkräfte werden in der Form

$$S = \mathfrak{S}_0 + \mathfrak{S}' Z$$

dargestellt. Zur Berechnung von Z dient die Gleichung

$$\mathfrak{S}_{21} = \mathfrak{S}_{0\,.\,21} + \mathfrak{S}_{21}' Z = 0,$$

woraus

$$Z = -\frac{\mathfrak{S}_{0\,.\,21}}{\mathfrak{S}_{21}'}.$$

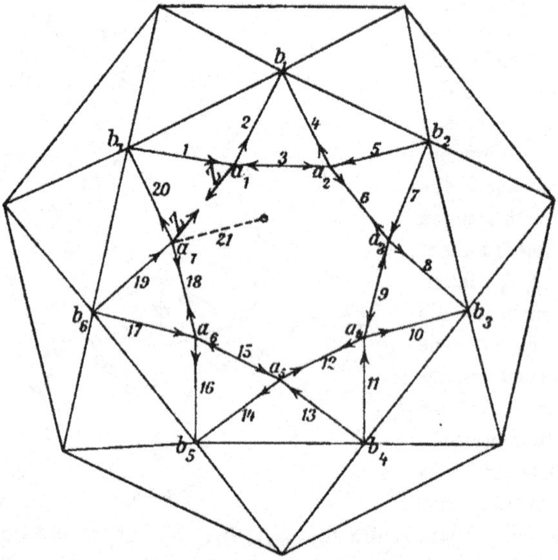

Fig. 201.

Das Fachwerk ist unbrauchbar, sobald $\mathfrak{S}_{21}' = 0$ wird. Um festzustellen, wann dieser Fall eintritt, untersuchen wir den Belastungszustand $Z = 1$.

Die Mittelkraft der Spannkräfte der beiden in a_1 angreifenden Ringstäbe muſs in der Ebene $a_1 b_1 b_7$ liegen und, da sie wagerecht gerichtet ist, parallel zur Geraden $b_1 b_7$ sein. Daraus folgt aber

$$\mathfrak{S}_3{}' = -Z = -1$$

und ganz ebenso findet man

$$\mathfrak{S}_6{}' = -\mathfrak{S}_3{}' = +1, \quad \mathfrak{S}_9{}' = -\mathfrak{S}_6{}' = -1,$$
$$\mathfrak{S}_{12}{}' = +1, \quad \mathfrak{S}_{15}{}' = -1, \quad \mathfrak{S}_{18}{}' = +1,$$

endlich

$$\text{(I)} \quad \mathfrak{S}_{21}{}' + Z = -1, \quad \text{d. h.} \quad \mathfrak{S}_{21}{}' + 1 = -1,$$

mithin

$$\mathfrak{S}_{21}{}' = -2.$$

Dieser Wert ergibt sich für den mit Z zusammenfallenden Ersatzstab immer dann, wenn die Seitenzahl des Ringes eine **ungerade** ist.

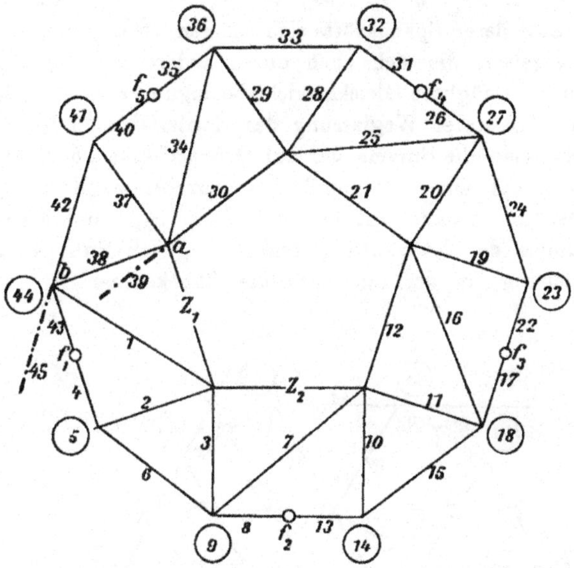

Fig. 202.

Bei **gerader** Seitenzahl erhält man für die Spannkraft $\mathfrak{S}'$ des Ersatzstabes an Stelle der Gleichung (I) die Beziehung

$$\text{(II)} \quad \mathfrak{S}' + Z = +1 \quad \text{d. h.} \quad \mathfrak{S}' + 1 = +1,$$

woraus

$$\mathfrak{S}' = 0.$$

Die regelmäfsige Netzwerkkuppel von gerader Seitenzahl ist also unbrauchbar, ein Ergebnis, das zuerst, auf anderem Wege, von Föppl nachgewiesen worden ist.

In den Figuren 202 bis 208 haben wir eine Reihe von weiteren Beispielen zur Erläuterung unseres Verfahrens vorgeführt. Der Gang der Rechnung ist durch die Reihenfolge der an die Stäbe gesetzten Ziffern angedeutet worden. Strichpunktierte Linien bezeichnen die

Ersatzstäbe, deren Spannkräfte gleich Null gesetzt werden; ihre Richtung wurde in allen Beispielen mit der Richtung eines wirklichen Fachwerkstabes zusammenfallend angenommen. Die in den Kreisen neben den Stützpunkten stehenden Zahlen beziehen sich auf die lotrechten Auflagerstäbe. Für die Mehrzahl der Beispiele genügte es, den Grundriſs zu zeichnen.

Fig. 202 zeigt eine Zimmermannsche Kuppel, mit fünfseitigem oberem Ringe und zehnseitigem Fuſsringe. $f_1, f_2, \ldots f_5$ sind feste Stützpunkte. In den übrigen Eckpunkten des Fuſsringes sind wagerechte Flächenlager angeordnet; ihnen entsprechen die lotrechten Auflagerstäbe 5, 9, 14, 18, 23, 27, 32, 36, 41, 44. Man kommt mit zwei Z-Stäben aus, deren Spannkräfte sich aus den Gleichungen $S_{39} = 0$ und $S_{45} = 0$ ergeben, die sich auch durch andere an den Knotenpunkten a und b verfügbare Gleichgewichtsbedingungen ersetzen lassen. Ermittelt man z. B. unter Weglassung des Ersatzstabes 39 die Spannkraft S_{37}, indem man die Summe der zur Grundriſslinie ab rechtwinkligen Seitenkräfte der am Knotenpunkte a angreifenden Kräfte gleich Null setzt, bestimmt sodann auf ähnliche Weise S_{38}, und setzt man hierauf die Summe der lotrechten Seitenkräfte gleich Null, so erhält man eine Gleichung, in der nur noch die Unbekannten Z_1 und Z_2 vorkommen.

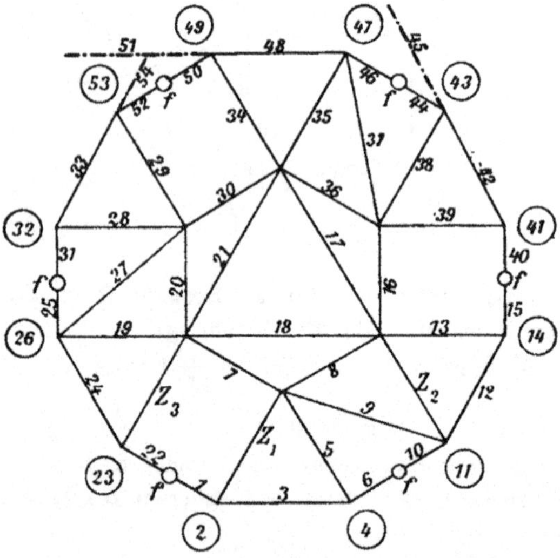

Fig. 203.

Fig. 203 zeigt ein ähnliches Fachwerk wie Fig. 202. Drei der den Mantel bildenden Rechtecke sind ohne Diagonalen; dafür ist der

Schlufsring durch drei Stäbe zu einem steifen ebenen Fachwerk gemacht worden. Es wurden drei Z-Stäbe eingeführt.

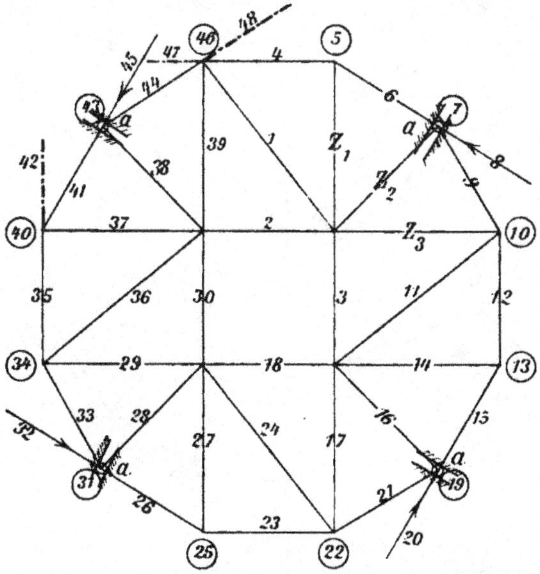

Fig. 204.

Die in Fig. 204 dargestellte Kuppel enthält einen 12-seitigen Fufsring und einen 4-seitigen Kopfring. Die Stützpunkte *a* sind in Geraden geführt, die mit den Stäben 6, 15, 26, 41 rechte Winkel bilden. Die zu den Führungen rechtwinkligen Auflagerstäbe 8, 20, 32, 45 haben also die Richtungen der Stäbe 6, 15, 26, 41. In allen Stützpunkten greifen lotrechte Auflagerstäbe an. Es wurden drei Z-Kräfte eingeführt.

Fig. 205 zeigt den Grundrifs und Aufrifs einer 6-seitigen Halbkuppel. Eine standsichere Hauptwand biete genügend feste Stützpunkte. Im übrigen aber ruhe die Kuppel auf lotrechten Säulen. Es stellt sich heraus, dafs ein Mantel Schwedlerscher Bauart allein nicht genügt. Es fehlen zwei Stäbe. Fig. 205 setzt voraus, dafs der obere Ring eine Plattform stützt; es wurden zwei, auch als Träger verwendbare Stäbe zur Gewinnung der erforderlichen Stabzahl eingefügt. Bei der Berechnung dieses Fachwerks kommt man mit einem Z-Stabe aus.

Fig. 206 stellt eine 8-seitige Halbkuppel dar, deren Mantel wieder von Schwedlerscher Bauart ist. Der obere Ring mufs durch vier Stäbe versteift werden. Es wurden ein wagerechter Stab (Z_2) und drei geneigte, nach einem und demselben festen Punkte laufende Gratstäbe eingebaut.

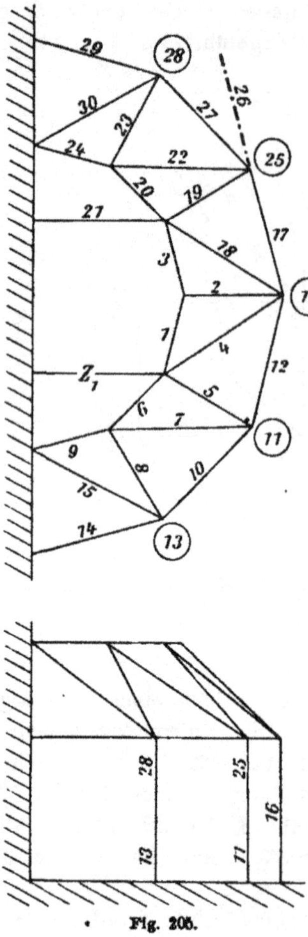

Fig. 205.

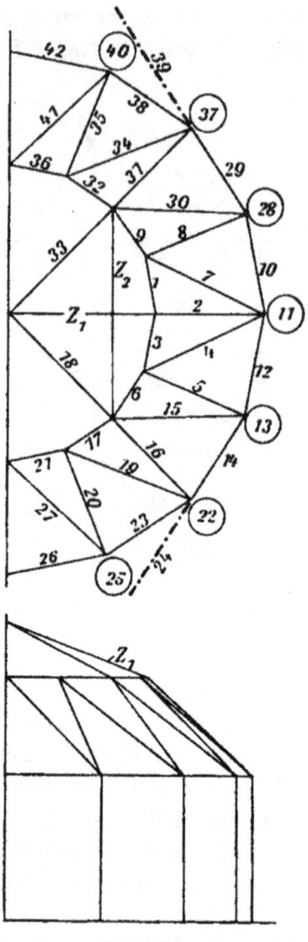

Fig. 206.

Ein drittes Beispiel für die Berechnung von Halbkuppeln enthält Fig. 207. Wird die Summe der lotrechten Projektionen der im Knotenpunkte a angreifenden Kräfte gleich Null gesetzt und die in a wirksame lotrechte Last mit P_a bezeichnet, so ergibt sich

$$(S_1 + S_2)\,\frac{h}{s} + P_a = 0,$$

wo $s = s_1 = s_2$ ist. Setzt man also

$$S_1 - S_2 = Z_1$$

und nimmt Z_1 zunächst als bekannt an, so findet man

$$S_1 = -P_a \frac{s}{2h} + \frac{1}{2} Z_1$$

$$S_2 = -P_a \frac{s}{2h} - \frac{1}{2} Z_1$$

und kann nun S_3 und S_4 mit Hilfe der beiden für den Knotenpunkt a noch zur Verfügung stehenden Gleichgewichtsbedingungen berechnen. Der weitere Rechnungsgang ist aus der Abbildung zu ersehen. Den beiden Werten Z_1 und Z_2 stehen zwei Ersatzstäbe oder zwei überzählige Gleichgewichtsbedingungen gegenüber.

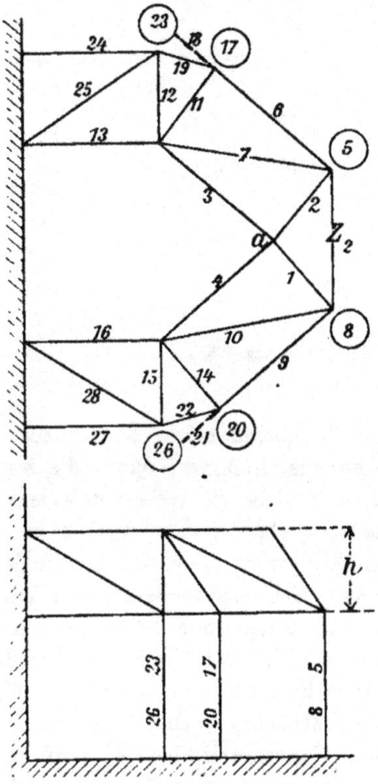

Fig. 207.

Es kommt öfter vor, dafs es zweckmäfsig ist, zu Z-Werten nicht Stabkräfte, sondern andere Werte zu wählen, die mit Stabkräften durch lineare Gleichungen verbunden sind.

Bei der in Fig. 208 abgebildeten, auf vier lotrechten Auflagerstäben 15, 18, 21, 24 und drei wagerechten Auflagerstäben 22, 23, 25 ruhenden Netzwerkkuppel, deren Ringe in wagerechten Ebenen liegen mögen, wird man zweckmäfsig den Querriegel des oberen Ringes zum Stabe Z_1 und den Unterschied $S_1 - S_2$ der Spannkräfte der Stäbe 1 und 2 zum Werte Z_2 wählen.

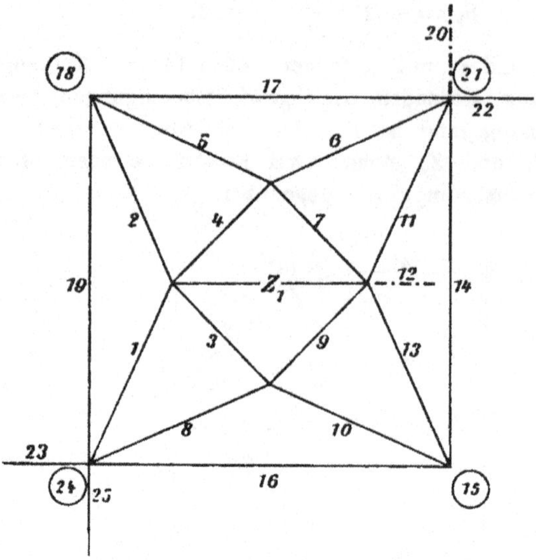

Fig. 208.

In den vorgeführten Beispielen haben wir danach getrachtet, mit möglichst wenig Z-Werten auszukommen, damit die Anzahl der aufzulösenden Gleichungen $Y = 0$ nicht zu groſs wurde, ein Weg, der sich besonders bei unregelmäſsig gebauten Fachwerken empfiehlt. Liegen regelmäſsig gebaute Stabwerke vor, so wird es sich meistens empfehlen, die aus der Regelmäſsigkeit sich ergebenden Vereinfachungen bei der Kräftezerlegung tunlichst auszunutzen und dafür lieber eine göſserer Zahl von Z-Werten einzuführen. Die Auflösung der Gleichungen $Y = 0$ gestaltet sich bei derartigen Fachwerken fast immer recht einfach, und der geringen mit dieser Auflösung verbundenen rechnerischen Mehrarbeit, steht eine erhebliche Zeitersparnis bei der Ausführung der Kräftezerlegungen gegenüber. Wir verweisen auf die Beispiele im § 27 und empfehlen dem Leser, den dort gewählten Weg auch auf die vorstehenden Aufgaben anzuwenden.

4. Das Hennebergsche Verfahren der Zurückführung der Berechnung eines freien Fachwerks von n-Knotenpunkten auf die Berechnung eines freien Fachwerks von $(n - 1)$ Knotenpunkten. Nach der im § 1 unter 2) für das ebene Fachwerk gegebenen ausführlichen Darstellung dieses Verfahrens wird für den Raum die folgende kurze Beschreibung ausreichen.

Zunächst mufs das irgendwie gestützte Fachwerk auf die auf Seite 13 angedeutete Weise in ein freies Fachwerk verwandelt werden. Ein freies Fachwerk von n-Knotenpunkten besitzt nun $3k - 6$ Stäbe, es mufs also mindestens einen Knotenpunkt haben, an welchem höchstens 5 Stäbe zusammentreffen; denn liefen in allen Knotenpunkten mindestens 6 Stäbe zusammen, so müfsten wenigstens $\frac{6k}{2} = 3k$ Stäbe vorhanden sein. Es handelt sich also beim Übergange von der Knotenzahl n zur Knotenzahl $n - 1$ nur um die Beseitigung drei- oder vier- oder fünfstäbiger Knotenpunkte. Ein dreistäbiger Knotenpunkt darf ohne Ersatz entfernt werden. Die Wegnahme eines vierstäbigen Knotenpunktes E, dessen Stäbe nach den Punkten A, B, C, D führen, erfordert die Hinzufügung eines Ersatzstabes, der nach der Vorschrift von Henneberg zwei der vier Punkte A, B, C, D verbinden soll. Man hat also die Wahl unter den Stäben AB, AC, AD, BC, BD, CD. Entfernt man einen fünfstäbigen Knotenpunkt, so mufs man zwei Ersatzstäbe einbauen, und diese sollen zwei der fünf Punkte verbinden, nach denen die fünf weggenommenen Stäbe führten. Es stehen im allgemeinen 45 verschiedene Anordnungen zur Auswahl.

Das Hennebergsche Verfahren führt stets zum Ziele, denn es gestattet schliefslich die Zurückführung eines jeden räumlichen Fachwerks auf ein freies Tetraeder, es fordert aber die Geschicklichkeit des Rechners bei nur einigermafsen schwierigen Aufgaben in besonders hohem Grade heraus. Schuld daran trägt die Beschränkung auf ganz bestimmte Ersatzstabanordnungen, die manchem auf den ersten Blick vorteilhaft erscheinen mag, die aber keineswegs eine bestimmte, rasch zum Ziele führende Wegweisung bedeutet. Bei dem ebenen Fachwerk in Fig. 2 mit 12 dreistäbigen Knotenpunkten stellte die Hennebergsche Vorschrift allein bei der ersten Beseitigung eines Knotenpunktes 36, und nur 36 Lagen für den einzuführenden Ersatzstab zur Auswahl. Bei einem räumlichen Fachwerk mit 6 fünfstäbigen Knotenpunkten, das weder dreistäbige noch vierstäbige Knotenpunkte besitzt, würde man im allgemeinen die Wahl unter $6 \cdot 45 = 270$ Ersatzstabanordnungen haben.

Anmerkung. Ich mufs hier zu dem Buche: „Vorlesungen über Statik der Baukonstruktionen und Festigkeitslehre“ Stellung nehmen, welches Herr Professor Georg Mehrtens 1903 bei Wilhelm Engelmann in Leipzig hat erscheinen lassen. Seine Darstellung des Hennebergschen Verfahrens beweist, dafs er die Hennebergsche Arbeit nicht genügend kennt, sonst würde er auf Seite 200 wenigstens erwähnt haben, dafs es Raumfachwerke gibt, die weder dreistäbige noch vierstäbige Knotenpunkte, mindestens aber einen fünfstäbigen Knotenpunkt besitzen; er scheint aber der Meinung zu sein, dafs mindestens ein vierstäbiger Knotenpunkt vorhanden ist. Auch wird man in seiner Darstellung vergeblich die von Henneberg gegebenen und auch nach dem Erscheinen meiner Arbeiten aufrecht erhaltenen Regeln für das Einziehen der Ersatzstäbe suchen, trotzdem er wiederholt und ausdrücklich von einem ursprünglichen Hennebergschen Verfahren redet. Die Art und Weise, wie er die Stabvertauschung handhabt, entspricht vollständig dem von mir im Zentralblatt der Bauverwaltung 1891 veröffentlichten Verfahren und rührt nicht von Herrn Mehrtens her;*) man vergleiche nur die Seite 218 des Mehrtensschen Buches mit der Seite 444 des

*) Als Beispiel behandelt Herr Mehrtens u. a. das hier in Fig. 207 wiedergegebene Fachwerk, mit einer anderen, nicht sehr zweckmäfsigen Ersatzstabanordnung.

ersten Bandes meiner Graphischen Statik. Die Quelle, aus der er geschöpft hat, verschweigt Herr Mehrtens.

Ich benutze noch die Gelegenheit, den die „Anwendung von Sätzen der geometrischen Bewegungslehre“ behandelnden § 12 des Mehrtensschen Buches als eine ohne Angabe der Quelle erfolgte, auch auf eigenartige Beispiele sich erstreckende Benutzung meiner Arbeiten über die kinematische Theorie des Fachwerks zu bezeichnen.

§ 26.

Ermittlung der drei an einem Knotenpunkte auftretenden unbekannten Spannkräfte.

Im § 25 haben wir gezeigt, dafs sich die Berechnung jedes statisch bestimmten räumlichen Fachwerks auf die Lösung der Aufgabe zurückführen läfst: an einem Knotenpunkte sind drei Spannkräfte S_1, S_2, S_3 zu ermitteln, welche mit gegebenen, an diesem Punkte angreifenden Kräften im Gleichgewicht sind. Für diese Aufgabe mögen nun verschiedene Lösungen angegeben werden.

1) Benutzung der auf Seite 247 aufgestellten drei Gleichgewichtsbedingungen, welche jetzt die Form annehmen

$$(4)\quad \begin{cases} \varkappa_1 a_1 + \varkappa_2 a_2 + \varkappa_3 a_3 + A = 0, \\ \varkappa_1 b_1 + \varkappa_2 b_2 + \varkappa_3 b_3 + B = 0, \\ \varkappa_1 c_1 + \varkappa_2 c_2 + \varkappa_3 c_3 + C = 0, \end{cases}$$

wo A, B, C die Summen der Seitenkräfte aller gegebenen Kräfte nach den Richtungen der drei Koordinatenachsen bedeuten. Die Auflösung dieser drei Gleichungen liefert für $\varkappa_1$ den Wert

$$(5)\quad \varkappa_1 = \frac{-A(b_2c_3 - b_3c_2) - B(c_2a_3 - c_3a_2) - C(a_2b_3 - a_3b_2)}{+a_1(b_2c_3 - b_3c_2) + b_1(c_2a_3 - c_3a_2) + c_1(a_2b_3 - a_3b_2)}.$$

Die Werte für $\varkappa_2$ und $\varkappa_3$ erhält man durch entsprechende Änderung der Zeiger.

Sehr übersichtlich ist der folgende mit Hilfe der Determinanten durchgeführte Rechnungsansatz.

Es liegen die Gleichungen vor:

$$\begin{aligned} +8\varkappa_1 - 7\varkappa_2 - \varkappa_3 &= A, \\ +2\varkappa_1 + 3\varkappa_2 + 4\varkappa_3 &= B, \\ -6\varkappa_1 + 5\varkappa_2 + 9\varkappa_3 &= C. \end{aligned}$$

Man schreibe die Zahlen der zweiten Gleichung, mit dem zweiten Gliede beginnend, in der cyklischen Reihenfolge $+3$, $+4$, $+2$, $+3$

hin und setze darunter, immer mit dem zweiten Gliede beginnend, die Zahlen der dritten, ersten und zweiten Gleichung. Am Kreuzungspunkt der die Zahlen + 3, + 9 und + 5, + 4 verbindenden Linien trage man den Wert der aus diesen vier Zahlen gebildeten Determinante: $+3 \cdot 9 - 5 \cdot 4 = +7$ ein und fülle in dieser Weise das Schema aus.

+3		+4		+2		+3	
	+7		−42		+28		(A)
+5		+9		−6		+5	
	+58		+66		+2		(B)
−7		−1		+8		−7	
	−25		−34		+38		(C)
+3		+4		+2		+3	

Bezeichnet man nun die Nennerdeterminante der drei Gleichungen mit D, so erhält man

$$\begin{aligned} D\varkappa_1 &= +\ 7\,A + 58\,B - 25\,C, \\ D\varkappa_2 &= -42\,A + 66\,B - 34\,C, \\ D\varkappa_3 &= +28\,A + 2\,B + 38\,C. \end{aligned}$$

Zur Berechnung von D stehen drei Ansätze zur Verfügung:

$$\begin{aligned} D &= +\ 7 \cdot 8 + 58 \cdot 2 + 25 \cdot 6^{*}) = 322, \\ D &= +42 \cdot 7 + 66 \cdot 3 - 34 \cdot 5 = 322, \\ D &= -28 \cdot 1 + 2 \cdot 4 + 38 \cdot 9 = 322. \end{aligned}$$

Zur Prüfung der Zahlenrechnung empfiehlt sich die dreimalige Ermittlung von D.

Durch passende Wahl der Koordinatenachsen kann man oft Vereinfachungen erzielen. Ist z. B. die c-Achse parallel zur Richtung des Stabes S_3 und die c, b-Ebene parallel zu der durch die Achsen der Stäbe S_1 und S_2 bestimmten Ebene, so nehmen die Gleichungen (4) die Form an

$$\begin{aligned} &\varkappa_1 a_1 && + A = 0, \\ &\varkappa_1 b_1 + \varkappa_2 b_2 && + B = 0, \\ &\varkappa_1 c_1 + \varkappa_2 c_2 + \varkappa_3 c_3 && + C = 0; \end{aligned}$$

---

*) Die Zahlen + 7, + 58, — 25 der ersten senkrechten Determinantenreihe werden mit den entsprechenden Zahlen der ersten senkrechten Koeffizientenreihe + 8, + 2, — 6 der Gleichgewichtsbedingungen multipliziert. Und in ähnlicher Weise ergeben sich die beiden anderen Ansätze für D aus den zweiten und dritten senkrechten Reihen.

die Unbekannten x_1, x_2, x_3 kann man dann schrittweise ohne weiteres hinschreiben.

2) Das Verfahren von Mohr*). Anstatt die drei Teilkraftsummen

$$\begin{aligned} &x_1 a_1 + x_2 a_2 + x_3 a_3 + A, \\ &x_1 b_1 + x_2 b_2 + x_3 b_3 + B, \\ &x_1 c_1 + x_2 c_2 + x_3 c_3 + C \end{aligned}$$

einzeln gleich Null zu setzen und die drei Unbekannten x_1, x_2, x_3 aus den drei Gleichgewichtsbedingungen zu berechnen, multipliziert Mohr diese Summen der Reihe nach mit den virtuellen Verrückungen ξ, η, ζ, welche er dem Knotenpunkte in den Richtungen der Kräfte A, B, C zuschreibt. Indem er diese Produkte addiert und ihre nach den Unbekannten geordnete Summe gleich Null setzt, erhält er die Gleichung

$$(6)\quad \begin{cases} x_1 (a_1 \xi + b_1 \eta + c_1 \zeta) + x_2 (a_2 \xi + b_2 \eta + c_2 \zeta) \\ + x_3 (a_3 \xi + b_3 \eta + c_3 \zeta) + A\xi + B\eta + C\zeta = 0. \end{cases}$$

Hieraur stellt Mohr drei Gruppen von Gleichungen auf:

$$(\text{I})\quad \begin{cases} a_1 \xi + b_1 \eta + c_1 \zeta = -1 \\ a_2 \xi + b_2 \eta + c_2 \zeta = 0 \\ a_3 \xi + b_3 \eta + c_3 \zeta = 0 \end{cases}$$

$$(\text{II})\quad \begin{cases} a_1 \xi + b_1 \eta + c_1 \zeta = 0 \\ a_2 \xi + b_2 \eta + c_2 \zeta = -1 \\ a_3 \xi + b_3 \eta + c_3 \zeta = 0 \end{cases}$$

$$(\text{III})\quad \begin{cases} a_1 \xi + b_1 \eta + c_1 \zeta = 0 \\ a_2 \xi + b_2 \eta + c_2 \zeta = 0 \\ a_3 \xi + b_3 \eta + c_3 \zeta = -1, \end{cases}$$

deren Wurzeln der Reihe nach

$$\xi_1,\ \eta_1,\ \zeta_1, \qquad \xi_2,\ \eta_2,\ \zeta_2, \qquad \xi_3,\ \eta_3,\ \zeta_3$$

sein mögen. Die Einsetzung der Wurzeln $\xi_1 \eta_1 \zeta_1$ in die Gleichung (6) liefert für x_1 den Wert

$$(7)\quad x_1 = A\xi_1 + B\eta_1 + C\zeta_1.$$

In der gleichen Weise werden x_2 und x_3 berechnet.

Löst man die neun Gleichungen (I) bis (III) in ihrer allgemeinen Form ein für allemal auf, so gelangt man schließlich auf einem Umwege zu der Formel (5), die sich aus den Gleichungen (4) ohne jede Zwischenrechnung ablesen läßt, weil die Faktoren der Größen A, B, C

*) Zentralblatt der Bauverwaltung 1902, S. 205.

im Zähler der Formel (5) die zu den Koeffizienten a_1, b_1, c_1 gehörigen Unterdeterminanten sind.

Etwas kürzer verfährt man, wenn man für eine der drei Verrückungen einen beliebigen Wert annimmt. Entscheidet man sich z. B. im allgemeinen Falle für $\zeta = 1$, so gelangt man zu einer Gleichung, in der nur $\varkappa_1$ als Unbekannte auftritt, wenn man ξ und η aus den Gleichungen ermittelt:

$$(8) \quad \begin{cases} a_2\,\xi + b_2\,\eta + c_2 = 0 \\ a_3\,\xi + b_3\,\eta + c_3 = 0. \end{cases}$$

3) Momentengleichungen. Für die folgenden Untersuchungen führen wir zwei rechtwinklige Projektionsebenen ein und bezeichnen die Projektionen der Stabkräfte S mit S' (Grundriß) und S'' (Aufriß), die Projektionen der Stablängen s mit s' und s''. Es ist

$$(9) \quad \frac{S}{s} = \frac{S'}{s'} = \frac{S''}{s''}.$$

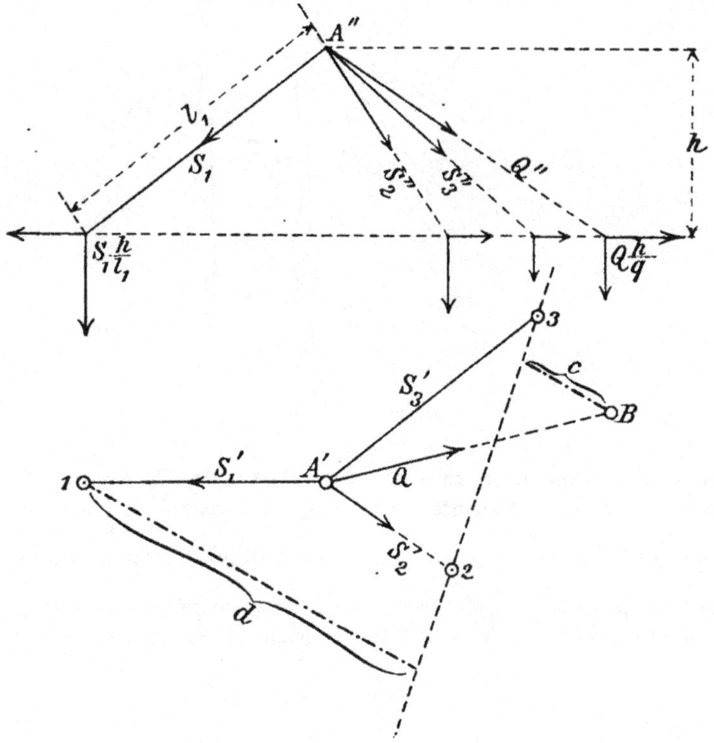

Fig. 209.

Die Grundrißebene wollen wir uns in wagerechter Lage denken.

Fig. 209 zeigt Aufriß und Grundriß eines Knotenpunktes A, von dem drei Stäbe ausgehen, deren Achsen die Grundrißebene in den Punkten 1, 2, 3 schneiden. Die in A angreifende gegebene Kraft Q treffe die Grundrißebene im Punkte B. Die Längen der Strecken

$$AB,\ A1,\ A2,\ A3$$

seien der Reihe nach

$$q,\ l_1,\ l_2,\ l_3.$$

Punkt A liege in der Höhe h über der Grundrißebene. Zerlegt man in den Punkten 1, 2, 3, B jede der Spannkräfte S_1, S_2, S_3 und ebenso auch Q in eine lotrechte und eine wagrechte Seitenkraft, und setzt man hierauf die Summe der Momente sämtlicher Kräfte in Bezug auf eine durch die Punkte 2 und 3 gelegte Achse gleich Null, so er-

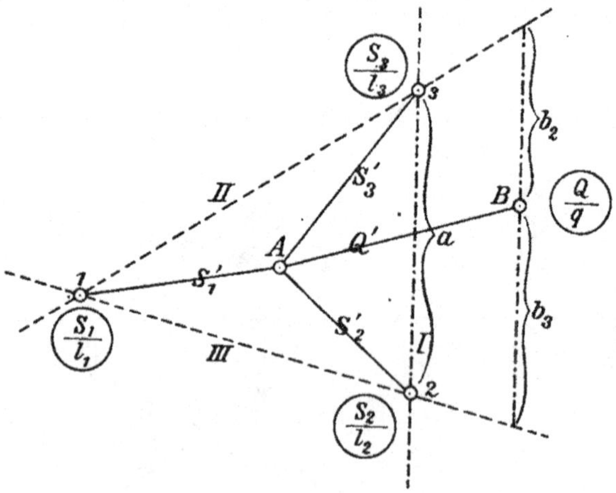

Fig. 210.

hält man eine Gleichung, in der nur die Unbekannte S_1 vorkommt. Man braucht nur die Momente der beiden lotrechten Seitenkräfte $S_1 \dfrac{h}{l_1}$ und $Q \dfrac{h}{q}$ miteinander zu vergleichen. Sind c und d die in beliebiger, aber gleicher Richtung gemessenen Entfernungen der Punkte B und 1 von der Drehachse, so lautet die Momentengleichung:

$$S_1 \frac{h}{l_1} \cdot d = Q \frac{h}{q} c,$$

und man erhält daher die einfache Beziehung

$$(10)\qquad \frac{S_1}{l_1} = \frac{Q}{q} \cdot \frac{c}{d}.$$

Liegt der Punkt 1 in der Grundrißebene, so tritt an die Stelle von l_1 die Stablänge s_1, und es ergibt sich dann

$$(11)\qquad \varkappa_1 = \frac{Q}{q} \cdot \frac{c}{d}.$$

Diese Momentengleichung ist sehr leicht zu handhaben; man schreibe den Punkten 1, 2, 3, B die Gewichte

$$\frac{S_1}{l_1},\ \frac{S_2}{l_2},\ \frac{S_3}{l_3},\ \frac{Q}{q}$$

zu und setze der Reihe nach die Summe der Momente dieser Gewichte in Bezug auf die Drehachsen 2 — 3, 3 — 1, 1 — 2, die wir kurz mit I, II, III bezeichnen wollen, gleich Null. Für den besonders oft vorkommenden Fall, daß die drei Punkte in einer Ebene liegen, die man dann zur Grundrißebene wählt, wird $l_1 = s_1$, $l_2 = s_2$, $l_3 = s_3$. Die Momentengleichungen liefern dann ohne weiteres die Werte

$$\varkappa = \frac{S}{s}.$$

Die Richtungen von c und d wird man natürlich so bequem wie möglich wählen, tunlichst so, daß Strecken benutzt werden, die man ohnehin braucht, um Grundriß und Aufriß des Fachwerkes festzulegen.

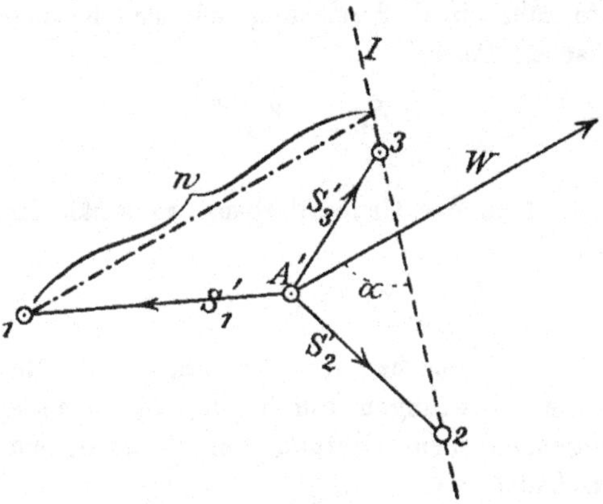

Fig. 211.

Für den in Fig. 210 dargestellten Fall erhält man z. B. nach Messen der Strecken a, b_2 und b_3 die Werte

$$(12)\quad \begin{cases} \dfrac{S_2}{l_2} = -\dfrac{Q}{q}\,\dfrac{b_2}{a} \\[2mm] \dfrac{S_3}{l_3} = -\dfrac{Q}{q}\,\dfrac{b_3}{a}, \end{cases}$$

und aus der Bedingung, dafs die Summe der lotrechten Seitenkräfte gleich Null sein mufs, den Wert

$$(13)\quad \frac{S_1}{l_1} = -\frac{Q}{q} - \frac{S_2}{l_2} - \frac{S_3}{l_3}.$$

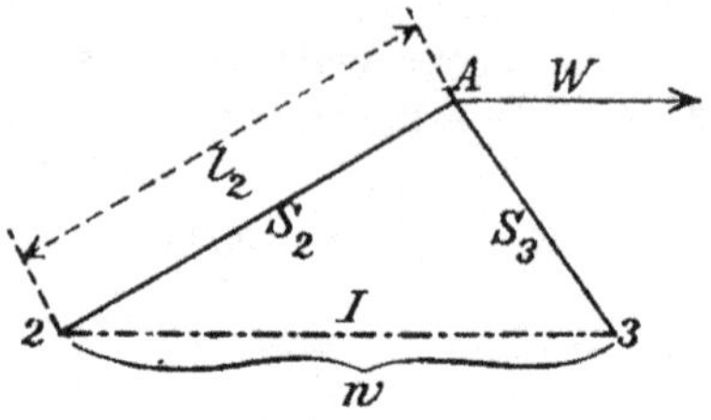

Fig. 212.

Es möge nun in A eine zur Grundrifsebene parallele Last W angreifen, Fig. 211. Um die Spannkraft S_1 zu bestimmen, denke man W in eine zur Drehachse parallele und eine hierzu rechtwinklige Seitenkraft zerlegt. Bezeichnet man dann mit α den Winkel, den W mit der Achse I bildet, so ist das Moment von W gleich

$$W \sin \alpha \cdot h.$$

Das Moment der im Punkte 1 angreifenden lotrechten Seitenkraft von S_1 ist $S_1 \dfrac{h}{l_1} w \sin \alpha$, wo w die in der Richtung von W gemessene Entfernung des Punktes 1 von der Achse I bedeutet. Die Gleichsetzung der beiden Momente führt nach Streichung des sich hebenden Wertes $h \sin \alpha$ zu der einfachen Formel

$$(14)\quad \frac{S_1}{l_1} = \frac{W}{w}.$$

Liegt der Punkt 1 in der Grundrifsebene, so erhält man

$$(15)\quad \varkappa_1 = \frac{W}{w}.$$

Ist W parallel zur Drehachse I, so ist $S_1 = 0$. Man braucht dann nur W nach den Richtungen von S_2 und S_3 zu zerlegen. Bei der in Fig. 212 angenommenen Richtung von W ist S_2 ein Zug und S_3 ein Druck; man findet

$$(16)\quad \frac{S_2}{l_2} = -\frac{S_3}{l_3} = \frac{W}{w}.$$

Liegen die Punkte 2 und 3 in der Grundrißebene, so ergibt sich

$$(17)\quad \varkappa_2 = -\varkappa_3 = \frac{W}{w}.$$

Wir betrachten noch die folgenden Sonderfälle.

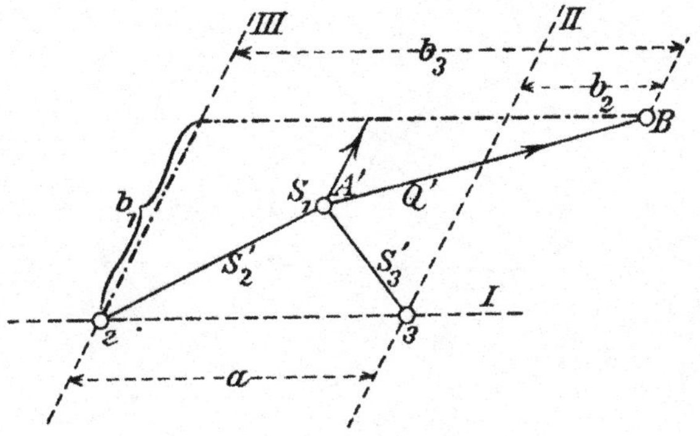

Fig. 213.

Erstens. S_2 und S_3 schneiden die Grundrißebene in den Punkten 2 und 3; S_1 ist wagerecht. Q trifft die Grundrißebene in B, Fig. 213. Die Drehachsen II und III sind parallel zu S_1. Mit den aus der Figur ersichtlichen Bezeichnungen findet man

$$(18)\quad \begin{cases} S_1 = -\dfrac{Q}{q}\,b_1 \\ \dfrac{S_2}{l_2} = +\dfrac{Q}{q}\,\dfrac{b_2}{a} \\ \dfrac{S_3}{l_3} = -\dfrac{Q}{q}\,\dfrac{b_3}{a}. \end{cases} \qquad \frac{S_2}{l_2} + \frac{S_3}{l_3} + \frac{Q}{q} = 0.$$

Die Vorzeichen hängen von der Lage der Kraft Q gegen die Drehachsen ab.

Eine wagerechte Last W erzeugt (Fig. 214):

$$(19)\quad \begin{cases} S_1 = -W\dfrac{c}{d} \\ -\dfrac{S_2}{l_2} = +\dfrac{S_3}{l_3} = \dfrac{W}{w}. \end{cases}$$

Zweitens. Es schneide nur S_3 die Grundrißebene. S_1 und S_2 seien wagerecht. Die Drehachse I ist parallel zu S_2, die Achse II parallel zu S_1. Einer die Grundrißebene in B schneidenden Last Q entsprechen die Werte

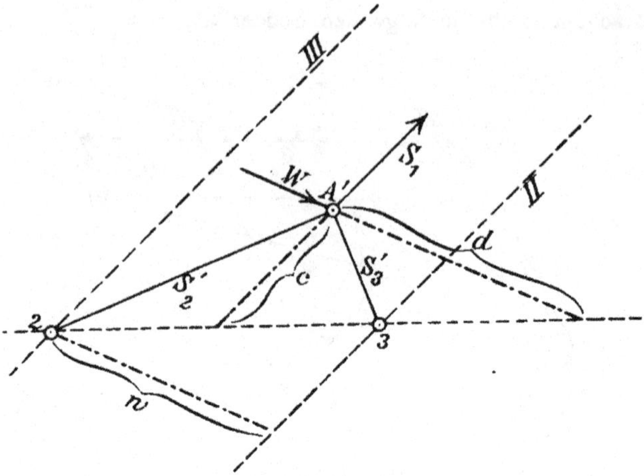

Fig. 214.

$$(20) \quad \begin{cases} S_1 = + \dfrac{Q}{q} b_1 \\ S_2 = - \dfrac{Q}{q} b_2 \\ \dfrac{S_3}{s_3} = - \dfrac{Q}{q}. \end{cases}$$

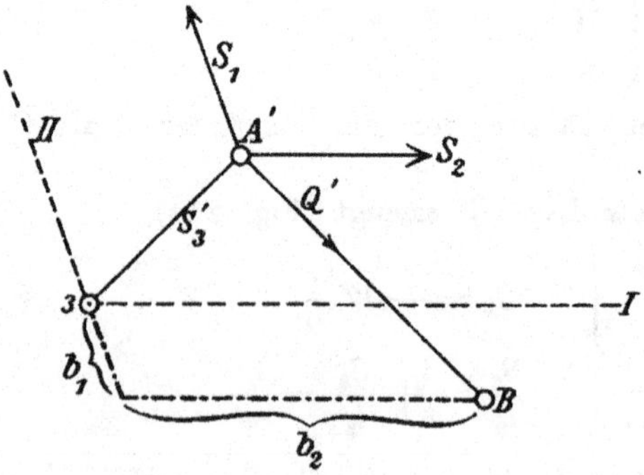

Fig. 215.

Zu dem letzten Werte gelangt man durch Nullsetzen der Summe der lotrechten Kräfte $S_3 \frac{h}{s_3}$ und $Q \frac{h}{q}$.

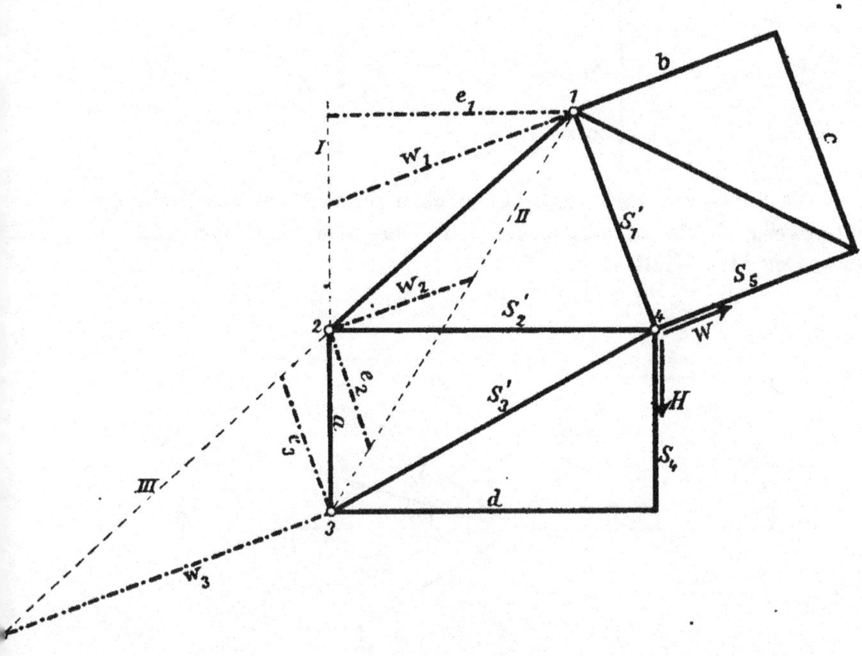

Fig. 216.

Als **Anwendungsbeispiel** für das Momentenverfahren wählen wir den in Fig. 216 im Grundriß dargestellten Knotenpunkt 4 eines Fachwerkes, dessen Seitenflächen aus Rechtecken und Dreiecken bestehen (vergl. auch Fig. 202). Die Ringe mögen in wagerechten Ebenen liegen. Punkt 4 habe von der Ebene des Ringes . . . 1, 2, 3 . . . den Abstand h. Die Spannkräfte S_4 und S_5 seien bereits gefunden; S_1, S_2, S_3 seien gesucht. In 4 greife eine lotrechte Last P und eine wagerechte, nach den Richtungen der Stäbe des oberen Ringes in die Seitenkräfte W und H zerlegte Last an. Es möge gesetzt werden $S_4 + H = A$, $S_5 + W = B$.

Die Grundrißabmessungen der Rechtecke sind a, d und b, c. Die von den Punkten 1, 2, 3 nach den Drehachsen I, II, III gezogenen Strecken w_1, w_2, w_3 sind parallel zu W. Zu Hebelarmen der Last P in Bezug auf die Achsen I, II, III wurden die Strecken d, c, c gewählt.

Es ist also der Hebelarm e_1 parallel zu d; die Hebelarme e_2 und e_3 sind parallel zu c. Da A parallel zu I ist, so beeinflufst es nur S_2 und S_3. Man erhält ohne Zwischenrechnung für $\varkappa_1$, $\varkappa_2$, $\varkappa_3$ die Werte:

$$(21)\quad \begin{cases} \varkappa_1 = -\dfrac{B}{w_1} \qquad\qquad -\dfrac{P}{h}\dfrac{d}{e_1} \\ \varkappa_2 = +\dfrac{B}{w_2} + \dfrac{A}{a} + \dfrac{P}{h}\dfrac{c}{e_2} \\ \varkappa_3 = -\dfrac{B}{w_3} - \dfrac{A}{a} - \dfrac{P}{h}\dfrac{c}{e_3}. \end{cases}$$

Die Vorzeichen sind leicht festzustellen, da man nur den Drehungssinn zweier Kräfte zu vergleichen hat, den einer gegebenen und den einer gesuchten Kraft.

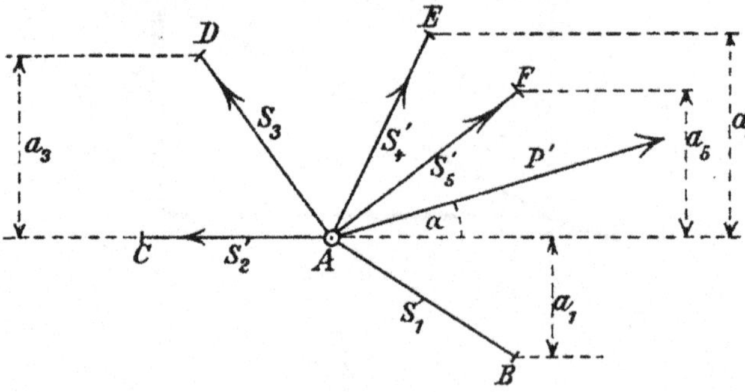

Fig. 217.

4) Verbindung der unter 1 und 3 angegebenen Verfahren. Hat man eine der drei Spannkräfte (z. B. die Spannkraft S_1) mit Hilfe einer Momentengleichung berechnet, so findet man oft die beiden anderen Spannkräfte S_2 und S_3 sehr schnell, mit Hilfe zweier Gleichgewichtsbedingungen von der Art der Gleichungen (4) auf Seite 258, wobei man die Bezugsachsen zweckmäfsig so wählt, dafs jede Gleichung nur eine einzige Unbekannte enthält. Diese Lösung haben wir in Fig. 217 dargestellt. AB, AC, AD, ... seien die Projektionen der Stablängen s_1, s_2, s_3, ... Die Stabkräfte S_5, S_6, ... seien bereits aus den für andere Knotenpunkte gefundenen Gleichungen berechnet. P' sei die Projektion der gegebenen äufseren Kraft. Zur Berechnung von S_3 erhält man mit den aus der Figur ersichtlichen Bezeichnungen die Gleichung

$$P' \sin\alpha + S_3\frac{a_3}{s_3} - S_1\frac{a_1}{s_1} + S_4\frac{a_4}{s_4} + S_5\frac{a_5}{s_5} + \ldots = 0,$$

sie liefert

$$(22)\quad \varkappa_3 = -\frac{P'}{a_3}\sin\alpha + \varkappa_1\frac{a_1}{a_3} - \varkappa_4\frac{a_4}{a_3} - \varkappa_5\frac{a_5}{a_5} - \ldots$$

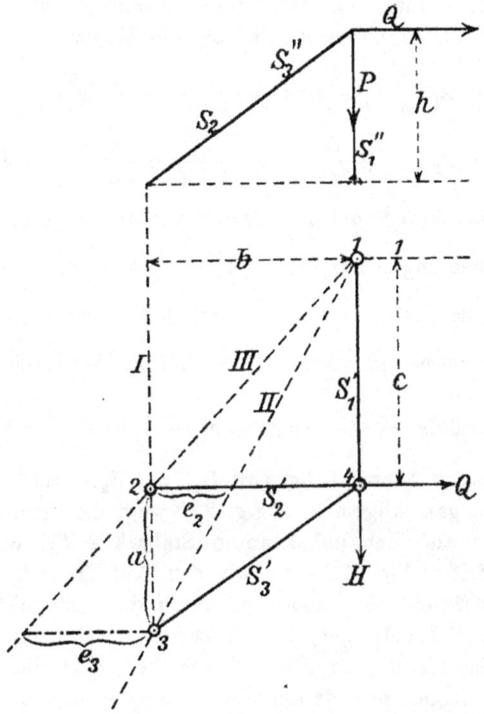

Fig. 218.

Häufig empfiehlt es sich nun, die äußeren Kräfte P als Spannkräfte in Stäben aufzufassen, denen eine gewisse Länge p zugeschrieben wird. Ist dann a_P die Projektion von p auf die zu S'_3 rechtwinklige Richtung, und führt man die Bezeichnung $P:p = \varkappa_P$ ein, so ergibt sich $\varkappa_3$ in der Form

$$(23)\quad \varkappa_3 = -\varkappa_P\frac{a_P}{a_3} + \varkappa_1\frac{a_1}{a_3} - \varkappa_4\frac{a_4}{a_3} - \varkappa_5\frac{a_5}{a_3} - \ldots *)$$

---

*) Der häufig zu Vereinfachung der Zahlenrechnungen führende Kunstgriff, an Stelle der äußeren Kräfte P Werte $P:p$ einzuführen, ist zuerst von Zimmermann in seinem Buche: Über Raumfachwerke angegeben worden.

Es liege z. B. der in Fig. 218 dargestellte Knotenpunkt 4 vor. Außer wagerechten Lasten H und Q greife in 4 die lotrechte Last P an. Man findet aus der Momentengleichung für die Achse I

$$(24)\qquad \varkappa_1 = -\frac{P}{h} - \frac{Q}{b}.$$

Setzt man nun die Summe der nach der Richtung H wirkenden Kräfte gleich Null, sodann die nach der Richtung Q wirkenden, so findet man für die Unbekannten $\varkappa_3$ und $\varkappa_2$ die Werte

$$(25)\qquad \begin{cases} \varkappa_3 = +\varkappa_1 \dfrac{c}{a} - \dfrac{H}{a} = -\dfrac{P}{h}\dfrac{c}{a} - \dfrac{Q}{b}\dfrac{c}{a} - \dfrac{H}{a} \\ \varkappa_2 = +\varkappa_3 + \dfrac{Q}{b} = +\dfrac{P}{h}\dfrac{c}{a} + \dfrac{Q}{b}\dfrac{c+a}{a} + \dfrac{H}{a}. \end{cases}$$

Im vorliegenden Fall findet man übrigens $\varkappa_2$ und $\varkappa_3$ ebenso schnell mit Hilfe von Momentengleichungen. Für $\frac{P}{h}$ wähle man beide Male den Hebelarm c; die Hebelarme von $\varkappa_3$ und $\varkappa_2$ sind dann, in der Richtung von c gemessen, gleich a. Q hat auf $\varkappa_2$ den Einfluß $+\frac{Q}{e_2}$ und auf $\varkappa_3$ den Einfluß $-\frac{Q}{e_3}$, wo $e_2 = b\frac{a}{a+c}$ und $e_3 = b\frac{a}{c}$.

5) Zeichnerische Ermittlung von S_1, S_2, S_3. Wir behandeln diese Aufgabe zuerst ganz allgemein. Fig. 219 zeigt die Richtungen der gegebenen Kraft P und der unbekannten Stabkräfte S_1, S_2, S_3 im Aufriß und Grundriß; Fig. 220 enthält den Aufriß und Grundriß des geschlossenen Kräftezuges. Man lege durch die Endpunkte von P Parallelen zu zwei S-Richtungen, beispielsweise zu S_1 und S_2, und zeichne hierauf ein Viereck $a'b'b''a''$, dessen Ecken in den Geraden S'_1, S'_2, S''_2, S''_1 liegen und dessen Seiten parallel zu S'_3, S''_3 und zu den Projektionsstrahlen sind. Zur Bestimmung dieses Vierecks wurden in Fig. 220 zunächst zwei Hilfsvierecke $a'_1b'_1b''_1a''_1$ und $a'_2b'_2b''_2a''_2$ aufgetragen, deren Eckpunkte a'_1, b'_1, b''_1 und a'_2, b'_2, b''_2 in den vorgeschriebenen Geraden S'_1, S'_2, S''_2 liegen, und deren Seiten die vorgeschriebenen Richtungen haben. Es ist dann die Gerade $a''_1a''_2$ der Ort des Punktes a'', und hiermit ist die Lage des Punktes a'' und das Viereck $a'b'b''a''$ bestimmt. Denn:

> Ändert ein n-Eck in der Weise seine Form, daß sämtliche Seiten durch feste Punkte einer und derselben Geraden gehen (die im vorliegenden Falle die unendlich ferne Gerade ist), während $n-1$ Eckpunkte gerade Linien beschreiben, so bewegt sich auch der letzte Eckpunkt in einer Geraden.

Die Schnittpunkte der Geradenpaare S'_1, S'_2 und $\overline{a''_1 a''_2}$, S''_2 liegen in einer Parallelen zu $m'm''$, und es genügt daher — eine günstige Lage des Schnittpunktes von S_1' und S_2' vorausgesetzt — die Aufzeichnung eines der beiden Hilfsvierecke.

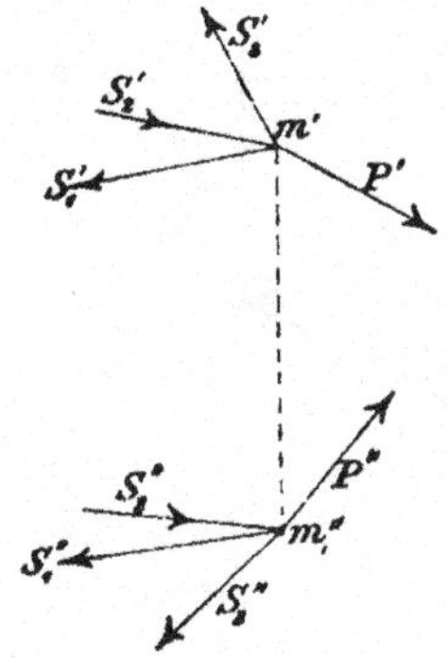

Fig. 219.

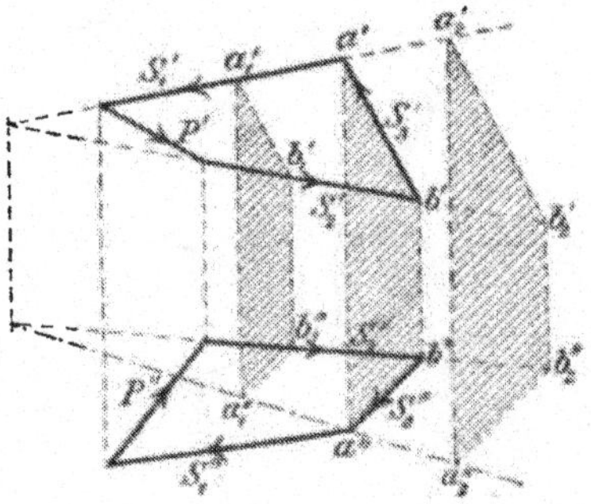

Fig. 220.

Der zeichnerischen Untersuchung von Fachwerken mit einer gröſseren Anzahl von Knotenpunkten und Stäben hat man öfter vorgeworfen, daſs sie infolge der vielen Hilfslinien, welche die Kräftezerlegung im Raume im allgemeinen verlangt, zu unübersichtlichen und deshalb schwer zu prüfenden Kräfteplänen führt. Und dieser Vorwurf ist fast immer dann berechtigt, wenn sämtliche Kräftezerlegungen bei derartigen Fachwerken in ein und derselben Aufriſsebene vorgenommen werden. Arbeitet man aber mit verschiedenen Aufriſsebenen, unter Umständen auch mit verschiedenen Grundriſsebenen, so kann man stets Darstellungen erzielen, die an Übersichtlichkeit nichts zu wünschen übrig lassen. Die geringe Mühe, welche die Übertragung der bereits gefundenen Kräfte in die neuen Projektionsebenen verursacht, wird reichlich belohnt durch die Ersparnis vieler Hilfslinien und durch die groſse Durchsichtigkeit des Verfahrens. Die Projektionsebene wird man natürlich für jeden Knotenpunkt so günstig wie möglich wählen. Es empfiehlt sich, diese Wahl so zu treffen, daſs von den drei an einem Knotenpunkte auftretenden unbekannten Kräften sich zwei in einer Projektionsebene decken. In den Fig. 221 und 222 ist dieser Fall dargestellt worden. Im Aufriſs decken sich S_2'' und S_3''; man kann also S_1'' mit Hilfe eines Kräftedreiecks finden und hierauf im Grundriſs S_2' und S_3' ermitteln.

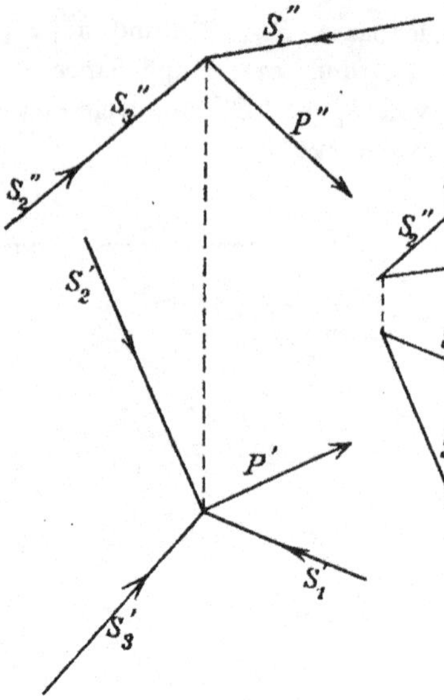

Fig. 221.

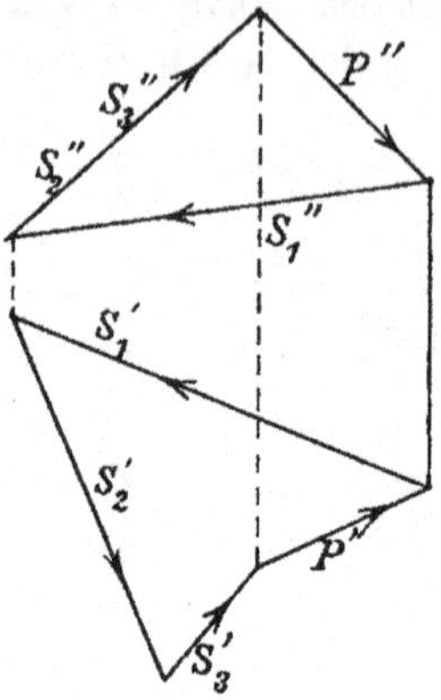

Fig. 222.

6) **Die Herleitung von Formeln aus Kräfteplänen,** die dann nur skizziert zu werden brauchen, ist ein in vielen Fällen sehr rasch zum Ziele führender Weg zur Bestimmung der drei unbekannten Spannkräfte. An die Stelle von Kräftezerlegungen treten dann Zerlegungen von Stablängen oder von Projektionen der Stablängen.

Wir beginnen mit dem einfachen, oft vorkommenden, in Fig. 223 dargestellten Falle. Der fragliche Knotenpunkt trägt eine lotrechte Last P. Die Stäbe S_2 und S_3 liegen wagerecht. Zerlegt man die Projektion s_1' von s_1 nach den Richtungen von S_2 und S_3 in die Strecken a_2 und a_3, so findet man mit Hilfe des in Fig. 224 gezeichneten Kräfteplanes die Formeln

$$(26)\quad \begin{cases} \dfrac{S_1}{s} = -\dfrac{P}{h} \\[2ex] S_2 = -\dfrac{P}{h}\, a_2 \\[2ex] S_3 = -\dfrac{P}{h}\, a_3. \end{cases}$$

Ein allgemeineres Beispiel zeigt Fig. 225. Aufser der lotrechten Last P greife im fraglichen Knotenpunkte noch eine wagerechte Last Q an. Keine der Stabachsen sei parallel zu einer Projektionsebene. Im Aufrifs decken sich S_2'' und S_3''. Zerlegt man im Aufrifs jede der drei Kräfte P, Q'' und S_1'' in eine lotrechte Seitenkraft und in eine Seitenkraft in der Richtung von $S_2''S_3''$, und setzt man die Summe

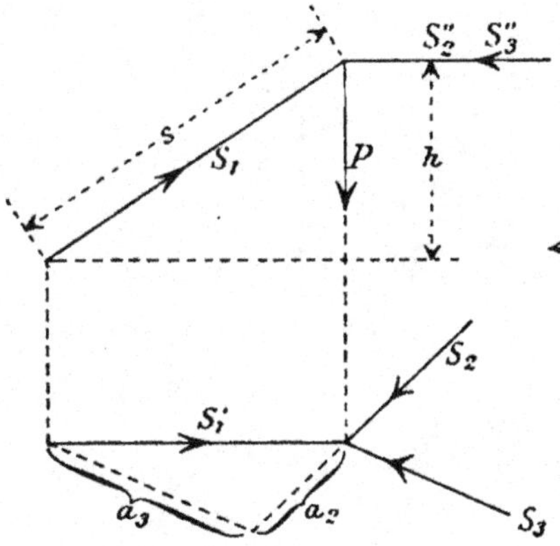

Fig. 223.

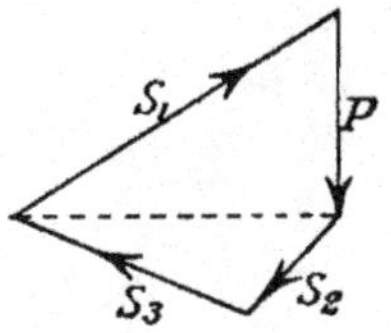

Fig. 224.

der lotrechten Seitenkräfte gleich Null, so erhält man mit den aus der Figur ersichtlichen Bezeichnungen die Gleichung

$$P + Q'' \frac{w}{q''} + S_1'' \frac{v}{s_1''} = 0.$$

Da nun

$$\frac{S_1''}{s_1''} = \frac{S_1}{s_1} \text{ und } \frac{Q''}{q''} = \frac{Q}{q}$$

ist, so folgt

$$(27) \quad \varkappa_1 = \frac{S_1}{s_1} = -\frac{P}{v} - \frac{Q}{q}\frac{w}{v}.$$

Zerlegt man weiter im Grundrisse jede der drei Kräfte S_1', S_2' und Q nach der Richtung von S_3' und nach der Richtung $C'C''$, und setzt man die Summe der nach der Richtung $C'C''$ gebildeten Seitenkräfte gleich Null, so findet man

$$S_2' \frac{e}{s_2'} = Q \frac{b_2}{q} + S_1' \frac{c_2}{s_1'},$$

woraus

$$(28) \quad \varkappa_2 = \frac{Q}{q}\frac{b_2}{e} + \varkappa_1 \frac{c_2}{e},$$

und in ähnlicher Weise erhält man

$$(29) \quad \varkappa_3 = \frac{Q}{q} \frac{b_3}{e} + \varkappa_1 \frac{c_3}{e}.$$

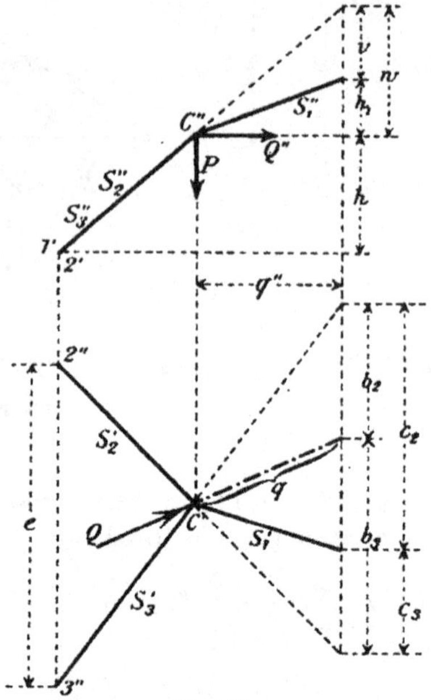

Fig. 225.

Liegt der Endpunkt des Stabes s_3 nicht in der durch den Endpunkt des Stabes s_2 gelegten Grundrißebene, so tritt an die Stelle von $\varkappa_3 = S_3 : s_3$ der Wert $S_3 : l_3$, wo l_3 die Entfernung des Knotenpunktes C von dem Punkte ist, in welchem die Achse des dritten Stabes die Grundrißebene schneidet.

7) Greifen an einem Knotenpunkte mehr als drei unbekannte Stabkräfte an, liegen aber diese unbekannten Kräfte mit Ausnahme einer einzigen in ein und derselben Ebene (α), so kann man diese eine Stabkraft — wir nennen sie S_1 — finden, indem man die Summe aller rechtwinklig zur Ebene α wirkenden Seitenkräfte gleich Null setzt, oder eine Momentengleichung für eine in der Ebene α angenommene Drehachse aufstellt. Man kann aber auch S_1 durch Zerlegung der Mittelkraft P der gegebenen Kräfte nach der Richtung von S_1 und den Richtungen von zwei mit der Ebene α zusammenfallenden, durch den

fraglichen Knotenpunkt gehenden, im übrigen aber beliebig angenommenen Geraden ermitteln.

§ 27.

Beispiele.

1) Das in Fig. 226 dargestellte Fachwerk wird in jedem der Punkte B, C, D, B', C', D' durch einen lotrechten Auflagerstab ge-

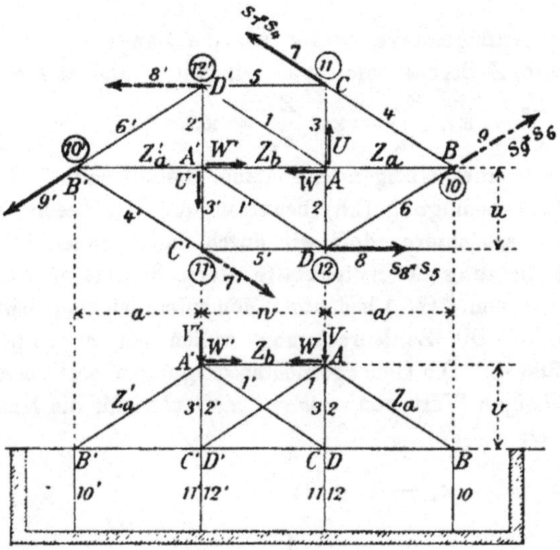

Fig. 226.

stützt, außerdem noch in C, D und B' durch wagerechte Auflagerstäbe 7, 8, 9′, welche mit den Seiten der Stäbe 4, 5′, 6′ zusammenfallen. Das Fachwerk ließe sich mit Hilfe von zwei Z-Stäben berechnen; wir führen aber deren drei ein, nämlich Z_a, Z_b und Z_a' und fügen die Ersatzstäbe 9, 7′, 8′ ein. Diese Wahl bietet den Vorteil, daß es genügt, die Spannkräfte der Stäbe 1 bis 12 durch die gegebenen Lasten und die Z-Kräfte auszudrücken. Die Bildungsgesetze für die Stäbe 1′ bis 12′ sind dann ebenfalls bekannt, da das Fachwerk symmetrisch gebaut ist.

In den Knotenpunkten A und A' greifen die gegebenen Lasten U, V, W, U', V', W' an. Damit wir es nur mit Stabkräften zu tun haben, fassen wir die Lasten U, V, W, U', V', W' als die Spannkräfte in Stäben auf, deren Längen u, v, w sind, und führen die Bezeichnungen ein

$$\frac{U}{u} = \varkappa_u, \quad \frac{U'}{u} = \varkappa'_u$$

$$\frac{V}{v} = \varkappa_v, \quad \frac{V'}{v} = \varkappa'_v$$

$$\frac{W}{w} = \varkappa_w, \quad \frac{W'}{w} = \varkappa'_w.$$

Den wagerechten Auflagerstäben 7, 7′, 8, 8′, 9, 9′ schreiben wir die Längen der mit ihnen in dieselbe Richtung fallenden Stäbe 4, 4′, 5′, 5, 6, 6′ zu.

Den lotrechten Auflagerstäben geben wir die Länge v.

Die Länge eines Z-Stabes bezeichnen wir mit z und setzen

$$\frac{Z_a}{z_a} = \varkappa_a, \quad \frac{Z_b}{z_b} = \varkappa_b, \quad \frac{Z'_a}{z'_a} = \varkappa_a'.$$

Wir wollen, mit einer einzigen Ausnahme, die auf Seite 270 aufgestellte Gleichgewichtsbedingung (23) benutzen und das Lesen dieser Gleichungen dadurch erleichtern, daſs wir durch die Angaben ($\perp U$), ($\perp W$) . . . . die Richtung der Seitenkräfte, deren Summe gleich Null gesetzt wird, kennzeichnen. (M_5) bedeutet: Momentengleichung bezogen auf die Stabachse 5. Die Zahlenrechnung wollen wir nur für den Fall $a = w$ durchführen. Die Gleichgewichtsbedingungen schreiben wir aber für einen beliebigen Wert von $a : w$ an; sie lauten für die Knotenpunkte A, B, C, D:

$$A \begin{cases} (\perp U) & \varkappa_1 = -\varkappa_w - \varkappa_b + \varkappa_a \dfrac{a}{w} \\ (M_5) & \varkappa_2 = (\varkappa_u - \varkappa_v - \varkappa_a) \dfrac{1}{2} \text{ *)} \\ (\perp W) & \varkappa_3 = \varkappa_2 - \varkappa_1 - \varkappa_u. \end{cases}$$

$$B \quad (\perp 6) \quad \varkappa_4 = -\varkappa_a \frac{1}{2} \qquad (\perp 4) \quad \varkappa_9 = \varkappa_6 + \varkappa_a \frac{1}{2}$$

$$C \quad (\perp 4) \quad \varkappa_5 = -\varkappa_3 \frac{a}{w} \qquad (\perp 5) \quad \varkappa_7 = \varkappa_3 + \varkappa_4$$

$$D \quad (\perp 5') \quad \varkappa_6 = -\varkappa'_1 - \varkappa_2 \qquad (\perp 2) \quad \varkappa_8 = \varkappa'_1 + \varkappa'_5 - \varkappa_6 \frac{a}{w}$$

$$B, C, D \quad (\parallel V) \quad \varkappa_{10} = \varkappa_a, \; \varkappa_{11} = \varkappa_3, \; \varkappa_{12} = \varkappa'_1 + \varkappa_2.$$

---

*) Der Abstand des in D angreifenden Gewichtes $\varkappa_2$ von der Drehachse 5 ist doppelt so groſs wie der Hebelarm von $\varkappa_v$, angreifend in A und von $\varkappa_a$ angreifend in B; er ist auch doppelt so groſs wie die Länge des Stabes U.

Für die lotrechten Auflagerstäbe wurden die Druckspannungen als die positiven angenommen.

Mit Hilfe der angeschriebenen Gleichungen kann man die Werte x_1 bis x_{12} und x'_1 bis x'_{12} berechnen, sobald man x_a, x_b, x'_b kennt. Zur Ermittlung dieser drei Werte stehen nun die Bedingungen zur Verfügung: $x_9 = 0$, $x'_7 = 0$, $x'_8 = 0$; sie lauten für $a = w$:

$$0 = x_6 + x_a \frac{1}{2} \quad = - x'_1 + \frac{1}{2} x_a - x_2$$

$$0 = x'_3 + x'_4 \quad = + x'_3 - \frac{1}{2} x'_a \quad = x'_2 - x'_1 - x'_u - \frac{1}{2} x'_a$$

$$0 = x_1 + x_5 - x'_6 = - x_3 + 2 x_1 + x'_2 = x'_2 - x_2 + x_u + 3 x_1.$$

Setzt man für x_1, x_2, x'_1, x'_2 die durch die Gleichungen (A) gegebenen Werte ein, so erhält man

$$x_a + x_b - x'_a = \frac{1}{2}(x_u - x_v) - x'_w$$

$$+ x_b - 2x'_a = \frac{1}{2}(x'_u + x'_v) - x'_w$$

$$-7 x_a + 6 x_b + x'_a = x_u + x'_u + x_v + x'_v - 6 x_w.$$

Aus diesen Gleichungen folgt

$$x_a = - \frac{3}{8} x_v - \frac{1}{8} x'_v + \frac{2,2}{8} x_u - \frac{1,8}{8} x'_u + 0,3 x_w - 0,3 x'_w$$

$$x_b = - \frac{2}{8} x_v - \frac{2}{8} x'_v + \frac{3,6}{8} x_u - \frac{0,4}{8} x'_u - 0,6 x_w - 0,4 x'_w$$

$$x'_a = - \frac{1}{8} x_v - \frac{3}{8} x'_v + \frac{1,8}{8} x_u - \frac{2,2}{8} x'_u - 0,3 x_w + 0,3 x'_w.$$

Nun lassen sich sämtliche Werte x in der durch die Ziffern angegebenen Reihenfolge mühelos hinschreiben; sie sind in der folgenden Zahlentafel zusammengestellt worden. Die dort fehlenden Werte sind durch die Beziehungen gegeben:

$$x_4 = x_6 = - \frac{1}{2} x_a; \; x'_3 = - x'_4 = - x'_5 = - x'_{11} = \frac{1}{2} x'_a$$

$$x_5 = - x_3; \; x_{10} = x_a; \; x'_{10} = x'_a; \; x_{11} = x_3.$$

	$\frac{V}{8v}$	$\frac{V'}{8v}$	$\frac{U}{8u}$	$\frac{U'}{8u}$	$\frac{W}{w}$	$\frac{W'}{w}$
$\varkappa_a$	$-3{,}0$	$-1{,}0$	$+2{,}2$	$-1{,}8$	$+0{,}3$	$-0{,}3$
$\varkappa_b$	$-2{,}0$	$-2{,}0$	$+3{,}6$	$-0{,}4$	$-0{,}6$	$-0{,}4$
$\varkappa'_a$	$-1{,}0$	$-3{,}0$	$+1{,}8$	$-2{,}2$	$-0{,}3$	$+0{,}3$
$\varkappa_1$	$-1{,}0$	$+1{,}0$	$-1{,}4$	$-1{,}4$	$-0{,}1$	$+0{,}1$
$\varkappa'_1$	$+1{,}0$	$-1{,}0$	$-1{,}8$	$-1{,}8$	$+0{,}3$	$-0{,}3$
$\varkappa_2$	$-2{,}5$	$+0{,}5$	$+2{,}9$	$+0{,}9$	$-0{,}15$	$+0{,}15$
$\varkappa'_2$	$+0{,}5$	$-2{,}5$	$-0{,}9$	$+5{,}1$	$+0{,}15$	$-0{,}15$
$\varkappa_3$	$-1{,}5$	$-0{,}5$	$-3{,}7$	$+2{,}3$	$-0{,}05$	$+0{,}05$
$\varkappa'_3$	$+0{,}5$	$+1{,}5$	$+2{,}3$	$-3{,}7$	$-0{,}05$	$+0{,}05$
$\varkappa_7$	0	0	$-4{,}8$	$+3{,}2$	$-0{,}2$	$+0{,}2$
$\varkappa_8$	0	0	$-1{,}6$	$-1{,}6$	$+0{,}6$	$-0{,}6$
$\varkappa'_9$	0	0	$+3{,}2$	$-4{,}8$	$-0{,}2$	$+0{,}2$
$\varkappa_{12}$	$-1{,}5$	$-0{,}5$	$+1{,}1$	$-0{,}9$	$+0{,}15$	$-0{,}15$
$\varkappa'_{12}$	$-0{,}5$	$-1{,}5$	$-2{,}3$	$+3{,}7$	$+0{,}05$	$-0{,}05$

2) Das in Fig. 227 abgebildete, durch vier lotrechte und drei wagerechte Auflagerstäbe gestützte Fachwerk, das wir bereits auf Seite 256 kurz besprochen haben, trage in den Knotenpunkten I, II, III, IV die lotrechten Lasten V_1, V_2, V_3, V_4 und die wagerechten Lasten A, B, C, D, ... H. In den Knotenpunkten des unteren Ringes greifen die wagerechten Lasten L, Q an. Den Lasten A, B, C, D, . . . H schreiben wir die Länge a zu, den Lasten L, Q die Länge $2d$ und allen Lasten V die Länge v. Wir setzen also

$$\frac{A}{a} = \varkappa_A, \quad \frac{B}{a} = \varkappa_B, \ldots\ldots, \quad \frac{H}{a} = \varkappa_H, \quad \frac{L}{2d} = \varkappa_L, \quad \frac{Q}{2d} = \varkappa_Q$$

und führen für die $V:v$ die Bezeichnungen ein

$$\frac{V_1}{v} = \gamma_1, \quad \frac{V_2}{v} = \gamma_2, \ldots\ldots$$

Zunächst nehmen wir an, es seien bereits bekannt

$$\varkappa_1 - \varkappa_2 = \varkappa' \text{ und } \varkappa_3.$$

$\varkappa'$ und $\varkappa_3$ spielen also die Rolle der Z-Werte unserer allgemeinen Untersuchung.

Für den Knotenpunkt I besteht die Gleichgewichtsbedingung

$$(\parallel V_1) \quad \varkappa_1 + \varkappa_2 + \gamma_1 = 0,$$

weshalb

$$\varkappa_1 = -\frac{1}{2}\gamma_1 + \frac{1}{2}\varkappa'$$

$$\varkappa_2 = -\frac{1}{2}\gamma_1 - \frac{1}{2}\varkappa'.$$

Weiter findet man für den Knotenpunkt I, indem man die Summe der Seitenkräfte nach der Richtung des Stabes 3 gleich Null setzt und beachtet, daſs $\varkappa_1 + \varkappa_2 = -\gamma_1$ ist:

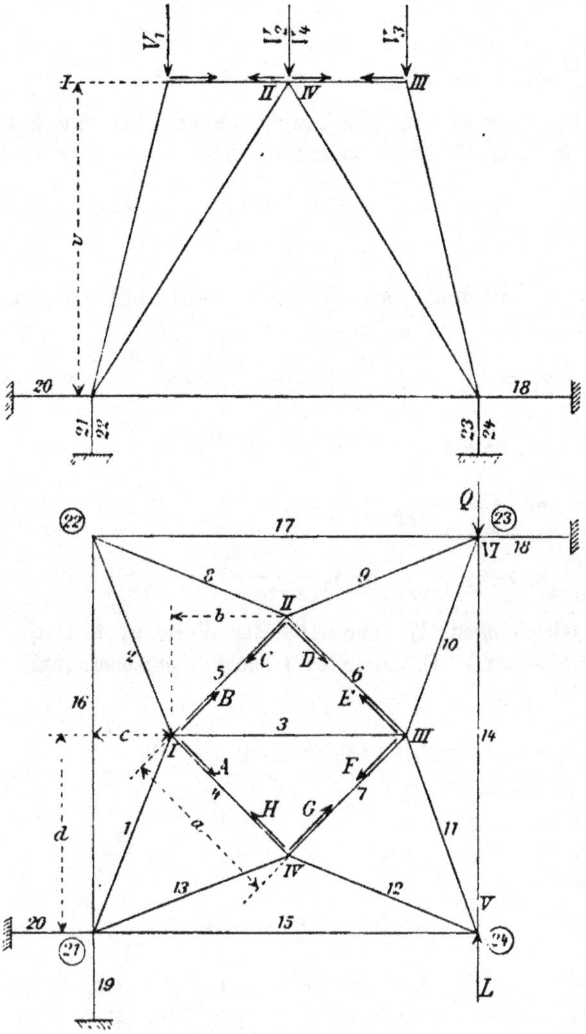

Fig 227.

$$(\mathrm{I}) \quad \varkappa_4 + \varkappa_5 = -\gamma_1 \frac{c}{b} - \varkappa_A - \varkappa_B - 2\varkappa_3,$$

und ganz ähnliche Gleichungen erhält man für die Knotenpunkte II, III, IV, nämlich

$$\text{(II)}\quad \varkappa_5 + \varkappa_6 = -\gamma_2 \frac{c}{b} - \varkappa_C - \varkappa_D$$

$$\text{(III)}\quad \varkappa_6 + \varkappa_7 = -\gamma_3 \frac{c}{b} - \varkappa_E - \varkappa_F - 2\varkappa_3$$

$$\text{(IV)}\quad \varkappa_7 + \varkappa_4 = -\gamma_4 \frac{c}{b} - \varkappa_G - \varkappa_H.$$

Multipliziert man diese 4 Gleichungen abwechselnd mit $+1$ und -1 und addiert man sie dann, so erhält man:

$$4\varkappa_3 = \frac{c}{b}(-\gamma_1 + \gamma_2 - \gamma_3 + \gamma_4) - \varkappa_A - \varkappa_B + \varkappa_C + \varkappa_D - \varkappa_E$$
$$- \varkappa_F + \varkappa_G + \varkappa_H.$$

Damit ist $\varkappa_3$ bestimmt. Aus der Gleichgewichtsbedingung für den Knotenpunkt I:

$$(\perp 3)\quad \varkappa_5 - \varkappa_4 = (\varkappa_1 - \varkappa_2)\frac{d}{b} + \varkappa_A - \varkappa_B = \varkappa' \frac{d}{b} + \varkappa_A - \varkappa_B$$

und aus Gleichung (I) ergeben sich nun die Werte

$$\varkappa_4 = -\varkappa' \frac{d}{2b} - \gamma_1 \frac{c}{2b} - \varkappa_A - \varkappa_3$$

$$\varkappa_5 = +\varkappa' \frac{d}{2b} - \gamma_1 \frac{c}{2b} - \varkappa_B - \varkappa_3,$$

und aus den Gleichungen (II) und (IV) die Werte $\varkappa_6$ und $\varkappa_7$. Aus den für den Knotenpunkt II geltenden Gleichgewichtsbedingungen

$$(\parallel V_2)\quad \varkappa_8 + \varkappa_9 = -\gamma_2$$

$$(\perp 16)\quad \varkappa_8 - \varkappa_9 = (\varkappa_6 - \varkappa_5 + \varkappa_D - \varkappa_C)\frac{b}{d}$$

findet man

$$\varkappa_8 = -\frac{1}{2}\gamma_2 + (\varkappa_6 - \varkappa_5 + \varkappa_D - \varkappa_C)\frac{b}{2d}$$

$$\varkappa_9 = -\frac{1}{2}\gamma_2 - (\varkappa_6 - \varkappa_5 + \varkappa_D - \varkappa_C)\frac{b}{2d}.$$

Auf dieselbe Weise kann man $\varkappa_{10}$ und $\varkappa_{11}$ durch $\varkappa_6$ und $\varkappa_7$ ausdrücken, $\varkappa_{12}$ und $\varkappa_{13}$ durch $\varkappa_7$ und $\varkappa_4$. Nun geht man zum Knotenpunkt V, ermittelt:

$$\text{(V)}\quad (\perp 15)\quad \varkappa_{14} = -\varkappa_{12}\frac{c}{2d} - \varkappa_{11}\frac{1}{2} - \varkappa_L$$

und setzt diesen Wert in die für den Knotenpunkt VI aufgestellte Gleichgewichtsbedingung

$$(\perp 17) \quad \varkappa_{14} + \varkappa_9 \frac{c}{2d} + \varkappa_{10} \frac{1}{2} + \varkappa_Q = 0,$$

ein. Man findet dann die Bedingung

$$(\text{VI}) \quad 2(\varkappa_Q - \varkappa_L) + \varkappa_{10} - \varkappa_{11} + \frac{c}{d}(\varkappa_9 - \varkappa_{12}) = 0,$$

die nur solche Werte $\varkappa$ enthält, welche sich durch die den Lasten entsprechenden gegebenen $\varkappa$ und den Wert $\varkappa'$ ausdrücken lassen. Die Gleichung (VI) enthält also nur noch die Unbekannte $\varkappa'$. Eine einfache Zwischenrechnung liefert

$$\varkappa' = -(\gamma_2 - \gamma_4)\frac{c}{2d} - (\varkappa_A - \varkappa_B + \varkappa_C - \varkappa_H)\frac{b}{d}$$

$$- (\varkappa_D - \varkappa_E + \varkappa_F - \varkappa_G)\frac{b}{c+d} - (\varkappa_L - \varkappa_Q)\frac{2d}{c+d}.$$

Die Berechnung von $\varkappa_{15}$ bis $\varkappa_{20}$ erfolgt aus Gleichungen von der Art der Gleichung (V). Die Werte $\varkappa_{21}$ bis $\varkappa_{24}$ der lotrechten Auflagerstäbe, denen man die Länge v beilegen wird, findet man, indem man an jedem Auflagerknotenpunkte die Summe der lotrechten Seitenkräfte gleich Null setzt.

Die Durchführung der Buchstabenrechnung empfiehlt sich nur bei einfacheren räumlichen Fachwerken. In den meisten Fällen ist es zweckmäfsiger, gleich von vornherein mit Zahlen zu rechnen.

§ 28.

Die abgestumpfte Fachwerkpyramide und verwandte Systeme.

Zu den wichtigsten räumlichen Fachwerken gehört die abgestumpfte Pyramide, Fig. 228. Die Fufspunkte der Rippen mögen festliegen. In irgend einem Knotenpunkte m greife eine beliebig gerichtete äufsere Kraft an, und diese werde in die Seitenkräfte L, R und U zerlegt, von denen L mit der links*) an die Rippe ma grenzenden Seitenwand (I) zusammenfallen möge, R mit der rechts an ma grenzenden Seitenwand (II) und U mit der Rippe ma. Die Wirkungen dieser drei Kräfte werden zweckmäfsig gesondert verfolgt. Durch die Last L werden nur die Stäbe der Seitenwand I beansprucht, und zwar verhält sich hierbei das ebene, in Fig. 229 in die Bildebene gelegte Fachwerk I wie ein am unteren Ende eingespannter Freiträger. Die Last R beansprucht in gleicher Weise das ebene Fachwerk II, und die Last U ruft nur in der Rippe ma Spannkräfte ($S = -U$) hervor. Die Gesamtwerte der

*) Die Bezeichnungen links und rechts gelten für einen von aufsen auf den Mantel der Pyramide sehenden Beschauer.

Spannkräfte der Rippe *ma* erhält man schliefslich durch Zusammenzählen der einzelnen Wirkungen der drei Kräfte *L*; *R*, *U*.

Die Rippen brauchen sich nicht in einem Punkte zu treffen. Die beschriebene Berechnungsweise gilt also nicht nur für den Pyramidenstumpf; sie ist vielmehr nur an die Voraussetzung gebunden, dafs die Seitenflächen statisch bestimmte ebene Träger sind.

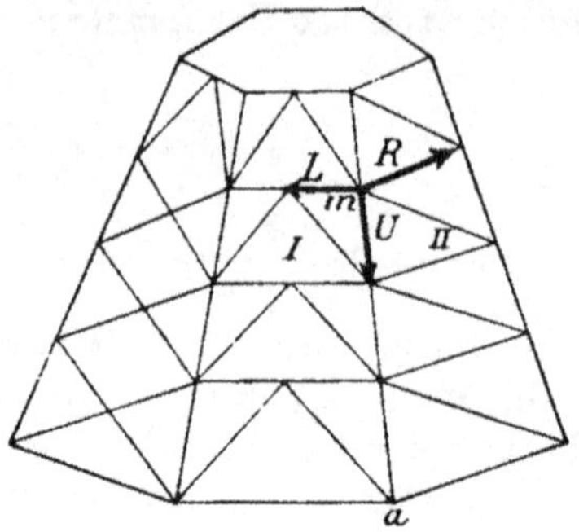

Fig. 228.

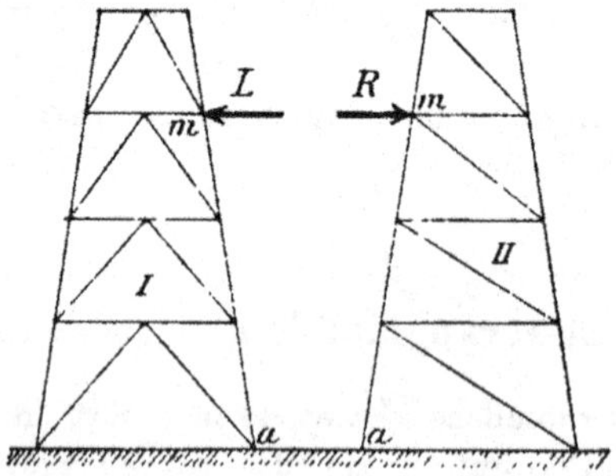

Fig. 229.

Die Richtungen der Kräfte *L* und *R* brauchen nur mit den Ebenen I und II zusammenfallen; im übrigen dürfen sie nach Belieben gewählt werden. In der Regel empfiehlt es sich, *L* und *R* wagerecht anzunehmen.

Es liege z. B. der in Fig. 230 dargestellte Pfeiler mit wagerechten Ringen vor. Am Knotenpunkte *m* greife eine lotrechte Last P_m und eine wagerechte, nach den Richtungen der angrenzenden Ringstäbe in die Seitenkräfte H_m und Q_m zerlegte Last an. Zerlegt man P_m nach der Richtung der Rippe *ma* und nach den Richtungen der Kräfte H_m und Q_m, so erhält man (nach Seite 274, Fig. 223) mit den in die Figur 230 eingeschriebenen Bezeichnungen für U_m, L_m und R_m die Werte

$$(30)\quad \begin{cases} U_m = P_m \dfrac{s}{h} \\ L_m = H_m + P_m \dfrac{l}{h} \\ R_m = Q_m + P_m \dfrac{r}{h}. \end{cases}$$

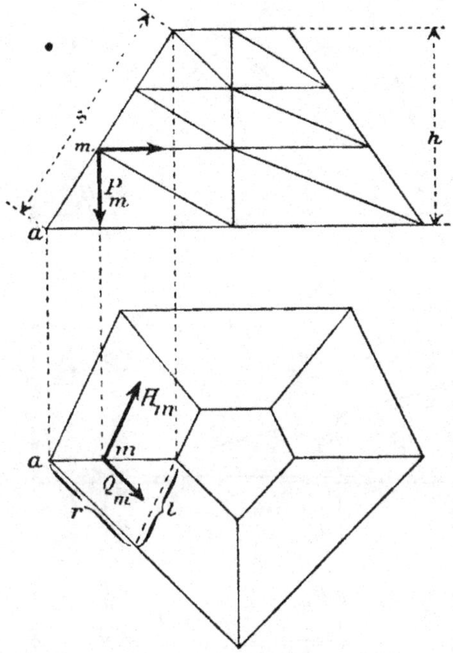

Fig. 230.

Hat man auf diese Weise die Lasten U, L, R, ermittelt, so ist die Berechnung der Spannkräfte auf die Untersuchung einfacher ebener Fachwerke zurückgeführt.

Beispiel. Für die Spannkräfte und Auflagerwiderstände des in Figur 231 dargestellten eingeschossigen Pfeilers sollen allgemeine Formeln aufgestellt werden. Das Fachwerk besitzt vier feste Stützpunkte I', II', III', IV', deren Widerstände in die wagerechten Seitenkräfte A und B und die lotrechten Gegendrücke C zerlegt worden sind. Es genügt natürlich, Formeln für die Spannkräfte T_1, S_1, D_1 und die Widerstände A_1, B_1, C_1 aufzustellen.

Man findet für den Knotenpunkt (I)

$$L_1 = H_1 + P_1 \frac{a_1}{h}$$

$$R_1 = Q_1 + P_1 \frac{b_1}{h} \cdot$$

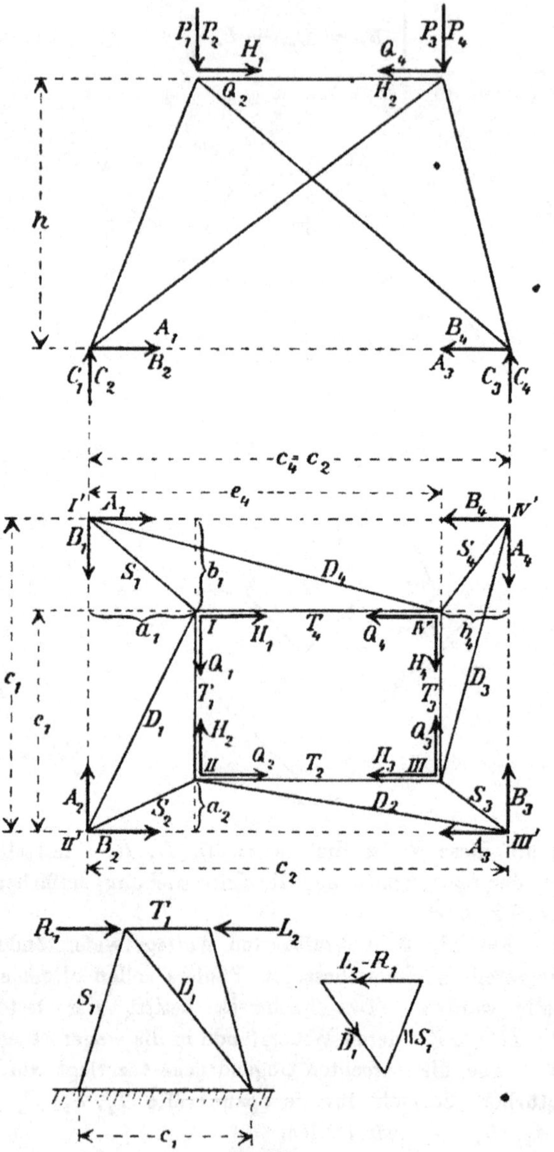

Fig. 231.

Die Berechnung von U_1 ist, wie sich zeigen wird, entbehrlich. Die Seitenwand I, II, II', I' wird belastet mit R_1 und L_2.

Es ergibt sich

$$T_1 = - L_2 = - H_2 - P_2 \frac{a_2}{h},$$

$$\frac{D_1}{d_1} = \frac{L_2 - R_1}{c_1} = \frac{H_2 - Q_1}{c_1} + \frac{P_2 a_2}{h c_1} - \frac{P_1 b_1}{h c_1}.$$

Die Spannkraft S_1 erhält man am schnellsten, wenn man die Summe der lotrechten Seitenkräfte aller am Knotenpunkte (I) angreifenden Kräfte gleich Null setzt. Dies gibt

$$S_1 \frac{h}{s_1} + D_1 \frac{h}{d_1} + P_1 = 0,$$

woraus mit $c_1 - b_1 = e_1$ folgt

$$\frac{S_1}{s_1} = \frac{Q_1 - H_2}{c_1} - \frac{P_1 e_1}{h c_1} - \frac{P_2}{h} \frac{a_2}{c_1}.$$

Nun findet man den Stützenwiderstand A_1 am Knotenpunkte (I') mittels der Gleichgewichtsbedingung

$$A_1 = - S_1 \frac{a_1}{s_1} - D_4 \frac{e_4}{d_4},$$

wo

$$\frac{D_4}{d_4} = \frac{H_1 - Q_4}{c_4} + \frac{P_1 a_1}{h c_4} - \frac{P_4 b_4}{h c_4}.$$

Man erhält

$$A_1 = (H_2 - Q_1) \frac{a_1}{c_1} + (Q_4 - H_1) \frac{e_4}{c_4} + \frac{P_1}{h} a_1 \left(\frac{e_1}{c_1} - \frac{e_4}{c_4} \right)$$
$$+ \frac{P_2}{h} a_1 \frac{a_2}{c_1} + \frac{P_4}{h} b_4 \frac{e_4}{c_4}.$$

Der Widerstand B_1 wird

$$B_1 = - S_1 \frac{b_1}{s_1} - D_4 \frac{b_1}{d_4}, \text{ das ist}$$

$$B_1 = (H_2 - Q_1) \frac{b_1}{c_1} + (Q_4 - H_1) \frac{b_1}{c_4} + \frac{P_1}{h} b_1 \left(\frac{e_1}{c_1} - \frac{a_1}{c_4} \right)$$
$$+ \frac{P_2}{h} b_1 \frac{a_2}{c_1} + \frac{P_4}{h} b_1 \frac{b_4}{c_4}.$$

Schliefslich findet man den Stützenwiderstand C_1 aus der Gleichgewichtsbedingung

$$C_1 = - S_1 \frac{h}{s_1} - D_4 \frac{h}{d_4} = B_1 \frac{h}{b_1}.$$

Werden die vier Fufspunkte miteinander durch Stäbe verbunden, so müssen vier der zwölf Stützenwiderstände beseitigt werden. Ein Beispiel zeigt die Figur 232. Die Stützpunkte werden in wagerechten

Geraden geführt, die mit den Richtungen der Stäbe des Fufsringes zusammenfallen*). Rechtwinklig zu den Führungen treten Widerstände

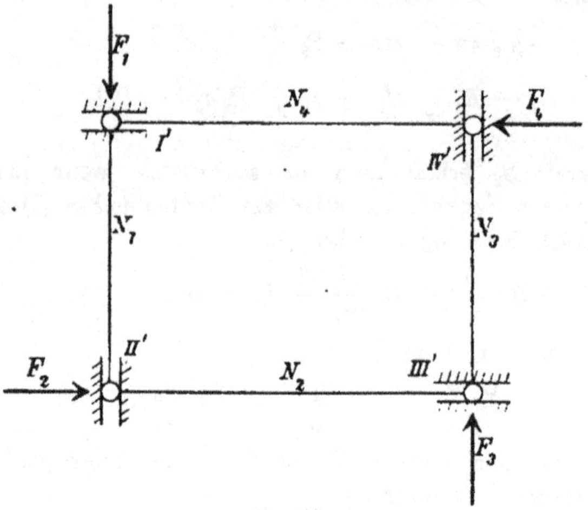

Fig. 232.

F_1, F_2, F_3, F_4 auf. Aus den vorhin berechneten Stützenwiderständen A und B findet man für die Spannkräfte N im Fufsringe und für die Widerstände F die Werte:

$$N_1 = A_2,\ N_2 = A_3,\ \text{u. s. w.},$$
$$F_1 = B_1 - N_1,\ F_2 = B_2 - N_2,\ \text{u. s. w.}$$

Zahlenbeispiel. Es sei $c_1 = c_2 = 12{,}1^m$, $a_1 = b_1 = a_2 = b_3 = \ldots = b_4 = 2{,}0^m$, $e_1 = e_2 = 10{,}1^m$, $h = 19{,}9^m$, $s = 20{,}1^m$, $d = 22{,}4^m$. Man findet

$T_1 = -H_2 - 0{,}101\, P_2$,
$D_1 = 1.851\,(H_2 - Q_1) + 0{,}186\,(P_2 - P_1)$,
$S_1 = 1{,}661\,(Q_1 - H_2) - 0{,}843\, P_1 - 0{,}167\, P_2$,
$A_1 = 0{,}165\,(H_2 - Q_1) + 0{,}835\,(Q_4 - H_1) + 0{,}017\, P_2 + 0{,}084\, P_4$,
$B_1 = 0{,}165\,(H_2 - Q_1 + Q_4 - H_1) + 0{,}017\,(P_2 + P_4) + 0{,}067\, P_1$,
$C_1 = 9{,}95\, B_1$.

Ein **zweites Beispiel** für ein eingeschofsiges Fachwerk mit vier ebenen Seitenflächen und zwei wagerechten Ringen zeigt Fig. 233. Sämtliche Knotenpunkte des unteren Ringes sind durch lotrechte Auflagerstäbe gestützt. An den in Geraden geführten Stützpunkten C_1, C_2, C_3, C_4 treten wagerechte, mit denselben Buchstaben bezeichnete

*) Die allgemeine Lösung der Aufgabe der sicheren Stützung eines ebenen Fufsringes, dessen Knotenpunkte in Geraden geführt werden, gab der Verfasser im Zentralblatt der Bauverwaltung 1892.

Widerstände auf. Die an den Knotenpunkten der Rippen angreifenden Lasten werden in die Seitenkräfte L, R, U zerlegt.

Sind nur die Lasten R_1, R_2, L_3 und L_4 vorhanden, so wird nur das Seitenfachwerk I nebst den Stäben, welche die Knotenpunkte 0

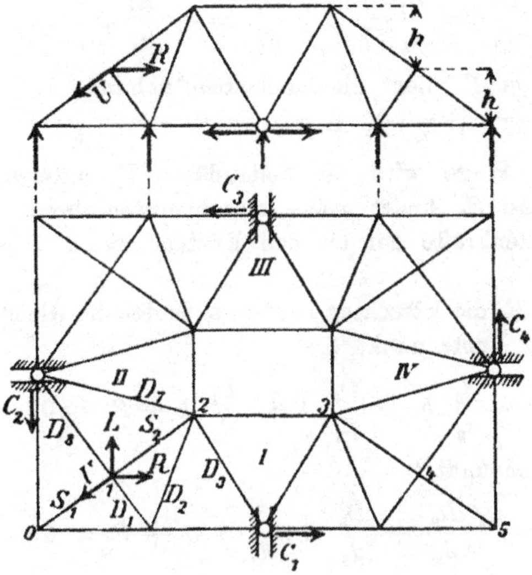

Fig. 233.

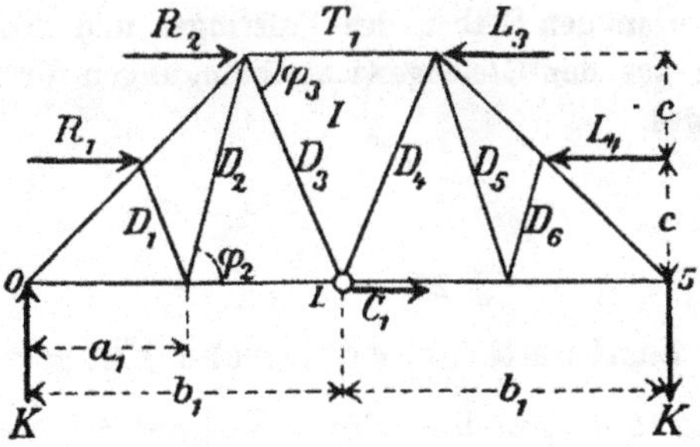

Fig. 234.

und 5 mit den Stützpunkten C_2 und C_4 verbinden, beansprucht. Die Vereinigung der Spannkraft des Stabes $\overline{0C_2}$ mit dem in 0 angreifenden lotrechten Auflagerdrucke gibt eine in die Ebene I fallende Mittelkraft K (siehe Fig. 234, welche das in die Bildebene gelegte Seitenfach darstellt). Eine gleich große, aber entgegengesetzt gerichtete Kraft K erhält man am Knotenpunkte 5. Die Größe von K ist durch die Momentengleichung

$$K \cdot 2b_1 = (R_2 - L_3)\, 2c + (R_1 - L_4)\, c$$

bestimmt.

Für die Spannkräfte in den Diagonalen findet man die Werte

$$D_3 \sin\varphi_3 = K, \quad \frac{D_3}{d_3} = \frac{K}{2c},$$

$$D_2 \sin\varphi_2 = - D_1 \sin\varphi_1 = \frac{R_1 c}{a_1},$$

$$\frac{D_2}{d_2} = \frac{R_1}{a_1}\frac{1}{2}, \quad \frac{D_1}{d_1} = -\frac{R_1}{a_1},$$

zur Berechnung von T_1 dient die Momentengleichung

$$(T_1 + R_2)\,2c + R_1 c - Kb_1 = 0.$$

In derselben Weise wird die Seitenfläche II untersucht. Die Spannkräfte S_1 und S_2 findet man am schnellsten durch Nullsetzen der lotrechten Seitenkräfte der an den Knotenpunkten 1 und 2 angreifenden Kräfte.

Sind P_1 und P_2 die lotrechten Lasten, so lautet die Gleichgewichtsbedingung für den Knotenpunkt 1

$$\frac{S_1}{s_1} h - \frac{S_2}{s_2} h + \frac{D_1}{d_1} h + \frac{D_8}{d_8} h + P_1 = 0,$$

und für den Knotenpunkt 2

$$\frac{S_2}{s_2} h + \left(\frac{D_2}{d_2} + \frac{D_3}{d_3} + \frac{D_7}{d_7}\right) 2h + P_2 = 0.$$

Die Spannkräfte in den Stäben des Fufsringes und den Auflagerstäben ergeben sich aus den Gleichgewichtsbedingungen für die Knotenpunkte des Fufsringes.

§ 29.

Statisch bestimmte Schwedlersche Kuppeln.

1) Die in Fig. 285 dargestellte offene Kuppel Schwedlerscher Bauart läfst sich in Fachwerke von der im § 28 beschriebenen Art zerlegen. Wir bezeichnen die Spannkräfte in den Ringstäben, Diagonalen und Rippen der oberen Zone mit T, D, S, in der zweiten Zone mit T', D', S', in der dritten mit T'', D'', S'' u. s. w.*) Die Berechnung der obersten Zone kann ohne weiteres nach dem im § 28 beschriebenen Verfahren erfolgen. An der zweiten Zone greifen aufser den gegebenen Lasten P', H' und Q' noch die nunmehr bekannten Spannkräfte S und D an. Es ist also nur noch die Aufgabe zu lösen,

*) Man achte also darauf, dafs S', S'', D', D'' nicht Projektionen von Stabkräften bezeichnen.

diese Kräfte auf möglichst übersichtliche und einfache Weise nach den drei ausgezeichneten Richtungen L, R und U (Fig. 228) zu zerlegen. Zu diesem Zwecke zerlegen wir zunächst jede Spannkraft D in ihrem unteren Endpunkte auf die in Fig. 236 dargestellte Weise nach der Richtung des Ringstabes und der Rippe in die Seitenkräfte

$$D_u = D\frac{a}{d} \quad \text{und} \quad D_s = D\frac{s}{d},$$

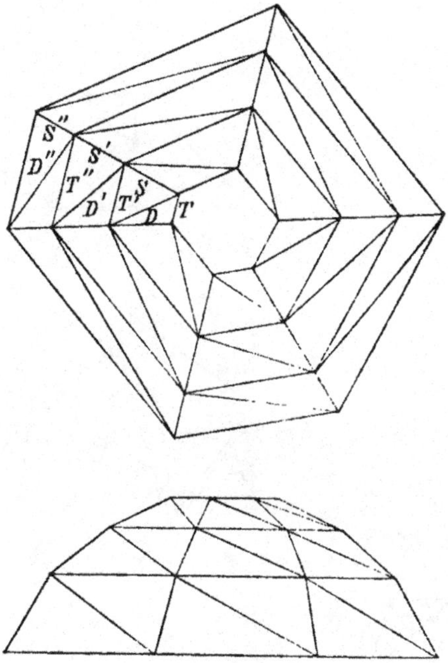

Fig. 235.

wo a die Länge des oberen Ringstabes des betrachteten Seitenfaches und d die Länge der Diagonale bedeutet. D_u tritt zu der Last H_m', D_s wird zu S gefügt, und nun wird $S + D_s$ nach den Richtungen von H_m' und Q_m' und nach der Richtung der Rippe S' der zweiten Zone in die Seitenkräfte L', R', U' zerlegt. Dazu denken wir uns zunächst die Kraft $S + D_s$ durch die Länge s der oberen Rippe dargestellt, zerlegen die Strecke $AC = s$ (Fig. 237) nach der Richtung S' und nach wagerechter Richtung in die Strecken AB und BC und hierauf die wagerechte Strecke BC nach den Richtungen der beiden von m' ausgehenden Ringstäbe in die Strecken k_l' und k_r'. Die Beiträge der Kraft $S + D_s$ zu den Belastungen L_m' und R_m' des Knotenpunktes m' sind dann

$$L' = (S + D_s)\frac{k_l'}{s} = \left(\frac{S}{s} + \frac{D}{d}\right) k_l',$$

$$R' = (S + D_s)\frac{k_r'}{s} = \left(\frac{S}{s} + \frac{D}{d}\right) k_r'.$$

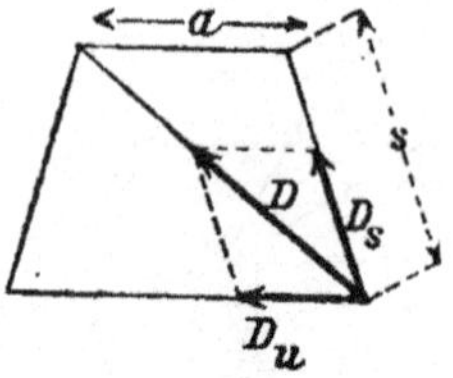

Fig. 236.

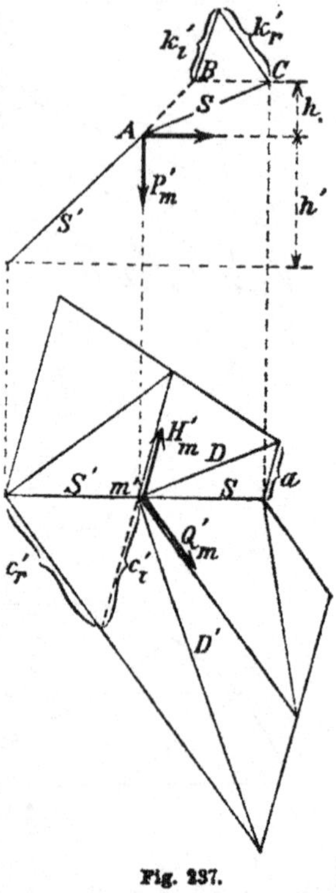

Fig. 237.

Bezeichnet man noch mit c_l' und c_r' die Strecken, welche man durch Zerlegung des Grundrisses der Stablänge s' nach den Richtungen der beiden Ringstäbe gewinnt, so findet man schliefslich für den Knotenpunkt m' der Fig. 237 die Belastungen

$$(31) \qquad L_m' = H_m' + \frac{P_m'}{h'} c_l' + \left(\frac{S}{s} + \frac{D}{d}\right) k_l' + \frac{D}{d} a,$$

$$(32) \qquad R_m' = Q_m' + \frac{P_m'}{h'} c_r' + \left(\frac{S}{s} + \frac{D}{d}\right) k_r'.$$

Durch diese für sämtliche Knotenpunkte zu berechnenden Lasten L' und R' sind die Spannkräfte T' und D' der Ringstäbe und Diagonalen der zweiten Zone bestimmt. Vergl. Fig. 231 auf Seite 285.

Die Berechnung der Spannkraft S' erfolgt am einfachsten mit Hilfe der Bedingung, daſs die Summe der im Punkte m' angreifenden Seitenkräfte gleich Null sein muſs. Es ergibt sich die Gleichung

$$S'\frac{h'}{s'} + D'\frac{h'}{d'} + P_m' = S\frac{h}{s} + D\frac{h}{d}$$

und daraus:

$$(33)\qquad \frac{S'}{s'} = -\frac{P_m'}{h'} - \frac{D'}{d'} + \frac{h}{h'}\left(\frac{S}{s} + \frac{D}{d}\right).$$

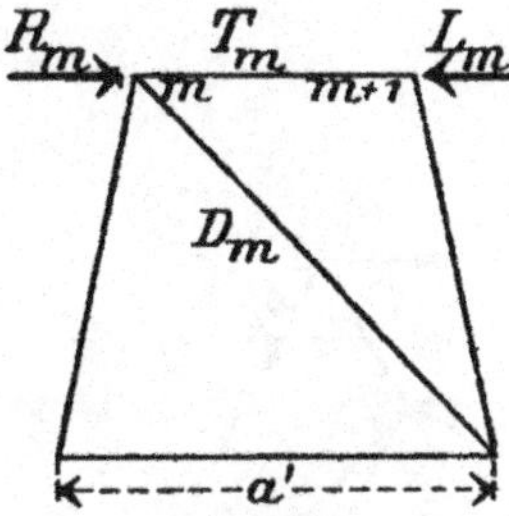

Fig. 238.

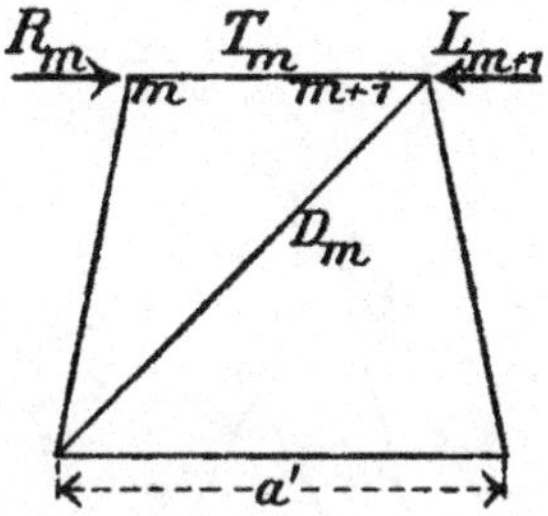

Fig. 239.

Um Schreibarbeit zu sparen, führen wir die Bezeichnungen ein

$$(34)\qquad \begin{cases} \dfrac{S}{s} = \varkappa, & \dfrac{S'}{s'} = \varkappa' \\ \dfrac{D}{d} = \mu, & \dfrac{D'}{d'} = \mu' \\ \dfrac{P}{h} = \gamma, & \dfrac{P'}{h'} = \gamma' \end{cases}$$

und erhalten dann

$$(35)\qquad L_m' = H_m' + \gamma_m' c_l' + (\varkappa + \mu)\, k_l' + \mu a,$$

$$(36)\qquad R_m' = Q_m' + \gamma_m' c_r' + (\varkappa + \mu)\, k_r',$$

$$(37)\qquad \varkappa' = -\gamma_m' - \mu' + \frac{h}{h'}(\varkappa + \mu).$$

Bei der Ableitung dieser Formeln haben wir vorausgesetzt, daſs am Knotenpunkte m' eine linkssteigende Diagonale D und eine linkssteigende Diagonale D' angreift. In der Regel werden aber die Diagonalen nur als Zugstäbe konstruiert. Es erhält dann jedes Fach zwei sich kreuzende, abwechselnd in Tätigkeit tretende Diagonalen.

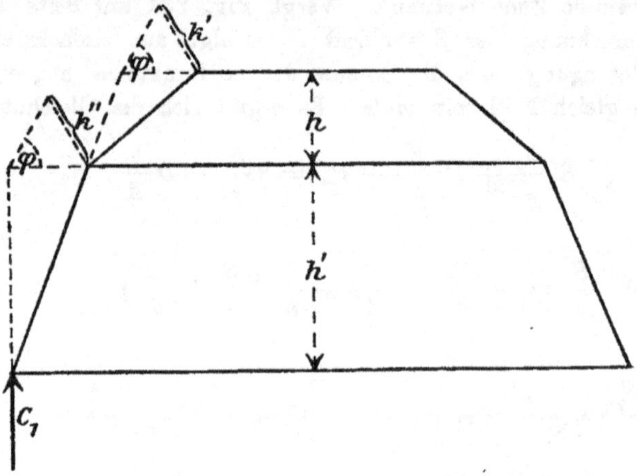

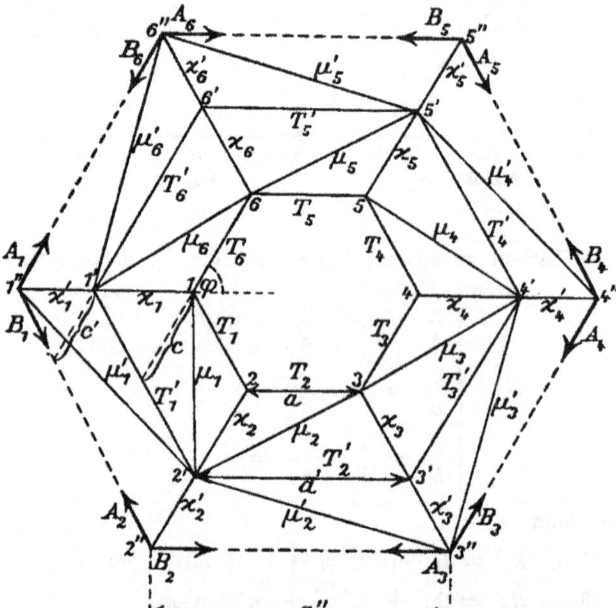

Fig. 240.

Ist für das *m*te Fach der obersten Zone $L_{m+1} > R_m$, so wird die linkssteigende Diagonale gespannt, und es ergibt sich (Fig. 238)

$$(38) \quad \mu_m = \frac{D_m}{d_m} = \frac{L_{m+1} - R_m}{a'}, \qquad T_m = -L_{m+1}.$$

Ist dagegen $R_m > L_{m+1}$, so wird die rechtssteigende Diagonale gespannt, und man findet (Fig. 239)

$$(39)\quad \mu_m = \frac{D_m}{d_m} = \frac{R_m - L_{m+1}}{a'}, \quad T_m = -R_m.$$

Für die zweite Zone sind die L und R zu ersetzen durch die L' und R', ferner a' durch a''.

Den Gang der Berechnung einer solchen Schwedlerkuppel wollen wir nun an der in Fig. 240 dargestellten regelmäfsigen 6-Eck-Kuppel erläutern. Es ist $c_l' = c_r' = c'$, $c_l = c_r = c$, und $k_l' = k_r' = k'$. Für die Knotenpunkte des obersten Ringes werden die Lasten

$$L_m = H_m + \gamma_m c \text{ und}$$
$$R_m = Q_m + \gamma_m c \qquad (m = 1, 2, 3, 4, 5, 6)$$

berechnet, und nun wird festgestellt, welche Diagonalen in Tätigkeit treten. Unsere Figur setzt voraus, dafs

$$L_2 > R_1,\ R_2 > L_3,\ L_4 > R_3,\ R_4 > L_5,\ R_5 > L_6,\ L_1 > R_6$$

ist, und es ergibt sich daher:

$$\mu_1 = \frac{L_2 - R_1}{a'}, \quad T_1 = -L_2$$

$$\mu_2 = \frac{R_2 - L_3}{a'}, \quad T_2 = -R_2$$

$$\mu_3 = \frac{L_4 - R_3}{a'}, \quad T_3 = -L_4$$

$$\mu_4 = \frac{R_4 - L_5}{a'}, \quad T_4 = -R_4$$

$$\mu_5 = \frac{R_5 - L_6}{a'}, \quad T_5 = -R_5$$

$$\mu_6 = \frac{L_1 - R_6}{a'}, \quad T_6 = -L_1.$$

Setzt man nun an jedem Knotenpunkte des oberen Ringes die Summe der lotrechten Seitenkräfte gleich Null, so erhält man für die Rippen der obersten Zone die Werte

$\varkappa_1 = -\gamma_1 - \mu_1$	$\varkappa_4 = -\gamma_4$
$\varkappa_2 = -\gamma_2$	$\varkappa_5 = -\gamma_5 - \mu_4$
$\varkappa_3 = -\gamma_3 - \mu_2 - \mu_3$	$\varkappa_6 = -\gamma_6 - \mu_5 - \mu_6.$

Damit ist die Berechnung der obersten Zone erledigt.

Jetzt ermittelt man für die Knotenpunkte 1′, 2′, 3′, 4′, 5′, 6′ der zweiten Zone nach den Formeln (35) und (36) die Kräfte

$$
\begin{aligned}
L_1' &= H_1' + \gamma_1' c' + k' (\varkappa_1 + \mu_6) && + a\mu_6 \\
R_1' &= Q_1' + \gamma_1' c' + k' (\varkappa_1 + \mu_6) \\
L_2' &= H_2' + \gamma_2' c' + k' (\varkappa_2 + \mu_1 + \mu_2) + a\mu_1 \\
R_2' &= Q_2' + \gamma_2' c' + k' (\varkappa_2 + \mu_1 + \mu_2) + a\mu_2 \\
L_3' &= H_3' + \gamma_3' c' + k' \varkappa_3 \\
R_3' &= Q_3' + \gamma_3' c' + k' \varkappa_3 \\
L_4' &= H_4' + \gamma_4' c' + k' (\varkappa_4 + \mu_3 + \mu_4) + a\mu_3 \\
R_4' &= Q_4' + \gamma_4' c' + k' (\varkappa_4 + \mu_3 + \mu_4) + a\mu_4 \\
L_5' &= H_5' + \gamma_5' c' + k' (\varkappa_5 + \mu_5) \\
R_5' &= Q_5' + \gamma_5' c' + k' (\varkappa_5 + \mu_5) && + a\mu_5 \\
L_6' &= H_6' + \gamma_6' c' + k' \varkappa_6 \\
R_6' &= Q_6' + \gamma_6' c' + k' \varkappa_6 .
\end{aligned}
$$

Nun wird festgestellt, welche Diagonalen der zweiten Zone gespannt werden. Fig. 240 setzt voraus:

$R_1' > L_2'$, $L_3' > R_2$, $R_3 > L_4'$, $R_4' > L_5'$, $L_6' > R_5'$, $R_6' > L_1'$.

Es ergeben sich also für die Diagonalen und Ringstäbe der zweiten Zone die Werte

$$
\begin{aligned}
\mu_1' &= \frac{R_1' - L_2'}{a''}, & T_1' &= - R_1' \\
\mu_2' &= \frac{L_3' - R_2'}{a''}, & T_2' &= - L_3' \\
\mu_3' &= \frac{R_3' - L_4'}{a''}, & T_3' &= - R_3' \\
\mu_4' &= \frac{R_4' - L_5'}{a''}, & T_4' &= - R_4' \\
\mu_5' &= \frac{L_6' - R_5'}{a''}, & T_5' &= - L_6' \\
\mu_6' &= \frac{R_6' - L_1'}{a''}, & T_6' &= - R_6' .
\end{aligned}
$$

Indem man nun für jeden der Knotenpunkte 1′, 2′, . . die Summe der lotrechten Seitenkräfte gleich Null setzt, erhält man für die Rippen mit der zur Abkürzung eingeführten Bezeichnung $h : h' = \varepsilon$ die Werte [vergl. Formel (37)]:

$$
\begin{aligned}
\varkappa_1' &= - \gamma_1' - \mu_6' && + \varepsilon (\varkappa_1 + \mu_6) \\
\varkappa_2' &= - \gamma_2' - \mu_1' - \mu_2' && + \varepsilon (\varkappa_2 + \mu_1 + \mu_2) \\
\varkappa_3' &= - \gamma_3' && + \varepsilon \varkappa_3 \\
\varkappa_4' &= - \gamma_4' - \mu_3' && + \varepsilon (\varkappa_4 + \mu_3 + \mu_4) \\
\varkappa_5' &= - \gamma_5' - \mu_4' - \mu_5' && + \varepsilon (\varkappa_5 + \mu_5) \\
\varkappa_6' &= - \gamma_6' && + \varepsilon \varkappa_6 .
\end{aligned}
$$

Damit ist auch die Berechnung der zweiten Zone erledigt. Und in der gleichen Weise ließen sich die Spannkräfte in einer dritten, vierten u. s. w. Zone ermitteln.

Zur Untersuchung der Stützenwiderstände übergehend, nehmen wir zunächst an, es seien 1″, 2″, 3″, . . . feste Stützpunkte. Jeden Stützenwiderstand bestimmen wir nach Fig. 240 durch drei Seitenkräfte A, B, C. Die Widerstände C mögen positiv sein, wenn sie von unten nach oben gerichtet sind. Nach Ermittlung der Strecke k'' in Fig. 240 finden wir

$$A_1 = -k''(\varkappa_1' + \mu_1')$$
$$B_1 = -k''(\varkappa_1' + \mu_1') - \mu_1' a'$$
$$A_2 = B_2 = -k''\varkappa_2'$$
$$A_3 = -k''(\varkappa_3' + \mu_2' + \mu_3') - \mu_2' a'$$
$$B_3 = -k''(\varkappa_3' + \mu_2' + \mu_3') - \mu_3' a'$$
$$A_4 = -k''(\varkappa_4' + \mu_4')$$
$$B_4 = -k''(\varkappa_4' + \mu_4') - \mu_4' a'$$
$$A_5 = B_5 = -k''\varkappa_5'$$
$$A_6 = -k''(\varkappa_6' + \mu_5' + \mu_6') - \mu_5' a'$$
$$B_6 = -k''(\varkappa_6' + \mu_5' + \mu_6') - \mu_6' a'$$

$$C_1 = -h'(\varkappa_1' + \mu_1') \qquad C_4 = -h'(\varkappa_4' + \mu_4')$$
$$C_2 = -h'\varkappa_2' \qquad C_5 = -h'\varkappa_5'$$
$$C_3 = -h'(\varkappa_3' + \mu_2' + \mu_3') \qquad C_6 = -h'(\varkappa_6' + \mu_5' + \mu_6').$$

Lasten H'', Q'', P'', welche in den Punkten 1″, 2″, 3″, ... angreifen, werden von diesen Stützpunkten unmittelbar aufgenommen.

In Fig. 241 haben wir noch den Fall eines die Stützpunkte verbindenden Fußringes dargestellt und dabei angenommen, daß die Stützpunkte 1″, 2″, 3″ . . . in Geraden geführt werden, die rechtwinklig zu den Stabachsen 1″— 2″, 2″— 3″, 3″—4″, . . . sind. An den Führungen treten die Widerstände F_1, F_2, F_3 . . . . auf. Außerdem sollen noch Lasten H''_1, H''_2, H''_3 . . . . berücksichtigt werden. Lasten Q'' werden ohne weiteres von den Führungen aufgenommen. Die Spannkräfte in den Stäben des Fußringes seien T''_1, T''_2, ... Die Zurückführung dieses Falles auf den vorhin behandelten Fall fester Stützpunkte geschieht mit Hilfe der Gleichungen

$$\text{(I)} \quad \begin{cases} T_6'' + H_1'' = A_1 \\ T_1'' + H_2'' = A_2 \\ \dots\dots\dots\dots \end{cases}$$

und

$$\text{(II)} \quad \begin{cases} T_1'' + F_1 = B_1 \\ T_2'' + F_2 = B_2 \\ \dots\dots\dots\dots \end{cases}$$

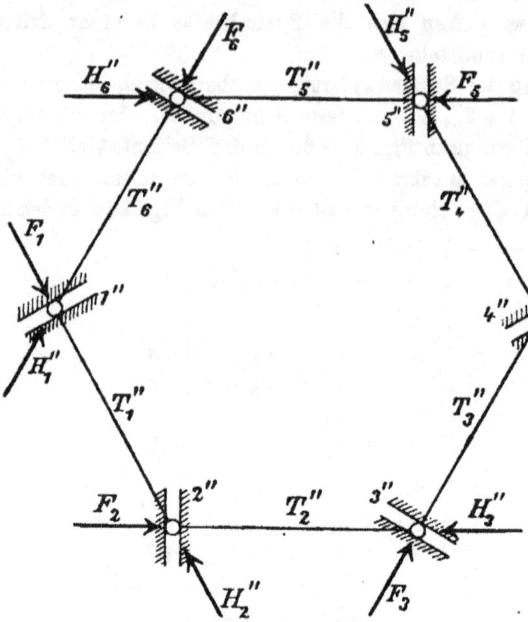

Fig. 241.

Die Gleichungen (I) liefern die Spannkräfte T'' und die Gleichungen (II) die Stützenwiderstände F.

Zahlenbeispiel. Für den in Fig. 242 dargestellten Fall einer regelmäſsigen 6-Eck-Kuppel mit steifen Diagonalen sollen die Spannkräfte so dargestellt werden, daſs der Einfluſs jeder einzelnen Last erkennbar ist. Mit den in der Figur angegebenen Zahlenwerten erhält man für die obere Zone:

$$L_2 = H_2 + 279\,\gamma_2$$
$$R_1 = Q_1 + 279\,\gamma_1$$
$$T_1 = -L_2$$

$$\mu_1 = \frac{L_2 - R_1}{588} = +0{,}00170\,(H_2 - Q_1) + 0{,}474\,(\gamma_2 - \gamma_1),$$
$$\mu_2 = +0{,}00170\,(H_3 - Q_2) + 0{,}474\,(\gamma_3 - \gamma_1)$$
$$\ldots\ldots\ldots\ldots\ldots\ldots\ldots\ldots\ldots$$
$$\mu_6 = +0{,}00170\,(H_1 - Q_6) + 0{,}474\,(\gamma_1 - \gamma_6)$$
$$\varkappa_1 = -\mu_1 - \gamma_1 = -0{,}00170\,(H_2 - Q_1) - 0{,}474\,(\gamma_2 - \gamma_1) - \gamma_1.$$

Für die zweite Zone ergibt sich

$$L'_2 = H_2' + 221\,\gamma_2' + 137\,(\varkappa_2 + \mu_1) + 309\,\mu_1$$
$$= H_2' + 221\,\gamma_2' + 137\,(\mu_1 - \mu_2 - \gamma_2) + 809\,\mu_1$$
$$R'_1 = Q_1' + 221\,\gamma_1' + 137\,(\varkappa_1 + \mu_6)$$
$$= Q_1' + 221\,\gamma_1' + 137\,(\mu_6 - \mu_1 - \gamma_1).$$

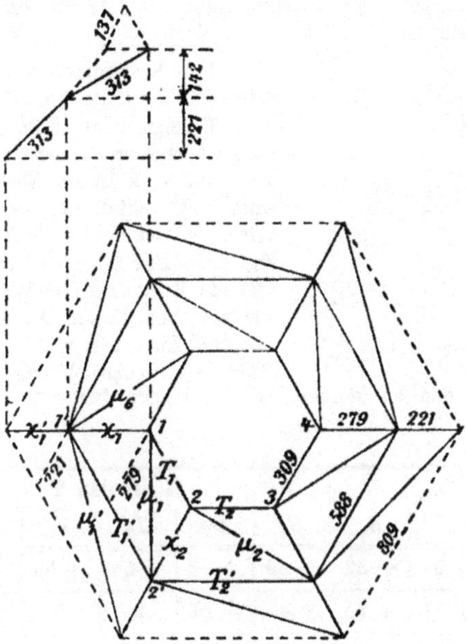

Fig. 242.

$$T_1' = -L_2' = -H_2' - 0{,}233\,(H_3 - Q_2) + 0{,}758\,(H_2 - Q_1)$$
$$+ 211\,\gamma_1 - 137\,\gamma_2 + 65\,\gamma_3 - 221\,\gamma_2'$$

$$\mu_1' = \frac{L_2' - R_1'}{809}$$
$$= +0{,}001\,23\,(H_2 - Q_1) - 0{,}000\,29\,(H_3 - Q_2 + H_1 - Q_6)$$
$$+ 0{,}001\,24\,(H_2' - Q_1') + 0{,}252\,(\gamma_2 - \gamma_1) - 0{,}080\,(\gamma_3 - \gamma_6)$$
$$+ 0{,}273\,(\gamma_2' - \gamma_1')$$

$$\varkappa_1' = -\gamma_1' - \mu_1' + (\varkappa_1 + \mu_6)\,\frac{142}{221}$$
$$= -\gamma_1' - \mu_1' + (\mu_6 - \mu_1 - \gamma_1)\,\frac{142}{221}$$
$$= +0{,}000\,29\,(H_3 - Q_2) - 0{,}002\,32\,(H_2 - Q_1) + 0{,}001\,38\,(H_1 - Q_6)$$
$$- 0{,}001\,24\,(H_2' - Q_1') + 0{,}080\,(\gamma_3 - \gamma_2) - 0{,}477\,(\gamma_2 - \gamma_1)$$
$$+ 0{,}385\,(\gamma_1 - \gamma_6) - 0{,}273\,(\gamma_2' - \gamma_1') - 0{,}643\,\gamma_1 - \gamma_1'.$$

Mit Hilfe dieser Formeln berechnet man die Werte $\varkappa$, μ, $\varkappa'$, μ' für die gefährlichste Belastungsweise und aus ihnen dann die Spannkräfte $S = \varkappa s$, $S' = \varkappa' s'$, $D = \mu d$, $D' = \mu' d'$.

2) Berechnung der in Fig. 242 dargestellten Kuppel nach dem Verfahren von Mohr. Da es stets lehrreich ist, ein und dieselbe Aufgabe nach verschiedenen Verfahren zu behandeln, so möge noch die von Mohr für dieses Zahlenbeispiel im Zentralblatt der Bauverwaltung 1902, Seite 205, angegebene Lösung wiedergegeben werden.

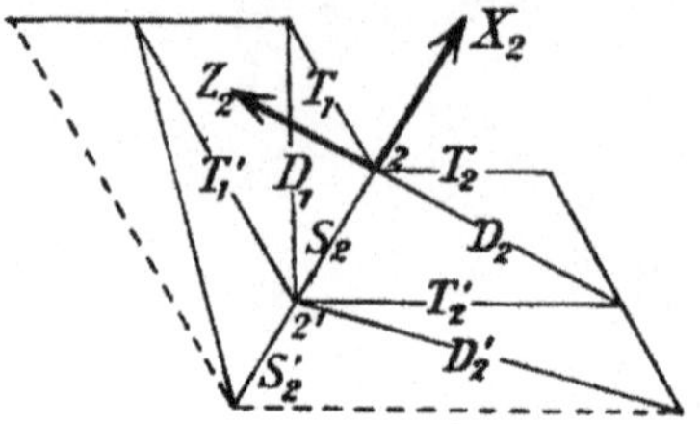

Fig. 243.

Jede Knotenlast ist in drei Seitenkräfte X, Y, Z zerlegt; die wagerechte Last X zeigt in der Richtung des Halbmessers nach innen, die lotrechte Last Y nach unten; Z ist zur Ebene XY rechtwinklig gerichtet und zeigt für einen aufsen stehenden Beschauer nach links, Fig. 243. Das folgende Verzeichnis enthält die Kosinusse der Winkel, die von den positiven Lasten X, Y, Z mit den von den Knoten 2 und 2′ ausgehenden Stabstrecken eingeschlossen werden. Um mit ganzen Zahlen rechnen zu können, ist das Hundertfache der Kosinuswerte angegeben.

	Knoten 2				Knoten 2′					
	T_2	T_1	D_2	S_2	S_2	D_1	T_2'	T_1'	D_2'	S_2'
X	+ 50	+ 50	+ 3	− 89	+ 89	+ 82	+ 50	+ 50	+ 24	− 71
Y	0	0	+ 27	+ 45	− 45	− 27	0	0	+ 29	+ 71
Z	− 87	+ 87	− 96	0	0	+ 51	− 87	+ 87	− 93	0

Erteilt man dem Knotenpunkte 2 gleichzeitig drei Geschwindigkeiten, die in der Richtung und in dem Sinne der äufseren Kräfte X, Y, Z die Gröfsen ξ, η, ζ haben, so erhält man für den Knoten 2 die allgemeine Gleichgewichtsbedingung

$$0 = 100\,(\xi X_2 + \eta Y_2 + \zeta Z_2) + (50\,\xi - 87\,\zeta)\,T_2 + (50\,\xi + 87\,\zeta)\,T_1$$
$$+ (3\,\xi + 27\,\eta - 96\,\zeta)\,D_2 + (-89\,\xi + 45\,\eta)\,S_2.$$

Wir wählen zunächst die Werte ξ, η, ζ so, dafs die Geschwindigkeiten der Kräfte T_2 und S_2 verschwinden, diejenige der Kraft T_1 aber gleich − 10000 wird.

$$50\,\xi - 87\,\zeta = 0$$
$$-89\,\xi + 45\,\eta = 0$$
$$50\,\xi + 87\,\zeta = -10000.$$

Die ersten beiden Gleichungen drücken aus, dafs die resultierende Geschwindigkeit des Knotens 2 zu den beiden Kräften T_2 und S_2 rechtwinklig steht. Da die drei Kräfte T_2, D_2, S_2 in einer Ebene liegen, so ist infolgedessen auch die Arbeitsgeschwindigkeit der Kraft D_2 gleich Null. Die Gleichungen ergeben:

$$\xi = -100,\quad \eta = -198,\quad \zeta = -57.$$

Durch Einsetzen dieser Werte in Gleichung (I) erhält man

$$\text{(II)} \quad 100\, T_1 = -100\, X_2 - 198\, Y_2 - 57\, Z_2$$

und nach demselben Bildungsgesetz

$$\text{(III)} \quad 100\, T_2 = -100\, X_3 - 198\, Y_3 - 57\, Z_3.$$

Um ferner D_2 durch Gleichung (I) zu bestimmen, lassen wir die Geschwindigkeit dieser Kraft $= -10000$ und die Geschwindigkeiten der beiden Kräfte T_1 und S_2 gleich Null werden:

$$\begin{aligned} 3\xi + 27\eta - 96\zeta &= -10000 \\ 50\xi + 87\zeta &= 0 \\ -89\xi + 45\eta &= 0. \end{aligned}$$

Wir erhalten

$$\xi = -89, \quad \eta = -176, \quad \zeta = +51,$$

also durch Gleichung (I)

$$0 = -89\, X_2 - 176\, Y_2 + 51\, Z_2 - 89\, T_2 - 100\, D_2$$

und in Verbindung mit Gleichung (III)

$$\text{(IV)} \quad 100\, D_2 = 89\,(X_3 - X_2) + 176\,(Y_3 - Y_2) + 51\,(Z_3 + Z_2).$$

Dieses Bildungsgesetz liefert auch

$$\text{(V)} \quad 100\, D_1 = 89\,(X_2 - X_1) + 176\,(Y_2 - Y_1) + 51\,(Z_2 + Z_1).$$

Man bestimmt endlich die letzte Kraft S_2 durch Gleichung (I), indem man die Geschwindigkeit dieser Kraft $= -10000$ und die Geschwindigkeiten der beiden Kräfte T_1 und T_2 gleich Null setzt:

$$\begin{aligned} -89\xi + 45\eta &= -10000 \\ 50\xi - 87\zeta &= 0 \\ 50\xi + 87\zeta &= 0. \end{aligned}$$

Es wird also

$$\xi = 0, \quad \eta = -222, \quad \zeta = 0,$$

ferner nach Gleichung (I):

$$0 = -222\, Y_1 - 60\, D_2 - 100\, S_2$$

und nach Gleichung (IV)

$$\text{(VI)} \quad 100\, S_2 = 53\,(X_2 - X_3) - 116\, Y_2 - 106\, Y_3 - 31\,(Z_2 + Z_3).$$

Damit ist die Berechnung der ersten Zone erledigt.

Nun bildet man für den Knotenpunkt 2' mit Hilfe des Kosinusverzeichnisses die allgemeine Gleichgewichtsbedingung

$$\begin{aligned} \text{(VII)} \quad 0 = {} & 100\,(\xi X_2' + \eta Y_2' + \zeta Z_2') + (89\xi - 45\eta)\, S_2 + (82\xi - 27\eta + 51\zeta)\, D_1 \\ & + (50\xi - 87\zeta)\, T_2' + (50\xi + 87\zeta)\, T_1' + (24\xi + 29\eta - 93\zeta)\, D_2' \\ & + (-71\xi + 71\eta)\, S_2'. \end{aligned}$$

Um hieraus die Stabkraft T_1' zu berechnen, ist die Geschwindigkeit dieser Kraft $= -10000$ und die der drei anderen unbekannten Kräfte gleich Null zu setzen:

$$\begin{aligned} 50\xi + 87\zeta &= -10000 \\ 50\xi - 87\zeta &= 0 \\ -71\xi + 71\eta &= 0. \end{aligned}$$

Demnach ist

$$\xi = -100, \quad \eta = -100, \quad \zeta = -57,$$

also nach Gleichung (VII)

$$0 = -100\, X_2' - 100\, Y_2' - 57\, Z_2' - 44\, S_2 - 84 \cdot D_1 - 100\, T_1'$$

und nach den Gleichungen (V) und (VI)

$$\text{(VIII)}\quad 100\,T_1' = 23\,X_3 + 47\,Y_3 + 14\,Z_3 - 98\,X_2 - 97\,Y_2 - 29\,Z_2 + 75\,X_1 + 148\,Y_1 - 43\,Z_1 - 100\,X_2' - 100\,Y_2' - 57\,Z_2'.$$

Behufs Berechnung von D_2' sind ξ, η, ζ so zu wählen, daſs

$$24\,\xi + 29\,\eta - 93\,\zeta = -10000$$
$$50\,\xi + 87\,\zeta = 0$$
$$-71\,\xi + 71\,\eta = 0$$

wird, u. s. w. Wir überlassen es dem Leser, das Beispiel zu Ende zu rechnen.

2a) Es möge dasselbe Zahlenbeispiel noch nach einem dritten Verfahren behandelt werden. Setzt man für den Knotenpunkt 2 die Summen der nach den Richtungen X, Y, Z gebildeten Seitenkräfte einzeln gleich Null, so erhält man mit Hilfe des Kosinusverzeichnisses die Gleichungen

$$\text{(a)}\quad 100\,X_2 + 50\,(T_1 + T_2) + 3\,D_2 - 89\,S_2 = 0$$
$$\text{(b)}\quad 100\,Y_2 + 27\,D_2 + 45\,S_2 = 0$$
$$\text{(c)}\quad 100\,Z_2 + 87\,(T_1 - T_2) - 96\,D_2 = 0.$$

Da nun D_2, S_2, T_2 in ein und derselben Ebene liegen, so darf man bei der Berechnung von T_1 einer dieser drei Spannkräfte einen beliebigen Wert beilegen. Wir setzen $D_2 = 0$, führen in Gleichung (a) den aus (b) folgenden Ausdruck $S_2 = -\frac{100}{45}\,Y_2$ ein, und finden dann aus den Gleichungen:

$$\text{(d)}\quad \begin{cases} \frac{100}{50}\,X_2 + T_1 + T_2 + \frac{89}{50}\cdot\frac{100}{45}\,Y_2 = 0 \\ \frac{100}{87}\,Z_2 + T_1 - T_2 = 0 \end{cases}$$

den Wert

$$100\,T_1 = -100\,X_2 - 198\,Y_2 - 57\,Z_2.$$

Hieraus folgt auch

$$100\,T_2 = -100\,X_3 - 198\,Y_3 - 57\,Z_3.$$

Nun ergibt sich aus Gleichung (c) die nur noch die Unbekannte D_2 enthäl

$$100\,D_2 = +90\,(X_3 - X_2) + 179\,(Y_3 - Y_2) + 52\,(Z_3 + Z_2)^{*)}$$

und aus Gleichung (b):

$$100\,S_2 = 54\,(X_2 - X_3) - 114\,Y_2 - 108\,Y_3 - 31\,(Z_2 + Z_3).$$

Ganz ebenso verfährt man am Knotenpunkte 2'.

3) Die in Fig. 244 im Grundriſs dargestellte, oben durch acht zu einer Spitze zusammenlaufende Rippen geschlossene Kuppel läſst sich aus der offenen Kuppel wie folgt herleiten. Man schlieſst die Spitze durch drei Stäbe an den obersten Ring an, fügt die fünf Stäbe Z_1, Z_2, Z_3, Z_4, Z_5 hinzu und beseitigt dafür fünf andere Stäbe. In Fig. 243 sind wir von einer Kuppel ausgegangen, deren Fuſsring in sämtlichen acht Knotenpunkten in geraden Linien geführt wird. Wir haben drei Führungen und zwei Diagonalen beseitigt. Die weggenommenen Auflagerstäbe und Diagonalen führen wir als Ersatzstäbe wieder ein

---

*) Infolge der Abrundungen der Werte ξ, η, ζ weichen die unter 2) gefundenen Ziffern von den jetzt erhaltenen etwas ab. Die jetzt auf kürzerem Wege gewonnenen Werte sind die genaueren.

und berechnen die Unbekannten Z_1 bis Z_5 aus den Bedingungen $R_3' - L_4' = 0$, $R_7' - R_8' = 0$, $F_1 = 0$, $F_3 = 0$, $F_7 = 0$.

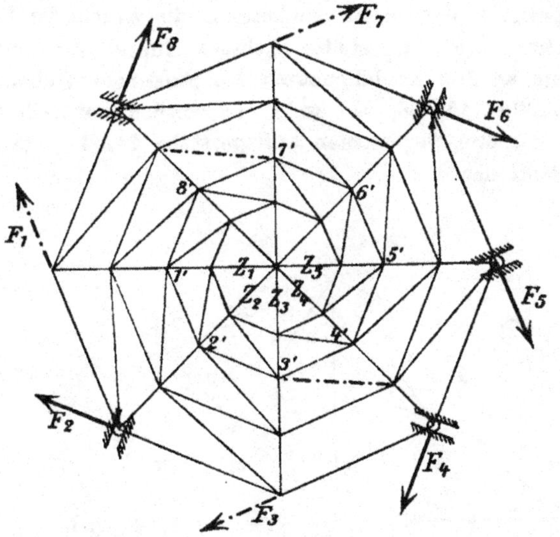

Fig. 244.

Ganz ähnlich wird die in Fig. 245 abgebildete Kuppel mit einem durch vier Querriegel versteiften Schlufsring berechnet. Die Spann-

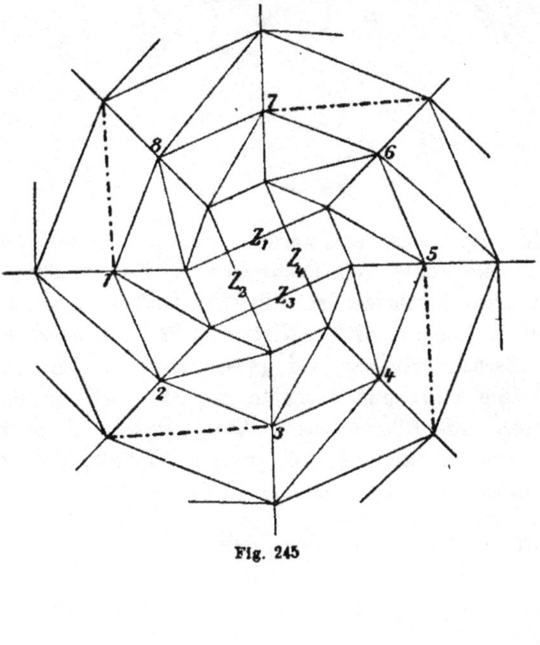

Fig. 245

kräfte Z_1, Z_2, Z_3, Z_4 der Querriegel ergeben sich aus den Gleichungen $R_2' - L_3' = 0$, $R_4' - L_5' = 0$, $R_6' - L_7' = 0$, $R_8' - L_1' = 0$.

In Fig. 246 ist noch gezeigt worden, daſs man bei Kuppeln der hier betrachteten Art in gewissen Sonderfällen die Anzahl der Z-Stäbe erniedrigen kann. Die dargestellte Achteck-Kuppel hat nur zwei Geschosse. Nur an drei Knotenpunkten des Fuſsringes greifen wagerechte Auflagerstäbe (45, 48, 51) an.*) Es wurden drei Z-Stäbe eingeführt, denen die drei wagerechten Auflagerstäbe 44, 47 und 50 als Ersatzstäbe entsprechen.

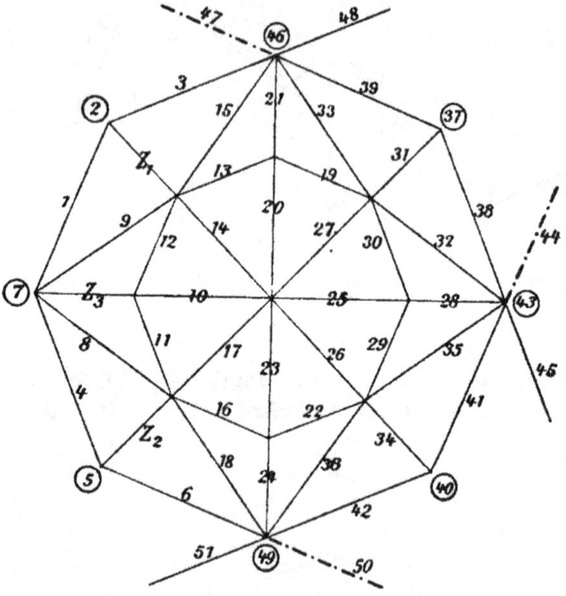

Fig. 246.

4) Es möge daran erinnert werden, daſs die ganze hier vorgetragene Berechnung räumlicher Fachwerke an die Annahme gelenkartiger Knotenpunkte gebunden ist. In Wirklichkeit aber haben wir es stets mit steifen Knotenpunkten (Niet- oder Schraubenverbindungen) zu tun, deren Berücksichtigung auf ganz erhebliche Schwierigkeiten stöſst und praktisch nicht gut durchführbar ist. Bei den bekannten **Schwedlerkuppeln** mit Ringen von gröſserer Seitenzahl ist nun die Steifigkeit der Knotenpunkte von so groſsem Einfluſs, daſs die Annahme von Gelenken unzulässig ist; sie liefert viel zu groſse Spann-

*) Wir haben hier dieselbe Darstellungsweise gewählt wie im § 26.

kräfte. Flache Kuppeln mit niedriger Laterne werden meistens nach den durch die Erfahrung als genügend sicher bestätigten einfachen Schwedlerschen Formeln die man u. a. in dem bekannten Taschenbuche der Hütte findet, berechnet. Für eine gröfsere Kuppel mit hoher Laterne ist aber die Schwedlersche Berechnungsweise schon deshalb unbrauchbar, weil sie gar keinen Aufschlufs über die sehr ins Gewicht fallende Wirkung des Winddrucks gibt. Soll hier die Berechnung ohne zu grofse Schwierigkeiten durchführbar sein, so vermeide man Ringe mit gröfserer Seitenzahl.*)

§ 30.

Die elastischen Verschiebungen der Knotenpunkte.

1) Die allgemeine Untersuchung der Formänderung eines statisch bestimmten, räumlichen Fachwerks führen wir nach einem Verfahren aus, welches sich eng an die im § 25 gezeigte Ermittlung der Spannkräfte anschliefst. Wie dort, fassen wir auch hier zunächst ein Fachwerk einfachster Art ins Auge, d. h. ein Fachwerk, dessen Knoten sich an eine Gruppe ruhender Stützpunkte in der Weise anschliefsen lassen, dafs jeder neu hinzutretende Knotenpunkt durch drei Stäbe, deren Achsen nicht in dieselbe Ebene fallen, festgelegt wird. Die Bestimmung der Spannkräfte eines solchen Fachwerks geschah durch Lösung der einfachen Aufgabe:

> Drei in einem Punkte angreifende Kräfte S_1, S_2, S_3, deren Richtungen bekannt sind, so zu bestimmen, dafs sie einer ebenfalls in jenem Punkte angreifenden gegebenen Kraft das Gleichgewicht halten,

und die Darstellung der Formänderungen läfst sich auf die ebenso einfache Grundaufgabe zurückführen:

> Ein Punkt d ist mit drei Punkten a, b, c durch elastische, nicht in derselben Ebene liegende Stäbe verbunden. Die Verschiebungen der Punkte a, b, c und die Änderungen Δs_1, Δs_2, Δs_3 der Stablängen s_1, s_2, s_3 sind bekannt; gesucht wird die Verschiebung des Punktes d.

Ein Stabgebilde von anderer als der oben angegebenen Erzeugungsweise verwandelten wir behufs Berechnung der Stabkräfte durch Wegnahme von Stäben und Hinzufügung einer gleichen Anzahl neuer Stäbe in ein Fachwerk einfachster Art, brachten die Spannkräfte Z_a,

---

*) Die Ringe der vom Verfasser konstruierten, 35,65 m weit gespannten Kuppel des Berliner Domes sind regelmäfsige Achtecke. Siehe Zeitschrift des Vereins deutscher Ingenieure 1898, Seite 1205.

Z_b, Z_c .... der beseitigten Stäbe als äufsere Kräfte am Fachwerk an, drückten hierauf die Spannkräfte (Y) der Ersatzstäbe durch die gegebenen Lasten und die Kräfte Z aus und setzten schliefslich die Spannkräfte $Y = 0$. Wir gewannen hierdurch die zur Berechnung der Z-Kräfte erforderlichen Gleichungen.

Im Anschlufs hieran läfst sich auch die Darstellung der Formänderungen für den Fall verschwindend kleiner Δs, auf den wir uns hier beschränken, verallgemeinern.

Die Längen der beseitigten Stäbe seien z_a, z_b, z_c ....., die Längen der Ersatzstäbe y', y'', y''' .... Schreibt man den letzteren zunächst die willkürlichen Änderungen $\Delta y'$, $\Delta y''$, $\Delta y'''$ ... zu, so erhält man für die Verschiebung δ_m, welche irgend ein Knotenpunkt m nach einer bestimmten Richtung erfährt (d. i. die Projektion der Verschiebung des Punktes m auf jene Richtung), einen Ausdruck von der Form:

$$(40) \qquad \delta_m = \delta_{m0} + \delta_m'\Delta y' + \delta_m''\Delta y'' + \delta_m'''\Delta y''' + \ldots\ldots,$$

worin δ_{m0} den Wert von δ_m für den Fall bedeutet, dafs die Längenänderungen Δy sämtlicher Ersatzstäbe gleich Null angenommen werden, während δ_m', δ_m'' .... die den Zuständen $\Delta y' = 1$, $\Delta y'' = 1$, ... entsprechenden Werte von δ_m vorstellen. Und in gleicher Weise ergeben sich für die Änderungen Δz_a, Δz_b, ... der Knotenpunktentfernungen z_a, z_b ..... die Ausdrücke

$$(41) \qquad \begin{cases} \Delta z_a = \Delta_0 z_a + \Delta' z_a \Delta y' + \Delta'' z_a \Delta y'' + \Delta''' z_a \Delta y''' + \ldots \\ \Delta z_b = \Delta_0 z_b + \Delta' z_b \Delta y' + \Delta'' z_b \Delta y'' + \Delta''' z_b \Delta y''' + \ldots \\ \ldots\ldots\ldots\ldots\ldots\ldots\ldots\ldots\ldots\ldots \end{cases}$$

Da nun aber die Längenänderungen Δz_a, Δz_b .... der Stäbe z_a, z_b .... bekannt sind, so lassen sich die Δy mit Hilfe der vorstehenden Gleichungen berechnen, und damit sind dann auch die Verschiebungen δ_m bestimmt.]

Dabei ist zu beachten, dafs die Verschiebungen δ_m', δ_m'', ... $\Delta' z_a$, $\Delta' z_b$, ... von den Lasten und Temperaturänderungen unabhängig sind, und dafs nur die δ_0 und $\Delta_0 z$ für jeden neuen Belastungs- und Temperaturzustand von neuem berechnet werden müssen.

Wir haben in der vorstehenden Darstellung unseres Verfahrens der Kürze wegen nur von Stäben gesprochen. Stützenwiderstände müssen also in der bekannten Weise durch Auflagerstäbe ersetzt werden, deren Längenänderungen gleich den Verschiebungen der Stützpunkte sind. Nach festen Punkten führende Ersatzstäbe spielen die Rolle von Auflagerstäben. Anstatt zu sagen, die Länge y eines Stabes, der einen Fachwerksknoten a mit einem festen Punkt f verbindet, ändere sich um Δy, darf man natürlich auch sagen: die Projektion der Verschiebung des Punktes a auf die feste Richtung fa ist gleich Δy. Die Auffassung unbekannter äufserer Kräfte als Stabkräfte und der Verschiebungen ihrer Angriffspunkte als Längenänderungen von Stäben gestattet aber eine sehr kurze Aussprache der allgemeinen Gesetze, da man es nur mit einer Art von Unbekannten zu tun hat.

2) Die naheliegendste und älteste Lösung der auf Seite 304 angeführten Grundaufgabe ist wohl die folgende.

Sind x_d, y_d, z_d und x_a, y_a, z_a die rechtwinkligen Koordinaten zweier durch einen starren Stab verbundenen Punkte und s_1 die Länge des Stabes da, so erhält man durch Differenzieren der Gleichung

$$(42)\quad (x_a - x_d)^2 + (y_a - y_d)^2 + (z_a - z_d)^2 = s_1^2$$

die Bedingung

$$(43)\quad (x_a - x_d)(\Delta x_a - \Delta x_d) + (y_a - y_d)(\Delta y_a - \Delta y_d) + (z_a - z_d)(\Delta z_a - \Delta z_d) = s_1 \cdot \Delta s_1 .$$

Ist also d durch drei Stäbe an die Punkte a, b, c angeschlossen, deren Verschiebungen Δx, Δy, Δz bekannt sind, so stehen zur Berechnung der Verschiebungen Δx_d, Δy_d, Δz_d drei lineare Gleichungen zur Verfügung.

3) Zweckmäfsiger ist in der Regel die folgende Lösung der Grundaufgabe; sie bestimmt jede Verschiebung nach einer festen Richtung mit Hilfe einer einzigen Gleichung.

Wird die Projektion δ der Verschiebung des Punktes d auf eine feste Richtung $d - r$ gesucht, so belaste man den Punkt d mit einer von d nach r gerichteten Kraft $P = 1$, bringe in den Punkten a, b, c die mit den Achsen der Stäbe s_1, s_2, s_3 zusammenfallenden, der Kraft $P = 1$ das Gleichgewicht haltenden Kräfte $\overline{S_1}$, $\overline{S_2}$, $\overline{S_3}$ (welche nicht mit den wirklichen Spannkräften S_1, S_2, S_3 zu verwechseln sind) an und berechne δ mit Hilfe des Gesetzes der virtuellen Verrückungen. Bedeuten δ_a, δ_b, δ_c die Projektionen der Verschiebungen der Punkte a, b, c auf die Geraden da, db, dc, so ergibt sich die Gleichung

$$(44)\quad 1 \cdot \delta + \overline{S_1}\delta_a + \overline{S_2}\delta_b + \overline{S_3}\delta_c = \overline{S_1}\Delta s_1 + \overline{S_2}\Delta s_2 + \overline{S_3}\Delta s_3 ,$$

welche nur die Unbekannte δ enthält.

Ist der Stabbüschel auf ein rechtwinkliges Koordinatensystem x, y, z bezogen, und sind die Seitenverschiebungen der Punkte a, b, c, d

nach der Richtung der x-Achse: ξ_a, ξ_b, ξ_c, ξ_d,
„ „ „ „ y- „ η_a, η_b, η_c, η_d,
„ „ „ „ z- „ ζ_a, ζ_b, ζ_c, ζ_d,

sind ferner $\overline{S_{1\cdot x}}$, $\overline{S_{1\cdot y}}$, $\overline{S_{1\cdot z}}$ die den Achsen x, y, z parallelen Seitenkräfte von $\overline{S_1}$ u. s. w., so ist

$$(45)\quad \overline{S}\ \delta_a = \overline{S_{1\cdot x}}\,\xi_a + \overline{S_{1\cdot y}}\,\eta_a + \overline{S_{1\cdot z}}\,\zeta_a$$

und in gleicher Weise lassen sich auch die Glieder $\overline{S}_2\,\delta_b$, $\overline{S}_3\,\delta_c$ umformen. Indem man nun Gleichung (14) der Reihe nach für eine nach den Richtungen x, y, z angreifende Kraft $P = 1$ anschreibt, findet man die gesuchten Seitenverschiebungen ξ_d, η_d, ζ_d des Punktes d. Die Einführung rechtwinkliger Koordinaten ist aber nicht erforderlich; sie ist sogar nicht einmal immer zweckmäfsig. Man kann die Verschiebung des Punktes d auch durch drei beliebig gerichtete Projektionen δ bestimmen.

§ 31.

Kinematische Ermittlung der Stabkräfte.

1) Auf ein statisch bestimmtes Fachwerk mögen in den Punkten 1, 2, . . . m . . . gegebene äufsere Kräfte P_1, P_2, . . P_m . . . . von beliebiger Richtung wirken. Es soll die Spannkraft S_{ik} irgend eines Stabes ik, dessen Länge $= s_{ik}$ sei, in der Form

$$S_{ik} = p_1\,P_1 + p_2\,P_2 + \ldots + p_m\,P_m + \ldots\ldots$$

dargestellt werden, wo p_1, p_2, . . p_m . . . . Zahlen bedeuten, welche von den Lasten P unabhängig sind und den Namen Einflufszahlen führen.

Zur Lösung dieser Aufgabe verwandeln wir das steife Fachwerk durch Herausnahme des Stabes ik in eine zwangläufige kinematische Kette, bringen in den Punkten i und k zur Wiederherstellung des gestörten Gleichgewichts die Kräfte S_{ik} als äufsere Kräfte an, schreiben nun dem Punktepaar ik eine verschwindend kleine gegenseitige Verschiebung $\Delta\,s_{ik}$ zu, ermitteln die hierdurch bedingten Verrückungen sämtlicher Knotenpunkte und wenden schliefslich auf diesen Bewegungszustand das Gesetz der virtuellen Verrückungen an. Wir erhalten dann die Gleichung

$$(46)\qquad S_{ik}\,\Delta\,s_{ik} = P_1\,\delta_1 + P_2\,\delta_2 + \ldots + P_m\delta_m + \ldots,$$

in welcher δ_1, δ_2, . . . die Projektionen der Verschiebungen der Punkte 1, 2, ... auf die Richtungen von P_1, P_2, . . . P_m, ... bedeuten und finden die gesuchten Einflufszahlen mittels der Beziehung

$$p_m = \frac{\delta_m}{\Delta\,s_{ik}}.$$

Die Aufgabe der Berechnung der Einflufszahlen ist hiernach nur ein einfacher Sonderfall der im vorigen Abschnitt behandelten Darstellung der elastischen Verschiebungen. Dort handelte es sich um die Ortsveränderung der Knotenpunkte infolge von Längenänderungen sämtlicher Stäbe; hier wird nach dem Einfluß einer einzigen willkürlichen Längenänderung Δs_{ik} gefragt. Setzt man $\Delta s_{ik} = 1$, so erhält man

$$p_m = \delta_m.$$

2) Das kinematische Verfahren ist besonders vorteilhaft für die Berechnung von solchen Fachwerken, die durch Beseitigung von n Stäben, deren Längen z_1, $z_2 \ldots z_n$ seien, und durch Einfügung von n Ersatzstäben in Fachwerke der einfachsten Art verwandelt werden. Man schreibe den Ersatzstäben zunächst willkürliche Längenänderungen Δy zu, und stelle nach § 29 die Verschiebungen sämtlicher Knotenpunkte und die in ihrem Gefolge auftretenden Änderungen Δz_1, Δz_2, . . Δz_n der Knotenpunktentfernungen z_1, z_2, . . . z_n als Funktionen der Werte Δy dar. Zwischen den n willkürlichen Werten Δy und den n Werten Δz bestehen n lineare Gleichungen.

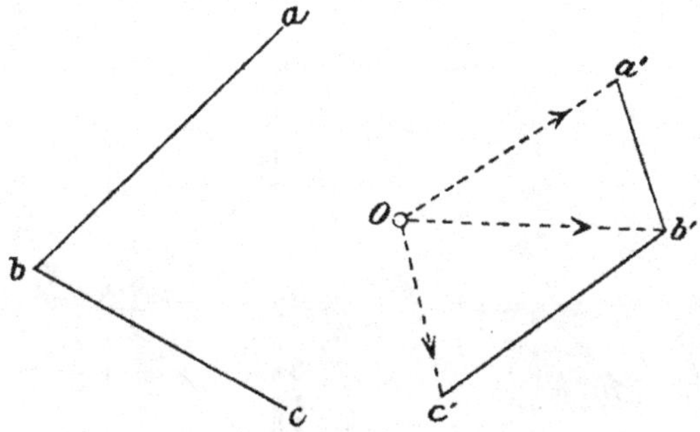

Fig. 247.

Wählt man nun

$$\Delta z_1 = 1,\ \Delta z_2 = \Delta z_3 = \Delta z_4 = \ldots = \Delta z_n = 0,$$

so lassen sich mit Hilfe dieser Bedingungen diejenigen besonderen Werte jener n Verschiebungen Δy berechnen, welche den Bewegungszustand einer kinematischen Kette bestimmen, in die das Fachwerk durch die Beseitigung eines einzigen Stabes, des Stabes z_1 verwandelt wird. Zwischen der Spannkraft Z_1 des Stabes z_1, den gegebenen äußeren Kräften K, P, Q, ... und den Projektionen der Verrückungen k, p, q, ... der Angriffspunkte dieser Kräfte auf die Richtungen dieser Kräfte besteht dann die Gleichung

$$Z_1 = Kk + Pp + Qq + \ldots\ldots$$

Hat man auf diese Weise die Kräfte Z berechnet, so erfolgt die Ermittlung der übrigen Stabkräfte und der Stützenwiderstände in der

Regel am schnellsten mit Hilfe der Gleichgewichtsbedingungen für die einzelnen Knotenpunkte.

In den folgenden Beispielen werden wir die Verschiebungen nach dem im § 29 unter 3) angegebenen Verfahren berechnen. Für die Knotenpunkte der ebenen Fufsringe soll von dem Satze Gebrauch gemacht werden: Stellt man die verschwindend kleinen Verrückungen der Endpunkte a und b eines starren Stabes nach Gröfse und Richtung durch die Strahlen Oa' und Ob' dar, Fig. 247, so mufs $a'b' \perp ab$ sein, weil die Projektionen von Oa' und Ob' auf die Stabachse gleich grofs sein müssen. Sind also die Verschiebungen Oa' und Oc' der Endpunkte zweier im Knoten b zusammenhängenden Stäbe bekannt, so findet man die Verschiebung Ob' des Punktes b mit Hilfe von $a'b' \perp ab$ und $c'b' \perp cb$.

3) **Erstes Beispiel.** Es liege das in Fig. 248 im Grundrifs dargestellte Fachwerk (System der von Zimmermann konstruierten

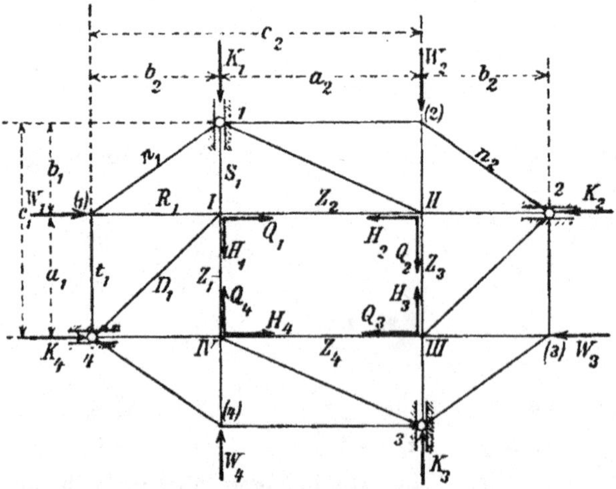

Fig. 248.

Reichstagskuppel) vor. In den Knotenpunkten I, II, III, IV greifen lotrechte Lasten P_1, P_2, ... und wagerechte Lasten H_1, Q_1, H_2, Q_2, ... an, in den Knotenpunkten des Fufsringes wagerechte Lasten W_1, K_1, W_2, K_2, ... Die Höhe des Fachwerks sei h.

Es werden die vier Stäbe des oberen Ringes beseitigt und dafür vier Bewegungsfreiheiten eingetauscht. Als vorläufig willkürliche Verschiebungen sollen die Verrückungen k_1, k_2, k_3, k_4 der in Graden geführten Fufspunkte 1, 2, 3, 4 im Sinne der daselbst angreifenden gegebenen Lasten K_1, K_2, K_3, K_4 eingeführt werden.

Durch k_1 und k_4 ist die Verschiebung des Stützpunktes (1) bestimmt. Stellt man k_1 und k_4 durch die Strecken $O1'$ und $O4'$ dar (Fig. 249), so ist die Verschiebung $w_1 = O(1)'$ von (1) durch die Bedingung $\overline{1'(1)'} \perp \overline{1(1)}$ gegeben.

Man findet

$$[1] \quad w_1 = -k_1 \frac{b_1}{b_2}, \; w_2 = -k_2 \frac{b_2}{b_1}, \; w_3 = -k_3 \frac{b_1}{b_2}, \; w_4 = -k_4 \frac{b_2}{b_1}$$

und ist nun im stande, die Verschiebungen der dreistäbig an den Fufsring angeschlossenen Knotenpunkte I, II, III, IV im Sinne der in diesen Punkten angreifenden senkrechten Lasten P und wagerechten Lasten Q und H anzugeben. Es möge dies hier mit Hilfe der bereits auf Seite 271 benutzten Gleichgewichtsbedingungen geschehen; sie lauten für den Knotenpunkt I (mit den Bezeichnungen $A_1 = H_1 + Z_1$ und $B_1 = Q_1 + Z_2$)

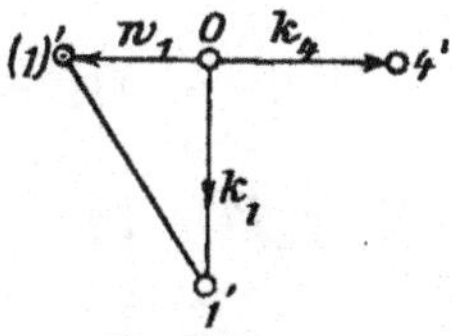

Fig. 249.

$$[2] \quad \begin{cases} \dfrac{S_1}{s_1} = -\dfrac{P_1}{h} - \dfrac{B_1}{b_2} \\[2ex] \dfrac{D_1}{d_1} = -\dfrac{P_1}{h}\dfrac{b_1}{a_1} - \dfrac{B_1}{b_2}\dfrac{b_1}{a_1} - \dfrac{A_1}{a_1} \\[2ex] \dfrac{R_1}{r_1} = +\dfrac{P_1}{h}\dfrac{b_1}{a_1} + \dfrac{B_1}{b_2}\left(1 + \dfrac{b_1}{a_1}\right) + \dfrac{A_1}{a_1}. \end{cases}$$

Da nun die Projektionen der Stablängen s_1, d_1, r_1 auf die Verschiebungen k_1, k_4, w_1 ihrer Fufspunkte der Reihe nach gleich b_1, b_2, b_2 sind, so sind die Projektionen der durch $P_1 = 1$ erzeugten Kräfte S_1, D_1 und R_1 auf jene Verschiebungen gleich

$$-\frac{b_1}{h}, \quad -\frac{b_2}{h}\frac{b_1}{a_1}, \quad +\frac{b_2}{h}\frac{b_1}{a_1},$$

und man erhält daher für die der Kraft P_1 zugeordnete Verschiebung p_1 des Knotenpunktes I den Ausdruck

$$[3] \quad p_1 = -\frac{b_1}{h} k_1 - \frac{b_2}{h}\frac{b_1}{a_1} k_4 + \frac{b_2}{h}\frac{b_1}{a_1} w_1,$$

und ebenso findet man für die Verschiebungen im Sinne der Kräfte Q_1 und H_1 die Werte

$$[4] \quad q_1 = -\frac{b_1}{b_2} k_1 - \frac{b_1}{a_1} k_4 + \left(1 + \frac{b_1}{a_1}\right) w_1$$

$$[5] \quad h_1 = -\frac{b_2}{a_1} k_4 + \frac{b_2}{a_1} w_1.$$

Werden die w durch die k ausgedrückt, so ergeben sich die folgenden Formeln [6], aus denen die Formeln [7] bis [9] durch Vertauschung der Zeiger entstehen.

$$[6]\quad \begin{cases} p_1 = -\dfrac{b_2}{h}\dfrac{b_1}{a_1}k_4 - \dfrac{b_1}{h}\left(1+\dfrac{b_1}{a_1}\right)k_1 \\ q_1 = -\dfrac{b_1}{a_1}k_4 - \dfrac{b_1}{b_2}\left(2+\dfrac{b_1}{a_1}\right)k_1 \\ h_1 = -\dfrac{b_2}{a_1}k_4 - \dfrac{b_1}{a_1}k_1 \end{cases}$$

$$[7]\quad \begin{cases} p_2 = -\dfrac{b_1}{h}\dfrac{b_2}{a_2}k_1 - \dfrac{b_2}{h}\left(1+\dfrac{b_2}{a_2}\right)k_2 \\ q_2 = -\dfrac{b_2}{a_2}k_1 - \dfrac{b_2}{b_1}\left(2+\dfrac{b_2}{a_2}\right)k_2 \\ h_2 = -\dfrac{b_1}{a_2}k_1 - \dfrac{b_2}{a_2}k_2. \end{cases}$$

$$[8]\quad \begin{cases} p_3 = -\dfrac{b_2}{h}\dfrac{b_1}{a_1}k_2 - \dfrac{b_1}{h}\left(1+\dfrac{b_1}{a_1}\right)k_3 \\ q_3 = -\dfrac{b_1}{a_1}k_2 - \dfrac{b_1}{b_2}\left(2+\dfrac{b_1}{a_1}\right)k_3 \\ h_3 = -\dfrac{b_2}{a_1}k_2 - \dfrac{b_1}{a_1}k_3. \end{cases}$$

$$[9]\quad \begin{cases} p_4 = -\dfrac{b_1}{h}\dfrac{b_2}{a_2}k_3 - \dfrac{b_2}{h}\left(1+\dfrac{b_2}{a_2}\right)k_4 \\ q_4 = -\dfrac{b_2}{a_2}k_3 - \dfrac{b_2}{b_1}\left(2+\dfrac{b_2}{a_2}\right)k_4 \\ h_4 = -\dfrac{b_1}{a_2}k_3 - \dfrac{b_2}{a_2}k_4. \end{cases}$$

Die Knotenpunktentfernungen $\overline{I\ II}$, $\overline{II\ III}$, $\overline{III\ IV}$ und $\overline{IV\ I}$ ändern sich infolge dieser Verschiebungen um

$$[10]\quad \Delta z_2 = -q_1 - h_2,\ \Delta z_3 = -q_2 - h_3,\ \Delta z_4 = -q_3 - h_4,\ \Delta z_1 = -q_4 - h_1,$$

und es ergeben sich daher die folgenden Beziehungen zwischen den Gröfsen Δz und k:

$$[11]\quad \begin{cases} k_4 \dfrac{b_1}{a_1} + k_1 \dfrac{b_1}{b_2}(2+\varepsilon) + k_2 \dfrac{b_2}{a_2} = \Delta z_2 \\ k_1 \dfrac{b_2}{a_2} + k_2 \dfrac{b_2}{b_1}(2+\varepsilon) + k_3 \dfrac{b_1}{a_1} = \Delta z_3 \\ k_2 \dfrac{b_1}{a_1} + k_3 \dfrac{b_1}{b_2}(2+\varepsilon) + k_4 \dfrac{b_2}{a_2} = \Delta z_4 \\ k_3 \dfrac{b_2}{a_2} + k_4 \dfrac{b_2}{b_1}(2+\varepsilon) + k_1 \dfrac{b_1}{a_1} = \Delta z_1, \end{cases}$$

wo

$$\varepsilon = \frac{b_1}{a_1} + \frac{b_2}{a_2}.$$

Addiert man die dritte Gleichung zur ersten, die vierte zur zweiten, und subtrahiert man die dritte von der ersten, die vierte von der zweiten, so entstehen die folgenden beiden Gruppen von Gleichungen

$$[12]\quad \begin{cases} (k_1 + k_3)\dfrac{b_1}{b_2}(2+\varepsilon) + (k_2 + k_4)\,\varepsilon = \Delta z_2 + \Delta z_4 \\ (k_1 + k_3)\,\varepsilon + (k_2 + k_4)\dfrac{b_2}{b_1}(2+\varepsilon) = \Delta z_3 + \Delta z_1 \end{cases}$$

$$[13]\quad \begin{cases} (k_1 - k_3)\dfrac{b_1}{b_2}(2+\varepsilon) + (k_2 - k_4)\,\acute{\varepsilon} = \Delta z_2 - \Delta z_4 \\ (k_1 - k_3)\,\acute{\varepsilon} + (k_2 - k_4)\dfrac{b_2}{b_1}(2+\varepsilon) = \Delta z_3 - \Delta z_1 \end{cases}$$

wo

$$\acute{\varepsilon} = \frac{b_2}{a_2} - \frac{b_1}{a_1}.$$

Für die Nennerdeterminanten der Gleichungen [12] und [13] ergeben sich mit den Bezeichnungen $c_1 = a_1 + b_1$ und $c_2 = a_2 + b_2$ die einfachen Ausdrücke

$$(2+\varepsilon)^2 - \varepsilon^2 = 4\,(1+\varepsilon) = \frac{4\,(c_1 c_2 - b_1 b_2)}{a_1 a_2}$$

$$(2+\varepsilon)^2 - \acute{\varepsilon}^2 = (2+\varepsilon+\acute{\varepsilon})\,(2+\varepsilon-\acute{\varepsilon}) = \frac{4\,c_1 c_2}{a_1 a_2},$$

und man gelangt nach einer kurzen Zwischenrechnung zu dem folgenden Ergebnis.

Man berechne die drei Zahlen

$$[14]\quad \alpha = \frac{c_1 b_2 - c_2 b_1}{8\,c_1 c_2},\ \beta = \frac{c_1 b_2 + c_2 b_1}{8\,c_1 c_2};\ \gamma = \frac{a_1 b_2 + a_2 b_1}{8\,(c_1 c_2 - b_1 b_2)}$$

und aus diesen die vier Zahlen

$$[15]\quad \begin{cases} \lambda = \gamma - \alpha, & \nu = -\beta - \gamma + 0{,}5 \\ \mu = \gamma + \alpha, & \xi = +\beta - \gamma \end{cases}$$

um dann zu erhalten

$$[16]\quad \begin{cases} k_4 = -\mu\,\Delta z_4 - \lambda\,\Delta z_2 + \frac{b_1}{b_2}(\nu\,\Delta z_1 + \xi\,\Delta z_3) \\ k_1 = -\lambda\,\Delta z_1 - \mu\,\Delta z_3 + \frac{b_2}{b_1}(\nu\,\Delta z_2 + \xi\,\Delta z_4) \\ k_2 = -\mu\,\Delta z_2 - \lambda\,\Delta z_4 + \frac{b_1}{b_2}(\nu\,\Delta z_3 + \xi\,\Delta z_1) \\ k_3 = -\lambda\,\Delta z_3 - \mu\,\Delta z_1 + \frac{b_2}{b_1}(\nu\,\Delta z_4 + \xi\,\Delta z_2). \end{cases}$$

Nach dieser einfachen Untersuchung kann man den Einfluſs der einzelnen Lasten P, Q, H, K, W auf die einzelnen Stabkräfte schnell angeben.

Wird z. B. die Spannkraft Z_1 des Stabes $IV\,I$ gesucht, so handelt es sich um die Verschiebungen der Knotenpunkte einer durch Beseitigung des Stabes z_1 aus dem Fachwerk abgeleiteten zwangläufigen kinematischen Kette. Alle Stäbe dieser Kette sind starr anzunehmen, es ist also $\Delta z_2 = \Delta z_3 = \Delta z_4 = 0$ zu setzen. Über die eine Bewegungsfreiheit der Kette wird durch die Festsetzung $\Delta z_1 = 1$ verfügt, um Z_1 in der Form

$$Z_1 = \Sigma\,Pp + \Sigma\,Qq + \Sigma\,Hh + \Sigma\,Ww + \Sigma\,Kk$$

darzustellen. Man findet aus [16]

$$k_4 = \frac{b_1}{b_2}\,\nu,\quad k_1 = -\lambda,\quad k_2 = \frac{b_1}{b_2}\,\xi,\quad k_3 = -\mu$$

und kann nun mit Hilfe von [1] und [6] bis [9] alle übrigen Verschiebungen w_1, p_1, q_1 .... berechnen.

Ist z. B. $b_1 = 3{,}0^m$, $b_2 = 5{,}0^m$, $a_1 = 4{,}0^m$, $a_2 = 6{,}0^m$, $h = 4{,}0^m$, so ergibt sich

$$\alpha = \frac{1}{308},\quad \beta = \frac{17}{154},\quad \gamma = \frac{19}{248}$$

$\lambda = 0{,}0734$, $\mu = 0{,}0799$, $\nu = 0{,}3130$, $\xi = 0{,}0338$,
$k_4 = +0{,}1878$, $k_1 = -0{,}0734$, $k_2 = +0{,}0208$, $k_3 = -0{,}0759$,

und man erhält die in dem folgenden Verzeichnis angegebenen, auf 2 Stellen abgerundeten Verschiebungen k, w, p ....:

	k_m	w_m	p_m	q_m	h_m
$m=1$	$-0{,}07$	$+0{,}04$	$-0{,}08$	$-0{,}02$	$-0{,}18$
$m=2$	$+0{,}02$	$-0{,}03$	$-0{,}00$	$-0{,}03$	$+0{.}02$
$m=3$	$-0{,}08$	$+0{,}05$	$+0{,}09$	$+0{,}12$	$+0{.}03$
$m=4$	$+0{,}19$	$-0{,}31$	$-0{,}38$	$-0{,}82$	$-0{,}12$

Danach ergibt sich

$$\begin{aligned} Z_1 = & -0{,}07\,K_1 + 0{,}02\,K_2 - 0{,}08\,K_3 + 0{,}19\,K_4 \\ & + 0{,}04\,W_1 - 0{,}03\,W_2 + 0{,}05\,W_3 - 0{,}31\,W_4 \\ & - 0{,}08\,P_1 - 0{,}00\,P_2 + 0{,}09\,P_3 - 0{,}38\,P_4 \\ & - 0{,}02\,Q_1 - 0{,}03\,Q_2 + 0{,}12\,Q_3 - 0{,}82\,Q_4 \\ & - 0{,}18\,H_1 + 0{,}02\,H_2 + 0{,}03\,H_3 - 0{,}12\,H_4 . \end{aligned}$$

Damit sind auch die Bildungsgesetze für Z_2, Z_3 und Z_4 gegeben.

Nach Berechnung der Spannkräfte Z in den vier Stäben des oberen Ringes lassen sich die übrigen Spannkräfte und die Stützenwiderstände ohne weiteres mit Hilfe der Gleichungen [2] und der einfachen Gleichgewichtsbedingungen für die Knotenpunkte des Fufsringes angeben. Es bietet aber auch keine Schwierigkeit, alle diese Unbekannten kinematisch zu ermitteln.

Handelt es sich z. B. um die Spannkraft D_1, so müssen die Knotenpunktverschiebungen für den Bewegungszustand $\Delta d_1 = 1$ berechnet werden. Da nun die Kräfte $P_1 = 1$, $A_1 = 1$, $B_1 = 1$, jede für sich allein, im Stabe d_1 die Spannkräfte

$$-\frac{b_1}{h}\frac{d_1}{a_1}, \quad -\frac{b_1}{b_2}\frac{d_1}{a_1}, \quad -\frac{d_1}{a_1}$$

hervorrufen, so erzeugt $\Delta d_1 = 1$ die Verschiebungen

$$p_1 = -\frac{b_1}{h}\frac{d_1}{a_1}\,1, \qquad q_1 = -\frac{b_1}{b_2}\frac{d_1}{a_1}\,1, \qquad h_1 = -\frac{d_1}{a_1}\,1$$

und die Formeln [6] gehen über in

$$[6a] \quad \begin{cases} p_1 = -\dfrac{b_2}{h}\dfrac{b_1}{a_1}k_4 - \dfrac{b_1}{h}\left(1 + \dfrac{b_1}{a_1}\right)k_1 - \dfrac{b_1}{h}\dfrac{d_1}{a_1} \\ q_1 = -\dfrac{b_1}{a_1}k_4 - \dfrac{b_1}{b_2}\left(2 + \dfrac{b_1}{a_1}\right)k_1 - \dfrac{b_1}{b_2}\dfrac{d_1}{a_1} \\ h_1 = -\dfrac{b_2}{a_1}k_4 - \dfrac{b_1}{a_1}k_1 - \dfrac{d_1}{a_1}. \end{cases}$$

Die Gleichungen [7], [8], [9] und die Gleichungen [1] bleiben ungeändert, und die Bedingungen [10] liefern, da alle Δz gleich Null gesetzt werden, vier Gleichungen, die sich von den Gleichungen [11] nur dadurch unterscheiden, dafs an die Stelle von

$$\Delta z_2,\ \Delta z_3,\ \Delta z_4,\ \Delta z_1$$

der Reihe nach die Werte treten

$$-\frac{b_1}{b_2}\frac{d_1}{a_1},\ 0,\ 0,\ -\frac{d_1}{a_1}.$$

Daraus folgt aber, dafs $\Delta d_1 = 1$ die Verschiebungen erzeugt:

$$k_1 = (\lambda - \nu)\frac{d_1}{a_1},\quad k_4 = \frac{b_1}{b_2}k_1$$

$$k_3 = (\mu - \xi)\frac{d_1}{a_1},\quad k_2 = \frac{b_1}{b_2}k_3.$$

Es sei noch darauf hingewiesen, dafs sich auch der Einflufs der elastischen Längenänderungen der Stäbe auf die elastischen Verschiebungen der Knotenpunkte mit Hilfe der bei der Berechnung der Spannkräfte gewonnenen Zahlenwerte schnell verfolgen läfst.

Zweites Beispiel. Der obere Ring des in Fig. 250 dargestellten Fachwerks sei ein regelmäfsiges n-Eck, die Seitenfache bestehen aus Rechtecken und gleichschenkligen Dreiecken. Es genügt, das Bildungsgesetz für Z_1 durch Untersuchung des Bewegungszustandes $\Delta z_1 = 1$ zu ermitteln.

Die Beziehungen zwischen den Spannkräften S_1, D_1, R_1 und den in 1 angreifenden Kräften P_1, $B_1 = Q_1 + Z_2$, $A_1 = H_1 + Z_1$ lassen sich wieder mit Hilfe der Momentengleichungen ohne weiteres hinschreiben (siehe Seite 268). Die Längen der drei Stäbe seien s, s, d, die Höhe des Fachwerks sei h; die übrigen Bezeichnungen sind aus der Fig. 251 zu ersehen. Man findet

$$\text{(a)}\quad \begin{cases} \dfrac{S_1}{s} = -\dfrac{P_1}{h}\dfrac{b}{l} - \dfrac{B_1}{c} \\[2ex] \dfrac{R_1}{s} = +\dfrac{P_1}{h}\dfrac{b}{f} + \dfrac{B_1}{e} + \dfrac{A_1}{a} \\[2ex] \dfrac{D_1}{d} = -\dfrac{P_1}{h}\dfrac{b}{m} - \dfrac{B_1}{a} - \dfrac{A_1}{a}. \end{cases}$$

Da nun die Projektionen der Stablängen s, s, d auf die Richtungen der Verschiebungen k_1, w_1, k_n ihrer Fufspunkte gleich b sind, und da sich $w_1 = -k_1$ ergibt, vergl. Formel [1] auf Seite 310, so erhält man für die Verschiebungen p_1, q_1, h_1 des Punktes 1 die Werte

$$\text{(b)}\quad \begin{cases} p_1 = \dfrac{b^2}{h}\left(-\dfrac{k_1}{l} - \dfrac{k_1}{f} - \dfrac{k_n}{m}\right) \\[2ex] q_1 = b\left(-\dfrac{k_1}{c} - \dfrac{k_1}{e} - \dfrac{k_n}{a}\right) \\[2ex] h_1 = b\left(\ 0 - \dfrac{k_1}{a} - \dfrac{k_n}{a}\right) \end{cases}$$

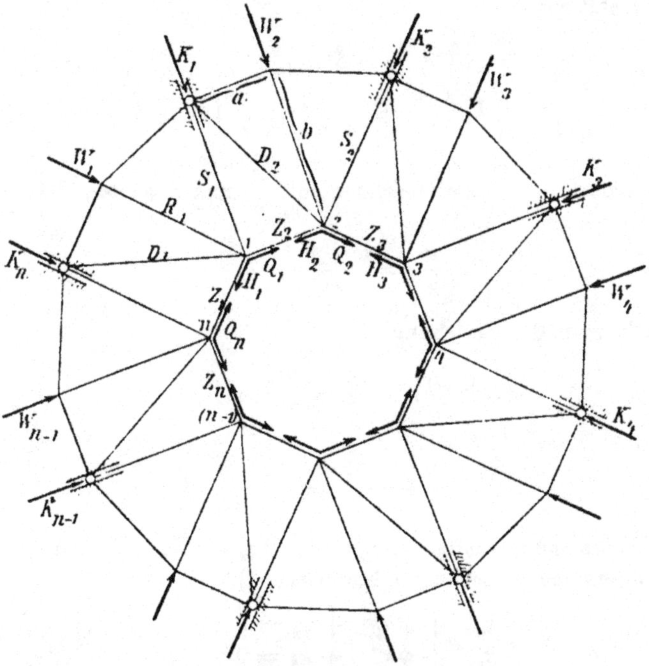

Fig. 250.

und damit sind auch die Verschiebungen der übrigen Knotenpunkte des oberen Ringes bestimmt. Beispielsweise wird

$$h_2 = b\left(-\frac{k_2}{a} - \frac{k_1}{a}\right).$$

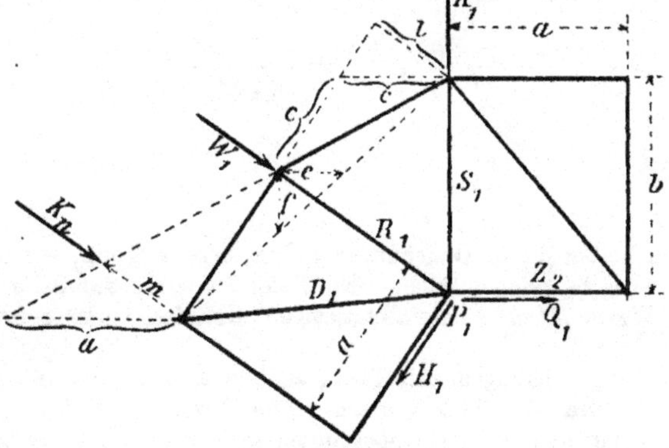

Fig. 251.

Nun erhält man

$$\Delta z_2 = - q_1 - h_2$$
$$= \frac{b}{a}\left[k_n + k_1\left(\frac{a}{c} + \frac{a}{e}\right)\right] + \frac{b}{a}\left(k_1 + k_2\right).$$

Multipliziert man diese Gleichung mit $\frac{a}{b}$ und beachtet, daſs

$$\frac{a}{e} = \frac{a+c}{c}$$

ist, so erhält man die Beziehung

$$k_n + \varphi k_1 + k_2 = \frac{a}{b} \Delta z_2,$$

wo

$$\varphi = \frac{2a}{e}.$$

Der Verschiebungszustand $\Delta z_1 = 1$, $\Delta z_2 = \Delta z_3 \ldots . \Delta z_n = 0$ wird also durch die Gleichungen beschrieben*)

$$\begin{aligned} k_n &+ \varphi k_1 &+ k_2 &= 0 \\ k_1 &+ \varphi k_2 &+ k_3 &= 0 \\ &\ldots\ldots\ldots \\ &\ldots\ldots\ldots \\ k_{n-2} &+ \varphi k_{n-1} &+ k_n &= 0 \\ k_{n-1} &+ \varphi k_n &+ k_1 &= \frac{a}{b}. \end{aligned}$$

Die Auflösung geht stets schnell von statten. Für $n = 8$ erhält man mit den Bezeichnungen

$$\alpha = \frac{1}{2(\varphi^2 - 4)} \frac{a}{b}, \quad \beta = \frac{1}{2(\varphi^2 - 2)} \frac{a}{b}$$

die Werte**)

---

*) Die linken Seiten dieser Gleichungen haben dieselbe Form, wie die von Herrn Zimmermann in seinem Buche über Raumfachwerke auf Seite 61 zur Berechnung der Werte $D:d$ eines sechseckigen Kreisfachwerks gefundenen Gleichungen 109.

**) Um die acht Gleichungen aufzulösen, addiere man die 5. zur 1., die 6. zur 2. u. s. w. und subtrahiere die 5. von der 1., die 6. von der 2. u. s. w. Man erhält dann vier Gleichungen mit den Unbekannten $x_1 = k_1 + k_5$, $x_2 = k_2 + k_6$,

$$k_1 = k_7 = -\alpha - \beta$$
$$k_3 = k_5 = -\alpha + \beta$$
$$k_2 = k_6 = \frac{2\alpha}{\varphi}$$
$$k_4 = - \quad \frac{2k_3}{\varphi}$$
$$k_8 = -k_2 - \varphi k_1 .$$

Nach Berechnung der Spannkräfte Z findet man die übrigen Spannkräfte und die Auflagerwiderstände mit Hilfe der Gleichungen (a) und der leicht zu findenden Gleichgewichtsbedingungen für die Knotenpunkte des Fufsringes.

4) Als lehrreiches **Übungsbeispiel** empfehle ich dem Leser auch die Untersuchung des in Fig. 252 angegebenen unregelmäfsigen Fachwerks mit wagerechten Ringen und rate, die Verschiebungen p_1, q_1, h_1, p_2, q_2, h_2 . . . sowohl auf dem in den vorstehenden Beispielen eingeschlagenen Wege, als auch nach einem geometrischen Verfahren zu bestimmen, das auf der Lösung der folgenden Aufgabe beruht.

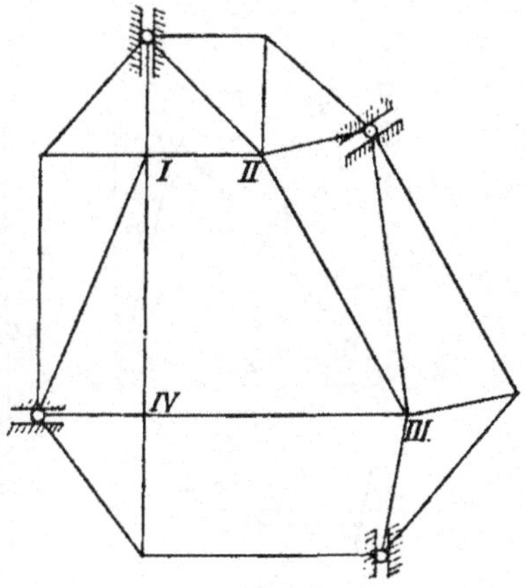

Fig. 252.

Ein Knotenpunkt 4 sei mit drei in einer Ebene liegenden Knotenpunkten 1, 2, 3 durch starre Stäbe verbunden, deren Längen s_1, s_2, s_3 seien (Fig. 253). Die Punkte 1, 2, 3 bewegen sich in der Grundrifsebene und erfahren gegebene, durch die Strecken $O'1'$, $O'2'$, $O'3'$ dargestellte verschwindend kleine Verschiebungen; gesucht ist der Grundrifs $O'4'$ der Verschiebung des Punktes 4. Man lege durch die Punkte 1′, 2′, 3′ des Verschiebungsplans die Geraden (s_1'), (s_2'), (s_3'), welche senkrecht auf den ihnen entsprechenden Richtungen s_1', s_2', s_3' der Stabgrundrisse stehen, und bestimme den Schnittpunkt $1 \cdot 2$ von (s_1') und (s_2') und den Schnittpunkt $2 \cdot 3$ von (s_2') und (s_3'). Zieht man dann durch $1 \cdot 2$ und $2 \cdot 3$ die Geraden $(n_{1 \cdot 2})$ und $(n_{2 \cdot 3})$

$x_3 = k_3 + k_7$, $x_4 = k_4 + k_8$ und vier Gleichungen mit den Unbekannten $y_1 = k_1 - k_5$, $y_2 = k_2 - k_6$, $y_3 = k_3 - k_7$, $y_4 = k_4 - k_8$. Aus der ersten Gruppe von Gleichungen lassen sich nun in derselben Weise zwei neue Gruppen von Gleichungen mit den Unbekannten $x_1 + x_3$, $x_2 + x_4$, und $x_1 - x_3$, $x_2 - x_4$ bilden und in derselben Weise wird auch mit den y verfahren.

senkrecht zu den Verbindungslinien $n_{1.2}$ und $n_{2.3}$ der Knotenpunkte 1, 2, 3, so schneiden sich diese beiden Geraden in dem gesuchten Punkte 4'. Um dies zu beweisen, nehmen wir zunächst an, 4 liege in der Grundrißebene und sei nur an 1 und 2 angeschlossen. Seine Geschwindigkeit ist dann durch die in 1' und 2' auf s_1' und s_2' errichteten Lote bestimmt, und es fällt 4' mit dem Punkte $1 \cdot 2$ zusammen. Lassen wir nun 4 aus der Grundrißebene heraustreten, so bleibt die Projektion der Geschwindigkeit $O'4'$ auf die Richtung der Geraden $n_{1.2}$ ungeändert, weil eine in 4 parallel zu $n_{1.2}$ angreifende äußere Kraft Q nur in den beiden Stäben s_1 und s_2 Spannkräfte er-

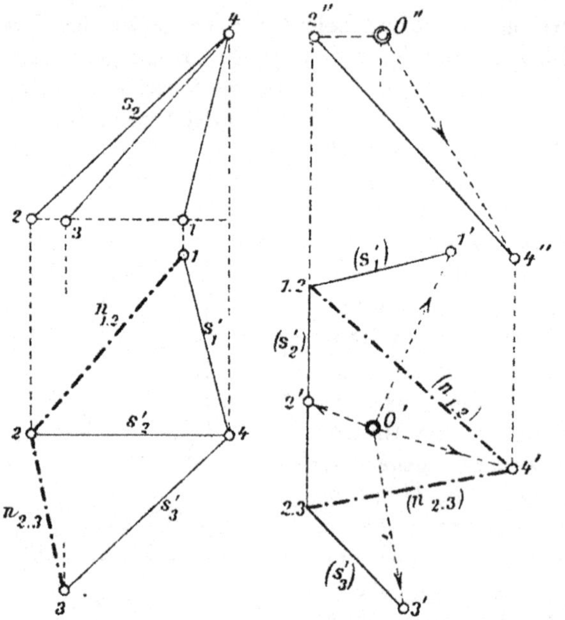

Fig. 253.

zeugt und zwischen diesen Spannkräften und ihren Projektionen auf die Grundrißebene die Beziehung besteht

$$\frac{S_1}{s_1} = \frac{S_1'}{s_1'} = \frac{Q}{n_{1 \cdot 2}} = -\frac{S_2}{s_2} = -\frac{S_2'}{s_2'},$$

wo $n_{1.2}$ die Länge der Strecke 1—2 bedeutet. Daraus folgt nun, daß 4' in der Geraden $(n_1 \cdot {}_2)$ liegt, und ebenso wird bewiesen, daß 4' auch der Geraden $(n_2 \cdot {}_3)$ angehört. Kennt man nun den Grundriß $O'4'$ der Verschiebung des Punktes 4, so kann man auch den Aufriß

$O''4''$ schnell angeben. In Fig. 253 wurde die Aufrißebene durch den Stab s_2 gelegt und $O''4''$ mittels der Bedingung $2''4'' \perp 2\,4$ bestimmt. Mit Hilfe dieses Verfahrens lassen sich die Einflüsse der Verschiebungen k_1, k_2, k_3, k_4 auf die Verschiebungen p_1, q_1, h_1, p_2, q_2, h_2 ... sehr schnell feststellen. Fig. 254 zeigt die Anwendung unserer Konstruk-

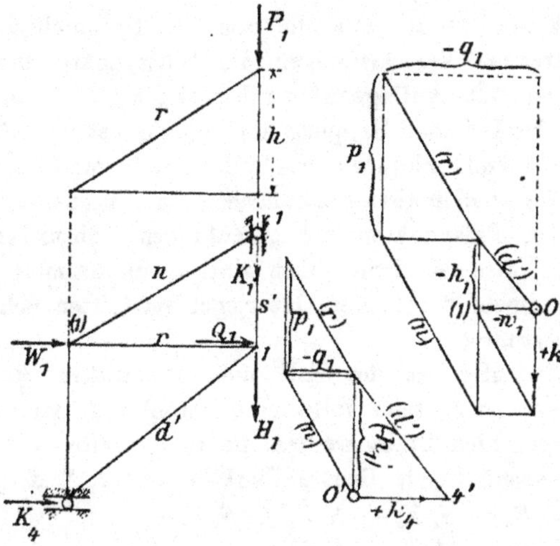

Fig. 254.

tion auf den im ersten Beispiel untersuchten Sonderfall der Reichstagskuppel; die Verschiebungen sind in der Reihenfolge w_1, h_1, q_1, p_1 mit Hilfe von $(d') \perp d'$, $(n) \perp n$ und $(r) \perp r$ bestimmt worden. Die beiden, die Einflüsse von k_1 und k_4 gesondert angebenden einfachen Zeichnungen können auch zur schnellen Herleitung der Gleichungen (12) benutzt werden.

§ 32.

Das statisch unbestimmte räumliche Stabwerk.

1. Werden die Spannkräfte der Stäbe eines statisch unbestimmten, räumlichen Fachwerks in der Form

$$S = S_0 - S_a X_a - S_b X_b - S_c X_c - \dots\dots$$

als lineare Funktionen der statisch unbestimmten Größen X_a, X_b, X_c .... dargestellt, so stehen zur Berechnung der Größen X die Gleichungen zur Verfügung

$$0 = \Sigma S_0 S_a \rho + \Sigma S_a \varepsilon t s - X_a \Sigma S_a^2 \rho - X_b \Sigma S_b S_a \rho - X_c \Sigma S_c S_a \rho - \ldots$$
$$0 = \Sigma S_0 S_b \rho + \Sigma S_b \varepsilon t s - X_a \Sigma S_a S_b \rho - X_b \Sigma S_b^2 \rho - X_c \Sigma S_c S_b \rho - \ldots$$
. . . .

wo

$$\rho = \frac{s}{EF}.$$

Dabei wird vorausgesetzt, daſs die von der Nachgiebigkeit der Widerlager herrührenden Verschiebungen der Stützpunkte durch Änderungen der Längen von Auflagerstäben berücksichtigt werden.

Als leicht zu behandelnde Beispiele sind die in den Fig. 244 und 245 dargestellten Schwedlerkuppeln mit Spitze und versteiftem Schluſsringe anzuführen, die aber in allen Seitenflächen die Diagonalen behalten und ebenso an allen Fuſspunkten die geradlinigen Führungen. Die Achteckkuppel mit Spitze ist dann 5fach statisch unbestimmt und die Achteckkuppel mit einem durch vier Querriegel versteiften Schluſsring 4fach statisch unbestimmt.

2. Besonders wichtig ist der Fall eines räumlichen Stabwerks, welches teils fachwerkartig, teils vollwandig ausgebildet ist. Für die auf Biegung beanspruchten Stäbe werden die Längskräfte N und Biegungsmomente M ebenfalls als lineare Funktionen der X dargestellt:

$$N = N_0 - N_a X_a - N_b X_b - N_c X_c - \ldots$$
$$M = M_0 - M_a X_a - M_b X_b - M_c X_c - \ldots$$

und zur Berechnung der X stehen die Elastizitätsgleichungen zur Verfügung:

$$(47)\quad \begin{cases} 0 = \delta_{0a} + \delta_{at} - X_a \delta_{aa} - X_b \delta_{ba} - X_c \delta_{ca} - \ldots \\ 0 = \delta_{0b} + \delta_{bt} - X_a \delta_{ab} - X_b \delta_{bb} - X_c \delta_{cb} - \ldots \\ 0 = \delta_{0c} + \delta_{ct} - X_a \delta_{ac} - X_b \delta_{bc} - X_c \delta_{cc} - \ldots \\ \ldots\ldots\ldots\ldots\ldots\ldots\ldots\ldots \end{cases}$$

wo für zwei beliebige Zeiger p und q

$$(48)\quad \delta_{pq} = \Sigma \frac{S_p S_q s}{EF} + \int \frac{N_p N_q ds}{EF} + \int \frac{M_p M_q ds}{EJ}.$$

Gleichung (48) gilt für alle δ mit Ausnahme von

$$\delta_{at},\ \delta_{bt},\ \delta_{ct}\ \ldots,$$

welche nach der Formel zu berechnen sind

$$(49)\quad \delta_{pt} = \Sigma S_p \varepsilon t s + \int N_p \varepsilon t_0\, ds + \int M_p \varepsilon \frac{\Delta t}{h}\, ds.$$

$$p = a,\ b,\ c,\ \ldots$$

Hinsichtlich der Bedeutung von t_0, Δt, h verweisen wir auf Seite 89, Fig. 77.

An Stelle von δ_{0p} ($p = a,\ b,\ c \ldots$) darf man auch schreiben

$$\delta_{0p} = \Sigma P_m \delta_{mp}.$$

Bei stärker gekrümmten Stäben ist N zu ersetzen durch

$$\mathfrak{N} = N - \frac{M}{r},$$

wo r den Krümmungsradius der als Kurve einfacher Krümmung gedachten Stabachse bedeutet. Auch muſs dann an die Stelle des Trägheitsmomentes J des Querschnitts der auf Seite 218 erklärte Wert Z treten.

Will man den Einfluſs der von Querkräften

$$Q = Q_0 - Q_a X_a - Q_b X_b - X_c X_c - \ldots.$$

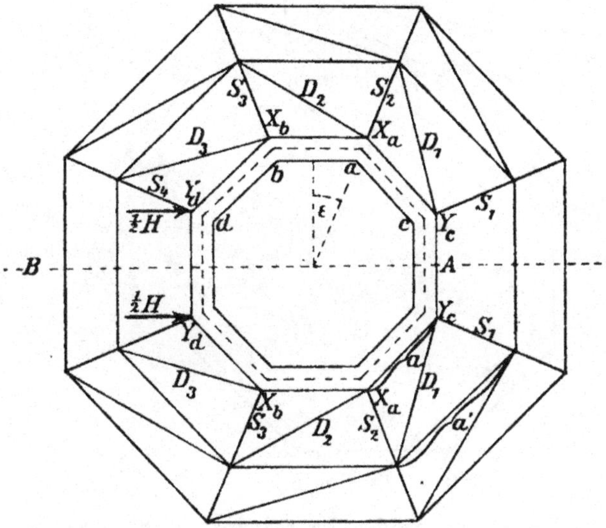

Fig. 255.

erzeugten Schubspannungen berücksichtigen, so muſs man zu dem oben angegebenen Ausdruck für δ_{pq} noch das Glied

$$\int \frac{\beta Q_p Q_q ds}{GF}$$

hinzufügen.

3) Beispiel. Da die Untersuchung statisch unbestimmter räumlicher Stabwerke meist zu recht umfangreichen Rechnungen führt, so begnügen wir uns hier mit einem einfachen Beispiel, das aber vollständig genügen wird, die Art und Weise der Behandlung derartiger Aufgaben zu erläutern.

Wir wählen die Untersuchung einer offenen, regelmäfsigen Schwedlerschen Achteckkuppel mit biegungsfestem ebenem Schlufsring. Fig. 255. Die Belastung der Kuppel sei symmetrisch in Bezug auf die Halbierungsebene AB zweier Ringseiten. Die in Fig. 255 fortgelassenen Diagonalen sind dann spannungslos.

Zunächst möge der Schlufsring für sich allein betrachtet werden. Fig. 256. Das Trägheitsmoment J seines Querschnitts sei konstant. Von den drei auf Seite 122 abgeleiteten Elastizitätsgleichungen [9] ist die eine infolge der Symmetrie der Belastung überflüssig. Die beiden anderen gehen über in

$$\int M ds = 0, \quad \int M x ds = 0.$$

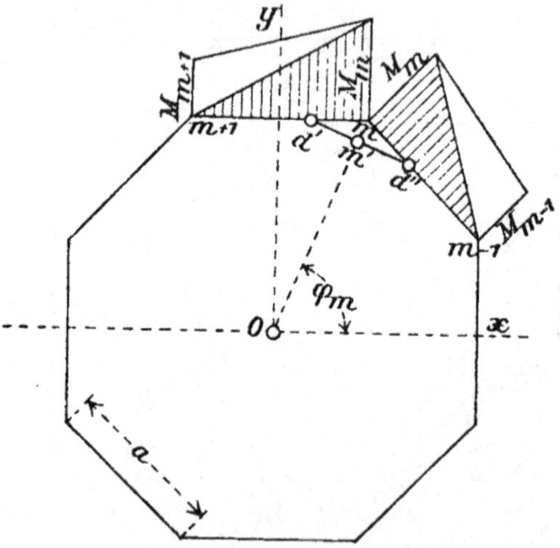

Fig. 256.

Greifen die Lasten nur in den Knotenpunkten an, was hier vorausgesetzt werden möge, so ist die Momentenfläche jeder Ringseite ein Trapez. Für den Querschnitt m sei das Moment gleich M_m; sein Beitrag zum Integral $\int M ds$ ist gleich dem Inhalte der beiden in Fig. 256 schraffierten Dreiecke, d. i. gleich $M_m a$, und es geht daher die erste Bedingung über in

$$[1] \quad \Sigma M_m = 0.$$

Der Beitrag von M_m zum Integrale $\int M x ds$ ist gleich dem auf die y-Achse bezogenen statischen Momente der in den Drittelpunkten d' und d'' der an m grenzenden Ringseiten wirksam gedachten Gewichte $\frac{M_m a}{2}$. Vereinigt man nun diese beiden gleich grofsen Gewichte im

Mittelpunkte m' der Strecke $d'd''$, und bezeichnet man die Länge der Strecke Om' mit c, so wird der gesuchte Beitrag $= M_m a \cdot c \cos \varphi_m$, und die zweite Bedingung nimmt die einfache Form an

$$[2] \quad \Sigma M_m \cos \varphi_m = 0.$$

Wir bezeichnen nun die Biegungsmomente für die Knotenpunktquerschnitte c, a, b, d (Fig. 255) mit Y_c, X_a, X_b, Y_d. Zwischen diesen Momenten bestehen nach den Gleichungen [1] und [2] die Beziehungen

$$Y_c + X_a + X_b + Y_d = 0$$
$$Y_c \cos \varepsilon + X_a \sin \varepsilon - X_b \sin \varepsilon - Y_d \cos \varepsilon = 0,$$

und es ergibt sich mit $\operatorname{tg} \varepsilon = \sqrt{2} - 1$ für jeden Belastungszustand der Kuppel

$$[3] \quad Y_c = -\frac{1}{2}\sqrt{2}\, X_a - \frac{1}{2}(2 - \sqrt{2})\, X_b$$

$$[4] \quad Y_d = -\frac{1}{2}\sqrt{2}\, X_b - \frac{1}{2}(2 - \sqrt{2})\, X_a.$$

Es sollen nun diejenigen Spannkräfte D und S in den am fraglichen Ringe angreifenden Fachwerkstäben berechnet werden, die nur von den Momenten X_a und X_b abhängen, die also verschwinden, wenn X_a und X_b gleich Null werden. Wird jede Spannkraft D in ihrem oberen Endpunkte zerlegt in eine mit der Rippe zusammenfallende Seitenkraft λD, wo $\lambda = \frac{s}{d}$ ist, und eine mit der Ringseite zusammenfallende Seitenkraft ωD, wo $\omega = \frac{a'}{d}$, so müssen die am unbelasteten ebenen Schlußringe angreifenden S und D offenbar den Bedingungen genügen:

$$[5] \quad \begin{cases} S_1 + \lambda D_1 = 0 \\ S_2 + \lambda D_2 = 0 \\ S_3 + \lambda D_3 = 0 \\ S_4 = 0 \end{cases}$$

denn Gleichgewicht kann nur bestehen, wenn die am Ring angreifenden Kräfte in der Ebene des Ringes liegen.

Außerdem muß, falls sich für $\omega D_1 a$ der Wert

$$[6] \quad \omega D_1 a = +\alpha X_a + \beta X_b$$

ergibt,

$$[7] \quad \omega D_3 a = -\beta X_a - \alpha X_b$$

sein, und $\omega D_2 a$ muß die Form

$$[8] \quad \omega D_2 a = \gamma (X_a - X_b)$$

erhalten. Aus Gleichung [6] und [7] folgt

$$\omega D_1 a + \omega D_3 a = (\alpha - \beta)(X_a - X_b).$$

Außerdem besteht die Gleichgewichtsbedingung

$$(\omega D_1 + \omega D_3) \sin 45^\circ + \omega D_2 = 0,$$

weshalb sich

$$[9] \quad \gamma = \frac{\beta - \alpha}{2} \sqrt{2}$$

ergibt.

Bezeichnet man nun die Längskraft für den Ringquerschnitt A mit N (Fig. 257), so lassen sich X_a und X_b auch wie folgt schreiben

$$X_b = \omega D_1 a \sin 45^\circ - Na(1 + \sin 45^\circ) + Y_c,$$
$$X_a = \qquad - Na \sin 45^\circ \qquad + Y_c,$$

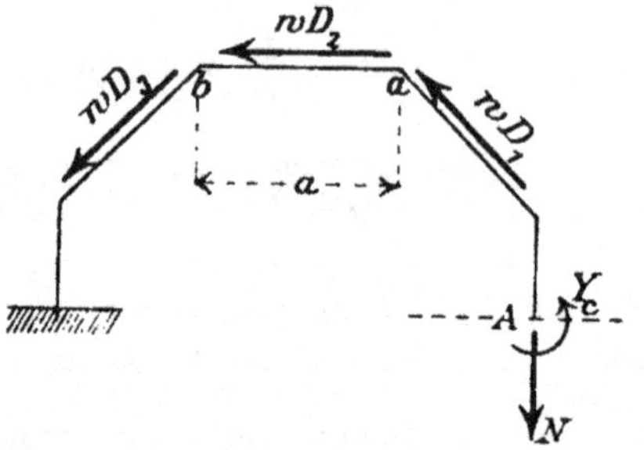

Fig. 257.

und man gelangt, indem man N aus diesen beiden Gleichungen eliminiert und Y_c mittels Gleichung [3] durch X_a und X_b ausdrückt, zu der gesuchten Beziehung zwischen D_1, X_a und X_b. Damit sind aber auch D_2 und D_3 als Funktionen von X_a und X_b dargestellt. Auf diesem Wege findet man die Formeln

$$[10] \begin{cases} \omega D_1 a = -2(\sqrt{2} + 1) X_a + 2(\sqrt{2} - 1) X_b \\ \omega D_2 a = +4(X_a - X_b) \\ \omega D_3 a = -2(\sqrt{2} - 1) X_a + 2(\sqrt{2} + 1) X_b. \end{cases}$$

Jetzt kann man mittels der Gleichung [5] die Spannkräfte S finden und kennt somit die Spannkräfte in sämtlichen Stäben der oberen Zone der Kuppel. Die Spannkräfte in den übrigen Teilen der Kuppel werden nach dem im § 28 angegebenen Verfahren berechnet, und damit ist dann die Ermittlung des Einflusses von X_a und X_b auf alle Stabkräfte erledigt.

Der Einfluſs der in den Knotenpunkten angreifenden Lasten auf das statisch bestimmte Hauptsystem wird nunmehr unter der Voraussetzung berechnet, daſs auch in den Knotenpunkten des Schluſsringes Gelenke angeordnet sind (Zustand $X=0$), und schlieſslich werden die beiden statisch unbestimmten Gröſsen X_a und X_b mit Hilfe der Gleichungen berechnet

$$[11] \quad \begin{cases} -\delta_{0a} = X_a\,\delta_{aa} + X_b\,\delta_{ba} \\ -\delta_{0b} = X_a\,\delta_{ab} + X_b\,\delta_{bb} \end{cases}$$

Benutzen wir das Zeichen S vorübergehend für alle Stabkräfte, so erhalten wir

$$\delta_{0a} = \Sigma\, S_0\, S_a \frac{s}{EF}, \quad \delta_{0b} = \Sigma\, S_0\, S_b \frac{s}{EF}$$

$$\delta_{aa} = \Sigma\, S_a^2 \frac{s}{EF} + \int M_a^2 \frac{ds}{EJ}$$

$$\delta_{ab} = \Sigma S_a S_b^2 \frac{s}{EF} + \int M_a\, M_b \frac{ds}{EJ}$$

$$\delta_{bb} = \Sigma S_b^2 \frac{s}{EF} + \int M_b^2 \frac{ds}{EJ}.$$

Die Summen erstrecken sich über die Fachwerkstäbe, die Integrale über den biegungsfesten Ring.

Für die Ringseite $\overline{ca}$ ist z. B. im Abstande x vom Knotenpunkte a

$$M = Y_c \frac{x}{a} + X_a \frac{a-x}{a}$$

und dieser Wert geht für $X_a = -1$ über in

$$M_a = \sqrt{2}\,\frac{1}{2}\frac{x}{a} - \frac{a-x}{a} = -1 + \frac{x}{a}\left(1 + \tfrac{1}{2}\sqrt{2}\right).$$

Die Ringseite liefert also zu δ_{aa} den Beitrag

$$\frac{1}{EJ}\int_0^a \left[-1 + \frac{x}{a}\left(1 + \frac{1}{2}\sqrt{2}\right)\right]^2 dx.$$

Auf diesem Wege findet man leicht für die Ringhälfte*) die Werte

$$\int M_a^2 \frac{ds}{EJ} = \left(\frac{7}{3} - \sqrt{2}\right)\frac{a}{J}.$$

Diese Ausdrücke sind unabhängig von der Anzahl der Geschosse, der Kuppel. Die Berechnung der über die Fachwerkstäbe auszudehnenden

*) Es genügt, die Summen für die Hälfte der symmetrisch belastet angenommenen Kuppel zu berechnen.

Summen wird am besten sofort mit Zahlen ausgeführt; sie bietet keine Schwierigkeit und erfordert nicht einmal besonders großen Zeitaufwand. Für den Fall einer eingeschossigen Kuppel wollen wir die Buchstabenberechnung hier noch etwas weiter durchführen. Wählen wir für die Spannkräfte in den Diagonalen wieder das Zeichen D, so erhalten wir für die Beiträge der Fachwerkstäbe zu den Größen δ_{aa}, δ_{ab}, δ_{bb}, mit Beachtung der Gleich. [5] die Werte

$$\delta_{aa} = \Sigma \frac{S_a^2 s}{EF_s} + \Sigma \frac{D_a^2 d}{EF_d} = \left(\frac{\lambda_s^2 s}{EF_s} + \frac{d}{EF_d}\right) \Sigma D_a^2$$

$$\delta_{bb} = \left(\frac{\lambda_s^2 s}{EF_s} + \frac{d}{EF_d}\right) \Sigma D_b^2$$

$$\delta_{ab} = \left(\frac{\lambda^2 s}{EF_s} + \frac{d}{EF_d}\right) \Sigma D_a D_b,$$

worin F_s den Querschnittsinhalt für eine Rippe und F_d für eine Diagonale bedeutet. Den Diagonalen D_1, D_2, D_3 entsprechen für $X_a = -1$ und $X_b = -1$ der Reihe nach die Werte

$$\omega a D_a = +2(\sqrt{2}+1); \quad -4; \quad +2(\sqrt{2}-1)$$
$$\omega a D_b = -2(\sqrt{2}-1); \quad +4; \quad -2(\sqrt{2}-1),$$

weshalb sich für die Hälfte der Kuppel ergibt

$$\Sigma D_a^2 = \Sigma D_b^2 = \frac{40}{\omega^2 a^2}$$

$$\Sigma D_a D_b = -\frac{24}{\omega^2 a^2}.$$

Nehmen wir nun an, es greife am Schlußringe eine sich auf die beiden Knotenpunkte d verteilende wagerechte Last H an, Fig. 255. In diesem Belastungsfalle, Zustand $X_a = 0$, $X_b = 0$ (Schlußring mit Gelenken) werden nur die Stäbe der an die Knotenpunkte d grenzenden Seitenfache beansprucht. Es entsteht

$$\omega D_{3.0} = \frac{H}{2}\sqrt{2}$$

$$S_3 = -\lambda D_{3.0};$$

Die übrigen S und D werden $= 0$, und es ergibt sich daher

$$\delta_{0a} = \left(\frac{\lambda^2 s}{EF_s} + \frac{d}{EF_d}\right) \Sigma D_0 D_a$$

$$= \left(\frac{\lambda^2 s}{EF_s} + \frac{d}{EF_d}\right) D_{3.0} D_{3a}$$

$$= \left(\frac{\lambda^2 s}{EF_s} + \frac{d}{EF_d}\right) \frac{H\sqrt{2}}{2\omega} \cdot \frac{2(\sqrt{2}+1)}{a\omega}$$

und

$$\delta_{0b} = -\left(\frac{\lambda^2 s}{EF_s} + \frac{d}{EF_d}\right) \frac{H\sqrt{2}}{2\,\omega} \cdot \frac{2(\sqrt{2}+1)}{a\,\omega}$$

Setzt man zur Abkürzung

$$\frac{F_s a^2}{J} \cdot \frac{a}{s} \cdot \frac{\omega^2}{\lambda^2 + \frac{d}{s}\frac{F_s}{F_d}} = \mu$$

$$\left(\frac{7}{3} - \sqrt{2}\right)\mu = \nu_1$$

$$(\sqrt{2} - 1)\,\mu = \nu_2,$$

so gehen die die Gleichungen [11] über in

$$(\nu_1 + 40)\,X_a + (\nu_2 - 24)\,X_b = (+2 - \sqrt{2})\,Ha$$
$$(\nu_2 - 24)\,X_a + (\nu_1 + 40)\,X_b = (-2 - \sqrt{2})\,Ha;$$

sie liefern, wegen $\nu_1 + \nu_2 = \frac{4}{3}\mu$ und $\nu_1 - \nu_2 =$ rund $\frac{1}{2}\mu$

$$X_a - X_b = +\frac{Ha}{16}\,\frac{1}{1 + \frac{\mu}{128}}$$

$$X_a + X_b = -\frac{Ha}{8}\,\frac{\sqrt{2}}{1 + \frac{\mu}{12}}.$$

Nun folgt

$$\omega D_2 = \frac{H}{4}\,\frac{1}{1 + \frac{\mu}{128}}$$

$$\omega D_3 a = \frac{H\sqrt{2}}{2}a - 2(\sqrt{2} - 1)\,X_a + 2(\sqrt{2} + 1)\,X_b$$
$$\omega D_1 a = \qquad\qquad - 2(\sqrt{2} + 1)\,X_a + 2(\sqrt{2} - 1)\,X_b$$
$$(\omega_o D_3 - \omega D_1)\,a = \frac{H\sqrt{2}}{2}a + 4(X_a + X_b).$$

Man kann deshalb auch setzen

$$(\omega D_3 - \omega D_1)\sin 45^\circ = \frac{H}{2}\,\frac{\mu}{12 + \mu}$$

$$(\omega D_3 + \omega D_1)\sin 45^\circ = \frac{H}{2} - \omega D_2.$$

Zahlenbeispiel. Ist $\mu = 0$ (vollkommen starrer Ring) mit $J = \infty$), so findet man

$$\omega D_2 = \frac{H}{4},\ \omega D_1 = \omega D_3 = \frac{H}{8}\sqrt{2} = \frac{H}{4} \sin 45^\circ$$

und für $H = 10000$ kg

$$\omega D_3 = 1770,\ \omega D_2 = 2500,\ \omega D_1 = 1770 \text{ kg}.$$

Es sei nun $a = 2{,}6^m$, $s = 3{,}6^m$, $d = 4{,}7^m$, $a' = 3{,}2^m$ also

$$\omega = \frac{3{,}2}{4{,}7} = 0{,}68,\ \lambda = \frac{3{,}6}{4{,}0} = 0{,}77,\ \frac{d}{s} = 1{,}31,\ \frac{a}{s} = 0{,}72,$$

$$F_s = 34 \text{ qcm}, \quad F_d = 11 \text{ qcm}, \quad \text{also} \quad \frac{F_s}{F_d} = 3.$$

Der Ring bestehe aus einem [-Eisen N. Pr. 14 mit wagerecht liegendem Stege. Dann ist

$$J = 609 \text{ cm}^4 \quad \frac{F_s a^2}{J} = \frac{34 \cdot 260^2}{609} = 3774$$

$$\mu = 3774 \cdot 0{,}72 \frac{0{,}46}{0{,}59 + 1{,}31 \cdot 3} = 276,$$

und es ergibt sich

$$X_a - X_b = + \frac{10000 \cdot 2{,}60}{16} \cdot \frac{128}{276 + 128} = 0{,}08 \frac{Ha}{4}$$

$$X_a + X_b = - \frac{10000 \cdot 2{,}60}{8} \cdot \frac{12\sqrt{2}}{276 + 12}$$

und hieraus und mittels Gleichungen [3] und [4]

$$X_a = +162 \text{ kgm},\ X_b = -353 \text{ kgm}$$
$$Y_c = -\ 11 \text{ kgm},\ Y_d = +202 \text{ kgm}.$$

Das Widerstandsmoment des Ringquerschnitts ist 87 cm³, und es wird daher die Biegungsspannung im Ringe

$$\sigma = \frac{35300}{87} = \text{rund } 400 \text{ kg/qcm}.$$

Für die Diagonalen erhält man schliefslich die Werte

$$D_3 = 9400,\ D_2 = +1200,\ D_1 = -610 \text{ kg}.$$

Ein vollkommen starrer Ring würde liefern

$$D_3 = +2600,\ D_2 = +3700,\ D_1 = +2600.$$

Sind die Knotenpunkte des Schlufsringes gelenkartig ausgebildet ($X_a = 0$, $X_b = 0$) so entsteht

$$D_{3\,.\,0} = \frac{H\sqrt{2}}{2\omega} = 7250\sqrt{2} = 10250 \text{ kg},\ D_2 = 0,\ D_1 = 0.$$

Der Unterschied zwischen $D_{3\,.\,0}$ und $D_3 = 9400$ ist nicht sehr grofs. Trotzdem also der elastische Schlufsring nur die geringe Beanspruchung von $\sigma = 400$ kg/qcm erfährt, trägt er wenig zur Versteifung der Kuppel bei.

Anhang.

I. Entwicklung der Arbeitsgleichungen.

Obgleich das Gesetz der virtuellen Verschiebungen zu den bekanntesten Lehren der Mechanik gehört, dürfte eine Entwicklung der in diesem Buche benutzten Arbeitsgleichungen, welche dieses Gesetz für die betrachteten Fälle ausdrücken, manchem Leser erwünscht sein; sie möge deshalb hier gegeben werden, zuerst für das Fachwerk, sodann für einen beliebigen Körper.

1) **Das Fachwerk.** Wirken an den Endpunkten m und n eines Stabes von unveränderlicher Länge zwei entgegengesetzt gleiche, mit der Stabachse zusammenfallende Kräfte S, so ist die bei irgend einer Bewegung des Stabes von den beiden Kräften verrichtete Arbeitssumme gleich Null.

Um dies einzusehen, zerlege man jene Bewegung in eine fortschreitende und eine drehende und wähle für die letztere irgend einen Punkt der Stabachse (z. B. n_1) zum Drehpunkte, Fig. 258. Während des ersten Teiles der Ortsveränderung leisten die Kräfte S entgegengesetzt gleiche Arbeiten, die sich mithin tilgen, und während des zweiten verrichten sie, weil fortwährend durch den Drehpunkt gehend, überhaupt keine Arbeit. Dabei ist es gleichgültig, ob die Stabkräfte S konstant sind oder sich stetig ändern; im letzteren Falle dürfen sie innerhalb jedes unendlich kleinen Zeitteilchen als konstant betrachtet werden.

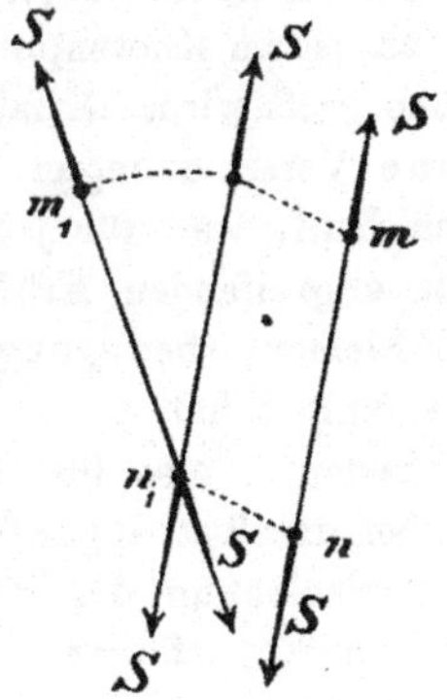

Fig. 258.

Wächst die anfängliche Länge s des Stabes während jener Bewegung um Δs, und bedeutet für irgend ein Teilchen der Bewegungsdauer: S_x den augenblicklichen Wert der Stabkraft und $d\Delta s$ die Änderung der Stablänge, so ist die Arbeitssumme für dieses Zeitteilchen $= S_x \Delta ds$ und für die ganze Bewegungsdauer:

$$A = s \int_{S_a}^{S} S_x d\Delta s,$$

wobei S_a den anfänglichen und S den schliefslichen Wert der Stabkraft vorstellt.

Der Ausdruck A gibt hiernach die Arbeitssumme an, welche die an den Endpunkten eines elastischen Stabes mn eines Fachwerks wirkenden Spannkräfte verrichten, sobald irgend welche Ursachen die Knotenpunkte m, n in die Lagen m_1, n_1 (wobei $\overline{m_1 n_1} = s + \Delta s$ ist) verschieben, während die Stabkräfte von S_0 bis S wachsen.

Der wirklichen Arbeit A wollen wir nun diejenige Arbeit $A_v = S\Delta s$ gegenüberstellen, welche die Stabkräfte in dem nur gedachten Falle verrichten, dafs sie während der ganzen Dauer der Bewegung ihre Endwerte S besitzen, und dafs an Stelle der wirklichen Verschiebungen der Knotenpunkte irgend welche willkürliche Verschiebungen treten, die wir uns zwar als möglich vorstellen können, die aber in Wirklichkeit nicht einzutreten brauchen, und virtuelle Verschiebungen genannt werden. Die Arbeit A_v heifst die virtuelle Arbeit der auf den Stab s wirkenden Spannkräfte S. Für das ganze Fachwerk ergibt sich

$$A_v = \Sigma S\Delta s,$$

welche Summe über sämtliche Stäbe auszudehnen ist.

Wir betrachten jetzt die Spannkräfte S als Kräfte, die an den Knotenpunkten angreifen, also entgegengesetzte Richtung wie vorhin haben, und die virtuelle Arbeit: $-\Sigma S\Delta s$ leisten; sodann setzen wir voraus, dafs an jedem Knotenpunkte Gleichgewicht besteht und keine Kraft unendlich grofs wird. Erfahren die Knotenpunkte irgendwelche unendlich kleine Verschiebungen, so ist die Arbeitssumme für sämtliche Kräfte gleich Null, weil für jeden Knotenpunkt die Mittelkraft aus allen daselbst angreifenden Kräften zu Anfang gleich Null ist und während jener Elementarbewegung bis auf eine verschwindend kleine Gröfse den Wert Null behält.

Bedeutet also für irgend einen Knotenpunkt m: Q_m die Mittelkraft aus den daselbst angreifenden äufseren Kräften und r_m die Projektion der Verschiebung des Punktes m auf die Kraft Q_m (positiv, wenn im Sinne von Q_m erfolgend), so ist die virtuelle Arbeit der äufseren Kräfte $= \Sigma Q_m r_m$, und es folgt:

$$\Sigma Q_m r_m - \Sigma S\Delta s = 0$$

und hieraus:

$$\Sigma Q_m r_m = \Sigma S\Delta s.$$

Diese Gleichung drückt das Gesetz aus:

Für ein im Gleichgewichte befindliches Fachwerk ist die bei unendlich kleinen virtuellen Verschiebungen der Knotenpunkte von den äufseren Kräften verrichtete virtuelle Arbeit ebensogrofs wie die virtuelle Arbeit der Stabkräfte S.

Die Arbeit $\Sigma S\Delta s$, welche man aus den Änderungen der Stablängen berechnen kann, ohne die anfänglichen und schliefslichen Lagen der

Knotenpunkte zu kennen, wird auch die virtuelle Formänderungsarbeit des Fachwerks genannt.

Scheiden wir die äufseren Kräfte ganz allgemein in Lasten und Auflagerkräfte und führen die auf Seite 22 erklärten Bezeichnungen P, C, δ, Δc ein, so erhalten wir $\Sigma Qr = \Sigma P\delta + \Sigma C\Delta c$, und es entsteht die Gleichung

$$\text{(I)} \quad \Sigma P\delta + \Sigma C\Delta c = \Sigma S\Delta s,$$

welche wir die Arbeitsgleichung des Fachwerks genannt und zum Ausgangspunkte unserer Entwicklungen gemacht haben.

Hinsichtlich der auf das Fachwerk wirkenden Kräfte wurde bei der Ableitung der Gleichung (I) nur vorausgesetzt, dafs sie miteinander im Gleichgewichte sind. Hat man also die Spannkräfte S und Auflagerkräfte C eines statisch unbestimmten Fachwerks durch die Lasten P und durch gewisse statisch nicht bestimmbare Gröfsen X so ausgedrückt, dafs die Gleichgewichtsbedingungen erfüllt sind (vergl. Seite 21), so darf man bei Einsetzen der S und C in die Gleichung (I) den Gröfsen P und X willkürliche Werte beilegen. Indem man nun diese Werte verschiedenartig wählt, ist man im stande, aus (I) beliebig viele Gleichungen zu folgern und erhält, sobald man diese nun auf die wirklichen Verschiebungen δ, Δc, Δs (die ja nur besondere Fälle von willkürlichen Verschiebungen sind) anwendet, eine genügende Anzahl von Beziehungen, um die wirklichen Gröfsen X berechnen und die wirkliche Formänderung des Fachwerkes feststellen zu können. Dabei wird allerdings vorausgesetzt, dafs die wirklichen Verschiebungen klein genug sind, um als verschwindende Gröfsen aufgefafst werden zu dürfen.

2) **Beliebiger Körper.** Wir gehen von der Voraussetzung einer stetigen Erfüllung des Raumes durch die Materie aus, im Gegensatze zur Auffassung des Körpers als ein System von Massenpunkten, die zwar einander unendlich nahe liegen, immerhin aber durch Zwischenräume voneinander getrennt sind, und denken uns an irgend einer Stelle ein unendlich kleines Körperteilchen abgegrenzt, beispielsweise, um die Vorstellung zu erleichtern, ein Parallelepipedum. Die auf die Seitenflächen desselben wirkenden Kräfte sollen Flächenkräfte genannt und insbesondere als innere Kräfte oder Oberflächenkräfte bezeichnet werden, je nachdem die durch sie beanspruchten Flächen im Inneren des Körpers liegen oder zur Oberfläche gehören; aufser ihnen wird an dem Körperteilchen im allgemeinen noch eine auf die Masse desselben wirkende äufsere Kraft angreifen, welche eine Massenkraft heifst (z. B. die Erdanziehung, Ergänzungskräfte der relativen Bewegung).

Bezüglich sämtlicher Kräfte wird vorausgesetzt, dafs sie endlich sind.

Nehmen wir nun an, es erleide ein anfänglich im Gleichgewichte befindlicher Körper durch Hinzutreten äufserer Kräfte und durch Temperaturänderung eine Umgestaltung, dieselbe hört auf, sobald sich ein neuer Gleichgewichtszustand gebildet hat und bestehen bleibt; während ihrer Erzeugung werden die Flächenkräfte des betrachteten Körperteilchens eine bestimmte Arbeitssumme verrichten, und von dieser ist besonders derjenige Teil von Wichtigkeit, der nur von der Formänderung des Körperteilchens abhängt, der also verschwindet, wenn sich das Teilchen bewegt, ohne seine Gestalt zu ändern. Man nennt diesen Teil der Gesamtarbeit der Flächenkräfte die *Formänderungsarbeit des Körperteilchens*; ihre Integration über den ganzen Körper liefert die Formänderungsarbeit des Körpers. Bei der Berechnung dieser Arbeit ist zu beachten, dafs die Flächenkräfte, deren schliefsliche Werte wir ganz allgemein mit R bezeichnen wollen, sich im Verlaufe jener Umgestaltung ändern.

Denkt man sich hingegen die Flächenkräfte während der ganzen Dauer der Formänderung konstant und mit ihren Endwerten R wirkend, bestimmt die von den Kräften R geleistete Formänderungsarbeit und ersetzt hierbei die *wirkliche* Formänderung durch eine *willkürliche*, die zwar als *möglich* gedacht werden kann, in Wirklichkeit aber nicht einzutreten braucht, so erhält man einen Ausdruck dA_v, welcher die *virtuelle Formänderungs-Arbeit* heifst, während jene willkürliche, mögliche Umgestaltung des Körpers eine *virtuelle Formänderung* genannt werden soll.

Um die im vorstehenden erklärten Begriffe an einem Beispiele zu erläutern, betrachten wir ein unendlich kleines Parallelepipedum, welches an der Stelle x, y, z eines auf rechtwinklige Koordinaten bezogenen Körpers abgegrenzt ist, und dessen den Koordinatenachsen parallele Kanten die Längen dx, dy, dz haben. Es mögen nur Normalspannungen auftreten und zwar nur solche, die der (x, y)-Ebene parallel sind; sie seien stetige Funktionen der Koordinaten (Fig. 259). Ist dann die Normalspannung

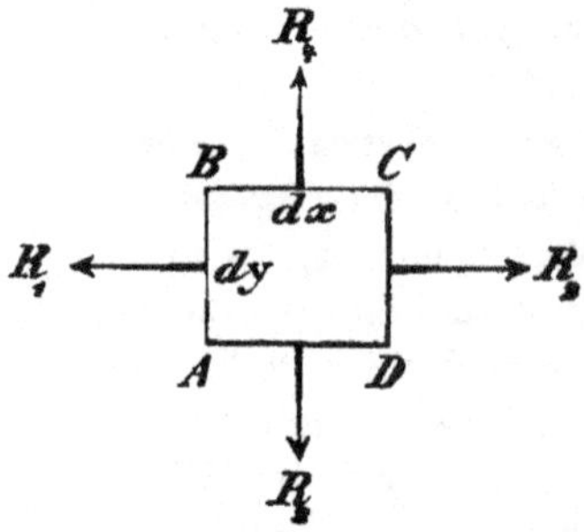

Fig. 259.

für Fläche AB gleich σ_x (positiv im Sinne $-x$),
" " AD " σ_y (" " " $-y$),
so ist die Normalspannung

$$\text{für Fläche } CD \text{ gleich } \sigma_x + \frac{\partial \sigma_x}{\partial x} dx \text{ und}$$

$$\text{" " } CB \text{ " } \sigma_y + \frac{\partial \sigma_y}{\partial y} dy.$$

Diesen Spannungen entsprechen die Flächenkräfte:

$$R_1 = \sigma_x dy dz; \quad R_2 = \left(\sigma_x + \frac{\partial \sigma_x}{\partial x} dx\right) dy dz;$$

$$R_3 = \sigma_y dz dx; \quad R_4 = \left(\sigma_y + \frac{\partial \sigma_y}{\partial y} dy\right) dz dx.$$

und zwar seien dies die schliefslichen Werte der Kräfte R.

Erleidet nun das Körperteilchen im Sinne von x und y die virtuellen Verschiebungen Δx und Δy, ohne dafs sich hierbei die Gestalt des Teilchens ändert, so leisten die Kräfte R die Arbeit:

$$(R_2 - R_1)\,\Delta x + (R_4 - R_3)\,\Delta y = \left(\frac{\partial \sigma_x}{\partial x}\,\Delta x + \frac{\partial \sigma_y}{\partial y}\,\Delta y\right) d\,V,$$

unter $d\,V = dx\,dy\,dz$ den Inhalt des Körperteilchens verstanden. Ändert sich während jener Bewegung: dx um $\Delta dx = \varepsilon_x dx$ (wobei $\varepsilon_x = \frac{\Delta dx}{dx}$ das Verlängerungsverhältnis der Kante dx bedeutet) und dy um $\Delta dy = \varepsilon_y dy$, so nimmt die vorhin ermittelte Arbeitssumme zu um die virtuelle Formänderungsarbeit $d\,A_v$, bei deren Berechnung R_2 ersetzt werden darf durch R_1 und R_4 durch R_3. Denn die Flächenkräfte für gegenüberliegende Seitenflächen des Körperteilchens unterscheiden sich bei stetigen Spannungen nur um unendlich kleine Werte, so dafs infolge der Gleichsetzung von R_2 und R_1, sowie von R_4 und R_3 nur verschwindende Gröfsen vierter Ordnung vernachlässigt werden.*) Mithin folgt:

$$d\,A_v = R_1\,\Delta dx + R_3\,\Delta dy = (\sigma_x \varepsilon_x + \sigma_y \varepsilon_y)\,d\,V,$$

und es ergibt sich schliefslich die virtuelle Gesamtarbeit der Flächenkräfte:

$$d\,A_f = \left(\frac{\partial \sigma_x}{\partial x}\,\Delta x + \frac{\partial \sigma_y}{\partial y}\,\Delta y + \sigma_x \varepsilon_x + \sigma_y \varepsilon_y\right) d\,V.$$

Wir fassen jetzt eine unendlich kleine, virtuelle Formänderung eines im Gleichgewichte befindlichen Körpers und insbesondere die Bewegung und Umgestaltung eines Körperteilchens ins Auge und bezeichnen die virtuelle Arbeit der auf dieses Körperteilchen wirkenden Massenkraft mit $d\,A_m$, diejenige der Flächenkräfte mit $d\,A_f$. Letztere Arbeit besteht aus zwei Teilen; der eine, $d\,A_v$, hängt nur von der Umgestaltung des Körperteilchens ab, der andere, nämlich $d\,A_f - d\,A_v$, von der Bewegung des Massenmittelpunktes und der Drehung des Körperteilchens um diesen Punkt. Somit stellt $d\,A_m + d\,A_f - d\,A_v$ diejenige virtuelle Arbeit vor, welche sämtliche auf das Körperteilchen wirkenden Kräfte leisten, wenn dessen Bewegung ohne eine Formänderung vor sich geht. Diese Arbeit mufs aber = Null sein, da die Mittelkraft der auf das Körperteilchen wirkenden Kräfte während der ganzen Dauer der angenommenen Elementarbewegung, bis auf eine verschwindende Gröfse, den anfänglichen Wert Null beibehält.

Es folgt somit $d\,A_m + d\,A_f = d\,A_v$ und, wenn entsprechende Gleichungen für sämtliche Körperteilchen aufgestellt und hierauf addiert werden,

$$\text{(II)} \qquad A_m + A_f = A_v.$$

Da sich nun in dem Ausdrucke A_f die Arbeiten der inneren Flächenkräfte gegenseitig tilgen, weil auf die Flächen, in denen aneinandergrenzende Körperteilchen zusammenhängen, bei gleichen Verschiebungen entgegengesetzt gleiche Kräfte wirken, so leuchtet ein, dafs

---

*) Bei unstetigen Spannungen mufs der Körper in Teile zerlegt werden, innerhalb welcher alle Spannungen stetig sind; die Werte $d\,A_v$ werden für die einzelnen Teile gesondert integriert und schliefslich addiert.

A_f die virtuelle Arbeit der Oberflächenkräfte, mithin $A_f + A_m$ die virtuelle Arbeit sämtlicher äufseren Kräfte vorstellt, und es drückt deshalb die Gleichung (II) das Gesetz aus:

Bei einer verschwindend kleinen virtuellen Formänderung eines im Gleichgewichte befindlichen Körpers ist die virtuelle Arbeit der äufseren Kräfte gleich der virtuellen Formänderungsarbeit.

Die Ableitung dieses Satzes nimmt an, dafs alle anfänglich sich deckenden Seitenflächen von aneinander grenzenden Körperteilchen auch während des ganzen Verlaufes der Formänderung sich decken, weil nur dann die Arbeiten der auf diese Flächen wirkenden Kräfte sich aufheben. Besteht nun der betrachtete Körper aus mehreren einander berührenden Teilen, von denen jeder einzelne der obigen Voraussetzung entspricht, und finden gegenseitige Verschiebungen von anfänglich zusammenliegenden Berührungsflächen je zweier Teile statt, so müssen, wenn das bewiesene Gesetz gültig bleiben soll, alle diese Flächen der Oberfläche zugezählt werden; d. h. es sind die auf diese Flächen wirkenden Kräfte, soweit sich ihre Arbeiten nicht tilgen, zu den äufseren Kräften zu rechnen. In allen Fällen der Anwendung genügt die Festsetzung, dafs bei aufeinander reibenden Teilen eines Körpers die an den Berührungsstellen wirkenden Reibungswiderstände als äufsere Kräfte aufzufassen sind.

Wird der betrachtete Körper durch fremde Körper gestützt, so nennen wir die Drücke, welche die letzteren auf den ersteren ausüben, Stützenwiderstände oder Auflagerkräfte. Alle übrigen äufseren Kräfte mögen Lasten heifsen. Es ergibt sich dann, mit den auf Seite 22 erklärten Bezeichnungen P, C, δ, Δc, die virtuelle Arbeit der äufseren Kräfte $= \Sigma P\delta + \Sigma C\Delta c$, und es entsteht die Arbeitsgleichung

$$\text{(III)} \qquad \Sigma P\delta + \Sigma C\Delta c = A_v,$$

welche in den Abschnitten II. und III. in derselben Weise wie die Arbeitsgleichung des Fachwerks zur Berechnung von statisch nicht bestimmbaren Gröfsen und von Verschiebungen beliebiger Punkte benutzt worden ist.

II. Literatur.

Die ersten Anwendungen des Satzes von der Arbeit auf Aufgaben der Festigkeitslehre finden sich bei Clapeyron, welcher die von Navier*) aus dem Prinzipe der virtuellen Verschiebungen gefolgerte allgemeine und einzige Bedingung für das Gleichgewicht zwischen den

*) Mém. de l'acad. des sciences 1827, Seite 388.

inneren und äußeren Kräften eines elastischen Körpers anwendet und in diese an Stelle der virtuellen die wirklichen elastischen Verschiebungen einführt. Indem er hierbei die Annahme eines spannungslosen Anfangszustandes macht und voraussetzt, daß in jedem Punkte des Körpers die anfängliche Temperatur herrscht, erhält er die von ihm später zur Berechnung der Durchbiegung von Federn benutzte Gleichung:

$$\frac{1}{2}\Sigma Qr = A.^{*)}$$

Lamé nennt diese Gleichung in seinen „Leçons sur la théorie mathématique de l'élasticité des corps solides" (Paris 1852 und 1866) das Clapeyronsche Gesetz, er erläutert es an mehreren Beispielen und hebt seine Wichtigkeit für die Statik der Bauwerke hervor.

Im Jahre 1864 entwickelt Clerk Maxwell in der im Philosophical Magazine, Band 27, Seite 294, abgedruckten Abhandlung: „On the calculation of the equilibrium and stiffness of frames" mittels des Clapeyronschen Gesetzes die erste allgemeine Theorie des Fachwerks, indem er für die Berechnung der statisch unbestimmten Größen die Gleichungen:

$$0 = \Sigma S'(S_0 + S'X' + S''X'' + S'''X''' + \ldots)\frac{s}{EF}$$

aufstellt und das im § 9 dieses Buches der „Maxwellsche Satz" genannte wichtige Gesetz von der Gegenseitigkeit der elastischen Verschiebungen beweist. Maxwell war der erste, welcher eine Beziehung zwischen der Längenänderung Δs eines Stabes und der durch sie verursachten Verrückung δ eines Knotenpunktes in der Weise bestimmt, daß er das Fachwerk als eine Maschine auffaßt, mittels welcher eine treibende Kraft P einen Widerstand S überwindet. Die Vergleichung der von P und S geleisteten Arbeiten vollzieht er mit Hilfe des Gesetzes

$$(1) \quad \frac{1}{2}P\delta = \frac{1}{2}S\Delta s,$$

indem er P und S als Kräfte auffaßt, die von Null aus allmählich anwachsen. Die auf diesem Wege abgeleitete Grundgleichung

$$(2) \quad \Sigma P\delta = \Sigma S\Delta s$$

ist übrigens von derselben allgemeinen Bedeutung, wie die unmittelbar aus dem Prinzip der virtuellen Verrückungen gefolgerte Bedingung $\Sigma P\delta = \Sigma S\Delta s$. Denn solange es sich nur um die Erfüllung der Gleichgewichtsbedingungen handelt, ist die Größe der Elastizitätsziffern E und Querschnittsinhalte F der Stäbe gleichgültig, und man kann daher auch mit Hilfe der aus dem Clapeyronschen Gesetze gefolgerten

*) Vergl. die Anmerkung auf Seite 242 dieses Buches.

Gleichung (2) leicht auf den von Maxwell nicht berücksichtigten Einfluſs von Temperaturänderungen schlieſsen, ebenso wie man beobachteten Stützenverschiebungen durch Anbringung von Auflagerstäben mit passend gewählten Querschnitten Rechnung tragen kann. Dem Fehlen praktischer Beispiele ist es wohl zuzuschreiben, daſs die Maxwellsche Arbeit lange Zeit nicht die verdiente Anerkennung gefunden hat.

Die erste Ableitung der Maxwellschen Gleichungen und Gesetze auf dem kürzeren Wege der Benutzung des Prinzips der virtuellen Verrückungen rührt von Mohr her. Seine Beiträge zur Theorie des Fachwerks in der Zeitschrift des Architekten- und Ingenieur-Vereins zu Hannover 1874 und 1875 sind durch wichtige Anwendungen bahnbrechend geworden. Mohr stellte auch zuerst die elastische Linie des geraden Stabes und die Biegungslinie des Fachwerks mit Hilfe des Seilpolygons dar.

Im Jahrgange 1884 der Zeitschrift des Architekten- und Ingenieur-Vereins zu Hannover veröffentlichte Krohn eine Herleitung des Maxwellschen Satzes und zeigte seine Anwendung auf die Ermittlung der Einfluſslinie für den Horizontalschub eines Zweigelenkbogens, und im Jahrgange 1885 derselben Zeitschrift gab der Verfasser die allgemeine Deutung der Einfluſslinien der Summen $\Sigma S_0 S_a \frac{s}{\rho F}$, $\Sigma S_0 S_b \frac{s}{\rho F}$, ... als Biegungslinien, ohne hinsichtlich der Gröſsen X einschränkende Voraussetzungen zu machen. Schlieſslich stellte der Verfasser in der ersten, 1886 erschienenen Auflage des vorliegenden Buches nach einer Erweiterung des Maxwellschen Satzes die allgemeinen Elastizitätsgleichungen

$$L_a + \delta_a - \delta_{at} = \Sigma P_m \delta_{ma} - X_a \delta_{ma} - X_b \delta_{mb} - \ldots..$$

auf, deren Gültigkeit nicht auf das Fachwerk beschränkt ist.

Neben den Maxwellschen Sätzen bilden die Sätze von Castigliano die Grundpfeiler der gegenwärtigen Theorie der statisch unbestimmten Konstruktionen. Man darf sogar behaupten, daſs der Einfluſs Castiglianos insofern der gröſsere gewesen ist, als die Untersuchungen dieses leider so früh verstorbenen Forschers sich nicht auf die verhältnismäſsig einfache Theorie des Fachwerks beschränkten. Das hervorragende Werk Castiglianos: „Théorie de l'équilibre des systèmes élastiques" enthält eine Fülle wichtiger Anwendungen auf verschiedenen Gebieten der Festigkeitslehre und der Statik der Baukonstruktionen. An seiner Spitze steht der mit Hilfe des Clapeyronschen Gesetzes entwickelte Satz von der Abgeleiteten der Formänderungsarbeit sowie der aus diesem gefolgerte Satz von der kleinsten Formänderungsarbeit. Den letzten Satz gab bereits früher Menabrea in der Abhandlung: „Nouveau principe sur la distribution des tensions dans les systèmes élastiques" [Comptes rendus 1858, I, Seite 1056]*); eine eigenartige Herleitung veröffentlich Fränkel (1882) in der Zeitschrift des Architekten- und Ingenieur-Vereins zu Hannover.

Bemerkenswert ist, daſs auch Daniel Bernoulli ein Gesetz der kleinsten Biegungsarbeit gerader Stäbe aufstellte und Euler brieflich mitteilte.**) Euler macht hiervon Gebrauch in der seinem berühmten Werke: „Methodus inveniendi curvas maximi minimive proprietate gaudentes“ angehängten Abhandlung: „De curvis elasticis“, in welcher er bei der Untersuchung der elastischen Linie eines geraden Stabes gleichen Querschnitts und gleicher Elastizität von dem Satze ausgeht: ut inter omnes curvas ejusdem longitudinis, quæ non solum per puncta A et B transeant, sed etiam in his punctis a rectis positione datis tangantur, definiatur ea in qua sit valor hujus expressionis $\int\frac{ds}{R^2}$ minimus. Hierbei bedeutet ds das Bogenelement und R den Krümmungsradius. Setzt man $\frac{1}{R}=\frac{M}{EJ}$, so erhält man, da $EJ=Konst.$ ist: $\int\frac{M^2 ds}{2EJ}$ *ein minimum.* Das Integral: $\int\frac{ds}{R^2}$ nennt Bernoulli die „vis potentialis.“

Zu den neueren Methoden der Statik zählt auch die kinematische Untersuchung statisch bestimmter Systeme. Sie schlägt den umgekehrten Weg ein wie die Maxwellsche Arbeit. Das Ziel der Maxwellschen Theorie des Fachwerkes ist die Verwertung der Arbeitsgleichung

$$\Sigma P\delta = \Sigma S\Delta s$$

zur Berechnung der Formänderungen statisch bestimmter Fachwerke aus den auf statischem Wege gefundenen Spannkräften S und deren Verwertung zur Untersuchung statisch unbestimmter Systeme; die gesuchte Gröſse ist

$$\text{(I)} \quad \delta = \Sigma \frac{S}{P} \Delta s.$$

Die kinematische Theorie des Fachwerkes verfolgt das entgegengesetzte Ziel: die Berechnung der Spannkräfte aus den Verschiebungen δ; die gesuchte Gröſse ist

$$\text{(II)} \quad S = \Sigma \frac{\delta}{\Delta s} P.$$

*) Man sehe auch: Comptes rendus, 1884, S. 174.

**) Vergl. Fuſs, Correspondance mathématique et physique, Tome II, S. 457, 507, 533.

Die erste Herleitung der S aus den auf geometrischem Wege gefundenen δ gab der Verfasser in der Schweiz. Bauzeitung 1887 (Mai) und im Band I seiner Graphischen Statik 1887 zunächst für das ebene Fachwerk. Dann folgten die Arbeiten von R. Land in der Schweiz. Bauzeitung 1887 (Nov.) und der Zeitschrift des Österreichischen Architekten- und Ingenieur-Vereins 1888. Die kinematische Berechnung des Raumfachwerks entwickelte der Verfasser im Jahrgange 1892 im Zentralblatt der Bauverwaltung. Ein Teil dieser Untersuchung wurde im § 31 des vorliegenden Buches wiedergegeben; der hier eingeschlagene Weg besteht aus einer Verbindung der Grundgleichungen I und II. Bereits 1880 hatte Föppl in seinem Buche „Theorie des Fachwerkes" ausgesprochen, daſs man beim statisch bestimmten Fachwerk zu einer Gleichung mit nur einer Unbekannten S gelangt, wenn man einem Stabe, und nur diesem allein eine verschwindend kleine Längenänderung zuschreibt, und auf den dadurch eindeutig bestimmten Bewegungszustand des Fachwerks das Gesetz der virtuellen Verrückungen anwendet. Föppl hat aber diesen Gedanken nicht weiter verfolgt und deshalb ist wohl diese Stelle seines Buches nur von wenigen bemerkt worden.*)

Wir schlieſsen mit der Anführung einiger Schriften, in denen der Leser weitere Anwendungen der in diesem Buche vorgetragenen Gesetze findet.

1. **Castigliano,** *Théorie de l'équilibre des systèmes élastiques et ses applications.* Turin (bei Negro), 1879.
2. — *Intorno ad una proprietà dei sistemi elastici. Atti della Accademia delle Scienze di Torino, Juni 1882;* enthält eine sehr allgemeine Entwicklung des Maxwellschen Lehrsatzes und einen Bericht über den Satz von Betti, vgl. Seite 243 unseres Buches.
3. **Fränkel,** *Das Prinzip der kleinsten Arbeit der inneren Kräfte elastischer Systeme und seine Anwendung auf die Lösung baustatischer Aufgaben.* Zeitschrift des Architekten- und Ingenieur-Vereins zu Hannover 1882, S. 63.
4. **Föppl,** *Theorie des Fachwerks.* Leipzig, 1880.
5. — *Das Fachwerk im Raume.* Leipzig, 1892.
6. **Gebbia,** *Una questione di priorita su alcune contribuzioni alla teoria dei sistemi articolati.* Il Politechnico 1891.
7. **Henneberg,** *Statik der starren Systeme.* Leipzig, 1886.

---

*) Verfasser wurde erst später durch ein Referat von Henneberg auf diese Stelle aufmerksam gemacht.

8. **Könen,** *Vereinfachung der Berechnung kontinuirlicher Balken mit Hilfe des Satzes von der Arbeit.* Wochenbl. f. Archit. u. Ing. 1882, Seite 402.

9. —— *Theorie gekrümmter Erker- und Balkonträger.* Deutsche Bauzeitung 1885, S. 607.

10. **Krohn,** *Der Satz von der Gegenseitigkeit der Verschiebungen und Anwendung desselben zur Berechnung statisch unbestimmter Fachwerkträger;* Zeitschr. des Archit.- u. Ing.-Ver. zu Hannover 1884, S. 269.

11. **Land,** *Die Gegenseitigkeit elastischer Formänderungen* u. s. w. Wochenblatt für Baukunde 1887, Seite 14.

12. —— *Über die Ermittlung und die gegenseitigen Beziehungen der Einflufslinien für Träger.* Zeitschr. f. Bauwesen 1890, S. 165.

13. —— *Die Ermittlung der Spannungsverteilung und des Kerns* u. s. w. Zeitschr. f. Bauwesen 1892.*)

14. **Landsberg,** *Ebene Fachwerksysteme mit festen Knotenpunkten und das Prinzip der Deformationsarbeit.* Zentralblatt der Bauverwaltung 1885, S. 165.

15. —— *Dächer und Dachstuhlkonstruktionen.* Handbuch der Architektur 3. Teil, 2. Band, 4. Heft. 2. Aufl. 1901, S. 148.

16. —— *Beitrag zur Theorie des räumlichen Fachwerks.* Zentralblatt der Bauverwaltung 1903, S. 221 u. 361.

17. **Melan,** *Berechnung eiserner Hallengespärre unter Anwendung des Satzes von der kleinsten Arbeit.* Wochenschr. des österr. Archit. u. Ing.-Ver. 1883, S. 149 u. 162.

18. —— *Über den Einflufs der Wärme auf elastische Systeme.* Ebendaselbst 1883, S. 183 u. 202.

19. —— *Beitrag zur Berechnung statisch unbestimmter Stabsysteme.* Zeitschrift des österr. Archit.- u. Ing.-Ver. 1884, S. 100.

20. **Mohr,** *Beitrag zur Theorie des Fachwerks.* Zeitschr. des Archit.- u. Ing.-Ver. zu Hannover 1874, S. 509 und 1875, S. 17.

21. —— *Beitrag zur Theorie der Bogenfachwerkträger.* Ebendaselbst 1881, S. 243.

22. **Müller-Breslau,** *Der Satz von der Abgeleiteten der ideellen Formänderungsarbeit.* Zeitschr. des Archit.- u. Ing.-Ver. zu Hannover 1884, S. 211.

23. —— *Zur Theorie der durch einen Balken versteiften Kette.* Ebendaselbst 1883, S. 347. Diese Arbeit schliefst sich an den in

*) Der bekannte Satz $\sigma_{AB} = \sigma_{BA}$ (Seite 83 unseres Buches) wird hier mittels des Maxwellschen Satzes bewiesen und zur Bestimmung der Einflufslinie für σ benutzt.

derselben Zeitschrift 1881, S. 57) von demselben Verfasser veröffentlichten Aufsatz an.

24. —— *Vereinfachung der Theorie der statisch unbestimmten Bogenträger.* Ebendaselbst 1884, S. 575. Ein Sonderabdruck erschien bei Schmorl u. von Seefeld in Hannover.

25. —— *Theorie des durch einen Balken verstärkten steifen Bogens.* Civilingenieur 1883, S. 13.

26. —— *Influenzlinien für kontinuirliche Träger mit drei Stützpunkten.* Wochenbl. f. Archit. u. Ing. 1883, S. 353.

27. —— *Über kontinuirliche Bögen und Balken.* Ebendaselbst 1884.

28. —— *Zur Theorie der Versteifung labiler und flexibler Bogenträger.* Zeitschr. f. Bauwesen 1883, S. 312.

29. —— *Beitrag zur Theorie des durch einen Balken versteiften Bogens.* Ebendaselbst 1884, S. 323.

30. —— *Beitrag zur Theorie des Fachwerks.* Zeitschr. des Architek.- u. Ing.-Ver. zu Hannover 1885.

31. —— *Elastizitäts-Theorie der nach der Stützlinie geformten Tonnengewölbe.* Zeitschr. f. Bauwesen 1886.

32. —— *Beitrag zur Theorie der ebenen elastischen Träger.* Zeitschr. des Archit.- u. Ing.-Vereins zu Hannover 1888, S. 605.

33. —— *Beitrag zur Theorie der ebenen elastischen Träger.* Zentralblatt der Bauverwaltung 1889.

34. —— *Über einige Aufgaben der Statik, welche auf Gleichungen der Clapeyronschen Art führen.* Zeitschr. f. Bauwesen 1891.

35. —— *Die graphische Statik der Baukonstruktionen,* Bd. II, Abt. 1. 1892. 1901. Leipzig, Baumgärtners Buchhandlung.

36. —— *Beitrag zur Theorie des räumlichen Fachwerks,* 1892. Berlin, Ernst u. Sohn.

37. —— *Über die Berechnung statisch unbestimmter Auslegerbrücken.* Zentralblatt der Bauverwaltung 1898.

38. —— *Über räumliche Fachwerke.* Zentralblatt der Bauverwaltung 1902.

39. —— *Beiträge zur Theorie der Windverstrebungen,* Zeitsch. f. Bauwesen 1904.

40. **Ovazza,** *Sul calcolo delle deformazione dei sistemi articolati.* Atti della Academia delle Scienze di Torino, vol. XXIII, 1888.

41. —— *Sul calcolo delle freccie elastice delle travi reticolari,* ebendaselbst vol. XXIII, 1888.

42. **Stelzel,** *Berechnung der Ferdinandsbrücke in Graz.* Enthalten in der Schrift: v. Gabriely u. Winter, Ferdinandsbrücke in Graz, Mitteilungen des Polytechnischen Klubs in Graz 1883.

43. **Swain,** *On the application of the principle of virtual velocities to the determination of the deflection and stresses of frames.* Journal of the Franklin Institute 1883, Febr. bis April, S. 101, 194, 250.
44. **Weyrauch,** *Theorie elastischer Körper.* Leipzig (bei Teubner) 1884.
45. —— *Aufgaben zur Theorie elastischer Körper.* Ebendaselbst 1885.
46. —— *Arbeitsbedingungen für statisch unbestimmte Systeme.* Wochenbl.
47. **Winkler,** *Berechnung der Windverstrebungen in Brücken mit zwei Trägern.* Civilingenieur 1884, S. 211.
48. **Zimmermann,** *Über Raumfachwerke.* Berlin 1901.

Berichtigungen.

Seite 6,	Zeile 10 v. o.	lies:	und nur $2k - 3$	statt: und nicht mehr.
„ 16,	„ 22 v. u.	„	Nennerdeterminante	„ Nennerdeterminate.
„ 17,	„ 4 v. o.	„	$\mathfrak{S}_{a1}$	„ S_{a1}.
„ 27,	„ 5 v. o.	„	D_0	„ D^0.
„ 27,	„ 6 v. o.	„	X''	„ Y''.
„ 27,	„ 11 v. o.	„	um	„ und.
„ 44,	„ 17 v. u.	„	Seite 37 und 38	„ Seite 30 und 31.
„ 44,	„ 16 v. u.	„	(13) und (14)	„ (12) und (13).
„ 44,	„ 2 v. u.	„	Fig. 44	„ Fig. 42.
„ 47,	„ 13 v. u.	„	Gleich. (13)	„ Gleich. (12).
„ 47,	Anm.	„	Fig. 48	„ Fig. 46.
„ 50,	Zeile 23 v. o.	„	§ 2	„ § 3.
„ 52,	„ 1 v. o.	„	Spannkräfte S'	„ Spannkräfte S.
„ 55,	„ 16 v. u.	„	1, 2, 3, 3', 2', 1'	„ 1, 2, 3', 2' 3'.
„ 109,	„ 2 v. o.	fällt die Anmerkung fort.		
„ 109,	„ 10 v. u.	lies:	$= Pl_1 \frac{l_1}{2} \cdot \frac{2l_1}{3}$;	statt $= Pl_1 \frac{l_1}{2} \cdot \frac{l_1}{3}$.
„ 109,	„ 9 v. u.	„	$= \frac{2Pl_1^2h}{3} + \ldots$	„ $= \frac{2Pl_1^2h}{6} + \ldots$
„ 109,	„ 3 v. u.	„	$P\frac{2l_1^2 + 3al - 3(a - l_1)^2}{2\mu h(2l_1 + 3l)}$	statt $P\frac{l_1^2 + 3al - 3(a - l_1)^2}{2\mu h(2l_1 + 3l)}$.
„ 114,	„ 7 v. u.	„	(Fig. 104)	statt: (Fig. 53).

Seite 118, Zeile 7 v. u. lies: $+\frac{2 J h_2^3}{3 J_2}$ statt: $+\frac{2 J h_2^3}{3 J}$.

„ 131, „ 10 v. u. „ $M = M_0 - X \cdot y - Y \cdot x - Z$ statt $M = M_0 - X_y - Y_x - Z$.

„ 137, „ 8 v. u. „ $D'FE'$ statt: $D'HE'$.

„ 137, „ 6 v. u. „ $FH = FJ$ „ $FH = HJ$.

„ 147, „ 7 v. u. „ § 15 „ § 16.

„ 154, „ 6 v. u. „ § 16 „ § 17.

„ 176, „ 8 v. o. „ Seite 165 „ Seite 150.

„ 203, „ 16 v. u. „ $X' = \frac{3 Pab}{4 \omega f' l}$ — .. statt: $X' = \frac{3 Pab}{4 \omega' f' l}$.

„ 203, „ 14 v. u. „ $\omega = 1 + \frac{15}{8} \cdot \frac{J_c}{f'^2 l}\left(\frac{s_0}{F_s} + \frac{2 l_0}{F_0} + \frac{l}{F}\right)$

statt: $\omega = 1 + \frac{15}{8} \cdot \frac{J_c}{f'^2 l}\left(\frac{s_0}{F_s} + \frac{2 l^0}{F_0} + \frac{l}{F}\right)$.

„ 203, „ 12 v. u. lies: § 20 statt: § 21.

„ 208, „ 16 v. o. „ $\delta_{3 \cdot 2} = \delta_{2 \cdot 3} = c_3$ statt $\delta_{3 \cdot 3} = \delta_{3 \cdot 2} = c_3$.

„ 208, „ 11 v. u. „ $-X_1 \frac{c_1}{c_2 + c_3}$ „ $-X \frac{c_1}{c_2 + c_3}$.

„ 208, „ 9 v. u. „ $-X_1 \frac{c_1}{c_2 + c_3}$ „ $-X \frac{c_1}{c_2 + c_3}$.

„ 224 in Formel (125) ist unter dem Wurzelzeichen der Exponent $+ m 1$ zu ersetzen durch $m + 1$.

„ 227 fehlt in der Fufsnote die Bemerkung, dafs der de Saint-Venantsche Näherungswert $\frac{F^4}{\varkappa J_p}$ (wo $\varkappa = 40$) nur für gewisse einfache Querschnitte brauchbar und durch Versuche von Bauschinger bestätigt ist. Für die wichtigen ⌊-, ⊥-,]-, I-Querschnitte mufs das Torsionsproblem zur Zeit noch als ungelöst bezeichnet werden.

CPSIA information can be obtained
at www.ICGtesting.com
Printed in the USA
BVOW08*0812041217
501907BV00008B/99/P

9 781166 859589